NUEVAS DIMENSIONES

SECOND EDITION

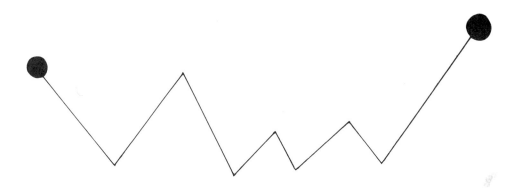

ANGELA LABARCA   JAMES M. HENDRICKSON
Georgia Institute of Technology

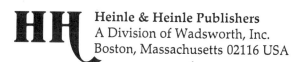 **Heinle & Heinle Publishers**
A Division of Wadsworth, Inc.
Boston, Massachusetts 02116 USA

ISBN 0-8384-2636-0

10 9 8 7 6 5 4 3 2 1

CONTENTS

INTRODUCTION

Nuevas dimensiones is an intermediate Spanish program that provides an activity-based approach to language learning and uses only authentic materials. Its primary goal is to help students to continue developing their proficiency in Spanish and to acquire more useful and interesting knowledge about Hispanic culture. Specifically, the program offers students abundant opportunities to further develop their proficiency in understanding, speaking, reading and writing Spanish, to review basic grammatical structures introduced in most beginning Spanish courses, and to increase substantially their knowledge of Spanish vocabulary and Hispanic culture. The entire program is set in the cultural context of daily life in the Hispanic world.

Traditionally, intermediate Spanish courses attract students who have varying interests, educational backgrounds, career goals, and language preparation. Their interest in acquiring Spanish tends to be highly pragmatic; they want to use the language to communicate with people here and abroad, to enhance their career opportunities, and to become bilingual and bicultural in an increasingly interdependent world society. The approach of *Nuevas dimensiones* is, therefore, practical and straightforward. The authors have strived to present a systematic, activity-based approach throughout the program; useful vocabulary, functional grammar, authentic cultural readings, and a wide variety of proficiency-oriented exercises and activities.

The role of the instructor was constantly kept in mind during the production of the *Nuevas dimensiones* program. Its approach accommodates different teaching backgrounds and styles, levels of language proficiency, pedagogical preparation, and classroom experience.

This philosophy is reflected particularly in this *Instructor's Manual*, which contains chapter-by-chapter teaching suggestions for developing and expanding students' skills in listening, speaking, reading, and writing Spanish, and in Hispanic culture. Each chapter of this manual is divided into three main sections—*Nuevas dimensiones*, *Nuevas alturas*, and *Spanish from Within*—which correspond to the textbook, the reader, and the videotape of this program. Each chapter of the *Instructor's Manual* corresponds to the chapter of the same number in the textbook, the reader, and the videotape. Each main section begins with learning objectives for the chapter, followed by abundant suggestions for ways to modify the exercises and activities in the textook and reader, and to maximize the potential use of the videotape with your students.

The suggestions that we provide in the *Instructor's Manual* are presented as choices; they are merely additional resources to enhance your teaching skills and your students' proficiency in Spanish and awareness of Hispanic culture. Therefore, do not feel that it is necessary to follow all the suggestions; rather, choose among those that appeal to you based on your teaching style and on your students' interests. We hope you and your students enjoy using the *Nuevas dimensiones* program as much as we enjoyed creating it!

Angela Labarca

James M. Hendrickson

CAPÍTULO 1
Hacer amigos es tan fácil

NUEVAS DIMENSIONES

Learning Objectives: To get acquainted with your classmates and to learn how to invite them out, discuss your school life and career plans, and read about the career choices of young Spaniards.

p. 1   **Cuadro de Goya**
   1.   Explain to students: Francisco de Goya (1746-1828) pintó cuadros en los que retrataba escenas de la vida cotidiana de los españoles.
   2.   Have students look at the painting and ask questions such as these:
        a.   ¿Qué hacen estos chicos? (Respuesta: *Juegan, se divierten, se entretienen.*)
        b.   ¿Cuántos años tienen más o menos?
        c.   ¿Qué color creen Uds. que predomina en esta pintura? Claro, aquí está en blanco y negro, pero Goya la pintó en colores probablemente.
        d.   ¿Quién cree Ud. que es el chico que vuela la cometa?
        e.   ¿Creen Uds. que estos chicos van al colegio o no?
        f.   ¿Saben Uds. algo sobre Goya? (Por ejemplo, es un famoso pintor español. Es famoso por sus vivos colores y su fantástica habilidad para pintar tanto a la gente común como a los nobles.)
   3.   If you have reproductions of Goya paintings or tapestries, bring them to class so that students can appreciate his colors and themes. Art students should be able to help.

p. 2   ## ¿Cómo se dice?
The purpose of the **¿Cómo se dice?** section is to build students' active vocabulary by presenting high-frequency words and expressions in realistic contexts. This section also contains conversational gambits for interacting with Spanish speakers.

p. 2   *Opening conversations:* A brief conversation opens every chapter in this book and continues in one or two other parts of this section. The purpose of these conversations is to provide students with realistic language models that include some of the words and phrases introduced in the **¿Cómo se dice?** section. The conversations could be used in several ways:
   1.   Students could role-play the conversations in small groups, according to the number of characters presented. For example, have three students role play this conversation by asking them to read aloud the lines. Then, ask students to form groups of three; have them role-play the conversation, changing the names of the original speakers and the information they exchanged.
   2.   Students could use the conversations as models to write their own conversations based on the same theme of the chapter.
   3.   Instructors could use parts of the conversations as dictations.

p. 3   **CÓMO SALUDARSE**
   1.   Use the audiotape or have the students repeat these expressions after you to practice correct pronunciation and intonation.
   2.   Have students practice these brief conversations in pairs.
   3.   Point out the differences between using the **tú** and the **Ud.** expressions.

4.   Tell students other appropriate greetings that Spanish speakers commonly use in everyday conversations.

p. 3   **CÓMO PRESENTARSE Y PRESENTAR A OTRA PERSONA**
1.   Have students practice these expressions in pairs.
2.   Add other expressions if you wish.

p. 4   **ASÍ SE HACE**
1.   Show or tell students how to greet somebody they already know: shaking hands between males, kissing on the cheeks between females. Tell them about the **abrazo** of good male friends. Show how conversational distance between and among friends is shorter than in Germanic, Anglo, and Japanese cultures, for example.
2.   *Ice-breaker activity:* If you have fewer than twenty students, divide the class in half. One group should represent guests who enter the classroom to greet and introduce themselves to the other group, which should represent the host, hostess, and guests who arrived earlier. Be sure that students shake hands as they move through the group. If you have a large class, divide it into four groups to do the activity.

p. 4   **Para continuar una conversación**
This conversation is a continuation of the conversation in the first section above. Again, have three students role-play it by asking them to read aloud the lines. Then, ask students to form groups of three; have them role-play the conversation, changing the names of the original speakers and the information they exchanged.

p. 5   **CÓMO CONVERSAR SOBRE ESTUDIOS Y CARRERAS**
1.   All these questions relate to the theme of this chapter: making friends, and discussing school life and career plans.
2.   Have students form pairs and ask each other these questions; add other appropriate questions, if you wish.
3.   This section is continued in the workbook.

p. 6   **CURSOS Y PROFESIONES RELACIONADAS**
1.   Listed here are names of some common professions; students may fill in names of other professions, if they wish to do so.
2.   Have students ask you *¿Cómo se dice...?* to learn the names of other academic courses, occupations and professions that interest them. Write the names of additional courses and professions on the board.
3.   Have students choose the items that they need to talk about themselves and help them pronounce these items correctly.

p. 6   **C.   Charlemos un poco.**
Follow-up: Ask students to redo this exercise by answering the questions with actual information about themselves.

p. 7   **ASÍ ES**
You may wish to bring to class several newspaper headlines which do not contain accents because the headlines appear in capital letters.

p. 7   **D.   Mis estudios.**
This activity can be used for listening comprehension practice or as a quiz. Ask students some of the following questions, which they should answer in writing. Then, repeat the

questions and ask several students to read their answers. You might wish to collect all the students' answers to check comprehension and to correct their written Spanish.

Sus cursos: 1. ¿Qué estudias? ¿Por qué te gusta? 2. ¿En qué año estás (en tus estudios)? ¿Cuándo piensas graduarte? 3. ¿Cuál es tu especialidad? 4. ¿Cómo pagas la matrícula aquí? ¿Cómo pagas los libros? ¿y los otros gastos que tienes? 5. ¿Dónde son tus clases este semestre (trimestre)? 6. ¿Cuál es tu clase favorita y por qué? ¿Qué clase no te gusta tanto y por qué?

Su carrera: 7. ¿Qué carrera sigues? 8. ¿Dónde te gustaría trabajar dentro de cinco años? ¿Por qué? 9. ¿Qué tipo de trabajo quieres tener después? Cuéntame un poco de ese trabajo. 10. ¿Piensas ganar mucho o poco dinero en ese trabajo? ¿Cuántos dólares al mes? 11. ¿Por qué te interesa tanto ese tipo de trabajo?

p. 9   **F. Entre profesor(a) y estudiante.**
1. This is a "teeter-totter" activity which is designed to encourage students to talk spontaneously in a communicative framework. Before students do Activity F, tell them they they may ask and answer other questions and make additional comments. For example: *¿Dónde trabajas? ¿Cuál es tu especialidad? ¿Qué te parecen tus clases? Me gusta mi clase de español, pero no me gusta mi clase de historia.*
2. As students participate in this activity, be sure they cover each other's role-play clues.

p. 9   **G. Cuéntame de tus estudios.**
As students work, walk around the classroom to be sure that only one partner in each pair has his or her book open and to help with vocabulary or pronunciation.

p. 10   **H. ¡Mucho gusto!**
Let students participate in groups of three. Have them choose the situations that they want to develop. Let them create one or two characters for each side of the conversations. Help students develop their scripts and play their parts when ready: guide them to use what they already know, rather than learning a great deal of new vocabulary. Because this open-ended activity resembles a real-life situation, avoid correcting or interrupting students during the performance. Allow for originality and creativity; do not emphasize accuracy at this point. If the students make errors that impair communication, write down the errors and discuss them later. It is important for developing oral proficiency not to undermine students' confidence at this time. Students should be allowed to solve the problems presented as they wish, provided their solutions are plausible. Focus on how well they can persuade the other person(s) of their intentions, and help them concentrate on meaning and communicative effectiveness. Allow enough time for preparation and rehearsal. As students practice this technique during the semester or quarter, they will need less preparation time. Peer evaluation is usually the most reliable technique to evaluate the groups. As students become more comfortable with the technique, you can begin to grade them on their performance.

p. 10   This conversation is a continuation of the conversation in the first section above. Once again, have three students role-play it by asking them to read aloud the lines. Then, ask students to form groups of three; have them role-play the conversation, changing the names of the original speakers and the information they exchanged.

p. 10   **ASÍ ES**
Have students write their answers to the three questions listed here. Then ask them to share their responses with a conversation partner.

p. 11 **CÓMO INVITAR Y REACCIONAR**
Making invitations is an important part of making friends. Have students repeat these phrases and short sentences after you, and add others that you think are appropriate for your students.

p. 11 **I. Quiero invitarte.**
Allow students to participate spontaneously in this activity in pairs, and do not interrupt their conversations to correct errors. Be available, however, to provide a few new vocabulary words, if necessary.

p. 11 **J. ¡Hola!**
Before students do Activity J, encourage them to ask and answer other questions, and to make additional comments that "fit" their oral discourse.

p. 12 **K. ¿Quieres ir a jugar...?**
Follow the same procedure as you did for Activity H above.

p. 12 Perspectivas auténticas

The purpose of the **Perspectivas auténticas** section is to help students become more proficient readers of Spanish and to improve their conversational and writing skills.

p. 12 *Grammar:* present tense, impersonal **se**, comparisons
Functions: reading for information, learning cultural implications, understanding numerical expressions, expressing own opinions/reporting on others'
Vocabulary: figures and percentages, review of numbers, students' concerns, current issues

p. 12 **ANTES DE LEER**
The purpose of this part is to prepare students to read and understand the reading selection that follows. The ideas provided here encourage students to think about the topic of the reading from a personal viewpoint. The more background information about the reading topic that students bring to the reading, the better and more quickly they will comprehend its content.

p. 13 **B. Cómo leer la lectura.**
1. This activity anticipates the theme of the **Lectura**. Its purpose is to help students guess meaning from context.
2. Encourage students to use their imaginations and their knowledge of both English and Spanish to choose or guess one or two appropriate answers. This exercise is not a test.

p. 14 *Lectura:* **Infórmese sobre su futuro**
1. Before you begin the reading, guide students to say what they think about the university as an institution, what they expect from their college studies, and what kind of work they expect to find after graduation. Have them discuss what they expect from their relationships with boyfriends or girlfriends and if they approve of living together, drug use on campus, and other campus-related issues.
2. Allow enough time for silent reading or assign the reading for homework. Some words have been glossed to facilitate comprehension but only a few need to be memorized: *elegir, beca, evitar, peores, por muy, mientras que, ya que.* Encourage students to guess the meaning of words and phrases they do not know, rather than looking them up in a bilingual dictionary (which is a highly inefficient but common reading practice).

p. 16 **¿COMPRENDIÓ BIEN?**
This book contains many different types of comprehension checks to determine how well students have understood the reading selection. These comprehension checks should be assigned along with the reading as homework. At the next class meeting, have students work in pairs to compare their answers, then review the answers with the entire class.

p. 16 **A. Rotulemos el gráfico.**
Being able to use figures and numerical expressions is one of the survival skills most often neglected in language classes. In this program, numbers and percentages will be reintroduced several times in different ways.

p. 17 **¡Vamos a conversar!**
This sequence of activities is designed to provide students with opportunities to talk with each other about ideas related to the topic of the reading. The activities are sequenced according to difficulty; therefore, do not feel it is necessary for your students to complete all of them; rather, choose the activities in which your students would have the greatest interest and need according to their communicative goals.

p. 17 **E. Planes y hechos.**
If possible, invite to your class one or more Spanish-speaking guests of different professions who could tell your students something about their career. As a homework assignment, ask your students to write one or two questions they would like to ask before the guests arrive.

p. 17 **F. Una encuesta de opinión.**
If possible, have your students survey other students enrolled in different sections of your course or in higher-level Spanish courses.

p. 18 **ASÍ ES**
El bar: centro de reunión. You may want to add that there are **bares** on campus, too. You can eat and have a beer or coffee at any time of day there.

p. 19 **I. Nuestro centro de reunión.**
1. Students could do this small-group activity in class or they could prepare it for homework. This activity will help students express their opinions in public.
2. If your class is orally oriented, have students make a poster or design an ad for advertising this place in Spanish.

p. 19 **DETALLES INTERESANTES**
El *se* y el *uno* impersonales
1. Understanding the **se impersonal** and **uno** is very important for comprehension of journalistic and scientific articles. In addition, **se** and **uno** are often used in conversation to express "general truths" and comments.
2. Answers to **J. Carta abierta.**
    se, uno, se, se, uno, se, se, uno. Uno

p. 21 # En pocas palabras
The purpose of the **En pocas palabras** section is to help students communicate more accurately in Spanish and to continue improving their conversational and writing skills.

p. 21 Have students read the example paragraph and tell you which verb forms refer to general ideas in the present and which refer to the future plans. (General ideas: **estudio, es, hay, está, estudia, veo, vive;** Plans: **quiero, empezamos, llegan**). Point out that, in Spanish, the present time frame can be extended to include future events; in English, we would use the present progressive form instead. For example, have students compare these sentences: *I am leaving next Monday.* **Me voy (me marcho/salgo) el lunes.**

Some of these verbs (e.g., **tener, ser**) have other irregular forms presented in subsequent sections.

p. 21 Verb Chart
1. Explain that most Spanish speakers use **tú** for the informal and **usted** for the formal singular. In the plural, they use **ustedes** for both the formal and the informal. In the central and northern part of Spain, however, **tú** has a corresponding informal plural form: **tú/usted** (sing.) and **vosotros(as)/ustedes** (pl.).
2. Indicate to students which *you* forms you are going to use in class: **tú-usted/es** or **tú-usted/vosotros(as)-ustedes**.
3. Help students see patterns in verb endings to facilitate memorization. For example: all **nosotros** forms end in **-mos**; all **tú** forms end in **-s**; all **yo** forms end in **-o**, and so on. Also show that **-ar** verbs have an **a** in the endings and **-er** and **-ir** endings have an **e**. Have students give you the exceptions to these rules (**yo** forms ending in **-go** or **-oy, nosotros** and **vosotros** forms of **-ir** verbs).
4. Point out that subject pronouns are generally not used in Spanish, except for emphasis and to avoid ambiguity. Indicate that the pronouns are given in this verb table only to remind students of the grammatical persons. In English, subject pronouns are used because the verbal system is largely devoid of endings that indicate grammatical person.

p. 21 **CÓMO HABLAR DEL PRESENTE Y DEL FUTURO**
Students should study how the expressions in italics work together with the verbs in boldface to express either present actions, events and states of mind or those that will occur in the future. If necessary, provide more examples, especially ones that would interest your students.

p. 22 **A. Día tras día.**
1. Encourage students to write long lists since the purpose of this exercise is to review vocabulary.
2. Have students compare their lists to see how much they have in common.

p. 22 **B. La próxima semana.**
Encourage students to write several statements to provide practice in using the present when the progressive is required in English.

p. 22 **C. Para conocerte mejor.**
If necessary, refer students to the questions, words and examples on p. 6 in this chapter. This activity accompanies the following one (Activity D).

p. 23 **E. Entre amigos.**
1. Assign for homework. Have students share their descriptions orally during the next class meeting, then collect and correct them if necessary.
2. If necessary, provide these phrases: **Cuando nieva (tiembla/hay mal tiempo); tengo un problema; gano mucho dinero; gasto mucho en tonterías.**

p. 23 **ASÍ SE DICE**
If some of your students have access to Spanish speakers, radio, or TV, point out that about 60-70 million speakers use **vos** instead of **tú**. People use **vos** either because that is the norm in their speech community or because they want to make the listener feel closer to them (a strategy frequently used to make foreigners feel more comfortable). **Vos** is used in Costa Rica, Nicaragua, areas of Guatemala, Cuba, Bolivia, Argentina, Uruguay, and Paraguay, and along the Pacific coast of South America. The endings attached to **vos** verb forms are different from those of the **tú** forms and vary according to geographic area. People may say: **¿Y vos no trabajás aquí?, ¿Y vos no trabajai aquí?,** or **¿Y vos no trabajas aquí?**. Some instructors consider these forms substandard, but they are the norm or the colloquial form for large groups of Spanish speakers and may confuse English speakers who are not aware of their existence. (In the videotape segment called **El principio del semestre**, a Nicaraguan speaker says **¿Qué hora tenés?**)

p. 24 **F. Entrevistas.**
Follow-up activity: Students could write a brief composition based on the results of their individual interviews. At the next class meeting, have students exchange their compositions and correct any errors that they can locate. Then collect the compositions and write positive comments on them, but do not correct them. If you wish, you could indicate any remaining errors with a light-colored marking pen and have students try to correct their own errors.

p. 25 **El presente de los verbos irregulares**
1. Point out that the vowel changes occur in the stressed syllable.
2. Depending on the level of the class, you may want to indicate that other words also present some of these changes: **fontanero/fuente; orfanato/huérfano; molar/muela; ventoso/viento; nevada/nieve; amedrentar/miedo; pedícuro/pie; óvulo/huevo.**

p. 25 **H. Mis planes.**
Encourage students to write long lists. Have them share and compare their lists.

p. 26 **L. Siempre es así.**
1. This activity serves as practice of an important and frequent use of the atemporal present—to talk about things that we do under certain general circumstances. Provide vocabulary that students may need. Note that this "small talk" relies heavily on the use of irregular verbs.
2. *Follow-up activity:* Ask students to turn in a written version of this activity.

p. 27 **EL USO DE LAS PALABRAS NEGATIVAS**
Point out that Spanish speakers use the words **nada, nadie, ningún, ninguna** and **tampoco** at the end of a statement to emphasize the negative idea (e.g., **No quiero jugar ningún deporte hoy**).

p. 27 **M. De pésimo humor./N. Es imposible.**
Students could write these two exercises at home for extra practice and positive reinforcement.

p. 29 # ¡A divertirnos más!
The purpose of this section is to encourage students to practice in interesting communicative contexts the language functions, vocabulary and grammatical structures they have learned in this chapter.

p. 29 **Del mundo hispano**
After students complete this activity, they could write a help wanted ad for a Spanish-speaking newspaper that they would consider eye-catching.

p. 30 **¡Le podría pasar a Ud.!**
Have students work in groups of three (in later chapters, in groups of four). Let them choose the situations that they want to develop and create one or two characters for each side of the story. Circulate and help students develop their scripts and play their parts when ready; guide them to use what they already know, rather than trying to grope for vocabulary not yet introduced. Because these open-ended activities resemble real-life situations, avoid correcting or interrupting students during the performance. Allow for originality and creativity; do not emphasize accuracy at this point. If your students make mistakes that impair communication, they should field questions from the "audience" before you try to correct them. It is important for developing oral proficiency not to undermine students' confidence. They should be allowed to solve the problems presented as they wish, provided their solutions are plausible. Focus on how well they can persuade the other person(s) of their intentions, and help them concentrate on meaning and communicative effectiveness. Allow enough time for preparation and rehearsal. As students learn this technique, much less preparation time will be required. Usually, the most reliable technique to evaluate a group is peer evaluation; as students become more comfortable with the technique, you can begin grading them formally.

p. 31 **VOCABULARIO**
This vocabulary list contains all the words, phrases and idiomatic expressions introduced in this chapter. It also includes the page numbers of word displays presented in the chapter as well as words and phrases that were glossed in the reading selection. The **Glosario** at the end of the book contains this vocabulary in alphabetical order along with the page number of the chapter in which the entries first appear.

NUEVAS ALTURAS

Learning objectives: To be able to understand printed materials in Spanish with the assistance of Spanish-English cognates, Spanish prefixes and suffixes, and contextual clues. In this chapter students will read, discuss, and write about various reading selections that deal with school-related themes.

p. 2 **Understanding Meaning from Cognates**
You might want to ask students to keep a record of all cognates and/or false cognates that they find as they read. This procedure not only helps build vocabulary, but it should also improve spelling skills.

p. 5 **A. Características personales.**
1. You may wish to add more vocabulary, if needed.
2. Change or add names of other careers as necessary, depending on your students' interests.

p. 5 **B. Queridos todos...**
Have students exchange compositions and correct the errors. If you wish, you could have students rewrite the compositions, then turn them in so you could indicate any remaining errors with a highlighter pen.

p. 6 **Understanding Meaning from Affixes**
Some students learn vocabulary better by classifying new words from different viewpoints. You may want to show students how to record word families in their notebooks by using the examples in the **¡A practicar!** section. (You might want to make this activity obligatory for Spanish minors and majors.) Examples:

diente	hacer	capacitar	ojo
dentista	hacienda	capacitación	oculista
dentística	hacendoso *(industrious)*	capacitado	oftalmología
dental	hecho *(fact)*	capaz	óptica
dentado	factible *(feasible)*		
dentífrico			

p. 6 **PREFIJOS**
This is only a partial list of Spanish prefixes. Add others, if you wish.

p. 6 **SUFIJOS**
This is only a partial list of Spanish suffixes. Add others, if you wish.

p. 9 **LOS TRABAJOS DEL PRÓXIMO SIGLO**
Tell students to read the selection quickly to get the gist of the author's main ideas. Then they should read it once more for better comprehension.

p. 11 **¡A PRACTICAR!**
This section provides linguistic exercises and communicative activities for students to develop their proficiency in Spanish, to become better acquainted with their classmates, and to express their own ideas and opinions. It is not necessary to do every exercise and activity; rather, choose those that most interest your students and that best meet their communicative needs in Spanish.

p. 11 **A. Para leer mejor.**
This exercise type, which begins the **¡A practicar!** section in every chapter, is designed to develop students' linguistic competence in Spanish. It focuses on the study of words with an emphasis on meaning and vocabulary building.

p. 11 **B. Asociaciones.** Answers:
  _d_ médico especialista en ojos
  _a_ atender a los niños o gente mayor
  _e_ químico que trabaja en una farmacia
  _g_ persona que pone algo en el mercado
  _f_ avión especial que viaja al espacio
  _c_ extracción de minerales de la tierra
  _b_ persona que recibe el dinero en una tienda

p. 13 **G. Y usted, ¿qué piensa?**
Assign for group or homework, and then have several students report orally. This promotes the development of the ability to express opinions in public.

p. 15 **Understanding Meaning from Context**
Emphasize the importance of background information in understanding any sort of printed material.

p. 18 **A. Para leer mejor.** 4. Answers:

a. *Sustantivo:*   justicia, juicio   igualdad   **fastidio**
    Adjetivo: **(in)justo**   igual   fastidioso
    Verbo: **juzgar**   **igualar**   **fastidiar(se)**
    Adverbio: **(in)justamente**   **igualmente**   **fastidiosamente**

b. *Sustantivo:*   **enseñanza**   **razón**   suspensión, suspenso
    Verbo: enseñar   razonar   **suspender**
    Adjetivo: enseñado   razonable   **suspendido**

c. *Sustantivo:*   préstamo
    Verbo: prestar   conocer   madurar
    Adjetivo: **prestado**   conocido   maduro

SPANISH FROM WITHIN

Programa 1: *La vida estudiantil*

Learning objectives: To become familiar with some aspects of academic life among international Hispanic students who are studying in the United States.

I.   Antes de ver la cinta de video
A. Preview questions
Announce the general topic of these segments (*La vida estudiantil*) and ask these questions:
1.   ¿Qué carrera le interesa a Ud.?
2.   ¿Quién lo(s) ayuda a escoger (seleccionar) sus cursos?
3.   ¿En qué ciudades de los Estados Unidos hay muchos hispanos?

B.   Vocabulary
You may find it necessary to explain (if possible, with actions or visuals) some of the following words and phrases to facilitate students' comprehension of this video program.

campo de especialización; especialidad, carrera, me especializo en...

la comunidad hispana los hispanos que viven en un lugar
hispanoparlantes hispanos, gente que habla español
trabajar como intérprete to work as an interpreter
¿qué hora tenés (tienes)? ¿qué hora es? (Nicaraguan speaker)
el motivo porque... the reason for...
ayudante de laboratorio laboratory assistant
dos horas a la semana two hours per week

II.   Ahora, ¡a ver la cinta!
First showing: Show these segments one by one. Facilitate comprehension by asking questions after each segment. Showing one or two segments each class meeting would be ideal.

Parte 1: Con los estudiantes
1.   ¿Dónde están los estudiantes y qué están haciendo allí? (Respuesta: *Están en la universidad/la cafetería.*)

2. ¿De dónde son estos estudiantes? (Respuesta: *De distintos países hispanos como Puerto Rico, la República Dominicana, la Argentina, Colombia, etc.*)

3. ¿Qué quiere saber el entrevistador? (Respuesta: *Quiere saber qué estudian/cuál es su especialidad.*)

Parte 2: El principio del semestre

1. ¿Son amigos estos estudiantes? ¿Cómo lo sabe Ud.? (Respuesta: *Sí, porque conversan juntos/salen juntos de la clase/se llaman por teléfono.*)

2. ¿Qué edad tienen estos estudiantes más o menos?

3. ¿Qué gestos usan ellos mientras charlan?
   Nota: El estudiante argentino se ríe porque pronunció mal la palabra *especialización* y dijo "espelición".

Parte 3: Orientación académica

1. ¿Por qué va la estudiante a ver a la profesora? (Respuesta: *Porque tiene algunas preguntas acerca de los cursos/quiere saber qué cursos debe tomar, etc.*)

2. ¿Cómo es la relación entre la profesora y la estudiante? ¿Cómo lo sabe Ud.? (Respuesta: *La relación es cordial porque la profesora le dice "Hablaremos", y también le dice que vuelva. /La alumna está contenta y le da las gracias.*

Parte 4: El laboratorio de lenguas

1. ¿Qué es esta joven? (Respuesta: *Es ayudante del laboratorio de lenguas.*)

2. ¿Qué cree Ud. que estudia esta joven? (Respuestas: *Idiomas, arte, matemáticas porque...*)

3. ¿Cree Ud. que le gusta su trabajo o no? ¿Cómo lo sabe Ud.? (Respuesta: *Sí, parece contenta, interesada. Conoce bien el laboratorio/le gusta ayudar a los estudiantes.*)

III. ¿Comprendió bien?

Second and third showings: After showing the tape for the second and third times, have students answer the following questions.

Parte 1: Con los estudiantes

1. ¿Qué estudian los alumnos dominicanos? (Respuesta: *arquitectura, medicina, ingeniería mecánica, computadoras, ingeniería eléctrica.*)

2. Y los otros estudiantes latinoamericanos, ¿de dónde son y qué estudian? (Respuesta: *Puerto Rico: educación; Argentina: educación; Colombia: ingeniería eléctrica, arquitectura, economía*)

3. ¿Qué dice el ex alumno? (Respuesta: *Dice que antes los hispanos eran una minoría, pero que ahora 50% de los estudiantes del City College son extranjeros y 25% del total son hispanoparlantes.*)

Parte 2: El principio del semestre

1. ¿Por qué van a la cafetería los tres estudiantes? (Respuesta: *Porque quieren tomar jugo de manzana y naranja y café.*)

2. ¿Por qué se van de la cafetería para charlar? (Respuesta: *Porque hay mucha gente [ruido] en la cafetería.*)

3. ¿Qué estudian estos estudiantes? ¿Qué dicen de sus clases? (Respuesta: *Estudian idiomas/ interpretación. Dicen que la clase es fácil ahora, pero que después va a ser superdifícil.*)

4. ¿Qué piensan hacer este fin de semana los tres jóvenes? (Respuesta: *Ir a la playa; ir a un restaurante italiano de Naples, Florida; ir a una discoteca con una prima que llega de Nicaragua.*)

5. ¿Por qué tienen que irse los chicos? (Respuesta: *Tienen que ir a trabajar.*)

Parte 3: Orientación académica

1. Escuche y observe cómo comienza la conversación. ¿Qué hacen y qué dicen las dos señoritas? (Respuesta: *La profesora dice "¡adelante!" cuando la estudiante toca la puerta. La estudiante dice "¿se*

puede?" y entra en la oficina. La profesora dice "Tome asiento, hablaremos" y la estudiante dice que tiene algunas preguntas.)

2.   ¿Por qué viene la estudiante a hablar con la profesora? (Respuesta: *Quiere saber qué cursos debe tomar porque hace años que no estudia literatura.*)
3.   ¿Qué consejo le da la profesora? (Respuesta: *Le dice que necesita un repaso. Le dice que tome el curso 306 A y 306 B.*)
4.   ¿Qué dice la profesora cuando la estudiante pregunta si puede tomar los dos cursos el mismo semestre? (Respuesta: *La profesora dice que sí puede tomar los dos cursos el mismo semestre.*)
5.   Escuche y observe cómo termina la conversación. ¿Qué dicen y qué hacen las dos señoritas? (Respuesta: *Se despiden cordialmente y se dan la mano. La alumna dice: "Es un placer realmente conocerla" y la profesora dice "Regrese en cualquier momento. Hasta pronto. Buena suerte.")*

Parte 4: El laboratorio de lenguas

1.   ¿Qué hace la señorita Cano en el laboratorio? (Respuesta: *Ayuda a los alumnos; les da los cassettes a los alumnos.*)
2.   ¿Cuántas horas trabaja ella en el laboratorio? (Respuesta: *Trabaja seis horas a la semana.*)

IV. ¡Luz, cámara, acción!

Have students prepare skits and act them out. They could interview Hispanic or American students about where they are from, their studies and careers, and their life ambitions. If you have access to videotape equipment, it would be very interesting and useful to record for further analysis the scenarios developed in the ¡**A divertirnos más!** section of the textbook. You can follow these steps:

1.   Use the **Program 1** videotape to help them prepare their skits. Play the tape with the sound turned off. Ask students to observe and learn gestures and movements for asking and reacting to questions and for chatting with friends in informal situations (versus speaking with authorities or older persons in formal situations).
2.   Play the tape with the picture turned off. Ask students to listen for main ideas or for idiomatic phrases that they could use in their skits. For example: **Me llamas por teléfono** (when saying goodbye to make sure the two will keep in contact); **¿Prefieren sentarse afuera?** (when inviting people to go out to the hall or yard to do something); **¡Adelante!** (when telling somebody to come in); **Es un placer conocerla(lo)** (when meeting somebody); **¿Se puede?** (when entering a room or office).
3.   Give students time to rehearse their skits. Circulate around the class to help individual groups as necessary.
4.   Have students perform their own skits and videotape them if possible.

CAPÍTULO 2
Y tu familia, ¿qué tal?

NUEVAS DIMENSIONES

Learning Objectives: To be able to describe your friends and family as well as some activities you do together.

p. 23   **Cuadro de Miró**
1. Explain to students: Joan Miró (1893-1983) fue un pintor y escultor catalán y un gran maestro surrealista con un estilo muy personal.
2. Have students look at the painting and ask questions such as these:
   a. ¿Qué les parece esta pintura? ¿Quiénes pintan así? (Respuestas: *Diferente, moderna, abstracta./ Los niños pintan así, etc.*)
   b. ¿De qué color pintarían Uds. cada figura?
   c. ¿A quién representa cada figura?
   d. ¿Saben Uds. algo de Miró? ¿Saben que hay una escultura suya en una plaza de Nueva York? (Respuesta: *Este pintor catalán combina el dibujo con la pintura y la caligrafía.*)
3. If you have reproductions of Miró's works, bring them to class so that students can appreciate the colors and composition. Art students should be able to help with the description.

p. 34   **¿Cómo se dice?**
1. Play the dialogue once on the audiotape or read it aloud with appropriate intonation.
2. Have students role-play the dialogue. If they wish, they could change the names to their own in order to make the dialogue more personal.

p. 34   **PARA HABLAR DE FAMILIARES Y PARIENTES**
1. Indicate that words such as **todos, (todos) nosotros, ustedes/vosotros, en casa, por tu/ su casa** are used to refer to the family members who live in one's house. In this case, *family* would be used in English. In Spanish, however, the word **familia** includes people who don't necessarily live together *or* who are not necessarily blood relatives. Thus, the concept of nuclear family does not apply to the Hispanic culture (and many other Mediterranean cultures as well).
2. Indicate also that Hispanics consider their original family as **mi familia**, even after having a family of their own, which they refer to as **mi mujer/mi marido y los niños/ mis hijos** or **nuestra familia** or **en casa/nosotros**.
3. There are **parientes sanguíneos** and **parientes políticos**.

p. 35   **Mi familia**
1. Show how last names combine to form a person's full name in the following order: *nombre (de pila), apellido paterno, apellido materno*. Example: **Miguel Luis Alberto** (*nombre de pila*); **Labarca** (*apellido paterno*); **Bravo** (*apellido materno*).
2. Stress that the paternal surname (which appears in the middle position) is used for alphabetizing lists, directories, rosters, etc.
3. *Extra activity:* Have students work in groups of two or three. First, explain the meaning and usage of the vocabulary below by drawing small stick figures that illustrate a

13

younger, older, and middle brother. Then give these instructions: *Dígale a sus compañeros cuántos años tienen sus hermanos y primos y sus padres. Por ejemplo...* (Give an example from your own family or a friend's family.)

el/la menor
el/la mayor
el/la segundo(a) ___ tiene ___ años
el/la del medio
el/la tercero(a)

p. 35   **Otros parientes**
Optional listening exercise: Read aloud each statement twice; students should respond by writing either **sí** or **no**. If they write **no**, they must correct the statement.
1.   Los hijos de mis tíos son mis primos. (sí)
2.   Para tener cuñados necesito estar casado(a). (no)
3.   Mis sobrinos son los hijos de mis tíos. (no)
4.   Mis bisabuelos son los padres de mis abuelos. (sí)
5.   Los padres de mi esposo(a) son mis abuelos. (no)
6.   Los tíos casados con los hermanos de mis padres son mis tíos políticos. (sí)

p. 36   **A.   ¡Saludos!**
1.   As students do these activities, encourage them to use the phrases for beginning, continuing and ending conversations (presented in this chapter and in Chapter 1) and the phrases for soliciting more information (in this chapter).
2.   Explain that *my wife* can be expressed as **mi mujer, mi esposa,** or **mi señora** by the speaker. When asking about somebody else's wife, however, one usually says **¿Cómo está su/tu esposa/señora?**
3.   *Homework:* Have students write one or two questions that they would like you to answer about your own family. At the next class meeting, form a semicircle and have the students ask their questions, any of which you may decline to answer, of course.

p. 36   **B.   ¿A qué se dedican?**
1.   Remind students that other professions were introduced in Chapter 1.
2.   Remind students to make professions agree in gender with the corresponding family members. Some exceptions: **policía, terapeuta,** and nouns ending in **-ista** (e.g., **dentista**).
3.   Emphasize that in Spanish no indefinite article is inserted before the name of an occupation. The article may be used only when there is an adjective to describe the occupation. Compare: **Mi tío es dentista. Mi tío es *un* buen dentista.**

p. 36   **C.   ¿De dónde son Uds.?**
1.   Provide names for other nationalities as needed, e.g., **japonés, canadiense, suizo, cambodiano, nigeriano, argelino, libanés,** etc.
2.   Use **africano** as a general term, and introduce **sudanés, argelino, nigeriano, etíope, liberiano, keniano, egipcio, marroquí, sudafricano,** etc., as needed.

p. 37   **D.   Cuéntame más de tu familia.**
1.   During the class meeting before students do this activity, ask them to bring photographs of their families to make their conversations more interesting. You could demonstrate how to incorporate the use of photographs by bringing some of your own and talking about your family.
2.   Indicate that when asking Spanish speakers about the number of people in their family, the answer will often be the number of brothers and sisters they have and will not always

include parents. Exceptions to this general rule are when Spanish speakers are talking about setting places at the table or when buying food for which they would count portions.

3. Point out that at a very young age, Hispanic children are taught the full names (with both last names) of their parents and grandparents so that they can understand the formation of their own full name. The names of other ancestors and relatives are equally important and are gradually learned by small children. Also, Hispanic children begin to develop their own signature at a very early age. In Hispanic cultures, people add a *rúbrica* or flourish to their signature.

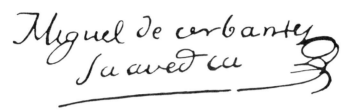

Miguel de Cervantes Saavedra

p. 88   **ASÍ ES**
Have students work in small groups and then report to the whole class. You can also use the **Así es** section in class and assign the questions for homework to be turned in at the next class meeting.

This is a continuation of the dialogue begun on page 34 in the **¿Cómo se dice?** section. Have students role-play it in pairs.

p. 39   **PARA HABLAR DE LAS ACTIVIDADES DE LA FAMILIA**
Help students understand the new vocabulary and provide other lexical items that they may need for talking about family activities.

p. 39   **ASÍ ES**
Some Catholic calendars print a different saint's name on each day of the year. Try to locate such a calendar in Spanish by contacting Catholic churches in Spanish-speaking communities or countries, and bring it to class to share with your students.

p. 40   **CÓMO DECIR CON QUE FRECUENCIA**
1. Be sure your students know the meanings of these adverbs before beginning Activities E and F on pages 40 and 41.
2. You could also use Activities E and F to review for a midyear or final exam.

p. 43   **ASÍ ES**
Emphasize that the family is made up of those who keep in contact with the family, including family members (blood relatives and in-laws), close friends and their family, godparents of the children and their family, etc. To be considered **familia**, these people do not necessarily have to live under the same roof or to be related.

p. 42   # Perspectivas auténticas

Grammar: present and preterite tenses, contrasts.
Functions: reading for information, learning cultural implications, understanding numerical expressions, expressing one's own opinions, reporting opinions of others.

Vocabulary: numerical expressions (less, half, average), talking about one's life (**vivir, crecer, tener trabajo**) and one's past (**cuando era chico**) young people's concerns, current issues.

p. 42   **Antes de leer**
1. Use this section to "brainstorm" the topic of single parenthood, its problems and its joys. Since many of your students may come from single-parent homes, this reading selection may be especially appropriate.
2. Help students understand that in this reading the word **padre** means *parent*, not *father*, because we are speaking in broad terms about parents in general or either one of them, without referring to their sex.

p. 43   **ASÍ ES**
The definition of *family* is slowly changing in the United States and Canada. Today in those countries, a family may not only consist of the parents and their children plus family pets, but also a single parent and his or her biological, adopted or foster children, two siblings and any of their children who live with them, two persons of the same or opposite sex, etc. Use the questions in this cultural note to elicit your students' opinions on this changing aspect of North American life. If any of your students are of Hispanic origin, have them share their opinions of the meaning of *family* in their home.

p. 46   **F. Las funciones de la familia.**
1. Help students provide simple answers mainly in the form of lists using the verbs presented in Chapters 1 and 2.
2. Help students make a table to present the combined results of the survey to the class.

p. 47   **H. Compromisos.**
Explain that Hispanic couples have very strict rules to control their relationships. Mention that, in general, women marry at a rather early age and that sometimes husbands are five to ten years older than their wives.

p. 48   **I. Cada oveja con su pareja.**
After students have discussed some of these single-parent problems in groups of three, ask them to share their ideas with the entire class.

p. 48   **ASÍ ES**
Of course, no exact age limit can be provided for each period. The approximate ages provided here are based on one native's intuition.

p. 48   **¡OJO!**
1. Note that some stages overlap, depending on whether people have moved out of their parents' home or have married and have a family of their own.
2. Point out that *young* and **joven** do not refer to the same stages in life in the Anglo and Hispanic cultures.

p. 49   **DETALLES INTERESANTES**
Identificación. Answers to **Ejercicio:**
1. la que trabaja en la oficina central de PanAm.
2. el que está en la Plaza Lincoln.
3. que viven en la casa de la derecha.
4. la que vive en Boston cerca de su mamá.
Puntos de referencia. Answers to **Ejercicio:** venir, ir, traerla, llevo, trae

p. 50   # En pocas palabras
EL PRETÉRITO DE LOS VERBOS REGULARES
1. Although reflexive verbs have not yet been formally introduced in this textbook, they are used in examples and in the reading because most students have already studied them. Explain to students that they will be able to understand a great deal more Spanish when reading or listening than they will be able to use when speaking or writing.
2. Have students read the example paragraph silently, then ask them to give the past forms that support the story. This step should be repeated each time students read narrations in the past so that they realize how the preterite tells the story (while the imperfect sets the stage for it).

p. 50   **Preterite forms of regular verbs**
Help students see the patterns in verb endings to facilitate memorization. For example, **-er** and **-ir** forms are identical.

p. 52   **A. Una reunión familiar.**
Written homework: After students have done this activity in class, you can ask them to write a similar story about their own families. Note that this story exemplifies subject transposition; *llegó el tío Pepe; vinieron otros parientes; hizo la abuela.*

p. 52   **B. Preguntas comunes.**
Have students work with new partners. These activities reintroduce the function of asking questions. The skill of asking questions should be well developed at the intermediate level so that students can take the initiative in a conversation.

p. 52   **C. Me mata la curiosidad.**
Before assigning this activity, review the use and meaning of **hace... que...** with your students.

p. 53   **D. ¿Qué hiciste anoche?**
This section is expanded in the Audio Program with intonation exercises for storytelling in **Así se dice.**

p. 53   **E. ¡Tantas cosas, por Dios!**
After students have completed this activity, collect and correct their lists.

p. 53   **ASÍ SE HACE**
(Question 1) Guide students to think of bar mitzvahs, bat mitzvahs, "sweet sixteen" parties, and other family celebrations.

p. 54   **EL PRETÉRITO DE LOS VERBOS IRREGULARES**
Help students see common patterns in these verbs to facilitate memorization of the forms. If necessary, point out that these forms do not have written accent marks (like those in **estudié, estudió, comí, comió**) because there is a shift in stress.
Paragraph: fueron, dijo, explicó, consiguió, trajo, estuvieron

p. 54   **F. ¡Felicidades!** Answers:
1. di, dio
2. dije, dijo, dijo
3. trajeron
4. hicieron, hiciste, hice

p. 55 **I. Regalos.**
Ask students to bring in something that they have received as a gift. Have them say who gave it, when, and why the gift is special.

p. 56 **K. Mi fiesta.**
When the small groups have completed this activity, have them join another group to share what they learned together.

p. 56 **LOS VERBOS** *SER* **AND** *ESTAR*
(Perceived state) Guide students to give you a more detailed list of the uses of **estar** in the examples provided: location; position; weather; sensory perception requiring seeing, touching, feeling, smelling; etc.

(Use the verb **ser** to describe...) Guide students to give you a more detailed list for origin: nationality, ownership, material things are made of, ownership, etc.

p. 57 **ASÍ SE HACE**
El Día de la Madre. You may have students write cards for their mothers or somebody they like. They can use the realia on page 57 as a model.

p. 58 **L. Acerca de la familia.** Answers:
1. Somos, está, Está, está
2. es, es, es, somos, es, es, somos
3. es, Es, Es, Está, es, Está

p. 58 **M. Cuéntame de tu familia.**
This activity combines the use of **ser** and **estar** in a realistic, communicative framework. After students have completed the activity in class, they could write out both parts of the role play for homework to reinforce their knowledge of these two important Spanish verbs and to practice their writing skills.

p. 59 **LOS SUSTANTIVOS Y SU RELACIÓN CON LOS ARTÍCULOS, ADJETIVOS Y PRONOMBRES**
1. If necessary, explain that some adjectives go before the noun for emphasis or to express another meaning: **mucho, diferente, famoso, importante, gran, mismo,** etc.
2. Using the example paragraph provided, have students circle the nouns in pencil and then connect each noun with arrows to all the other words affected by the noun. Or write the paragraph on the board (a transparency) and have students do circles and arrows in colored chalk (pen).

p. 60 **R. Mi persona preferida.**
Explain that **divertido** means *funny* or *amusing*, **genial** means *great* or *special*, and **entretenido** means *interesting* or *entertaining*. *He (She) is fun* can be expressed as **Es tan entretenido(a).**

p. 61 **T. Mis cosas.**
1. Remind students that number agreement is necessary at several levels in Spanish; for example, a noun's singular or plural form affects the verb. Explanations will not substitute for practice, however. Agreement (along with gender) is probably the most difficult concept to master, followed by aspect (preterite/imperfect) and mood (indicative/

subjunctive). Therefore, you cannot demand perfection in oral work at this level of proficiency. Teach students how to check their written work, however, by circling in pencil each noun and by connecting it with arrows to its related adjectives, pronouns, and verbs.

2. Encourage the use of the high-frequency adjectives introduced here; they will greatly enhance performance.

p. 62   **U. Cada loco con su tema.**
Bring to class other Spanish language TV guides for your students to read. If the guides are from different countries, you might have students give brief oral or written reports on the most popular television programs and celebrities in those countries.

p. 63   **¡A divertirnos más!**
Fiestas y celebraciones.
1. Point out that the cards shown are invitations to a wedding and a **quinceañera**.
2. Help students understand the use of titles and abbreviations of titles. María is usually abbreviated **Mª.**, García, **Gª**. Other names commonly abbreviated include: Fernando, **Fdo.**; Hernando, **Hdo.**; Eduardo, **Edo.**; Francisco, **Fco.**; Humberto, **Hto.**; Santiago, **Stgo.**; Bernardo, **Bdo**. Most name combinations containing the name María are shortened.

Marisol: María Soledad	Maité, Maritere: María Teresa
Maribel, Marisabel: María Isabel	Malena, Manena: María Elena
Maripili: María del Pilar	Marijechu: María Jesús
Maricarmen: María del Carmen	Mariví: María Victoria
Marilú: María de la Luz	Mariana: María Ana

Mention that María is not only a name for females; for example: **José Mª.**, **Luis Mª.**
3. Ask students to give the full names of the **quinceañera**, the bride, and the groom. The last name of the mother of the groom is Gallego. Help students to understand this concept by specifying **nombre** or **nombre de pila**, **apellido paterno** and **apellido materno**.

NUEVAS ALTURAS

Learning objectives: To be able to understand printed materials in Spanish by skimming for general information and by scanning for specific details. In this chapter students will read a narrative description, a magazine interview, and a poem, all related to various aspects of family life.

p. 24   **SKIMMING FOR INFORMATION**
Skimming is an important reading strategy that, with practice, will lead to rapid reading. Have students practice this strategy as often as possible.

p. 25   **LA JUVENTUD ENVEJECE**
Before students begin the reading, brainstorm with them on the following subjects:
1. the emphasis on materialism in North American cultures
2. young people moving back with their parents for economic reasons
3. the increasing fragmentation of American families and its reasons

p. 28   **B. Encuesta.**
To learn more about your entire class, collect and tally the surveys. Then share the results with your students. Discuss with them how they think the results represent students of their age across the country.

p. 29   **SCANNING FOR INFORMATION**
Scanning is another important reading strategy that students should develop early in the process of language acquisition because it will help them read more efficiently.

p. 30   **¿QUÉ SIGNIFICA PARA TI TU PADRE?**
Before students read this selection, ask them to write an answer to the question posed by the title of this interview article. Then have them read aloud their answers.

p. 32   **¿Comprendió bien?**
1.   After students complete this section, you can ask them to analyze some cultural aspects that appear in the reading. For example, paragraph 1 by Rocío: Here, Rocío's description of a typical evening in her home clearly shows the different roles of each parent in the family, which, in turn, contrast sharply with roles in American culture. Have students work in pairs or groups of three, and answer the following questions:

¿Cuántas veces ve Rocío a su padre durante la semana?
¿Qué efecto tiene esto en sus relaciones?
¿Quién sirve de intermediaria entre padre e hija?

2.   Have students figure out a schedule for this home, working backwards from Rocío's dinner time (probably around 10:00 P.M.).
3.   *Optional homework:* Have students copy from the text all sentences and expressions that illustrate the distance that Rocío's father puts between himself and his home. In the reading as a whole, Rocío's comments delineate not only an aloof father, but a somewhat typical response to that aloofness in attributing the poor communication to a difference between the sexes. The father appears completely devoted to his business, leaving the direction of the children exclusively to the mother.

p. 33   **B. Asociaciones.** Answers:
1.   _a_ cariño
2.   _e_ contar
3.   _c_ suceder
4.   _b_ dejar de
5.   _f_ platicar
6.   _d_ recursos
7.   _g_ trastornarnos

p. 35   **UNDERSTANDING MEANING FROM WORD ORDER**
Some students will profit from collecting long lists of sentences in which subjects follow verbs. Suggest that students keep a record and remind them to do so from time to time. There are abundant examples in the upcoming reading selections.

p. 36   **Nota biográfica.**
(Line 18) **...me detuvieron...** It is difficult to say whether the author means "I was caught by the enemy" or "somebody prevented me from going." It is likely that the author deliberately chose to be ambiguous. Discuss with students possible differences in meaning that the two interpretations would have.

p. 37   **¿Comprendió bien?**
    B. *Homework:* Depending on your group, you might encourage students to explore other ways of expressing the same ideas and to write them down.
    C. Have pairs of students report their findings to the class. Encourage discussion; students will probably disagree on certain answers.

p. 38   **B.   Nota autobiográfica**
This outline has been provided to get students started. Encourage creativity and longer **notas.**

p. 39   **C.   ¿Qué le parece?**
Escriba un poema similar... (item 1): This activity was a favorite of the authors' students. Have your students memorize their poems and recite them to the class. Some students might bring props to act out their poems.
Compare y contraste... (item 2): Be tactful here and in 1 above; some students are reluctant to share what they write with other students.

p. 39   **El anuncio de nacimiento**
Use this *participación* to have students draw a family tree on the board. Make sure they use both *apellidos* for each person whenever possible.

SPANISH FROM WITHIN

Programa 2: *Los lazos familiares*

Learning Objectives: To become familiar with Hispanic family life, including traditions, customs, and values.

I.   Antes de ver la cinta de video
A.   Preview questions
Announce the general topic of these segments *(Los lazos familiares)*, and ask these questions:
1.   ¿Qué fiestas tradicionales se celebran en su familia?
2.   ¿Qué hace la gente aquí cuando los novios llegan a la recepción?
3.   ¿Cómo se celebra un cumpleaños en Estados Unidos (Canadá)?
4.   ¿Qué importancia tiene la educación para su familia?
5.   ¿A qué se dedican las personas de su familia?

B.   Vocabulary
You may find it necessary to explain (if possible, with actions or visuals) some of the following words and phrases to facilitate students' comprehension of this video program.

una boda rural un casamiento (matrimonio) en el campo
el recién casado y su esposa el novio y la novia
el juego de la piñata *game to break a figure stuffed with candy*
golosinas *sweets*
las familias suelen reunirse *families usually get together*
saborear el mate *to enjoy the taste of mate tea*
hojas de plátano *banana tree leaves*

el Día de Acción de Gracias *Thanksgiving*
las Navidades la Navidad
anticucho, brocheta *shish kebab*
quinta una casa con jardines y árboles frutales

II.   Ahora, ¡a ver la cinta!

First showing: Show these segments one by one. Help students retain information by asking questions after each segment. Showing one or two segments during each class meeting would be ideal.

Parte 1: Las tradiciones

¿Recuerda tres tradiciones hispanas que se muestren en la cinta? (Respuesta: *Besar a las personas de la familia para saludarse; llevar a la novia en brazos en las bodas de campo; romper la piñata en un cumpleaños; charlar, cantar y servirse algo [saborear el mate] en familia; usar hojas de plátano para los pasteles.*)

Parte 2: Quinceañera

1.   ¿Qué recuerdo de sus quince años tiene Paty? (Respuesta: *Tiene un álbum de fotos de ese día.*)
2.   ¿Quiénes están en las fotos del álbum? (Respuesta: *Mucha gente de su familia y amigos: su mami, papi, abuelita, hermanos, tíos, etc.*)
3.   ¿Cuántos años tiene ella ahora más o menos?

Parte 3: La familia y la educación

Haciendo las tareas
1.   ¿Qué están haciendo los niños? (Respuesta: *Están haciendo las tareas.*)
2.   ¿Qué hace la mamá? (Respuesta: *Los ayuda con las tareas.*)

Aprendiendo historia
3.   ¿Dónde están el padre y su hijo? (Respuesta: *Están en un jardín. / Están en la casa de Bolívar.*)
4.   ¿Qué gestos usa el padre para enseñarle algo a su hijo? (Respuesta: *Mueve su dedo índice con fuerza para indicar que algo es importante. Se sienta muy cerca del niño para hacerle sentir que esto es muy importante.*)

Parte 4: La familia y el trabajo

1.   ¿En qué tipo de escuela enseñan los profesores? (Respuesta: *Es una escuela donde enseñan español.*)
2.   ¿Qué tipo de estudiantes asiste a esta escuela? (Respuesta: *Estudiantes extranjeros.*)

III.   ¿Comprendió bien?

Second and third showings: After showing the tape for the second and third times, have students answer the following questions:

Parte 1: Las tradiciones

1.   Haga una lista de los países (lugares hispanos) que se mencionan. (Respuesta: *México, Costa Rica, Argentina, Nueva York, Puerto Rico.*)
2.   ¿Qué hace la gente cuando los novios llegan a la casa donde va a ser la fiesta? (Respuesta: *La gente aplaude a los novios, como se aplaude a los artistas.*)
3.   ¿En qué fiestas se rompe la piñata? (Respuesta: *En las de los cumpleaños.*)
4.   ¿Qué les gusta hacer a las familias argentinas? (Respuesta: *Charlar, cantar y tomar mate.*)
5.   ¿Para qué usan hojas de plátanos los puertorriqueños? (Respuesta: *Para hacer pasteles.*)
     ¿Cuándo usan las hojas? (Respuesta: *Las usan para el Día de Acción de Gracias y para las Navidades.*)

Parte 2: Quinceañera

1. ¿De dónde son los Hernández? ¿Dónde viven ahora? (Respuesta: *Son de Colombia, pero ahora viven en el estado de Nueva York, en Rochester.*)
2. ¿Dónde celebraron los quince años de Paty? (Respuesta: *En los Estados Unidos, por eso las invitaciones están en inglés.*)
3. ¿Qué regalos recibió la chica? (Respuesta: *Recibió suéteres, perfumes, plata [dinero] y una muñeca.*)
4. ¿Por qué es importante este cumpleaños para una joven colombiana? (Respuesta: *En ese día se vuelve mujer. En ese día entra oficialmente en la sociedad.*)
5. ¿Quién cree Ud. que es el señor que no pudo venir a la quinceañera?

Parte 3: La familia y la educación
Haciendo la tarea

1. ¿Qué son los anticuchos? (Respuesta: *Es un plato como* **shish kebab**.)
2. ¿Qué quiere saber el niño? (Respuesta: *Quiere saber qué es el* **equator**, *el Ecuador o línea ecuatorial.*)
3. ¿Qué palabra no sabe la niña pequeña? ¿Cómo le indica la palabra a su mamá? (Respuesta: *La niña no sabe decir "alas", pero le dice "alas" a su mamá con las manos.*)
   Nota: La niña dice "pa que volle" y la madre corrige "pa que vuele".

Aprendiendo historia

4. ¿Quién fue Bolívar? (Respuesta: *Fue el héroe que liberó Colombia, Venezuela, Ecuador, Perú y Bolivia.*)
5. ¿Qué más aprendió Ud. de Bolívar?
6. ¿Por qué llevó el padre a su hijo a la Quinta (casa) de Bolívar? (Respuesta: *Porque Bolívar es muy importante y así el niño va a poder enseñar a sus hijos también.*)

Parte 4: La familia y el trabajo

1. ¿Qué cosa le gusta de su trabajo a la profesora Cortés? (Respuesta: *Le encanta conocer gente de todo el mundo y le encanta ver a los estudiantes hablando español.*)
2. ¿Qué cosas le dan satisfacción al profesor Ramos? (Respuesta: *Le gusta trabajar con la gente, le gusta la gente de otros países, le gusta hablar español con los estudiantes, le gusta ayudar a sus estudiantes.*)
3. Describa el horario diario de la profesora. (Respuesta: *La profesora trabaja desde las ocho de la mañana hasta las dos de la tarde.*)
4. ¿Por qué es difícil la vida para ella? (Respuesta: *Porque es maestra y también mamá. No tiene suficiente tiempo para estar con sus niños porque tiene que trabajar.*)
5. ¿Qué hacen los Ramos los fines de semana? (Respuesta: *Salen, nadan, juegan al tenis, van a ver a la abuela, los primos o los tíos, comen, se divierten mucho.*)
6. ¿Sabe Ud. si el profesor Ramos es el marido de la profesora Cortés? ¿Cómo lo sabe? (Respuesta: *Sí, están casados. Ella se llama María E. Cortés de Ramos.*)

IV. ¡Luz, cámara, acción!

Have students prepare skits and act them out. They could demonstrate Hispanic traditions *(la piñata, una sobremesa familiar con conversación y cantos, los quince años,* etc.). Students could work individually or in small groups to prepare skits expanding topics presented in the videotape such as Hispanic traditions, the meaning of **familia** in the Hispanic world, and education and work among Hispanics. If you have access to videotape equipment, it would be very interesting and useful to record for further analysis the scenarios developed in the **¡A divertirnos más!** section of the textbook. You can follow these steps:

1. Use the **Programa 2** videotape to help them prepare their skits. Play the tape with the sound turned off. Ask students to observe and learn gestures and movements for greeting family members, narrating a story, expressing happiness, teaching something important, etc.
2. Play the tape with the picture turned off. Ask students to listen for main ideas or for idiomatic phrases that they could use in their skits. For example: **¿Qué es eso?** (when asking what a draw-

ing or object is supposed to be); **Aquí estoy con mi mami, mi abuelita** (when showing family photos); **Desafortunadamente, no pude** + infinitive (when explaining why one could not attend something).

3. Give students time to rehearse their skits. Circulate around the class to help individual groups as necessary.
4. Have students perform their own skits and videotape them if possible.

CAPÍTULO 3
¿Vivir para comer o comer para vivir?

NUEVAS DIMENSIONES

Learning Objectives: To be able to express your needs in a restaurant, and to talk and write about nutrition and food.

p. 67 **Cuadro de Gris**
1. Explain to students: Juan Gris (1887-1927), pintor abstracto o cubista sintético. Muy amigo de Picasso, vivió en París desde joven.
2. Have students look at the painting and then ask questions such as these:
   a. ¿Qué se sirve para el desayuno según esta pintura? (Respuesta: *Café, un huevo a la copa, pan.*)
   b. ¿Se pone mantel en la mesa o no?
   c. ¿Se lee a la hora de desayuno o no?
   d. ¿Qué colores creen Uds. que usó el pintor?
3. If you have reproductions of paintings by Juan Gris, bring them to class so that students can appreciate their composition and color. Art students should be able to help with the description.

p. 68 ## ¡Cómo se dice?
Have students role-play this conversation in groups of three (one couple and a waiter or waitress). Allow students to use their own names in place of those in the conversation.

p. 68 ### CÓMO EXPRESARSE EN UN RESTAURANTE
1. Have students repeat these phrases and sentences after you, using appropriate intonation.
2. Review with students the specialty stores where one buys different foods; for example, say **pan**, and suggest **la panadería**. Other stores and shops are **la pastelería, la lechería, la huevería, la carnicería, la pescadería, la frutería**.
3. The word for *grocery store* varies greatly from country to country. In many parts of Hispanoamérica one says **la tienda de abarrotes** or **la bodega**; in Argentina and Chile, **el emporio** or **el almacén**; in Bolivia, **la pulpería**; in Puerto Rico, **el colmado**; in Spain, **la tienda de alimentación** or **tienda de ultramarinos**. Of course, **el supermercado** is used throughout the Hispanic world.
4. *Total physical response activity:* Entre en el restaurante. Dígale al (a la) camarero(a) cuántas personas son Uds. Siga al (a la) camarero(a) a su mesa. Dígale "Gracias" y siéntese. Tome el menú. Consúltelo. Piense en lo que va a pedir. Pida una bebida. Pida algo de comer. Déle el menú al (a la) camarero(a). Espere la llegada de su pedido.
   ¡Ya viene el (la) mesero(a) con su pedido! Tome la servilleta. Póngase la servilleta al cuello. Tome la botella de agua mineral. Tome la copa y sírvase una copa de agua. Comience a comer. ¡Buen provecho!
   Como ya terminó de comer, va a prepararse para irse. Límpiese la boca con la servilleta. Pida la cuenta. Saque la cartera (billetera). Pague la cuenta. Deje una propina en la mesa. Levántese y salga del restaurante.

p. 70 **ASÍ ES**
1. Discuss with students the different names for meals in English (e.g., breakfast, brunch, midday snack, lunch, high tea, dinner, supper) and when people eat them. Have them name some of the foods that people enjoy eating during these meals.
2. Be sure to indicate what words you want your students to use in class for lunch (**almuerzo** or **comida**) and dinner (**cena** or **comida**).

p. 70 **Para el desayuno tráigame...**
1. The word *croissant* is used in most areas of the Hispanic world, except in Argentina where people say **medias lunas**.
2. Other egg preparations are **huevos rancheros** (with tomatoes), **huevos duros, huevos de tres minutos, huevos pasados por agua** (soft-boiled).

p. 70 **Para el almuerzo/la cena quiero comer...**
1. Add the Spanish terms for other food items students want to know (vegetables, fruits, kinds of wines and cheeses, desserts, and drinks). Write the names of these foods on the board and have students pronounce them after you.
2. Use color photographs from magazines and newspapers to teach these and other food items. You might ask your students to bring photographs from home, mount the larger photographs on paper, and use them to review the names of the foods. Discuss foods that students, their friends, and family members like and dislike.
3. Spanish equivalents for other foods include **pulpitos** (small octopus), **morcillas** (blood sausage), **chorizo** (Spanish sausage), **conejo frito** (fried rabbit), **cocido** (broth with chunks of varied meats, chickpeas, and vegetables), **lengua** (beef tongue), **callos** (beef tripe stew), **mazorca de maíz** (corn on the cob), and **lentejas** (lentils).

p. 70 **Quiero el pescado (la carne)...**
Explain that **a la parrilla** (grilled on a grating on coal) is most often used for meats, **a la plancha** (grilled on a flat surface) is often used for seafood, and **a la brasa** means grilled over coals, probably in a brazier.

p. 71 **Cómo expresar problemas/Cómo comunicarse antes de irse**
1. Explain that although **el menú** is understood universally, Spanish speakers in many places say **la carta** or **la minuta**. A typical menu is also included in the workbook.
2. The words for *waiter* (and *waitress*) also vary greatly in the Hispanic world. In addition to the words **mesero** and **camarero**, Argentinians call a waiter a **mozo**; in Chile, he is a **garzón**. Feminine forms are rare because most waiters are males. Explain that waiters are considered professionals rather than men who do seasonal or part-time work; they will guide their customers through the **carta** and some will almost demand that you combine dishes, wines and desserts their way.
3. Be sure that one person in each pair closes his or her book while participating in this activity. Circulate around the class to help students when necessary, but do not interrupt their conversations to correct errors.
4. As a follow-up, have students sit in small groups and practice ordering meals, using real or realistic menus (or use those in the textbook and the workbook). (One student in each group role-plays the waiter or waitress.) Afterwards, students practice paying the bill, using expressions in this chapter and other expressions that you have taught them.

p. 72 **ASÍ SE HACE**
Discuss with students appropriate restaurant etiquette in the following three situations:
1. ordering food and eating it at a fast-food restaurant

2. ordering food and enjoying it in a family restaurant
3. ordering food and dining in a fairly expensive restaurant

For example, students could describe what to do when entering the restaurant, how to order from the menu and what it looks like, how to call over the server (if any), and how much tip (if any) one should pay.

p. 72   **C. ¡Mesero/Señorita...!**
1. Extend this activity by typing other realistic situations on cards, distributing them to students, then having them role-play the new situations.
2. Have students work in small groups in which they prepare a Sunday menu. They should use the vocabulary in this chapter and add other names for foods that they like. The menus should be divided as follows: **Entremeses, Sopas, Pescados, Carnes, Postres, Vinos y bebidas, Café.** Explain that coffee and tea are generally not listed under **Bebidas.**

Have students role-play this continuing conversation in pairs. The students could use their own names if they wish.

p. 73   **ASÍ ES**
Discuss with students the following concepts in North American cultures: à la carte, cover charge, speciality of the house, house dressing, "on the house," side order, gratuity.

p. 74   **Verduras y frutas.**
In the Hispanic world, salad is usually small and unimportant; it is often served after the main course, although in some areas it is served before anything else.

p. 75   **EN LA MESA**
Ask your students to bring to class large photographs from magazines of as many of these items as possible. Select the best photographs and either laminate them or mount them in plastic covers. Then use them to teach, review and quiz your students.

p. 75   **ASÍ SE HACE**
Discuss with students appropriate table etiquette in their home: meal times, saying grace, table manners, table talk, asking for "seconds," saying no to "seconds," and typical desserts.

p. 76   **G. Unos consejos.**
Have students continue this activity by describing people they know and giving solutions to their problems or eating habits.

p. 77   **H. Problemas y soluciones.**
Ask students to continue this activity by describing one or more food-related problems that they, their friends, or members of their family have had. Have their partners offer a possible solution to each problem.

p. 77   **ASÍ ES**
Option 1: Do the following activity with the whole class. *Option 2:* Type each situation on a separate card and distribute them to small groups of students who work together.

Ejemplo: Un amigo mío está un poco gordito. ¿Qué podría comer y tomar para no engordar más?
Podría comer un filete de pescado a la plancha y tomar un té sin azúcar.

1.   Esta noche mis amigos y yo vamos al cine. Luego, vamos a un restaurante mexicano para tomar algo. ¿Qué debemos comer?
2.   La próxima semana llega una estudiante de intercambio de Costa Rica y va a vivir en mi casa por un año. Queremos prepararle una típica cena norteamericana (canadiense). ¿Qué debemos servirle?
3.   El próximo sábado voy a hacerle una pequeña fiesta en mi casa a un amigo que va a cumplir veintiún años. Tengo poco dinero, pero claro que les voy a servir algo a los invitados. Díganme qué puedo servir.
4.   Mis padres van a celebrar sus bodas de plata el próximo mes. Quiero prepararles una comida especial. ¿Tienen Uds. alguna sugerencia?
5.   Mi amiga y yo nunca comemos carne porque somos vegetarianos(as). Quiero invitarla a comer a algún restaurante. ¿En qué restaurante debemos comer y qué recomiendan Uds.?

p. 78   **ASÍ SE HACE (En el extranjero...)**
Bring food cartons, boxes, envelopes, wrappers, and bottles that you may have collected. Explain that milk, juices and wine can be bought in 1, ½ and sometimes ¼ liter cartons that won't spoil for at least one year. In Spain, this kind of milk is called **leche uperizada**.

p. 79   # Perspectivas auténticas
Grammar: imperfect aspect: present and past
Functions: reading for information, learning about cultural attitudes and implications, gaining insights into Argentinian culture and lifestyles, understanding longer explanations, understanding logical connections, understanding figures and metric expressions
Vocabulary: connectives, news-related vocabulary (e.g., labor unions, economic fluctuation, exports, foreign debt, drought, famine), basic numerical, metric and statistical vocabulary

p. 79   **A.   Enfóquese en la Argentina.**
1.   Refer students to the map on page 79.
2.   Provide the word **porteño** (relating to or from Buenos Aires, **el puerto**) if students ask.
3.   Students working for extra credit could prepare written or oral reports on aspects of Argentina such as its political history over the past ten years, its global importance, the Falkland Islands conflict, **gaucho** culture in the past, Argentine cuisine, the Southern islands and Ushuaia, etc.
4.   This is a good point to introduce some basic information about Argentina and its people. You may emphasize that it is the largest Spanish-speaking country, (though not the most populated with 32 million people) with extraordinary natural resources such as vast prairies, rich oil deposits in the south and immense cattle herds.

p. 83   **¿COMPRENDIÓ BIEN?**
A.   ¿Qué hacer con tanta carne?
Allow students to refer to the text to recheck answers about which they are uncertain. This exercise is not a test!

p. 84   **F.   Hablando de la salud.**
This exercise promotes reading for specific information.

p. 85   **ASÍ ES**
Your class could study Buenos Aires by having students choose to research and report on one aspect of the city such as geographical features, local history during a specific period,

current economy, industry, leisure activities, places of tourist interest, makeup of local population, newspapers and magazines, local celebrities, etc.

p. 86   **I.   Estereotipos.**
1.   You may want to add to this list names of other groups of people in your area who are discriminated against.
2.   Discuss with students how they define "the American way of life" or "the Canadian way of life." Ask them to identify specific characteristics of this general "way-of-life" concept. This discussion could lead into other topics of discussion such as prejudice, discrimination, war, and how to avoid these universal evils.

p. 86   **J.   Hamburguesas, papas fritas y un refresco.**
Tell students that a new McDonald's restaurant opens every 15 hours somewhere in the world. There are now more than 10,000 McDonald's restaurants worldwide.

p. 87   **DETALLES INTERESANTES**
Answers: Aunque (A pesar que), a pesar, no sólo, sino también, aunque, mientras

p. 88   # En pocas palabras
Los verbos del grupo de *gustar*
1.   If necessary, introduce other verbs of this group such as **apetecer. Me desagrada** has been given for dislike; you might, however, introduce other equivalents (**me carga, me revienta**).
2.   Draw a continuum on the board, make a statement relating to the theme of this chapter, and have a student go to the board and stand under the point on the continuum that represents his or her opinion. The student must then say why he or she reacted in that way.

p. 90   **E.   La hora de la verdad.**
Students should read their lists to the class. If the class is large, divide students into groups and ask one student in each group to report to the entire class.

p. 91   **ASÍ SE HACE**
Have students read the table and ask the following questions:
1.   ¿Qué frutas no conocen? (**Granada**: *pomegranate*, **arándano**: *cranberry*, **higos**: *figs*)
2.   ¿Cómo se dice sandía a veces en el español de los Estados Unidos? (Respuesta: *Melón de agua.*)
3.   ¿Qué frutas tienen más (menos) calorías? ¿Cuántas calorías tienen? (This is a good review of numbers).

p. 91   **F.   ¿Qué te parece?**
Try not to skip this activity. It is important for developing the ability to express likes and dislikes and for giving an alternative.

p. 92   **LOS IMPERATIVOS FORMALES**
This section is useful not only because it shows how to form and use formal commands (e.g., **Traiga otro tenedor, por favor**), but also because the Spanish present subjunctive is based on these verb forms (e.g., **Quiero que el mesero me traiga otro tenedor**).

p. 93   **H.   Un picnic elegante.** Answers:
pélelos, combínelos, cúbralos, páselos

p. 93   **D.   ¡A poner la mesa!**
Total physical response activity: Give the following commands to students, who should react by carrying out each command. Afterwards, say the statements in random order to check true comprehension. You may wish to expand this activity by including additional statements and lexical items. Begin the activity with all students standing (**¡Levántense, por favor!**). 1. Siéntense, por favor. 2. Tomen la servilleta. 3. Pónganse la servilleta en el cuello. 4. Tomen la botella de agua mineral. 5. Cojan la copa y sírvanse una copa de agua. 6. Prueben el agua. 7. Límpiense la boca con la servilleta. 8. Pidan la cuenta. 9. Saquen la billetera (cartera). 10. Paguen la cuenta. 11. Dejen una propina en la mesa. 12. Levántense y salgan del restaurante.

p. 93   **Table setting**
Use color photographs from magazines and newspapers to teach and review the following items: **la sal, la pimienta, el vino, el pan, el aceite, el vinagre, el azúcar, la sacarina, un cuchillo, un tenedor, una cuchara, un vaso, agua mineral.** You could also introduce: **salsera, mantequillera, azucarero,** etc.

p. 94   **J.   A mí, tráigame...**
Total physical response activity: If you have not done the TPR activity that corresponds to page 93, you can do this one. Students should work in pairs; one person plays the role of the waiter or waitress and the other person, the customer. As you read the following commands, students should act them out with their partners. 1. Entre al restaurante. 2. Dígale al (a la) camarero(a) cuántas personas son Uds. 3. Siga al (a la) camarero(a) a la mesa. 4. Dígale "Gracias" y siéntese. 4. Tome el menú. 5. Consúltelo. 6. Piense qué va a pedir. 7. Pida una bebida. 8. Pida algo de comer. 9. Dele el menú al (a la) camarero(a). 10. Espere la llegada de su pedido.

  Have students pretend that the waiter has now served what they ordered, and continue the TPR activity using typical restaurant expressions.

p. 94   **K.   Mi mejor plato.**
1.   Create and carry out a TPR activity to prepare an interesting dish for which you and/or the students could supply the props. **Vamos a hacer un pastel de cumpleaños. Primero, saque media docena de huevos de la refrigeradora. También saque la leche. ¡Ay!, y no se olvide de sacar la mantequillera...** Perhaps you could have already prepared the dish so that students could actually enjoy sampling it.
2.   The students could also write TPR recipe activities and serve their classmates the actual dish that they prepared at home.

p. 94   **LOS PRONOMBRES DE OBJETO DIRECTO E INDIRECTO**
1.   The acquisition and correct use of object pronouns in speech and writing is a very long process. Therefore, expect students to recognize the meaning of these pronouns, but do not expect them to produce them at this stage of acquiring Spanish. For production purposes, teach students to use such high-frequency phrases as **le dije, me dice, le doy, lo llamé,** etc.
2.   Tell students that they need to learn only one set of pronouns and remember that certain verbs will require **le/les.** It is important that students see that in all other cases, both pronouns have the same form, as in English.
3.   Usually, students will avoid using these pronouns. Therefore, rather than trying to drill them on how to distinguish direct from indirect object pronouns, concentrate on giving students opportunities to use them in the correct preverbal position with their appropri-

ate antecedent. Avoid telling students that **le** is reserved for people and **lo/la** is used for things because this rule is inaccurate and will confuse them even more. **Se lo/se la** cases are reintroduced in Chapter 6, along with the use of pronouns with infinitives and commands.

p. 95   **L. ¿A quién, dijiste?**
Transcribe these three items on an overhead transparency. Once students have completed this exercise individually, elicit their answers and mark that information on the transparency so the entire class can correct their own work together.

p. 96   **O. Una fiesta.**
You can assign this conversation to be drafted at home and role played in the next class period.

p. 97   **¡A divertirnos más!**
Del mundo hispano
If possible, arrange to view segment #5 of Program 3 on Château René from the *Spanish from Within* videotape after students read the menu and answer the comprehension questions.

NUEVAS ALTURAS

Learning Objectives: To be able to read for main ideas and supporting details and to understand and appreciate a poem in Spanish.

p. 42   **READING FOR MAIN IDEAS**
Reading to extract the most important ideas in a reading selection is related to skimming—getting the gist of a reading passage.

p. 42   **Volante**
Words like **palta** (avocado) and **chirimoya** (chirimoya) should not affect comprehension at all. Convey the idea to students that even native speakers of Spanish from other areas would have to ask for the names of certain fruits and vegetables.

p. 43   **¿COMPRENDIÓ BIEN?**
Refer students to Chapter 6 in *Nuevas dimensiones*, where the table of currencies is located.

p. 45   **A. ¿Qué significa esto?** Answers:
C/ = calle
Nº = número
esq. = esquina
Esc. = escuela
Col. = colonia
C.P. = código postal
Cra. = carretera
Avda. (Av.) = avenida
Tel. (tels.) = teléfono(s)

p. 45   **B.   Asociaciones.** Answers:
1.   _e_ junto
2.   _b_ sabor
3.   _h_ comida
4.   _j_ semanal
5.   _f_ surtido
6.   _i_ rebajas
7.   _g_ verduras
8.   _d_ cereales
9.   _c_ champiñones

p. 49   **¿COMPRENDIÓ BIEN?** Answers:
1.   h
2.   b
3.   e
4.   d
5.   c
6.   i
7.   f

p. 57   **UNDERSTANDING A POEM**
This reading strategy provides a brief introduction to the study of poetry. The authors realize that although most of your students are not Spanish majors or minors, we wish to provide students with some guidelines to understand and appreciate poetry in its original form.

p. 58   **"Oda a la cebolla"**
Point out that, in classical poetry, odes are reserved for famous people or important events. Pablo Neruda, however, uses odes to celebrate the common person and ordinary things because he praises humankind and nature above all else.

p. 60   **¿Comprendió bien?**
Other categories are possible, of course, and students could be encouraged to create their own: **globo/esfera, comida de los pobres, ensaladas con cebolla.**

Ejemplos: **astros, transparencia:** luminosa redoma
agua, transparencia: vientre de rocío

p. 62   **D. ¡Ud. también puede escribir poemas!**
Have students vote on the three best poems, and award a small prize to the best "laureate poets".

SPANISH FROM WITHIN

Programa 3: *La comida*
Learning objectives: To become familiar with the names, ingredients, ordering, and preparation of a variety of Hispanic foods.

I.   **Antes de ver la cinta de video**

A.   Preview questions

Announce the general topic of these segments *(La comida)*, and have students locate some of these places on a map (Nueva York, Valencia, Bogotá, Costa Rica). Then ask these questions:

1.   Como el mundo hispano es tan grande, ¿piensan Uds. que se come lo mismo en todas partes? ¿De qué depende la variedad de comidas? (Suggest, then write on the board: **el clima, la geografía, las culturas locales, la cercanía o lejanía del mar, los inmigrantes que han llegado a cada región,** etc.)

2.   ¿Qué van a escuchar en la cinta sobre comida? (Guide students to say **cómo pedir la comida, recetas, ingredientes,** and/or **preparación, y pedir comida en un restaurante** will probably be discussed.)

3.   ¿Qué comidas hispanas típicas conocen Uds.? ¿De España? ¿De Hispanoamérica? ¿Del sudoeste de los Estados Unidos? ¿De otras partes?

4.   ¿Cuáles son los ingredientes principales de las comidas hispanas? (Guide students to say these: **pescado y mariscos, pollo, carne, arroz, maíz y papas, verduras o legumbres, pan o tortillas, vino o sangría, café negro o tinto,** etc.)

B.   Vocabulary

You may find it necessary to explain (if possible, with actions or visuals) some of the following words and phrases to facilitate students' comprehension of this video program.

hervido puchero *(boiled vegetables and pieces of meat with the broth served separately);* se sirve con aceite de oliva y limón
tortilla española típica tortilla de papas y huevos
tortilla mexicana tortilla de maíz o trigo muy delgada que se usa como pan
chicharrones *fried pig skin*
copo *A type of Costa Rican ice cream made with crushed ice (similar to a Slush Puppie)*
ajiaco "Santa Fe" sopa de pollo y verduras típica de Colombia (especie local de hervido)
caldo *broth*
crema de leche *cream*
aguacate fruta no dulce que se come con sal, sola, en ensaladas y en guacamole en la cocina mexicana, centroamericana y sudamericana ("Palta" en el sur de Sudamérica; véase la página 38 de *Nuevas alturas*.)
mazorca de maíz *corn on the cob*
alcaparras *capers*
paella típico plato mediterráneo de arroz, mariscos, carne y verduras
caracoles *(sea or earth) snails*
huachinango pescado rojo del Caribe *(red snapper)*
brocheta de filete anticucho de carne *brochette, shishkebab (See* Programa 2, Parte 3, Haciendo la tarea.)

II.   **Ahora, ¡a ver la cinta!**

First showing: Show these segments one by one. Help students retain information by asking questions after each segment. Showing one or two segments during each class meeting would be ideal.

Parte 1: ¡Qué variedad de comida!

Nombre los lugares que se mencionan en el video. (Respuesta: *Nueva York, Puerto Rico, España, México, Costa Rica, Argentina, Colombia)*

Parte 2: El ajiaco

1.   ¿Qué es el ajiaco, ¿una ensalada, una sopa o un postre? (Respuesta: *Una sopa)*

2. ¿Da Constanza la receta para preparar el ajiaco? (Respuesta: *Sí, tiene pollo, papas y maíz.*)
3. ¿Cómo se prepara el ajiaco? (Respuesta: *Hacemos un caldo de pollo y después añadimos papas, maíz y hojitas de una hierba.*)
4. ¿A Ud. le gustaría probar el ajiaco?

Parte 3: Kokorikó Burguer
1. ¿Qué tipo de restaurante es el Kokorikó Burguer, un restaurante típico o de comida al paso (rápida)? (Respuesta: *Es un restaurante de comida al paso.*)
2. ¿Qué refresco tomaron los niños? (Respuesta: *Sprite*)

Note: There is an ad of **comida al paso** on page 97 of *Nuevas dimensiones* that you can use for this segment.

Parte 4: La paella valenciana
1. ¿Quién presenta la paella valenciana? (Respuesta: *Un cocinero, un chef.*)
2. ¿Dónde ocurre esto? (Respuesta: *Ocurre en un restaurante de Valencia, España.*)
3. ¿Dan la receta para preparar la paella? (Respuesta: *Sí.*)
4. ¿Vemos el plato terminado o no? (Respuesta: *Sí.*)

Parte 5: En el restaurante "Château René"
1. ¿Qué tipo de restaurante es el Château René, un restaurante mexicano o no? (Respuesta: *No. Es un restaurante de cocina suiza-francesa que está en México.*)
2. ¿Cómo está la carne según la señora? (Respuesta: *Está exquisita.*)

Note: There is a menu on page 97 of *Nuevas dimensiones* that you can use for this segment.

III. ¿Comprendió bien?
Second and third showings: After showing the tape for the second and third times, have students answer the following questions:

Parte 1: ¡Qué variedad de comida!
1. ¿Qué se muestra en cada segmento de esta parte? ¿Por qué? (Respuesta: *Distintas comidas típicas de varios países diferentes; para demostrar la gran variedad de comida que existe en el mundo hispano.*)
2. ¿Qué pidió la señora puertorriqueña en el puesto de Nueva York? (Respuesta: *Relleno de papa, bacalaíto frito*)
3. ¿Qué les gusta hacer a los niños costarricenses? (Respuesta: *Les gusta hacer (una especie de) helados.*)
4. ¿Qué asado preparan en la Argentina? ¿En qué lo preparan? (Respuesta: *Un asado de varias clases de carne (asadas a la parrilla y a la perfección); lo preparan en la parrilla.*)

Parte 2: El ajiaco
1. Haga una lista de los ingredientes del ajiaco. (Respuesta: *pollo, ajo, sal, cebolla para el caldo; después, tres clases de papas, mazorca de maíz, hojitas de una hierba.*) **Note:** It is not necessary for students to learn the names of the local varieties of potato.
2. ¿Con qué se sirve el ajiaco? (Respuesta: *con alcaparras, crema de leche, aguacate.*)
3. ¿Cuál es el mejor complemento para el ajiaco? (Respuesta: *El aguacate, que es una fruta deliciosa.*)
4. ¿Cómo sabemos que el ajiaco es un plato muy importante en Colombia? (Respuesta: *Porque la señora explica todo con mucho cuidado y cariño.*)

Parte 3: Kokorikó Burguer
1. ¿Por qué quieren ir los niños al Kokorikó? (Respuesta: *Porque tienen hambre.*)

2. ¿Qué pide la niña en el restaurante al paso? ¿El primer niño? ¿El segundo niño? ¿El papá? (Respuesta: *un pastel de pollo; una hamburguesa sencilla; un perro caliente; una Coca-Cola*.)
3. ¿Qué otra cosa sugiere la niña? (Respuesta: *Una porción de papas [francesas] para todos*.) **Note:** Compare this order to an American child's order.
4. ¿Qué palabras usan los niños para decir que les gusta mucho esta comida rápida? (Respuesta: *[Está] muy rico. ¡Claro [que me gusta]!*)
5. ¿Por qué cree Ud. que el papá no come nada? (Respuesta: *Quizás porque él piensa que la comida al paso no es realmente comida, sino un entremés o bocado [para los niños]*.)

Note: Emphasize that for most Spanish speakers, snacks will not substitute for a meal. The **al paso** flavor of the food is probably not to the father's liking, and this is not the kind of place where a meal could serve its other functions of "time spent together talking" (**sobremesa**).

Parte 4: La paella valenciana
1. ¿Explica esta persona cómo hacer la paella? (Respuesta: *Sí, [él explica la receta paso por paso]*.)
2. ¿Qué ingredientes se mencionan? (Respuesta: *Arroz, pollo [y conejo], la verdura, los caracoles...*)
3. ¿Qué palabras (lema) usa esta persona para referirse a la paella? (Respuesta: *Maravillosas, increíbles y sabrosas paellas*.)
4. ¿Usan una cocina eléctrica o fuego de leña para hacer la paella? (Respuesta: *Usan fuego de leña [muy vivo]*.)
5. ¿Qué cree Ud.? ¿Es éste un restaurante grande o pequeño? ¿Por qué? (Respuesta: *Es un restaurante muy grande porque hacen paellas para el restaurante y para llevar [a casa] y porque tienen un comedor donde caben 800 personas*.)

Note: Paella is a Catalan word naming the flat thick skillet where paellas are cooked = **paila**. Note the use of **país** for *region* in Spain. The man says "**Valencia, el auténtico país de la paella**."

Parte 5: En el restaurante Château René
1. ¿Qué pidió la señora? ¿Y el primer señor? ¿Y el segundo señor? (Respuesta: *Una brocheta de filete [término medio]. Sopa de cebolla, chuletas de cerdo [bien cocidas]. Ensalada verde, brocheta de filete*.)
2. ¿Qué quería comer un señor pero no hay? (Respuesta: *Costillitas de carnero [no son recomendables, dice el mesero]*.)
3. ¿Qué cree Ud. que quiere decir **filete término medio** y **chuletas bien cocidas**? (Respuesta: *Se refiere a cuánto cocinar la carne: medio asado el filete o totalmente cocidas las chuletas*.)
4. ¿Cuánto es la cuenta total sin la propina? (Respuesta: *29.500 pesos*.)

IV. ¡Luz, cámara, acción!
Students could work individually or in small groups to prepare skits expanding topics presented in the videotape. Students could demonstrate recipes or receive foreigners for a visit and introduce them to some interesting aspect of their tradition (culinary or other). If you have access to videotape equipment, it would be very interesting and useful to record for further analysis the scenarios developed in the **¡A divertirnos más!** section of the textbook. You can follow these steps:
1. Use the **Programa 3** videotape to help them prepare their skits. Play the tape with the sound turned off. Ask students to observe and learn gestures and movements for ordering and serving food.
2. Play the tape with the picture turned off. Ask students to listen for main ideas or for idiomatic phrases that they could use in their skits. For example: **Yo pedí...** (when telling what one ordered); **No lo (las) tengo, por el momento** (when informing a client that they don't have a certain item today); **¡Ay, qué lástima; no hay costillitas de carnero!** (when told that the lamb ribs are not good

today); **¿Qué cantidad?** (when adding dressings to the ajiaco); **¿Por qué no pedimos una porción de papas para todos?** (when asking the father for fries).

3.   Give students time to rehearse their skits. Circulate around the class to help individual groups as necessary.

4.   Have students perform their own skits and videotape them if possible.

CAPÍTULO 4
¿Vivir o sobrevivir en la ciudad?

NUEVAS DIMENSIONES

Learning objectives: To be able to talk and write about urban problems that students learn about or have experienced and dealt with.

p. 101 **Cuadro de El Greco**
1. Have students look at the painting and ask questions such as these:
   a. ¿Qué tipo de ciudad es ésta? (Respuesta: *vieja/antigua; está en una montaña/una meseta a la orilla del río; las casas son...; no se ven las calles*)
   b. ¿Por qué es tan oscura la pintura? (Respuesta: *hay/va a haber una tormenta; no podemos ver los colores en esta reproducción*)
   c. ¿Qué colores creen Uds. que usó el pintor?
   d. ¿Qué saben Uds. de El Greco? ¿Dónde vivió? (Respuesta: *Vivió en Toledo. Era griego, por eso le llamaban El Greco.*)
2. If you have reproductions of El Greco works, bring them to class so students can appreciate the mysticism of his choice of themes and elongated figures. Art students should be able to help.

p. 102 **¿Cómo se dice?**
Have students role-play this conversation in pairs. To make the role-play more realistic, they could change it by using **señor**, **señorita** or **señora**, according to their sex or marital status.

p. 103 **CÓMO PEDIR Y DAR INSTRUCCIONES**
Point out some expressions (and add others if you wish) for interrupting people to request information or favors: **Perdón**, **Perdóneme**, **Disculpe**, etc.

p. 103 **CÓMO PREGUNTAR Y PEDIR CLARIFICACIÓN**
Here are some common places in a city, which you may want to share with the class.
Tiendas: las tiendas del centro, los almacenes, el mercado, el centro comercial, la tienda de antigüedades
Parques: la plaza, el paseo, los jardines, el jardín botánico, el zoológico, el lago
Sitios religiosos: la catedral, la iglesia, la capilla, el monasterio, el convento, la gruta, la mezquita, la sinagoga, el cementerio
Edificios: la galería de arte, el museo, el teatro, la ópera, la sala de conciertos, el auditorio, el palacio, la biblioteca, la sala de exposiciones, la fábrica, la fortaleza (el alcázar), la plaza de toros, el castillo, el acuario, el ayuntamiento, la oficina de correos, el estadio, el polideportivo, el hospital, el policlínico, (la clínica de) urgencias
Monumentos: la fuente, la estatua, la torre
Otros lugares: el puerto, el muelle, el malecón, el aeropuerto, la estación

p. 104 **EN LA CALLE**
1. Use color forms for students to practice **derecha/izquierda**, etc. Color forms are available in teacher resource stores, toy stores, and through Sky Oaks Productions, Los Gatos, California. For example, using a street scene students can place a fire hydrant, a tele-

phone booth, a lamppost, a policeman, etc., in different areas and then describe the resulting scene.
2. Try this tip for helping students with vocabulary acquisition. First, have students match the ten words in the list with the objects in the drawing. Then ask students to photocopy the drawing, cut out the ten objects, paste them on index cards, then write the name of each object on the other side of the card. In this way, students will be able to look at the printed word on one side of the card, and visualize its meaning, pictured on the other side of the card. This procedure will help students create semantic bindings between form and meaning.
3. Have students work in pairs to create stories about the drawing; they could discuss the activities of the three people shown, telling where they are coming from and where they are going and why. Afterward, have two pairs meet to retell their stories together.

p. 104   **A. Perdón...** Answers:
1. cabina telefónica, enfrente
2. lejos, afueras
3. buzón, esquina
4. derecha, estacionamiento
5. parada, cuadra, derecho

p. 105   **B. Multas justas.**
1. Show illustrations or slides of other signs that you want your students to be familiar with. Have them work in small groups to write definitions of the signs; e.g., **Si hay (ves) un signo PARE, tienes que parar.**
2. Answers to this exercise:
    1) giró en U
    2) Alto (Pare)
    3) Ceda el paso
    4) Sentido único
    5) Alto (Pare)

p. 106   **C. Ando un poco perdido.**
Before students begin this activity, briefly review the strategies for continuing and ending conversations (Chapter 1). Encourage students to continue their conversations as long as necessary to exchange the information they wish to communicate.

p. 107   **D. De paseo en su ciudad.**
1. Encourage students to ask follow-up questions and to ask their conversation partners to repeat parts of sentences or whole sentences, if they have not understood completely.
2. Ask students to continue this activity by asking directions to places they really want to locate in and around your town or city.

Have students continue this role-play in pairs. If they wish, they could modify and extend the conversation according to their interests and oral proficiency in Spanish.

p. 108   **PROBLEMAS TÍPICOS DE LAS CIUDADES**
1. Use photographs and drawings to illustrate these city problems and to teach the phrases to describe them.
2. Students may find these expressions useful when traveling or living abroad (the focus of Chapters 9 and 10, respectively).

p. 108   **E.   ¿Qué opina Ud.?**
Have students form small groups and discuss how often each of the six urban problems affect the city or town in which they live. They could also discuss which cities in their country or around the world are affected seriously by these problems.

p. 109   **H.   Seamos realistas.**
Have students exchange their compositions with another student who should correct any errors. Then have the students rewrite the compositions at home, and give them to you at the next class meeting. Highlight the remaining errors on the second drafts, write comments on the content, then return them to the students.

p. 110   **ASÍ ES**
1.   Remind students that they have already seen how different words meaning *dinner* in different countries can lead to confusion about mealtimes. (See chart on page 70 in the textbook.)
2.   Have students role play a scene in which visitors to Mexico or Argentina ask *¿Cómo se dice...?* and show a clipping or drawing of a truck, a bus, an intercity bus, etc.

p. 110   # Perspectivas auténticas

Grammar: present and past tenses, impersonal **se**, comparisons
Functions: reading for information, learning cultural facts and implications, forming insights about the Mexican culture, understanding descriptions, expressing one's own cultural pride, reporting opinions of others
Vocabulary: connectors, city-related vocabulary, city problems, ordinary people's concerns, current issues

p. 110   **CÓMO LEER LA LECTURA** (item A)
1.   The purpose of this exercise is to help students concentrate when reading Spanish. They should be able to see that adjectives can appear before or after nouns and that Spanish clauses often have more words than English clauses. Help the class with the first two or three clauses, then have them work on the others in groups.
2.   Depending on the level of your class and how much time you have, you could assign a number of clauses to each group. Afterward, a spokesperson from each group could report on the group's results.
3.   Help students see that, in general, whenever **de** connects two nouns, the order is different from English: *marble floors* = **pisos de mármol**, *Coyoacán station* = **estación de Coyoacán**.

p. 114   **¿Comprendió bien?**
Answers to F:
1.   _h_ Texcoco
2.   _g_ Coyoacán
3.   _b_ Guadalupe
4.   _a_ Moctezuma
5.   _f_ Tenochtitlán
6.   _e_ Bellas Artes
7.   _c_ Hernán Cortés
8.   _d_ Benito Juárez

p. 115   J.   Perdón, amigo...
This is an autograph activity in which the students stand up, circulate around class and talk with different students. Before students begin the activity, tell them to obtain the initials of seven *different* students.

p. 115   L.   Los buenos y los malos.
Avoid translating words or phrases that students do not know. Instead, help them guess meaning through definition; for example: **roba carteras, ataca a las mujeres, le dice mentiras (engaña) a la gente**.

p. 116   O.   El carácter estadounidense.
Another writing assignment is found in the reader. The topic is "Lo mexicano y lo norteamericano." You could assign either topic as a longer, more fully developed composition, depending on the level of the class, the goals of the course and your students' interest.

p. 117   DETALLES INTERESANTES
Answers to **Ejercicio:** mientras más, mientras que, por más/mucho, tanto como

p. 118   ASÍ ES
Your class could learn a great deal more about these old capital cities. Assign groups of students to do some research on the origins and development of the cities, then present an oral report to the class.

Plano de Tenochtitlán
1.   Use this map as a point of departure for providing a brief account of the conquest of Mexico, Hernán Cortés, Moctezuma, and Tenochtitlán (now Mexico City). Have students research different aspects of the conquest, then as a class discuss what they learned.
2.   You could also contrast the goals and attitudes of the Spanish **conquistadores** with those of the British pilgrims and the Dutch and Swedish settlers who settled in New England and along the Mid-Atlantic coast of North America. Avoid generalizations about present degree of development being based solely on these attitudes, because there are many other complex historical and political reasons for development that are more important.

p. 119   En pocas palabras
El imperfecto
This introduction to the imperfect centers on narrating what happened to other people. It is important that students develop an intuition regarding the two aspects of a narration: the background, which contains a description of the scenery or the *stage* where the action took place, and the foreground, which consists of the story line itself. This procedure will help students understand the differences in use as well as the interaction between the preterit and imperfect based on a feel for story narration rather than a narrow focus on isolated sentences (where the use of either tense is often grammatically correct). Avoid providing a long list of rules at this time because many of the rules are based on sentence-level descriptions, not on full narrations or descriptions.

p. 119   1.   Have students read the examples silently, then ask them to circle the past forms that set the stage for the story. Students should repeat this step each time they read narrations in the past, so that they realize how the imperfect sets the stage for the story and how the preterit relates the action in it.
2.   Research has shown that use of the imperfect is one of the last uses of language acquired by Spanish-speaking children, about the age of four. Because the use of the

imperfect is not governed by a grammatical rule, but rather by meaning and perception, verb aspect is extremely difficult to acquire and, some specialists say, virtually impossible for foreign speakers to learn. It seems wise, therefore, not to expect too much of students who have not been exposed to enough natural discourse. Instead, the intention of this activity is to help students form some intuitions about aspect in Spanish.

p. 120 **A. Así es la pobreza.** Answers:
De niño, yo **vivía** en las afueras de la Ciudad de México en una colonia que **llamábamos** "Sal si puedes" porque **había** tanta pobreza y delincuencia allí. Más de un millón de personas **vivían** en casas que **construíamos** de cualquier material que se **podía** encontrar. Casi nadie **tenía** trabajo; todos los días mis padres y yo **íbamos** a montones gigantescos de basura a buscar cualquier cosa que pudiéramos usar o vender.

Yo **iba** a una escuela donde nos **enseñaban** a leer y escribir un poco. Mis compañeros de clase **eran** tan pobres como yo, pero todos **tratábamos** de aprender juntos ayudándonos como **podíamos**. A veces, nuestra maestra nos **traía** fruta fresca del ranchito que **tenía** su tío en Oaxaca. ¡Cuánto nos **gustaba** esa fruta fresca y jugosa!

p. 121 **C. Así fue mi niñez.**
If possible, have students bring to class photographs which they could share with their classmates as they participate in this activity.

p. 122 **CÓMO ELEGIR ENTRE EL PRETÉRITO Y EL IMPERFECTO**
Read aloud a story in Spanish that your students are already familiar with in English. Sources might be fairy tales such as Cinderella *(La cenicienta)* or The Three Little Pigs *(Los tres cochinitos)*, or passages from well-known stories such as *Las aventuras de Tom Sawyer*. Ask your students to listen carefully to how the author tells the story in the past using the preterit and imperfect. Because most students will already be familiar with the story, they will be able to concentrate on the forms used for narrating it.

p. 123 **G. Reportero.** Answers:
1. había, mandamos
2. llegó, ayudó, necesitábamos
3. se iba, pudo
4. se murió
5. había, teníamos que, venía
6. Fue

p. 123 **H. ¿Qué pasó?**
1. Answers to exercise:
   1) Era, acabábamos, subimos, tuvimos, seguía, salimos, doblamos, echamos, vimos,...[answers will vary]
   2) era, vivía, volvía, cenaba, contaban, llegó, pensó, andaba, estaba, Entró, llamó, contestó,... [answers will vary]
2. *"Moving Story" activity.* Have students divide into small groups and sit in a circle. Write one of these incomplete stories (or your own incomplete story) on the board or on an overhead transparency. Ask students to complete the last sentence in writing. Afterward, ask them to pass their papers to the right, read what other students wrote, and continue the story by writing another line in it. Students then pass their papers again to the right, and repeat the same activity. After all students have received their own papers, they should complete the story by writing several more lines. Collect and correct these stories, then read aloud the most interesting ones in class.

3.   *Variation:* As you read aloud the stories, have several students act them out in front of class. If you have access to a video recorder, tape the performances, play them back and save them for future classes to view.

p. 125   **M. En la oficina.** Answers:
1.   hemos devuelto
2.   hemos conseguido
3.   ha aprobado
4.   ha procesado
5.   han hecho
6.   has dicho

p. 126   **O. Y tú, ¿cómo andas?**
This could also be a written homework assignment.

p. 127   ¡A divertirnos más!

Variation: Use a map of a train or bus system in your area. Have students role play local residents who tell visitors how to get to different places in the city or town.

NUEVAS ALTURAS

Learning objectives: To be able to understand meaning through organizational features, understand a short story written in Spanish, and understand a reading passage by focusing on grammatical features.

p. 66   **DISCOVERING MEANING THROUGH ORGANIZATIONAL FEATURES**
Emphasize the importance of the following organizational features that will help your students read more efficiently in Spanish: title of the reading selection, illustrations such as photographs and drawings, captions that accompany the illustrations, the first sentence in the reading, key words and phrases that are repeated often throughout the passage, and the conclusion of the reading.

p. 67   **"¡A quién le importa el río!"**
Before students begin reading this selection, brainstorm with them issues related to conserving water, water pollution, and the destruction of rivers and lakes in this country and in other parts of the world.

p. 69   **A. Para leer mejor.** Answers:
a.   urbe - ciudad
b.   ruido - rumor
c.   tierra - planeta
d.   correr - fluir
e.   entonces - luego
f.   gigantesco - inmenso
g.   indígenas - aborígenes
h.   habitantes - moradores

p. 70   **D. Mi ciudad**
If your students are from many different towns and cities, ask them to present oral reports based on their written paragraphs. Encourage them to illustrate their reports with slides, home movies, or other visuals.

p. 71   **DISCOVERING MEANING THROUGH GRAMMATICAL FEATURES**
Before beginning this section, be sure all your students understand the meanings of the following grammatical terms: subject noun, object noun, verb, main verb, and main clause. Ask students to give several examples of each term, if necessary.

p. 72   **¿Micro o metro?**
1.   Before assigning this reading selection, ask students the following questions:
    a.   ¿Cuántos de Uds. no han tomado un metro nunca?
    b.   ¿En qué ciudades de nuestro país hay metros?
    c.   ¿Qué diferencias hay entre el interior de un micro y de un metro?
    d.   ¿Qué ventajas y desventajas tiene el metro? ¿Qué ventajas y desventajas tienen los micros o autobuses?
2.   Before reading, have students locate Chile and Santiago on a map.

p. 75   **A. Para leer mejor.** Answers:
de todos los días, habitación, forma, autobuses, lugar, lado, amigo, conductor, disfrutado del, ambiente, escribir, dinero

p. 76   **Understanding a short story**
Before students begin this section, ask them the following questions to pique their interest in short stories:
1.   ¿Leen Uds. cuentos con cierta frecuencia? ¿Cuándo los leen?
2.   ¿Quiénes son sus autores preferidos? ¿Por qué?
3.   ¿Conocen otros autores famosos? ¿De este siglo? ¿Y del siglo pasado?
4.   ¿Qué elementos hacen que un cuento sea fascinante?

p. 77   **Una reputación**
Have small groups (four or five students) convert this short story into a skit, complete with props. (Several chairs will suffice for the interior of the bus.) Have each group write the script and act out the skit before the class. Some groups may find that a narrator can give the audience details or an introduction to the episodes, while the other actors set the stage. Videotape the skits if you have the equipment available.

p. 79   **A. Para leer mejor.**
2.   Answers: adelante, rechiflar, atravesando, ademán, desprecio, cohibida, camión, nene, envoltorio, vacío, alivio, rostro, estalló, aguardaba, desazón, vacilante, arrancó, alas
4.   Collect the students' original sentences from activity A, then note the most frequent types of errors in these sentences. On a separate piece of paper, type new sentences containing the high-frequency errors, and indicate in parenthesis at the end of each sentence the number of errors it contains.
Homework assignment: Copy one sheet for each student, and ask them to locate and correct the errors in the sentences. Discuss the results of the assignment during your next class meeting. You could use this same error-feedback technique for other written assignments as well.

SPANISH FROM WITHIN

Programa 4: *En la ciudad*

Learning objectives: To become familiar with several aspects of life in a Hispanic-American community.

I. Antes de ver la cinta de video
A. Preview questions

Announce the general topic of these segments *(La ciudad y los hispanos de los Estados Unidos)* and ask these questions:

1. ¿Qué problemas hay en las ciudades? (Por ejemplo: el tráfico, la delincuencia, no hay casas para todos, etc.)
2. ¿En qué ciudades de los Estados Unidos y del Canadá viven muchos hispanos? (Por ejemplo: Toronto, Nueva York, Los Angeles, Miami, Chicago, Rochester, etc.)
3. ¿En qué se nota la presencia de los hispanos en esas ciudades? (Por ejemplo: en las tiendas, la música, los restaurantes y la comida, las celebraciones, etc.)

If your students live in or have visited one of these cities, ask them to describe a personal experience they had there.

B. Vocabulary

You may find it necessary to explain (if possible, with actions or visuals) some of the following words and phrases to facilitate students' comprehension of this video program.

una calle de doble sentido *a two-way street*
desafíos *challenges*
la vivienda casas
gente de pocos recursos gente sin mucho dinero
mercancía lo que se vende en una tienda o mercadería
pandereta *tambourine*
maracas *a pair of gourds with dried seeds used as a percussion instrument*
güido *a percussion instrument similar to a maraca*
bongó *Caribbean drum*
salsero un músico que toca salsas, música caribeña
retratos cuadros

II. Ahora, ¡a ver la cinta!
First showing: Show these segments one by one. Help students retain information by asking questions after each segment. Showing one or two segments each class meeting would be ideal.

Parte 1: Perdido en la ciudad
1. ¿Adónde quiere ir el señor? (Respuesta: Quiere ir a la Liga Iberoamericana.)
2. ¿Son claras las instrucciones de la señora? ¿Es fácil ir a la Liga? (Respuesta: La señora da instrucciones muy claras. Es fácil ir para allá.)

Parte 2: Desafíos y oportunidades
1. Según el señor García, en qué ciudad hay más puertorriqueños, ¿en Ithaca, Rochester o Albany? (Respuesta: *En Rochester.*)
2. ¿Cuál es el problema más grande que tienen los hispanos recién llegados a la ciudad de Rochester? (Respuesta: *La vivienda [Encontrar dónde vivir], porque la vivienda es cara en Rochester.*)

Explain to students: El señor García dice «disminuil» y «opoltunidad» porque en el dialecto puertorriqueño (así como en el sur de España) se cambia la **r** en **l**, cuando el sonido **r** está en posición final de sílaba. Este cambio ocurre en muchas otras variedades del español también.

Parte 3: Su tienda preferida
1. ¿Dónde está la tienda? (Respuesta: *En Rochester, Nueva York.*)
2. ¿En qué se diferencia esta tienda de la mayoría de las otras tiendas de la ciudad de Rochester? (Respuesta: *En "La mina" hablan español. Hay muchas cosas para hispanos aquí. La mayoría de los clientes de esta tienda son hispanos.*)
3. ¿Por qué cree Ud. que le pusieron el nombre "La mina" a esta tienda? (Respuesta: *Porque aquí hay muchas cosas valiosas para la gente. Por la cantidad de cosas distintas que se venden allí.*)

III. ¿Comprendió bien?
Second and third showings: After showing the tape for the second and third times, have students answer the following questions:

Parte 1: Perdido en la ciudad
1. Escriba las instrucciones que le da la señora al señor. (Respuesta: *Ir/vaya/se va derecho hasta el semáforo; dar/dé/da vuelta a la izquierda; seguir/siga/se va todo derecho; pasar/pase/pasa por una avenida principal; hay una iglesia a la derecha; pasar/pase/pasa la iglesia y va a ver el letrero grande de la Liga; estacionar/estacione/ se estaciona detrás del edificio.*)
2. ¿Qué problemas puede encontrar el señor? (Respuesta: *Hay trabajadores en la calle. Hay que tener cuidado con los trabajadores. No hay estacionamiento. La calle es de doble sentido.*)
3. ¿Dónde puede estacionar el carro? (Respuesta: *Detrás del edificio.*)

Parte 2: Desafíos y oportunidades
1. Para los puertorriqueños, ¿es fácil o difícil conseguir trabajo en Rochester? (Respuesta: *Es fácil conseguir trabajo en Rochester, aunque ahora está más difícil por la cuestión técnica.*)
2. ¿A qué se refiere el señor García cuando dice "la cuestión técnica"? (Respuesta: *A la necesidad de tener alguna preparación técnica para encontrar trabajo.*)
3. En general, ¿qué hacen algunas organizaciones para ayudar a los puertorriqueños? (Respuesta: *Los ayudan a disminuir el impacto del traslado de una cultura y de un clima diferente a una ciudad [hostil].*)
4. ¿Qué problemas debe solucionar un hispano recién llegado a la ciudad de Rochester? (Respuesta: *Debe conseguir vivienda; debe conseguir trabajo; debe acostumbrarse a una nueva cultura y a un clima muy frío.*)

Parte 3: Su tienda preferida
1. Haga una lista de todas las cosas que se venden en esta tienda. (Respuesta: *Hay variedad de muebles, figuras, música, discos, cassettes, instrumentos musicales, cuadros y estatuillas, objetos religiosos, videos en español,* etc.)
2. ¿Cómo puede sostenerse una tienda como "La mina"? (Respuesta: *Porque los hispanos se mantienen en un sector específico de la ciudad y necesitan comprar las cosas que les gustan.*)
3. Describa los dos tipos de videocassettes que se venden aquí. (Respuesta: *Hay películas en español —filmadas en Puerto Rico— y videos de conciertos.*)
4. ¿Quién es Oscar León? (Respuesta: *Es uno de los salseros venezolanos más conocidos.*)
5. ¿Hay problemas en cuanto a la seguridad de la tienda? (Respuesta: *El señor Herrera dice que nunca ha tenido problemas.*)
6. ¿Qué otro nombre le pondría Ud. a la tienda? (Respuestas: *El tesoro, El arca de Noé, El hogar, Los hispanos,* etc.)

IV. ¡Luz, cámara, acción!

Have students work individually or in small groups to prepare skits expanding topics presented on the videotape. Skits might portray visitors or tourists asking local citizens for directions, an interview about employment opportunities for Hispanics in your town, a "telecast" about places and events that would interest newly arrived Hispanics in your town, or customers asking about merchandise in a store that caters to Hispanics. If you have access to videotape equipment, it would be very interesting and useful to record for further analysis the scenarios developed in the **¡A divertirnos más!** section of the textbook. You can follow these steps:

1. Use the **Programa 4** videotape to help them prepare their skits. Play the tape with the sound turned off. Ask students to observe and learn gestures and movements for giving street directions (hand and arm movements), for confirming whether or not a stranger is talking to you (tapping your chest), etc.
2. Play the tape with the picture turned off. Ask students to listen for main ideas or for idiomatic phrases that they could use in their skits. For example: **¿A mí me habla, señor?**, when making sure that somebody is talking to you; **Sí, con mucho gusto**, when somebody asks for a favor; **¿Me podría decir dónde queda...?**, when asking for directions; **Gracias, muy amable**, after somebody has done something for you.
3. Give students time to rehearse their skits. Circulate around the class to help indiviudual groups, as necessary.
4. Have students perform their own skits and videotape them if possible.

CAPÍTULO 5
¡A pasarlo bien!

NUEVAS DIMENSIONES

Learning Objectives: To be able to talk and write about sports and leisure activities, particularly those that interest students.

p. 131 **Cuadro de Paláez del Casal**
1. Have students look at the drawing and ask questions such as these:
   a. ¿Qué está haciendo este grupo de amigos? ¿Cómo sabemos que son amigos? (Respuesta: *Están jugando a las cartas [los naipes]; son amigos porque la pintora los puso a todos muy juntos [muy cerca].*)
   b. ¿Pueden seguir la línea que une a los dos jugadores del banco más bajo?
   c. ¿Dónde creen Uds. que están jugando? ¿Afuera o adentro? ¿Están sentados en sillas o bancos? (Respuesta: *Están jugando afuera porque...; están jugando adentro porque...*)
   d. El jugador de la derecha, ¿tiene una buena mano (jugada) o no?
2. Explain to students: Este dibujo representa una actividad que se puede ver en todos los países de habla romance. Los hombres se reúnen casi todos los días (los domingos sin falta) en una plaza o paseo a jugar ajedrez, dominó, bolas o cartas. En Miami: Domino Park; en Buenos Aires: Jardín Botánico o Plaza Dorrego; etc. Even in the ruins of the Roman Forum in Rome, you can see the playing board for a game similar to Chinese checkers. The board is engraved in the marble steps of one of the basilicas, which documents how old this Roman (Latin) custom is.

p. 132 ## ¿Cómo se dice?
Have students role-play this conversation in pairs. Allow them to use their own names as they act out the dialogue.

p. 133 **Los pasatiempos**
1. Add other words and phrases for leisure activities that your students enjoy.
2. Collect pictures from magazines, brochures, and pamphlets of leisure activities to teach and quiz students on how to say them in Spanish. Your students can help you collect and mount the pictures.
3. Have students work in pairs. One person should pantomime the action of leisure activities, and his or her partner should try to guesss the meanings of them in Spanish. Then the partners should switch roles.

p. 133 **A. ¡Adivínelo!**
Encourage students to pantomime other pastimes and sports that are not listed in this activity.

p. 134 **ASÍ ES**
Contrast the heavy emphasis on sport activities in the United States and Canada with more leisurely activities enjoyed by Hispanics on a daily basis. Discuss how this cultural difference affects the economy (e.g., commercial opportunities, materialism, jobs, competitive spirit) in North America and Latin America.

p. 134   **B.   A ver...**
When students are participating in this activity, circulate around the class to be sure that only one partner in each pair has his or her textbook open. This procedure tends to foster more spontaneous conversation.

p. 134   **D.   ¿Qué hace en su tiempo libre?**
Before having students complete the phrases, give them time to organize their thoughts. Perhaps they could do this for homework before coming to class.

p. 135   Have students act out this continuing dialogue in pairs; allow students to substitute their own names for those of Ileana and Arturo.

p. 135   **CÓMO PREGUNTAR SOBRE LAS ACTIVIDADES DEPORTIVAS**
If you want students to use **jugar a** + sport, advise them now. As you know, use of **a(l)** depends not only on the dialect, but also on the degree of specificity implied.

p. 136   **LOS DEPORTES**
1.   Add other Spanish names of pastimes and sports that your students enjoy such as **acampar, cazar, boxear, luchar, hacer alpinismo o andinismo, salir de excursión a las montañas (al campo), salir a dar una vuelta (en auto/coche/camioneta), ir a la piscina, ir a las** *garage sales* **(tiendas de antigüedades/tiendas de cosas viejas), arreglar el coche (la bici), ir a ver a mis amigos, probar nuevas recetas, ir al gimnasio a levantar pesas.**
2.   Have students work in pairs. One person should pantomime the action of sports, and his or her partner should try to guesss the meanings in Spanish. Then the partners should switch roles.

p. 137   **E.   ¡Adivine, si puede!**
Encourage students to pantomime or demonstrate other pastimes and sports that are not listed in this activity.

p. 138   **H.   ¿Lo crees o no?**
1.   Explain to students: El hotel Aguamarina sí existe. En Dakota del Sur no se puede cazar búfalos. En Buenos Aires, estas carreras son populares, pero no es verdad que se vendan los animales después de la carrera. En Wimbledon, nadie practica durante el invierno.
2.   Have pairs of students write other paragraphs that contain half truths about pastimes, sporting events, or sports heroes. Collect and correct these paragraphs, then redistribute them to different pairs of students who continue the activity. Several sources of ideas for this task are newspapers; sports magazines; *Almanaque Mundial de la Editorial América; Ripley's Believe It or Not;* and *The Guiness Book of World Records.* News agents: Prensa y Libros S.A., P.O. Box 2145, San Ysidro, CA 92073; La pajarita, 3125 16th Street, San Francisco, CA 94103; American Distributor Magazines, Inc., 10100 N. W. 25th Street, Miami, FL 33172, Hotaling's News, 142 W. 42nd Street, New York, NY 10016.

p. 139   # Perspectivas auténticas

Grammar: tense medley, reflexive verbs, comparisons
Functions: reading for information, learning cultural facts and implications, gaining insights about the culture of Puerto Rico, learning about the influence of American culture abroad, understanding descriptions, contrasting two worlds and two lifestyles

Vocabulary: young people's activities-related vocabulary, their concerns and current issues

p. 143 **F.   Recuerdos de aquellos días.**
This activity could be done orally in class or as a written homework assignment.

p. 143 **ASÍ ES**
Discuss with your students how much American culture has influenced Hispanic culture, based on your knowledge and experience in both cultures.

p. 143 **H.   El arte de no hacer nada.**
This activity could be done orally in class or as a written homework assignment.

p. 144 **ASÍ ES**
There are many excellent slide series, filmstrips, and movies about bullfighting. If your students are interested in bullfighting, obtain and show one or more of them. Afterward, discuss students' reactions to the presentation.

p. 145 **DETALLES INTERESANTES**
Ponerse + adjective = physical, physiological reactions
hacerse + adjective = implies a project or task finished

Answers to **Ejercicio:**
1. Me pongo a... (mirar televisión, ver las noticias, dormir, leer)
2. Creo que... se transformó en el líder de nuestro grupo porque...
3. Me pongo muy nervioso/furioso cuando...
4. Me he hecho famoso por... (mis fiestas, comidas, notas, tragedias...) [Answers will vary]

p. 146 **En pocas palabras**
LOS VERBOS REFLEXIVOS
You might review the meaning of reflexive verbs that are commonly introduced in first-year textbooks before students begin the exercises and activities in this section.

p. 146 **REFLEXIVE VERBS RELATING TO SPORTS**
It may be helpful for some students to know that reflexive pronouns are the same as indirect object pronouns in Spanish, except for **se** in the third persons. Reflexive pronouns, however, have the ability to create another meaning for the verb, and are not restricted to reference, as are object pronouns.

p. 146 **REFLEXIVE VERBS WITH IDIOMATIC MEANINGS**
Use photographs or drawings to teach and review the meaning of these reflexive verbs.

p. 147 Poem in box: Compare this poem with its Anglo-Saxon counterpart:

Early to bed, early to rise,
Keeps a man healthy, wealthy and wise.

p. 147 **A.   La rutina de los campeones.** Answers:
nos entrenamos, prepararnos, me levanto, me afeito, me ducho, me pongo, desayunarme, nos prepara, me despido, se pone, nos queremos, fíjate, se cayó, se cortó, se lastimó, se dobló, se quebró, se durmió.

---

p. 148   **B. El señor Distraído.** Answers:
1. No se acordó del cumpleaños.
2. Se olvidó de las flores.
3. No se organizó...
4. No se fijó en el día marcado en el calendario.
5. No se dio cuenta que la secretaria le indicaba el calendario con la mano.
6. Se preguntó qué le pasaba a su esposa cuando se puso furiosa con él.

p. 148   **C. Para mantenerse en forma.**
This and the next two activities can be chained together as an interview, if you like. Have students report back to small groups or the whole class.

p. 148   **D. El uniforme de correr.**
Allow students five minutes to prepare this activity. After all students have completed it, they could vote on which is the most humorous description.

p. 150   **F. El '92 en Barcelona.** Answers:
1. No creo que nadie domine mejor el béisbol...
2. No creo que los ingleses vayan primeros...
3. No creo que los rusos sean únicos para...
4. No creo que los chilenos tengan grandes jugadores de...
5. No creo que los chinos se mantengan adelante en...
6. No creo que los argentinos ganen el partido de polo.
7. No creo que Severiano Ballesteros sea mejor que...
8. No creo que haya nadie que juegue más dominó que los cubanos.

p. 150   **I. ¡Lástima grande!**
Collect students' excuses and type them on a sheet of paper (correcting any errors). Give each student a copy and have the class vote on the best excuses in the following categories: *la mejor excusa, la excusa más absurda, la excusa más divertida*.

p. 150   **EL SUBJUNTIVO PARA HABLAR DEL FUTURO**
(Future: *Cuando* **llegue** el entrenador, nos iremos al estadio.)
         Después que **hagamos** ejercicio, podemos darnos un buen baño.

Indicate that in this case the order has been reversed: *Connector + subjunctive + introduction*, instead of *Introduction + connector + subjunctive*. Explain that both sequences are possible in English and Spanish.

p. 151   **CÓMO SUGERIR QUE UNA PERSONA HAGA EJERCICIO**
You may explain that since Hispanics maintain such close ties with family and friends, they will often be telling you what to do. Your weight and the shape you are in are not considered personal matters as in North American culture.

p. 151   **Actividades J, K y L**
Activities B, C, and D are based on the same format to help students give a three-part answer (one part in each activity) and still use subjunctive forms.

p. 153   **¡A divertirnos más!**
Del mundo hispano
If you have Spanish-language printed materials or if students have access to them, ask groups of students to look for one or two advertisements or announcements for sporting

events or leisure-time activities to share with the class. Collect and laminate (or enclose in a plastic cover) the best realia for use in future classes.

p. 154 **¡A escuchar!**
After your students have listened to the student tape one or more times, ask them what facilitated and what hindered their comprehension.

NUEVAS ALTURAS

Learning objectives: To be able to read with a specific purpose in mind and to be able to read for main ideas and specific details.

p. 84 **READING WITH A PURPOSE**
Introduce this section by asking your students the following questions:
1. ¿Qué les gusta más: ver una película en el cine o en la tele, o ver una obra de teatro en la universidad? (Many of your students will answer that the choice depends on the title of the movie or the play. Capitalize on this conditional answer by eliciting what kinds of movies and plays they enjoy most and least.)
2. ¿Cuántas personas tienen videocasetera en casa? ¿Qué tipo de películas prefieren ver en su casa? (películas cómicas, trágicas, musicales, policiales, de terror, de dibujos animados (caricaturas), documentales, educacionales, etc.) ¿Cuál es una de sus favoritas y por qué?
3. ¿Qué tipo de música les gusta? ¿Qué clase de música no les gusta escuchar y por qué?
4. ¿Con qué frecuencia van Uds. a un concierto? ¿A qué tipo de conciertos prefieren asistir? Normalmente, ¿cuánto pagan Uds. por la entrada a un concierto?

p. 88 **¿Qué instrumento te gusta más?**
1. Review the names for each of the instruments illustrated. Point out that **batería** is a set of drums, not only one of them. Then ask students which instruments they most and least enjoy listening to, and why.
2. Have your students name one or more instruments whose sound might represent the following: (a) **la tristeza**, (b) **la felicidad**, (c) **la música española**, (d) **los amigos**, (e) **lo exótico**, (f) **un desfile militar**.
3. Ask your students what instrument they would most like to listen to when... (a) taking a test, (b) finding out that they got a good grade on a test, (c) finding out that they received a bad grade on a test, (d) taking a walk through a park, (e) relaxing with friends, (f) (invent other categories based your knowledge of your students' lives).

p. 91 **¿Comprendió bien?**
Play short pieces of music that contain the sound of each of the instruments listed here. As the students listen to each piece, ask them to write down their feelings in Spanish.

p. 91 **A. Para leer mejor.**
2. Answers:
Según la Doctora Cascante, nuestro instrumento **favorito** puede revelarnos algo **sobre** nuestra personalidad, y yo creo que ella tiene razón. Por ejemplo, a mi papá le **gusta** escuchar música del saxofón, y es verdad que **planea** todo muy bien hasta el último detalle. Mi mamá, que prefiere escuchar la dulce música del arpa, es tan tímida y **frágil** que sus amigos siempre le hablan con cuidado para no **hacerle daño**. A mi hermano mayor, Gustavo, le gusta la trompeta. Gustavo es **poco complicado** y extrovertido; habla **muchísimo** con todo el mundo y, por eso, tiene un montón de amigos. Mi hermano

menor Pablito, que tiene diez años, tiene una batería que toca día y noche. Pablito **atrae** la atención de todos con su personalidad rara y su ropa **vistosa**. Por fin, a mí me encanta la guitarra. Leo mucho y miro mucho la televisión porque siempre quiero saber las últimas **noticias**. A veces mis amigos me dicen que les doy opiniones **sin pensar**, pero nunca los creo.

p. 92   **C.   ¡A pasarlo bien!**
Show a Spanish-language videotape in class. Before students view the tape, list on the board a few specific things that they should look for in the videotape; for example, differences and similarities between Hispanic and Anglo cultures, Hispanic gestures and other body language, idiomatic phrases and expressions, relationships between the main characters, and reoccurring themes in the film.

p. 93   **La música** (item #4)
Select Spanish-language records and tapes and play them in class. Introduce the names of particular songs, such as those from México (**rancheras, jarabes**), Cuba (**boleros, danzones**), Puerto Rico and the Caribbean (**salsas, merengues**), Colombia (**cumbias**), Argentina (**tangos, milongas, sambas**), etc.

p. 94   **"Quema lo que has adorado"**
Before students read the **Lectura**, give them some background information on the location and historical significance of Cataluña, las Islas Baleares, and Valencia and some Catalan customs and traditions. This information will provide a cultural context for the reading passage.

p. 96   **¿Comprendió bien?**
Discuss with students other customs practiced in different parts of the world such as the burning of the *ninots* in Valencia. Elicit descriptions of the customs and students' reactions to them. This activity will help students become aware of and clarify their own cultural attitudes and values.

p. 97   **Romance de la corrida de toros en Ronda**
1.   Read the poem aloud with appropriate voice intonation to give your students a feeling for the atmosphere surrounding a bullfight.
2.   Have students work in groups of three or four students in which they each memorize one section of the poem and create several visuals to accompany the section. Then have each group present the poem before the class, reciting the parts and showing visuals. If you wish, the class could vote for the best group presentation.

pp. 98-99   **Realia**
Ask students to identify the following names:
1.   San Juan del Río
2.   Licenciado Rafael Vallejo Díaz
3.   Manuel Martínez
4.   Tequisquiapán
5.   Corona
6.   Querétaro
7.   Niza

SPANISH FROM WITHIN

Programa 5: *Los deportes en el Mundo Hispano*

Learning objectives: To become familiar with some popular sports in the Hispanic world.

I.   Antes de ver la cinta de video
A.   Preview questions
Announce the general topic of these segments (*Los deportes en el Mundo Hispano*) and ask these questions:
1.   ¿Qué jugadores hispanos que juegan con equipos norteamericanos conocen Uds.? ¿De qué países son estos jugadores?
2.   ¿Cuántas personas de la clase juegan béisbol? ¿tenis? ¿fútbol norteamericano?
3.   ¿Saben algo del fútbol o balompié?

B.   Vocabulary
You may find it necessary to explain (if possible, with actions or visuals) some of the following words and phrases to facilitate students' comprehension of this video program.

el trofeo *trophy*
franela de algodón camiseta de algodón
gorra *cap*
visera *visor*
bola pelota, balón
la malla *net*
el marco el arco, la puerta; *the goal in a soccer field*
el portero arquero *(goalie)*
los volantes aleros *(wings)*
los delanteros atacantes *(forwards)*
los defensas *defense players*

II.   Ahora, ¡a ver la cinta!
First showing: Show these segments one by one. Help students retain information by asking questions after each segment. Showing one or two segments each class meeting would be ideal.

Parte 1: El béisbol
1.   ¿Cómo se llama el joven beisbolista? (Respuesta: *Carlos Soto*)
2.   ¿Qué impresión tiene Ud. de Carlos? (Respuesta: *Parece que le gusta mucho el béisbol; está muy contento con sus trofeos.*)

Parte 2: El tenis
1.   Nombre tres cosas básicas que se necesitan para jugar (al) tenis. (Respuesta: *La raqueta, buenos zapatos, unas pelotas, una gorra con visera, pantalones cortos*, etc.)
2.   ¿Por qué le gusta el tenis a esta señorita? (Respuesta: *Porque es bueno para mantenerse en buenas condiciones físicas; porque es entretenido.*) **Nota:** La señorita dice *divertido* por la influencia del inglés *It's fun.*
3.   ¿Recomienda Milagros la ropa blanca para jugar (al) tenis? (Respuesta: *No.*)

Parte 3: El balompié (fútbol)

1. ¿Cuántos jugadores se necesitan para un equipo de balompié (fútbol)? (Respuesta: *Once jugadores.*)
2. Nombre una habilidad que debe tener un buen jugador de balompié. (Respuesta: *La velocidad, la flexibilidad, la manera de golpear la pelota.*)

III. ¿Comprendió bien?

Second and third showings: After showing the tape for the second and third times, have students answer the following questions:

Parte 1: El béisbol

1. ¿Cuándo ganó Carlos los trofeos? (Respuesta: *el año pasado y antes también. Cuando era más chico.*)
2. ¿Qué expresiones se usaron para darle ánimo a Carlos cuando jugaba (al) béisbol? (Respuesta: *Aguanta, échale, echa.*)

Parte 2: El tenis

1. ¿Por qué razones le gusta el tenis a Milagros? (Respuesta: *Porque es un buen ejercicio; porque es entretenido.*)
2. Haga una lista de todas las cosas que se necesitan para jugar (al) tenis.
3. Describa la ropa que nos recomienda Milagros para jugar (al) tenis.
4. Describa las reglas del tenis, según Milagros.

Parte 3: El balompié (fútbol)

1. Nombre los cuatro tipos de jugadores que forman un equipo de balompié. (Respuesta: *Un portero, tres o cuatro jugadores que se ponen como defensas, dos o tres volantes y los atacantes o delanteros.*)
2. ¿Cuántos minutos dura un juego de balompié? (Respuesta: *Noventa minutos.*)
3. ¿Por qué son más vulnerables las rodillas en un partido de balompié? (Respuesta: *Porque el jugador tiene que hacer muchos movimientos rápidos e inesperados.*)
4. ¿Con qué partes del cuerpo de un jugador no se puede tocar la pelota? (Respuesta: *Los brazos y las manos.*)
5. En resumen, ¿cuáles son los dos factores más importantes cuando uno juega (al) balompié? (Respuesta: *El movimiento del cuerpo y el toque de la pelota; estar en buenas condiciones físicas y ser muy rápido.*)

IV. ¡Luz, cámara, acción!

Have students work individually or in small groups to prepare skits by expanding on topics on the videotape. Groups might offer a narrated demonstration of how to play tennis (this could also be a mock demonstration on how *not* to play tennis) or any other sport.

If you have access to videotape equipment, it would be very interesting and useful to record for further analysis the scenarios developed in the **¡A divertirnos más!** section of the textbook. You can follow these steps:

1. Use the **Programa 5** videotape to help them prepare their skits. Play the tape with the sound turned off. Ask students to observe and learn gestures and movements for explaining and describing a sport.
2. Play the tape with the picture turned off. Ask students to listen for main ideas or for idiomatic phrases that they could use in their skits. For example: People cheer a player by saying, **Aguanta, échale, echa.**
3. Give students time to rehearse their skits. Circulate around the class to help different groups.
4. Have students perform their own skits and videotape them if possible.

CAPÍTULO 6
De compras en el centro

NUEVAS DIMENSIONES

Learning objectives: To be able to talk about personal possessions, evaluate and compare merchandise, carry on necessary conversations with salesclerks and vendors, make purchases, and exchange purchased items.

p. 157 **Cuadro de Ramírez-Fajardo**

Alfonso Ramírez-Fajardo (1900-1969) pintor colombiano, autodidacta. Su pintura es de estilo costumbrista y retrata muy bien el ambiente de los pueblos tradicionales.

Have students look at the watercolor (**acuarela**) and ask questions such as these:

1. ¿De qué país creen Uds. que es esta escena? ¿Cómo se puede saber? (Respuesta: *Del Ecuador, Colombia o Guatemala; por los sombreros y los chales de las mujeres; por los rasgos físicos de la gente.* **Note:** Guide students to go beyond the typical answer such as *Es Latinoamérica*, because all of Latin America is not like this. Familiarity with hats, facial features, and typical costumes can help when trying to identify an area. For example, this scene in this painting cannot be Peruvian or Bolivian because of the hats these people are wearing, and the absence of **ponchos** and mountains in the background. The idea is to help students analyze and use whatever clues they can, and to make an intelligent guess rather than give a correct answer.

2. ¿Se trata de una ciudad pequeña o grande? ¿Está en el campo o en la costa? ¿En el valle o en la montaña? ¿Hace frío o calor? (Respuesta: *Es una ciudad pequeña en un valle; está fresco, porque todas las mujeres llevan un chal y todos los hombres llevan saco.*)

3. ¿Cuántos tipos de gente podemos distinguir? (Respuesta: *Gente de origen indio con sombreros blancos, de origen hispano con sombreros oscuros, mestizos como la mujer del vestido de lunares que está en el medio, una señora extranjera de pelo canoso,* etc.)

4. ¿Qué día de la semana creen Uds. que es? ¿Es día de mercado o de fiesta? (Respuesta: *Es día de mercado, pero es posible que sea día domingo también, porque el cura está en la puerta de la iglesia al final de la misa.*)

5. ¿Por qué se llama "Fiesta" este cuadro? (Respuesta: *Porque el día de mercado es un día de fiesta para la gente del pueblo; todos salen y pueden ver a otra gente del pueblo y de otras partes.*)

6. ¿Qué colores cree Ud. que usó el pintor en el original?

p. 158 ## ¿Cómo se dice?

Have students form pairs and role play this scene that takes place in a clothing store.

p. 158 ## CÓMO EXPRESAR DESEOS Y PREFERENCIAS

1. Review the vocabulary for articles of clothing using whatever props you have available—clothes you bring in, clothes people in the class are wearing, catalogues, or posters. The following lists may be helpful and can be photocopied for the students if necessary.

   Ropa para caballeros
   Quisiera...
   unos calzoncillos *underwear*
   una camisa de manga corta (larga) *short- (long-) sleeved shirt*
   una camiseta *undershirt*
   una corbata *necktie*

Ropa para damas

Quiero comprar...

una blusa *blouse*
unos calzones (unas bragas) *underwear*
una combinación (enagua) *slip*
una falda *skirt*
unos pantimedias *panty hose*
un sostén *brassiere*
un traje pantalón *pants suit*
un vestido (traje) *dress*

Ropa para ambos sexos

abrigo (sobretodo) *(over)coat*
bata *bathrobe*
boina *beret*
botas *boots*
bufanda *scarf*
calcetines *socks*
cierre (cremallera) *zipper*
cinturón (cinto, cincho) *belt*
chándal (sudadera, buzo) *sweat shirt (and pants)*[1]
chaqueta *jacket*
cordones *shoelaces*
gorra *hat with a visor*
gorro *woolen hat*
guantes *gloves*
impermeable (papa) *raincoat*
pantalones *pants, slacks, trousers*
shorts *shorts*
pañuelo *handkerchief*
saco *jacket*
sandalias *sandals*
sombrero *hat*
suéter *sweater*
traje *suit*
traje de baño (bañador) *swimsuit*
zapatillas (pantuflas) *slippers*
zapatillas de correr (de gimnasia) *sneakers*
zapatos *shoes*

2. **Saco** is the more common word for a man's or woman's jacket in most areas of Latin America. **Chaqueta, cazadora, campera, chamarra, casaca** are used in different areas and are more specific (usually meaning "zippered" or "sport jacket"). Shop windows and ads will provide the local vocabulary. Use newspaper clippings to show this.

---

[1] There is no special word for *the top/the pants* in Spanish. People say **la parte de arriba/de abajo del chándal/del buzo.**

3. If necessary, review colors at this point. You may wish to photocopy this list for students.
   amarillo *yellow*
   azul *blue*
   beige *beige*
   blanco *white*
   burdeos (vino) *burgundy*
   color naranja (anaranjado) *orange*
   crema (blanco invierno) *cream*
   dorado *gold*
   gris (plomo) *gray*
   malva (lila) *mauve*
   marrón claro *fawn*
   marrón (café) *brown*
   marrón/café claro *tan*
   morado *purple*
   negro *black*
   pardo *taupe*
   plateado *silver*
   rojo *red*
   rosa (rosado) *pink*
   verde esmeralda *emerald*
   verde *green*
   claro *light (in color)*
   oscuro *dark (in color)*
   vivo (chillón) *bright (in color)*

4. *Activity:* Hold a fashion show in your classroom, having students model various outfits they choose. Students could write descriptions in Spanish, which you could correct one week before the fashion show. Appoint a master of ceremonies to read the descriptions. Play suitable background music as the students model their clothes. Occasionally, large department stores will be willing to lend some clothes if they know that the audience will be large enough. You may want, therefore, to hold the fashion show with students from several classes or on a special occasion such as during an international festival. (In the latter case you might want to invite Hispanic students to model their national costumes.)

p. 160 **Complementos**
Have your students bring to class photographs of these items taken from magazines. Then laminate them or put them in protective plastic folders and use the photographs to teach and review this vocabulary.

p. 160 **B. ¡Qué suerte!**
Students could redo this activity by saying what they would buy with a US $500 gift certificate in a **Casa de regalos.** You could give awards for different categories such as *el regalo más práctico (más extravagante); el regalo de más gusto; el regalo más de moda.* Students could also go to a shopping mall and make a list of items that they would like to buy, describe them, and justify their choices.

p. 161 **C. De compras.**
1. Bring props (or have students bring them) such as pictures of clothing of different types and colors.

2. You could arrange to combine this activity with the reading of *Puesto del Rastro* in Chapter 6 of *Nuevas alturas*.
3. Create a **rastro** of your own in class.

p. 162   **ASÍ ES**
Ask your students to make a list of their own clothing sizes, using this chart as a guide.

p. 163   Have students continue this role-play in pairs. If they wish, they could modify it by changing the clothing item, the color, and add relevant information.

p. 164   **Recuerdos**
Bring some post cards and other souvenirs you have purchased in Hispanic countries and share them with your students. Your students who have traveled abroad could do the same.

p. 165   **G. ¿Qué comprarías?**
Guide students to use the subjunctive when describing what they wish to buy: **una cartera que tenga muchos bolsillos.**

p. 166   **T. Dame un consejo.**
1. As your students do this activity, encourage them to ask follow-up questions or to add appropriate comments.
2. Have students create additional situations to continue this activity.

p. 166   **ASÍ SE HACE**
1. Have students bring used items that they would like to sell. Hold an auction in Spanish and sell each item to the highest bidder (**tres dólares por aquí, tres cincuenta por allá; tres cincuenta, ¿nadie da más? A la una, a las dos, a las tres; vendido en tres cincuenta al señor de la camiseta roja**). Students could pay in actual cash or the items could be donated, in which case they could pay for the items with mock currency notes.
2. At this point, show slides or a filmstrip on open-air markets. Students could then practice bargaining in Spanish for different items that others would like to sell. Invite other Spanish classes to join in this activity. This is another activity that you can plan to do when reading "Puesto del Rastro" (Chapter 6 of *Nuevas alturas*).

p. 167   **K. Hay que saber regatear.**
1. Bring props (or have students bring them), such as pictures of different kinds of items that one usually finds in an open-air market; for example: fruits, vegetables, flour, sugar, meats, plastic containers, small toys, and tourist trinkets.
2. Bring wraps, plastic bags, boxes, tote bags, containers that you may have saved from imported items.
3. You could also arrange to combine this activity with the reading of the poem "Puesto del Rastro" in Chapter 6 of *Nuevas alturas*.

p. 168   # Perspectivas auténticas

Grammar: present and preterite; present subjunctive for conjecture and advice
Functions: reading for information, curiosity and advice, gaining insights into types of people, understanding one's own weaknesses and strengths, understanding advice and expressing opinions, comparing and contrasting

Vocabulary: names of personal objects related to grooming, record keeping, snacking, money and health, some common abstract nouns and some common adjectives related to personality, structures with prepositions (e.g., *memos **por** contestar, sandwiches imposibles **de** comer),* connectives, common people's concerns

p. 168 **Antes de leer**
1. Bring actual items or pictures of the items listed on these pages. Use the objects or pictures to review the vocabulary.
2. Play *Sólo siete preguntas* based on the listed items. Have students form small groups. One student in each group should think of an item (or the student could choose a card with one item listed on it), which the other group members try to guess by asking (up to seven) yes-no questions. Award small prizes or certificates to the group that finishes each set of items first.
3. Before assigning the reading, have the class read the title and the first sentence of the article. Ask students about the tone of the article (humorous, tongue-in-cheek) and what they predict that the rest of the article will be about and how it will end.

p. 172 **¿Comprendió bien?**
1. Answers to No. 3 of **¿Comprendió bien?**:
   a. son pesados
   b. son imposibles de comer/fumar
   c. nadie sabe qué (sorpresas) tienen adentro
   d. es posible analizar la personalidad/los problemas con ellos
   e. pueden ser maneras de escaparse de la realidad
   f. indican que uno tiende a posponer las obligaciones
2. Try the following post-reading comprehension check, called the recall protocol method, developed by Elizabeth Bernhardt of Ohio State University. After your students have finished reading the **Lectura**, ask them to write a summary of it in English; this summary represents the students' conceptual representation of the reading. You can analyze the results of the recall protocol to determine the features of culture, concept, and grammar that students understand and those that they do not yet understand. For more information about this method, read "From Research to Pedagogy: What Do L2 Reading Studies Suggest?" by Marina Zvetina in *Foreign Language Annals*, May 1987, Volume 20, pages 233-238.

p. 174 **F. De compras**
After students have completed this activity, have groups of two pairs of students exchange information based on their sentences.

p. 174 **G. ¿Qué llevarán en su bolso o bolsillos?**
This activity could also be a written homework assignment.

p. 174 **ASÍ ES**
Bring to class actual currency from different Spanish-speaking countries. Some of your students and their friends and relatives may also be able to lend the money to your class. Ask students to look up the current value of this money in the business section of a Sunday issue of a widely circulated newspaper and report their findings to the class. Remind students that not all currencies named **pesos** have the same value when exchanged for American dollars. Each **peso** and the **peseta** have different values.

p. 176 **DETALLES INTERESANTES**

1. Help students discover that diminutives and augmentatives may not only function in a literal sense (to increase or decrease the size of what they denote), but also in a figurative sense (through which new meanings or connotations are created in the language, e.g., **vino** vs. **vinillo** [demasiado flojo, ligero] vs. **vinacho** [vino malo]).

2. **la camiseta** = *top, T-shirt;* **el camisón** = *nightgown;* **la cigarra** = *beetle;* **el mesón** = *counter;* **la casilla** = *P.O. box;* **la ría** = *wide and shallow river near the ocean.*

3. Help students see that by making a word feminine, a new meaning is created that connotes the same basic concept, only larger in proportion. Compare **el bolso** with **la bolsa**.

4. Answers to **Ejercicios:**
   2. except for **mesilla, casita, librito,** most words change meaning, even though some may still be related.
   3. **cigarro, habano** or **puro** is a cigar; **cigarra** is a beetle.

p. 177 # En pocas palabras

EL USO DE LOS DOS PRONOMBRES DE COMPLEMENTO DIRECTO E INDIRECTO

1. Double object pronouns have been presented previously in Chapter 3 on page 94.

2. Remind students that certain verbs such as **dar, pedir, decir, escribir,** and **mandar** require the use of indirect object pronouns and therefore are often used with **me lo, te lo, se lo** combinations. A mnemonic device for remembering the correct order of double object pronouns is **ID,** which is the abbreviation for *Indirect followed by Direct.*

p. 178 **A. En la tienda.**
Before or after students have completed this exercise orally in class, assign it for written homework for extra practice and reinforcement in using object pronouns.

p. 179 **LOS DEMOSTRATIVOS**
Provide other examples of how to use demonstrative adjectives in Spanish. Use examples that your students will understand easily. For example, use objects and have students tell you which one(s) they (want/like/dislike), etc.

p. 180 **CÓMO INSISTIR EN LO QUE UD. QUIERE**
Say the following words and phrases and have students indicate their comprehension by pointing with their hands: **encima del pupitre, a la izquierda de Ud., allá afuera, detrás de Ud., debajo del pupitre, a la derecha de Ud., delante de Ud., ahí abajo, arriba en el techo,** etc.

p. 180 **C. Dime qué quieres.** Answers:

1. Dame esas fotos.
2. Dame ese chocolatito.
3. Préstame esa bufanda.
4. Muéstrame ese llavero.
5. Muéstrame esa linterna.
6. Quisiera ver esa notita.
7. Quiero ver esos apuntes.
8. ¿Puedo probar ese dulce?
9. ¿Qué tienes en ese papelito arrugado?
10. ¿Puedo ver esas entradas de concierto?

p. 181 **E. En la caja central.**
If time permits, have groups of two or three students prepare this activity beforehand and act it out in class using props and some humor.

p. 181   **F.   ¡Qué difíciles de complacer!**
Tell students to use hand motions and/or props to point out items.

p. 181   **ASÍ SE HACE**
Bring actual credit card applications in Spanish, if you have them. Make photocopies and ask students to fill them out as extra practice. Remind students that they need to fill in paternal and maternal last names, as on the Cortefiel card: **Rafael** (name) **Martínez** (paternal) **de las Heras** (maternal).

p. 182   **G.   Buen(a) traductor(a).**
Check the current exchange rates for the Japanese yen and the German mark by referring to the business section of a newspaper.

p. 182   **EL INDICATIVO Y EL SUBJUNTIVO**
Carefully explain how Spanish speakers use the indicative and subjunctive moods, using the examples given and providing your own as well. The uses of the indicative and subjunctive are reviewed once again in Chapter 10.

p. 183   **H.   Para el 5 de mayo.** Answers:
Alma **quiere** una falda blanca y una blusa con flores y Anita **quiere** que le **compremos** un vestido rosado con una carterita que **haga** juego. Y los varones **necesitan** zapatos porque **han crecido** mucho últimamente. Bueno, es mejor que le **busquen** sandalias a Anita también, porque ella también **está creciendo** mucho. Para ti, **puedes** buscar un bolso nuevo que no **sea** tan grande como el otro, porque **es** muy pesado. Y yo sólo **quiero** unos pantalones de verano. Bueno, ¡ojalá que **haya** bastante dinero para todo!

p. 184   **L.   De compras sin diccionario.**
Have students bring to class magazine, catalogue, and newspaper cutouts of store items that interest them but for which they do not know the vocabulary in Spanish. Students can work in pairs and try to describe the items using the subjunctive constructions used here.

p. 185   **LOS IMPERATIVOS INFORMALES**
Before beginning this section, review the commands you normally use in class to direct activities.

p. 186   **N.   Sé buenito.** Answers:
1.   Cómprame una docena de rosas para mi mamá.
2.   No traigas rosas amarillas porque significan desprecio.
3.   Búscame un buen diccionario de sinónimos.
4.   No me traigas un diccionario de inglés, sino de español.
5.   Dile a mi amigo que trabaja en la tienda que me llame.
6.   Hazme el favor de devolver este chántal.

p. 186   **O.   Para aprovechar las rebajas.**
Obtain actual discount coupons in Spanish by requesting them from large companies that advertise in Spanish in the United States and abroad (for example, Kellogg's, Procter & Gamble, Campbell, General Mills, Hershey). Addresses are usually printed on products; write in care of the Consumer Relations Office. Once you receive the coupons, either

laminate them or enclose them in a plastic cover in order to maintain them in good condition for future classes.

p. 187 **¡A divertirnos más!**
Del mundo hispano
This reading activity should be done silently. When students have finished, have them work in pairs and ask each other what books interest them most. Have them mark these items on the page and write their names and address at the bottom (both last names and address with number *following* the name of the street). Once students have filled out the form, ask them to once again work in pairs to compare what they "ordered" through the mail.

p. 188 **¡Le podría pasar a Ud.!**
Have pairs of students role-play this short skit and videotape it if you have video equipment. Afterward, play back the videotape so that students can evaluate (and enjoy) their performances. This technique generally motivates students to improve their Spanish and maintains their interest in using the language communicatively.

NUEVAS ALTURAS

Learning objectives: To be able to understand printed information in Spanish (particularly when shopping), summarize a reading passage, and use background knowledge to enhance reading comprehension.

p. 104 **Understanding printed information when shopping**
1. Point out that many large American and Canadian cities have Hispanic neighborhoods where many store signs, ads, or coupons are in Spanish.
2. Show photographs of different stores whose names end in **-ería** such as **panadería, zapatería, heladería, pastelería, cafetería, camisería, ropería, relojería, joyería.**

p. 106 Bring other store advertisements to class and share them with your students. Have them categorize them into several groups such as 1) those they like and dislike, 2) products they would like to buy, 3) domestically produced and imported products, 4) different foods such as vegetables, fruits, meats, fish and seafood, breads, 5) men's and women's clothing/ accessories, etc.

p. 108 **Summarizing what you have read**
Write on the chalkboard or on an overhead transparency several titles and subtitles of different newsapaper or magazine articles. Then have students guess what the articles are about based on the titles and the students' background knowledge pertaining to the articles.

p. 110 **¡Dime cómo gastas y te diré cómo eres!**
If you think that this article is too long, you could assign small groups of students to read different sections of it, then have them present a summary to the class.

p. 113 **¿Comprendió bien?** Answers:
1. es un "el mundo me lo debe todo a mí"
2. es una hormiguita ahorradora
3. es un bolsillos rotos
4. es un buscagangas
5. es un gastador compulsivo
6. es una hormiguita ahorradora o un buscagangas
7. es un mártir
8. es un "el mundo me lo debe todo a mí"
9. es un bolsillos rotos o un gastador compulsivo y su hermana es una hormiguita ahorradora o una busgangas

p. 113 **A. Para leer mejor.** Answers:
la persona con quien habla, guardó silencio, rebajó el precio, ponerse nervioso, Inmediatamente, cosas, otra vez, vendió

p. 117 **Puesto de El Rastro**
1. Brainstorm with students about shopping at secondhand shops, garage and yard sales, swap meets, auctions, and other places where people buy and sell used merchandise. This discussion will help students prepare to read the poem.
2. After students have read the poem for homework, read it aloud to them using appropriate intonation (quickly, without many pauses, like a circus barker or an auctioneer).

p. 119 **A. Para leer mejor.** Answers:
1. botas de montar
2. mono amaestrado
3. cuna
4. quinqué
5. estufa
6. tresillo
7. tijeras
8. maniquí

p. 119 **C. ¿Cuándo abre Ud. su propio Rastro?**
1. Assign this activity as homework or allow enough time in class for writing. When helping with drafts, guide students to listen for melody and rhyme.
2. Encourage creativity and original vocabulary use. Students could also make a collage of clippings and then write a poem to go with it.

p. 119 **D. ¿Para qué sirve esto?**
You can convert this oral activity into a listening comprehension activity as follows: (1) List all the items on an overhead transparency or on the board along with their corresponding numbers. (2) Describe the items in random order. (3) Students should respond by writing the number of each item described. (4) Afterward, check students' answers.

p. 120 **E. ¿Qué será?**
Circumlocution is a very common and useful communication strategy. Encourage students to bring unusual objects and describe them in class.

SPANISH FROM WITHIN

Programa 6: *Las compras*

Learning objectives: To become familiar with making purchases in Hispanic countries.

I. Antes de ver la cinta de video

A. Preview questions

Announce the general topic of these segments (*Las compras*) and ask these questions:

1. ¿Dónde compran Uds. la ropa?
2. Normalmente, ¿en las tiendas de ropa hay precios fijos o se puede regatear?
3. ¿Qué se puede hacer si uno no tiene suficiente dinero para comprar un artículo (una prenda) de ropa muy caro(a)? (Respuesta: *Se puede pedir una rebaja. Se puede separar o apartar* (to lay away) *la ropa. Se puede esperar una liquidación.*)

B. Vocabulary

You may find it necessary to explain (if possible, with actions or visuals) some of the following words and phrases to facilitate students' comprehension of this video program.

te queda anchita (ancha) *it looks loose (big) on you*
como por vendérsela *just to sell it to you*
"capital" dinero
chamarra chaqueta, cazadora
apartada *put on layaway*
efectivamente exactamente
¡híjole! ¡caramba! (México)
por tratarse de Ud. *because you are who you are (a good, known customer)*

II. Ahora, ¡a ver la cinta!

First showing: Show these segments one by one. Help students retain information by asking questions after each segment. Showing one segment each class meeting would be ideal.

Parte 1: Una camiseta universitaria

1. ¿Qué quiere el joven? (Respuesta: *Quiere comprar la camiseta pero no tiene dinero. Quiere que la señora le rebaje el precio de la camiseta.*)
2. ¿Cuánto pagó el muchacho (joven) por la camiseta? (Respuesta: *1.100 pesos.*).

Parte 2: Una chamarra

1. ¿Por qué vino a la tienda este señor? (Respuesta: *Porque él separó una chamarra pero no tenían azul marino; [ahora volvió a ver si tienen chamarras azules]*).
2. ¿Cómo se solucionó el problema? (Respuesta: *El joven compró una [otra] chamarra de color miel.*)

III. ¿Comprendió bien?

Second and third showings: After showing the tape for the second and third times, have students answer the following questions:

Parte 1: Una camiseta universitaria

1. ¿Cuánto cuesta la camiseta? (Respuesta: *1.250 pesos.*)
2. ¿De qué talla es la camiseta? (Respuesta: *Es medium.* **Nota:** El joven dice que él es de talla *small,* pero su pronunciación de esta palabra es hispanizada.)

3.   ¿Cómo le queda la camiseta al muchacho (joven)? (Respuesta: *La señora le dice al muchacho que le queda bien, pero él le dice a ella que no.*)

4.   ¿Qué razones le da el joven a la dependienta para pedirle rebaja? (Respuesta: *Le dice que no tiene más que 1.100 pesos, que él tiene que lavar la camiseta porque tiene polvo y que tiene mil pesos para la camiseta y cien para transporte [el autobús].*)

5.   ¿Qué hizo el muchacho (joven) para rebajar un poco más el precio de la camiseta? (Respuesta: *Le dio un solo billete de 1.000 pesos a la señora, pero ella insistió en el precio de 1.100 pesos.*)

Parte 2: Una chamarra

1.   ¿Cuánto tiempo hace que el joven estuvo en la tienda? (Respuesta: *Hace un mes y medio.*)

2.   ¿Qué color prefiere el joven? (Respuesta: *Prefiere el azul marino.*)

3.   ¿De qué talla es el joven? (Respuesta: *Treinta y ocho.*)

4.   ¿Por qué no hay una chamarra 38 de color azul marino para el señor? (Respuesta: *Porque se la vendieron a otra persona; hay una de talla 34 solamente.*)

5.   ¿Qué le ofreció la dependienta al señor para calmarlo (contentarlo)? (Respuesta: *Le ofreció una chamarra de color miel.*)

6.   ¿Con qué no estaba satisfecho el señor? (Respuesta: *Con el precio de la chamarra color miel. La chamarra que él apartó era más barata.*)

7.   ¿Qué hizo la dependienta para resolver el problema? (Respuesta: *Llamó por teléfono al jefe [dueño de la tienda]. Él le dijo que respetara el precio original.*)

8.   ¿Cuánto costó la chamarra? (Respuesta: *55.000 pesos.*)

9.   ¿Cómo pagó la chamarra el señor? (Respuesta: *Con su tarjeta de crédito.*)

IV. ¡Luz, cámara, acción!
Have students work individually or in small groups to prepare skits expanding on topics on the videotape. Groups might offer narrated demonstrations of how to bargain for goods or how to persuade salespeople politely yet assertively; groups might also prepare and act out similar situations.

If you have access to videotape equipment, it would be very interesting and useful to record for further analysis the scenarios developed in the **¡A divertirnos más!** section of the textbook. You can follow these steps:

1.   Use the **Programa 6** videotape to help them prepare their skits. Play the tape with the sound turned off. Ask students to observe and learn gestures and movements for making purchases in stores.

2.   Play the tape with the picture turned off. Ask students to listen for main ideas or for idiomatic phrases that they could use in their skits. For example: People try to lower the price of goods by finding defects (**Yo soy como** *small;* **Tengo que lavarla, por el polvo**), claim they do not have much money (**Es que tengo 1.100 pesos no más; Éste es mi capital**), complain because the store did not do what it was supposed to do (**Porque yo la había apartado a otro precio**), charm the customer (**Por tratarse de Ud., que ya es un cliente muy distinguido**), refuse to lower the price (**¡Aquí no hacemos rebaja, muchacho!**), say thank you for good service (**¡Qué amable! ¡Muy amable!**), and assist the customer (**Puedo mostrársela, ¿me permite?**).

3.   Give students time to rehearse their skits. Circulate around the class to help different groups.

4.   Have students perform their own skits and videotape them if possible.

CAPÍTULO 7
¿Quieres salir conmigo?

NUEVAS DIMENSIONES

Learning objectives: To be able to make plans for the weekend and describe what you did over the weekend.

p. 191 **Cuadro de Miró**
1. Explain to students: Joan Miró (1893-1983) fue un pintor y escultor catalán y un gran maestro surrealista con un estilo muy personal.
2. Have students look at this painting and ask questions such as these:
    a. ¿Pueden ver el pájaro que está en este cuadro?
    b. ¿Qué otras figuras se pueden distinguir?
    c. ¿Con qué asocian esta gran cantidad de figuras caligráficas?
    d. Además de negro, ¿qué otros colores creen Uds. que usó el artista?
3. Bring reproductions of Miró's works or a book of modern art to class so students can appreciate the color and tone in his work.
4. Give Miró's full name, and explain that Joan, is not a woman's name, but *John* in Catalan; it is pronounced [djoán].

p. 192 **¿Cómo se dice?**
Have students role play this dialogue in pairs.

p. 193 **CÓMO PEDIR FAVORES**
You can use some of the following questions to stimulate students' interest in the topic of this chapter.
1. En Estados Unidos (Canadá), ¿qué diferencia hay entre un bar y un café? ¿Y en el mundo hispano?
2. ¿Dónde prefiere Ud. conversar con sus amigos? ¿En un bar o en un café o en otro lugar? ¿Por qué?
3. ¿Prefiere Ud. ir al cine o al teatro, y por qué?
4. ¿Qué le gusta hacer los fines de semana? (See page 193 for suggestions.)

p. 193 **PARA EXPRESAR BUENOS DESEOS**
Depending on the area, native speakers use one or the other pronoun **lo** or **la**. In some dialects, it is even possible to say **¡Que se la pasen bien!**

p. 193 **Diversiones de día**
1. Ask students to read aloud the questions and to finish the incomplete statements orally in small groups and/or as a written homework assignment.
2. Add other appropriate daytime leisure activities, if you wish.

p. 193 **Diversiones de noche**
1. Ask students to read aloud the questions and to finish the incomplete statements orally in small groups and/or as a written homework assignment.
2. Add other appropriate evening leisure activities, if you wish.

p. 194 **ASÍ SE HACE**
1. Introduce expressions such as **Que se diviertan, que te (les) vaya bien, que lo pases bien, que todo salga bien, buen viaje, que descanses,** etc. Do not allow students to translate from English and say (incorrectly) ***Que tenga un buen fin de semana.**
2. You can have students explore the differences by making them write a list of times and activities they do when they have a party. In a Hispanic **fiesta**, there probably is much less conversation, more dancing, and women would practically never dance alone.
3. Share with your students other listings of television and radio programs, movies and theatrical performances, and lectures in Spanish. Have students work in small groups to create similar announcements for upcoming events in your community.

p. 194 **A. Entre amigos.**
Walk around the class to be sure that students cover the directions of their partner's column while doing this activity.

p. 195 **C. El fin de semana es sagrado.**
1. Encourage students to react to what their partner says by offering him or her comments and suggestions as well as by asking follow-up questions, depending on what she or he says.
2. During this activity, walk around class to be sure everyone is participating and to answer students' questions. Do not correct errors at this time; this is an opportunity for communicative practice.
3. Note high-frequency errors mentally or in writing, so you can incorporate more practice in future activities. However, do not overemphasize those items that require years of exposure before they are acquired, e.g., imperfect, intuition for gender, subjunctive. Instead, devote more time to pragmatic errors such as wrong choice of **tú**/**usted** treatment, mistakes in lexical selection (**llegar**/**llevar**), plain vocabulary problems, cultural misinterpretations, etc.

p. 195 **D. Por teléfono.**
Circulate around the class to help students develop the script in written form first.

p. 196 **E. En la oficina de turismo.**
After students have completed this activity, ask them to create their own situations modeled after those provided here. Collect and correct the situations, have students rewrite them, then distribute the situations to various groups who can redo this activity during another class session.

p. 196 Have students continue role playing this conversation in pairs.

p. 197 **CÓMO COMENTAR SOBRE EL TIEMPO**
Bring or draw a weather map for your geographical area, and role-play a television weather forecaster who describes today's weather.

p. 198 **G. ¿Qué tal el fin de semana?**
After students have completed this storytelling activity, you could assign it for written homework.

p. 199 **I. Déme consejos.**
This activity expands upon the vocabulary presented in this chapter.

p. 200 **J. Un fin de semana inolvidable.**
Collect the reports, write comments on them where appropriate, then return the papers. Research shows that students improve their writing skills faster (and probably with less stress) if they are given abundant opportunities to write and if *the content* of their written work is reacted to, rather than "corrected" in traditional (mechanical) ways. An excellent article on this topic is "Effects of the Red Pen" by Harriet D. Semke, *Foreign Language Annals,* 17, Nº 3, 1984: pages 195-202.

p. 201 # Perspectivas auténticas

Grammar: present (perfect) indicative and subjunctive, informal commands
Functions: gaining cultural insights into Hispanic attitudes toward dating and choosing friends, reading for information and curiosity, gaining cultural insights into different kinds of people and naming them, understanding one's weaknesses and strengths, understanding advice and conjecture, expressing personal opinions, young people's concerns
Vocabulary: numerous colloquial idiomatic expressions related to interpersonal relations, adjectives related to personality, compound noun formation for joking and for expanding ability to guess, connectives

p. 201 **CÓMO LEER LA LECTURA**
Palabras compuestas de verbo + sustantivo
1. **Atrapanovios**, from the Mexican tradition, is a straw cone that slips onto the finger at one end and, when pulled from the other end, will grip the finger firmly and is difficult to remove, similar to the straw cylinder known as a Chinese finger trap. Any girl who is good at catching boyfriends is an **atrapanovios**. In some areas, a **síguemeguapo** is a particular curl on the sides of the face worn by girls and shaped like a question mark or any other coquettish garment or hairpiece.
2. The verb **cascar** used to mean something like *to break* as in **cascanueces**, but it does not make sense if translated literally. **Cascarrabias** means *tantrum thrower*.

p. 202 **Lectura: Más vale solo que mal acompañado**
1. Point out that **Más vale solo que mal acompañado** is an old familiar saying.
2. Discuss with your students the advantages and disadvantages of having a boyfriend or girlfriend (or a spouse). This discussion will help students mentally for the topic of the reading selection.

p. 205 **C. La pareja ideal.**
After students have completed this activity orally in class, have them redo it as a written homework assignment.

p. 206 **ASÍ ES**
1. Elaborate on this note, if necessary. Give examples from your experience, but avoid stereotypes.
2. Discuss students' answers to the question asked about men in love (**¿Qué quiere y a qué le teme?**).

p. 206 **F. Para pasarlo bien.**
Instead of using the activity for conversation practice in class, you could assign it as a homework composition.

p. 207   **H. Para ampliar su vocabulario.**
After completing the exercise, have students make a list of all the reflexive verbs and expressions with **tener** they found in the article. Also have them list English equivalents.

p. 208   **DETALLES INTERESANTES**
1. Ask your students what they think an **espantasuegras** is at a New Year's Eve party. (It is a noisemaker that becomes a long strip, like a tongue, when blown.) Compare this meaning of **espantasuegras** with its literal translation of *scare mothers-in-law*. Explain how these compound nouns are formed in Spanish. Another example is **espantapájaros** (scarecrow).
2. Answers to **Ejercicio:**
   1) es un(a) sábelotodo.
   2) es una destruyehombres.
   3) es un espantamujeres.
   4) es un rompecorazones.
   5) es un(a) buscavidas.
3. Answers to **Ejercicio:**
   1) sacacorchos
   2) abrelatas
   3) portamaletas
   4) tragaluz
   5) mondadientes
   6) posacubiertos
   7) pisapapeles
   8) portadocumentos
4. Answers to **Ejercicio:**
   por sí mismas = *on their own;* **por lo mismo** = *by the same token,* etc.; **su vida misma** = *his own life;* **del mismo calibre** = *of the same nature,* etc.; **la misma persona** = *the same person;* **el control de sí mismos** = *control of themselves*

p. 208   **ASÍ SE DICE**
You could use the classified advertisements on this page as follows. Ask the men in your class to choose one of the ads with which they can identify most closely. Then ask the women to answer one of the ads in writing. Match and distribute the women's letters to the male students who identified with that particular ad. Then have these male students answer the letters.

p. 209   # En pocas palabras

¿Por o para?
After students have studied the explanation of **por** and **para** at home, ask them to work in small groups to expand the stated categories into broader ones.

p. 210   **Value or cost of something (transaction):**
Por nada: Of course, **de nada** is also a very frequent rejoinder.

p. 210   **Por**
Have students scan the reading for **por** expressions, and ask them if they remember other ones, which you can write on the board. (The following expressions appear in the **Lectura: por estar, por ejemplo, por salir, por sí mismas, por lo tanto, por el estilo, por lo mismo, por ser, por lo tanto, por ahora, por seguro, por lo demás, por último, por supuesto.**)

p. 211 **B. Consejos para recién casados.** Answers:

Ser franco es muy importante **para** el matrimonio. **Por** supuesto, esto es algo natural y no se aprende de los libros. **Para** ser feliz, la confianza y el buen humor son también muy necesarios, **por** los muchos problemas que siempre tiene la vida. Qué no daría yo **por** tener más experiencia, pero ésta no se puede comprar. **Por** mucho tiempo, pensé que lo principal **para** ser feliz era tener trabajo y algo de dinero, pero no es así. **Por** ahí, en alguna parte de mi escritorio, tengo las cartas de amor que Estela escribió **para** mí y cada vez que las leo, sé que estaremos juntos **por** una eternidad. Pienso que el matrimonio no se da, sino que se construye.

p. 212 **C. ¿Por cuánto tiempo?**

Review the following structures and their meaning:

Hace dos años que estudio español.	*I have been studying Spanish for two years.*
Estudié español por dos años.	*I studied Spanish for two years.*
Hace dos años que estudié español.	*I studied Spanish two years ago.*
Hace dos años que no estudio español.	*I have not studied Spanish for two years.*

p. 212 **EL FUTURO**

Emphasize that the future tense is used more often in the media (television, radio, newspapers, magazines, printed material) and the **ir a** + infinitive construction is used in conversation.

p. 213 **H. Estoy decidido.** Answers:

Estoy cansado de que me traten como perro. Cuando mi chica llame otra vez, no **contestaré** el teléfono y si la encuentro por la calle, **cruzaré** a la vereda de enfrente. Ni le **escribiré** ni la **llamaré** por dos semanas y así no **sufriré** más por ella. Mis compañeros de cuarto tampoco **contestarán** sus llamadas; todos **estarán** de acuerdo. Creo que después de todo esto **tendré** un poco de calma para pensar en mi situación y también **habrá** más tiempo para poner las cosas en perspectiva. ¡Basta de vivir una vida de perros!

p. 214 **I. Cuando termine la semana.**

This is a review exercise that incorporates themes presented in previous chapters. You may wish to review the vocabulary from those chapters at this time.

p. 214 **J. Me mata la duda.**
1. Some practice with the future perfect is necessary for students to be able to comprehend its real meaning in reading and listening materials. Work to make sure they understand which meaning is being conveyed.
2. Follow-up: Have students do this activity as a written homework assignment.

p. 215 **EL PRESENTE PERFECTO DEL SUBJUNTIVO**

It may help some students to mention that you are speculating about something that already happened over which you have no control.

p. 215 **L. Dramática.** Answers:

Espero que...
1. me haya dejado un mensaje en la grabadora.
2. me haya mandado una docena de rosas.
3. me haya hecho el favor que le pedí.
4. me haya devuelto mi libro de poemas.
5. no les haya dicho nada a sus amigos.

6. no haya salido con otra chica.
7. no haya roto mis cartas de amor.
8. no me haya escrito una carta de adiós.

p. 218 **¡A escuchar!** Answers to activity A:
1. d 2. a 3. a 4. c 5. d 6. b

NUEVAS ALTURAS

Learning objectives: To be able to locate useful information in printed materials, read different kinds of charts and diagrams in Spanish, and draw conclusions and form opinions about a reading selection.

p. 125 **¿Comprendió bien?**
Point out to students that they had to use their scanning skills to do these two reading comprehension exercises.

p. 130 **A. En resumen.**
Have students compare the results of this survey.

p. 131 **Ya ves qué tontería**
1. Have your students reread "Nota biográfica" by Gloria Fuertes in Chapter 2 to reacquaint themselves with the poet and her style of writing.
2. Before assigning this reading for homework, discuss with your students answers to the following questions:
a. Para Ud., ¿qué es el amor? ¿De dónde viene? ¿Qué importancia tiene el amor en la vida? ¿De qué maneras se puede expresar el amor?
b. ¿Qué símbolo representa al amor?
c. ¿En qué días celebramos distintas formas de amor en la cultura norteamericana?
d. A pesar de estos días especiales, ¿por qué hay tanta soledad en la vida moderna? ¿Qué soluciones hay para la gente sola?

SPANISH FROM WITHIN

Programa 7: *El tiempo libre*

Learning objectives: To become familiar with what some Hispanics do in their free time.

I. Antes de ver la cinta de video
A. Preview questions
Announce the general topic of these segments (*El tiempo libre*) and ask these questions:
1. ¿Qué hacen Uds. para divertirse? ¿Adónde y con quiénes van?
2. ¿Qué les gusta hacer durante su tiempo libre, pero no pueden hacer? ¿Por qué no lo pueden hacer?
3. ¿Qué no les gusta hacer durante su tiempo libre y por qué?
4. ¿Les gusta visitar el zoo(lógico)? ¿Por qué? ¿O prefieren ir a un parque de diversiones? ¿Les gustan los carruseles, la montaña rusa (*roller coaster*), la rueda de Chicago (*ferris wheel*) o los carros locos?

B.   Vocabulary

You may find it necessary to explain (if possible, with actions or visuals) some of the following words and phrases to facilitate students' comprehension of this video program.

los ritmos autóctonos *indigenous rhythms* (música)
la sardana danza catalana que la gente baila en la calle en Barcelona
las carretas *carts*
La Boca un barrio viejo de inmigrantes italianos de Buenos Aires
El Tibidabo un parque de diversiones (atracciones/entretenciones) de Barcelona
Casa de Campo gran parque de Madrid donde está el zoológico
jaula *cage*
tamaño *size*
rayas atigradas rayas negras
selva jungla
altura *height*
patas *paws*
mamíferos *mammals*
trompa *trunk (of an animal)*
¡Qué rico! *How neat!*
¿Qué están dando en el Radio City? *What's playing at Radio City?*

The following items are from Part 4: *Un pasatiempo*. Emphasize to your students that it is not necessary for them to understand every word in the video in order to understand it well.

porcelana *porcelain*
muñecas de trapo *rag dolls*
recordatorios de bautizo (primera comunión) *baptismal (first communion) cards*
llaveros *key rings*
libretas de notas *pocket notebook*
libretas de taquigrafía *shorthand notebooks*

II.   Ahora, ¡a ver la cinta!
First showing: Show these segments one by one. Help students retain information by asking questions after each segment. Showing one or two segments each class meeting would be ideal.

Parte 1: ¿Qué hacer?
1.   Nombre dos cosas que hacen los hispanos durante su tiempo libre. (Respuesta: *Les gusta la música, tocar instrumentos; les gusta bailar.*)
2.   ¿Adónde les gusta ir a los hispanos? (Respuesta: *Les gusta ir a la piscina, a los toros, a la Boca*, etc.)

Parte 2: La Casa de Campo
1.   ¿Dónde queda la Casa de Campo? (Respuesta: *En Madrid.*)
2.   Nombre dos animales del zoo. (Respuesta: *Véase la lista que aparece más abajo.*)

Parte 3: Una invitación al cine
1.   ¿Qué relación hay entre estos dos jóvenes? (Respuesta: *Son amigos [compañeros] de la universidad.*)
2.   ¿A quién llama la joven? (Respuesta: *Llama a su mamá.*)
Parte 4: Un pasatiempo
1.   En general, ¿qué hace esta señora en su tiempo libre? (Respuesta: *Pinta y diseña.*)
2.   ¿Qué cosas hay en la mesa? (Respuesta: *Un plato, una muñeca, unas tarjetas.*)

III. ¿Comprendió bien?

Second and third showings: After showing the tape for the second and third times, have students answer the following questions.

Parte 1: ¿Qué hacer?

¿Qué se puede hacer en los siguientes lugares?

Lugar	Respuestas
México	escuchar a los mariachis
Sudamérica	escuchar ritmos autóctonos, canciones folclóricas, canciones andinas
España	tocar (escuchar) guitarra (clásica), bailar (ver) la sardana y la danza flamenca, ir a los toros, nadar
Costa Rica	visitar las fábricas de carretas
Argentina	visitar La Boca
Barcelona	bailar la sardana, ir a El Tibidabo

Parte 2: La Casa de Campo

1. ¿Por qué no fue a clase hoy Ignacio La Iglesia? ¿De dónde es? (Respuesta: *Porque fue al zoológico. Es de Madrid.*)
2. Haga una lista de los animales que tienen en el zoológico. (Respuesta: *Monos, osos, leopardos, tigres, leones, jirafas, elefantes.*)
3. ¿Qué compró Ignacio y por qué? (Respuesta: *Compró un refresco porque caminó mucho y hacía calor.*)
4. ¿Qué le gusta al niño? (Respuesta: *Le gustan los elefantes. Le gusta darles galletas a los elefantes.*)

Parte 3: Una invitación al cine

1. ¿Qué estaba haciendo la joven cuando su amigo la saludó? (Respuesta: *Estaba buscando el número de teléfono de unos amigos norteamericanos.*)
2. ¿Por qué quiere ir al cine con su amiga el joven? (Respuesta: *Porque dan una película buenísima y porque no tiene clase hasta las seis y tiene tiempo libre.*)
3. ¿Cómo se llama la película que quieren ver? (Respuesta: *Se llama* Sin piedad.)
4. ¿Qué tiene que hacer la joven antes de aceptar la invitación de su amigo? (Respuesta: *Tiene que pedirle permiso a su mamá.*)
5. ¿Qué le dice a su mamá para conseguir el permiso? (Respuesta: *Le dice que va con Javier, su compañero de universidad; que no va a llegar tarde, sólo tres horas.*)

Parte 4: Un pasatiempo

1. Haga una lista de las cosas que están en la mesa. (Respuesta: *un plato, una muñeca, unas libretas, una tarjeta, etc.*)
2. ¿Para qué son estas cosas? (Respuesta: *Son productos publicitarios; sirven de propaganda para la compañía [empresa] de la señora.*)

IV. ¡Luz, cámara, acción!

Have students work individually or in small groups to prepare skits expanding on topics on the videotape. A group might offer a narrated demonstration of a favorite hobby, a radio commercial advertising a movie, a narrated slide presentation of a zoo or other local attraction, a conversation between two friends who want to go to the movies, etc.

If you have access to videotape equipment, it would be very interesting and useful to record the scenarios developed in the **¡A divertirnos más!** section of the textbook for further analysis. You can follow these steps:

1. Use the **Programa 7** videotape to help students prepare their skits. Play the tape with the sound turned off. Ask students to observe gestures, movements, distance between the speakers when two friends talk, etc.
2. Play the tape with the picture turned off. Ask students to listen for main ideas or for idiomatic phrases that they could use in their skits. For example: describing objects or animals (**Estos son los...**), saying hello to a friend using two or three greetings in a row (**¿Quiubo?** [short for **¿qué hubo?**], **¿qué haces?, Hola, ¿Cómo estás?, ¿cómo te va?**), greeting on the phone (**Aló, mami, ¿qué hay?, ¿Cómo estás?**), asking for permission to go somewhere (**Te llamaba para pedirte permiso para ir al cine.**), rushing for something (**Tenemos que apurarle[nos]**), etc.
3. Give students time to rehearse their skits. Circulate around the class to help individual groups, as necessary.
4. Have students perform their own skits and videotape them if possible.

CAPÍTULO 8
¡Con la salud no se juega!

NUEVAS DIMENSIONES

Learning objectives: To be able to discuss health-related matters involving illnesses, acccidents, emergencies and keeping fit.

p. 221   **Cuadro de Dalí**
1. Explain to students: Salvador Dalí (1904-1989) fue un pintor catalán famoso por su excentricidad. Sus cuadros surrealistas a veces nos dan terror, porque nos muestran algunos sentimientos y temores secretos del ser humano. El creía que el pensamiento paranoico era un buen método para pintar el mundo de la contra-realidad.
2. Have students look at this painting and ask questions such as these:
   a. ¿Qué impresión les dan estos relojes? ¿En qué piensan cuando los miran?
   b. ¿Qué creen Uds. que representan los relojes?
   c. ¿Qué cosas no se olvidan nunca? ¿Qué cosas se olvidan fácilmente?
3. If you have reproductions of any of Dalí's works, bring them to class so students can appreciate the colors and details. Art students should be able to help.

p. 222   **¿Cómo se dice?**
1. Have students role-play this dialogue in pairs; allow them to use their own names, if they wish.
2. This conversation reflects common ideas about health in terms of traditional cures: thermal baths, natural foods, homeopathic medicines, and herbal teas.

p. 222   **CÓMO EXPRESAR MALESTARES Y DOLORES**
Have your students repeat these short phrases after you to improve their pronunciation.

p. 223   **MALESTARES Y ENFERMEDADES COMUNES**
After showing students that the spelling of many of these common ailments is the same or similar in Spanish and English, help them pronounce the words, particularly **alergia** and **laringitis**. (There is also a pronunciation exercise in the lab program.)

p. 223   **MEDICINAS Y TRATAMIENTOS COMUNES**
1. Have students bring small boxes and plastic jars to class and label them in Spanish for later use in their activities or skits.
2. After showing students that the spelling of these common ailments is the same or similar in Spanish and English, help them pronounce the words.

p. 224   **A. Consejos prácticos.**
Have pairs of students create four additional symptoms and the corresponding suggestions.

p. 224   **B. El cuerpo humano.**
1. The names of the parts of the body commonly introduced in first-year Spanish textbooks are provided below so that you can review them with your students. Give students a diagram of the human body and ask them to label it as a homework assignment, or provide some of the meanings and ask students to supply the rest.

barbilla (mentón)	labios
bigote	lengua
boca	manos
brazo	mejillas (cachetes)
cabeza	nariz
cara	oídos
cerebro	ojos
codo	orejas
corazón	pecho
cuello	pelo
dedo	pies
dedo del pie	piel
dientes	piernas
estómago	pulgar
frente	pulmones
garganta	rodillas
hombros	uñas

2. *Total physical reaction activity.* This activity reviews formal commands and parts of the body. Read aloud each command, which students should carry out.

Imagínese que soy su médico(a) y que ahora usted está en mi consulta.
a. Siéntese, por favor.
b. Ahora, respire profundamente. ¿Tiene Ud. tos?
c. Abra la boca, por favor. Saque la lengua. Diga: «A». Cierre la boca. Otra vez. Bueno, todo parece bien.
d. Doble la rodilla derecha, por favor. ¿Le duele?
e. Levante los brazos. ¿Le duele levantar los brazos?
f. Ahora doble la cabeza hacia la derecha. Ahora doble la cabeza hacia la izquierda.
g. Tome esta receta y haga otra cita para volver en dos semanas.

3. *Drawing activity.*
Trabaje con otro(a) estudiante. Primero, todos van a dibujar un ser extraterrestre que tenga un cuerpo con tres cabezas, seis pelos, dos bocas, etc. Luego, un(a) estudiante le explica al (a la) otro(a) cómo dibujar su figura. Cuando terminen, comparen sus dibujos para ver si se han comunicado bien o mal. Después, la otra persona le explica a su compañero(a) cómo dibujar su figura; luego, comparen los resultados de nuevo.

p. 224 **C. Me siento mal.**
Allow students to use gestures when they do this exercise.

p. 225 **D. Una fiebre común.**
Encourage students to guess the meaning of words they do not know in this article. It is not necessary for them to understand every word in order to complete the exercise successfully.

p. 225 **E. ¡Ud. tiene que cuidarse!**
Allow students plenty of time to do this activity.

p. 226 In pairs, students should role-play this dialogue twice, switching roles after the first time.

p. 226 **CÓMO DESCRIBIR LOS SÍNTOMAS**
Have students repeat these short sentences after you. Add other phrases that describe common symptoms of different illnesses.

p. 227 **CÓMO DESCRIBIR EL ESTADO FÍSICO**
Ask students to finish the incomplete sentences either orally or in writing.

p. 227 **CÓMO COMPRENDER AL MÉDICO**
These are common utterances that one often hears in a doctor's office or clinic. Students should be able to understand the meaning of these sentences, but not required to produce them in speech or in writing.

p. 227 **ACCIDENTES Y EMERGENCIAS**
You may wish to review how to form and use reflexive verbs, which were already introduced and practiced in Chapter 5.

p. 229 **H. Problemas y consejos.**
1. This activity can be done in pairs or individually at home, depending on how much class time is available.
2. Encourage students who are playing the role of the doctor to ask questions of their patients before they give advice. Have students continue this activity by having the patients invent other medical problems.
3. Point out that the expressions in items 1-3 require the use of the subjunctive. This exercise is designed to integrate vocabulary and structure, focusing on the functions in this chapter.

p. 230 **ASÍ ES**
You can have interested students visit the local drugstore and list all the traditional remedies, such as herb teas, heat pads, cold packs and flu preparations found there and others used at home like mustard packs and inhaling mentholated preparations. Among other doctors there are chiropractors, faith healers, midwives, and practitioners.

p. 230 **I. ¡Socorro!**
1. Encourage students to role-play various emergency situations such as a near drowning, a car accident, a fall on the stairs, an attempted suicide, a burn accident, a mugging, food poisoning, a heart attack, and a drug overdose. Tell students to use vocabulary that they already know. Remind them that some of this vocabulary was introduced in chapter 5, page 155.
2. After completing this activity, students could write a report on what happened. This will help to reinforce the vocabulary and structures used in the role-playing. Provide an example of a report of an emergency to give students an idea of what is required.

p. 231 **K. Un accidente.**
1. Students could invent a situation or they could use an actual accident reported in a newspaper or magazine article.
2. Have students write a description in Spanish of a home remedy, and indicate what it is supposed to cure.

p. 231 # Perspectivas auténticas
El síndrome del "edificio enfermo"
Grammar: (past) subjunctive (for speculation) and tense medley
Functions: reading for information and curiosity, gaining some cultural insights, understanding cause-and-effect relationships when there are several factors, seeing polution from a new perspective
Vocabulary: terminology of common ailments and some illnesses, connectives, common employees' concerns

p. 233   **¿Comprendió bien?**
After students have read the reading once, ask them to respond in writing (**Sí** or **No**) to the following statements, which you could read aloud:

1. Es mejor tener un trabajo en la calle que en un edificio.
2. No hay que fumar en un edificio para mejorar la calidad del aire.
3. La mayor parte de la gente pasa su vida al aire libre.
4. Por la noche, es bueno salir a respirar aire puro al campo.
5. Es mejor poner más baños que más ventilación en un edificio.
6. En la ciudad no hay peligro de respirar aire contaminado.
7. Los dolores de cabeza y las alergias han aumentado mucho.
8. Si en las oficinas hay más gente que la proyectada, el edificio está sobreocupado.
9. Si medimos el ozono, las bacterias, los hongos y los protozoos de un edificio, por seguro los números no son altos.
10. Los edificios se enferman aunque los niveles de contaminantes sean tolerables.

p. 234   **A.   ¿Qué le molesta a Ud.?/B.   Mundo moderno.**
Provide other vocabulary as needed.

p. 235   **C.   Peligro público.**
This activity has been designed to help students express their opinions using ideas and vocabulary from the reading.

D.   Menos insalubre.
Help students use the past subjunctive forms **debiera, quisiera** for resolutions or plans. A full explanation follows in **En pocas palabras.**

p. 235   **F.   Cómo salir ganando.**
For extra practice, assign this activity as written homework.

p. 236   **G.   Fobias.**
This activity not only has communicative value but it could also help some students psychologically; talking about one's fears and worries sometimes diminishes anxiety and stress.

p. 237   **K.   La ética y la medicina moderna.**
These topics could also be used for written reports or essays.

p. 238   **M.   ¡Derivaciones!** Answers:
perjudicados, contaminantes, contaminación, aumento, disminución, proliferación, respiratorias, ahorro, irritaciones, instalaciones, cerrados, prevención, infecciones, fumadores, mantención

p. 239   **N.   ¡El ambiente!** Answers:
también, Peor aún, De hecho, sin embargo, porque, De modo que, En cuanto a, ya

p. 239   # En pocas palabras
El subjuntivo pasado
Emphasize the common use of the past subjunctive in recommendations to friends and family: **Debieras** + infinitive, **Sería mejor que** + past subjunctive.

p. 241   **B.   Recados de la doctora.**
Follow-up: Have each student complain about a different ailment. Ask other students to offer solutions such as: —**Debieras quedarte en cama, Sería mejor que durmieras unas ocho**

horas or **Debiera darte unas aspirinas**. Write these lead-ins on the chalkboard: **sería mejor que..., debieras..., debiera** + infinitive.

p. 241   **ASÍ ES**
Bring this note to life by having groups of three ask each other how they feel or have felt lately.

p. 242   **El subjuntivo con ciertas conjunciones**
Offer the following mnemonic device for remembering the conjunctions that always require the subjuntive:

A a menos que

S sin que

P para que

A antes que

C con tal que

E en caso que

p. 244   **H. La salud antes que nada.**
Both *cookies* and *crackers* are called **galletas**. To distinguish between them, people sometimes say **galletas dulces** and **galletas saladas**, respectively.

p. 244   **I.   Un enemigo que no se ve.** Answers:
abra, use, tenga, cocine, sepa, limpie, beba, lleve, proteja, se note, consulte

p. 245   **La comparación**
Point out to students that it is not always necessary to use **que** plus the second element in a comparative sentence. For example: **Este año he tenido menos catarros** (instead of **Este año he tenido menos catarros que el año pasado**).

p. 246   **L.   ¿Cuál será la mejor dieta para adelgazar?**
Students could also do this activity as written homework. They could include a favorite diet recipe as part of the assignment. Students who are particularly ambitious could prepare and serve one of their favorite diet foods to the class.

p. 246   **M. Mente sana en cuerpo sano.**
Discuss with students the effect of stress upon the body. Some medical researchers believe that stress causes more than 80% of physical ailments. Discuss what students can do to prevent or relieve stress in their lives.

p. 248   **¡Le podría pasar a Ud.!**
Although this activity deals with the smoking/no smoking issue, your students could also discuss the AIDS (**el SIDA**) issue.

NUEVAS ALTURAS

Learning objectives: To be able to read for advice on a particular topic and read Spanish with greater confidence.

p. 138   **READING FOR ADVICE**
After assigning students the exercises on this page, discuss their answers with them.

p. 139   **Cómo levantarse ¡llenos de energía!: 10 "tips" que sí funcionan**
Before students read this selection, ask them to write two or three tips for achieving and maintaining a high energy level. Discuss their opinions with the entire class. This discussion will provide some background information that will prepare students to understand and enjoy better the reading selection.

p 145   **Activities E, F, and G**
Encourage creativity and use of the idiomatic vocabulary introduced in the chapter (e.g., **dormir como ángel, desvelarse como un bebé, ser ave nocturna [madrugador fino]**), and other expressions in the *sugerencias* section of activity G.

p. 146   **I.   Pesadillas.**
Students could continue this activity by telling their conversation partners about nightmares they had as children. This conversation will help students practice using the preterite and imperfect. As a follow-up activity, you could have students describe one of their nightmares in writing.

p. 146   **J.   ¿Qué te dijo el médico?**
Homework writing assignment:
Un trasnoche histórico. El sueño es una necesidad muy básica e importante y nunca olvidamos aquella noche en que no pudimos dormir porque algo pasó. Escriba un párrafo sobre una de esas trasnochadas históricas.

Ejemplo: Una vez veníamos de Italia con mis padres y un motor del avión se descompuso. Entonces, tuvimos que volver a Londres y cambiar de avión. En resumen, llegamos con casi seis horas de atraso a Nueva York. Pero eso no es nada, porque teníamos que reunirnos con un chico en el aeropuerto y no lo pudimos encontrar, porque se había ido. Cuando finalmente nos acostamos, me desplomé en la cama: no había dormido por más de veinticuatro horas.

p. 147   **READING WITH CONFIDENCE**
1.   Encourage students to reread selections in the textbook and reader that they have read previously. This procedure will give your students additional confidence and motivate them to continue improving their reading proficiency in Spanish.
2.   If you are familiar with the life and work of García Márquez, share your knowledge with your students. Your enthusiasm for Hispanic literature in general can serve as a powerful motivational force among your students.

p. 149   **Un día de éstos**
1.   Before assigning this reading, ask your students the following questions to anticipate the topic in the selection:
   a.   ¿Va Ud. al (a la) dentista solamente cuando tiene una emergencia o periódicamente?
   b.   ¿Cómo se siente Ud. el día que va al (a la) dentista?
   c.   ¿Cómo es su dentista? (amable, simpático(a), antipático(a),...)
2.   After reading the short story, have students add details to the illustration.

p. 152   **B.   La política y el poder.**
Have students choose a past or contemporary dictator (preferably Hispanic), research the life of this person, and make a short oral report on the findings. To make the report interesting for the class, students should include photographs of the dictator, summarize the main events in this person's life, and say what effect the dictator has had on the history of his country. As a follow-up, you could ask students to write a report on the same subject.
Examples of dictators: Anastasio Somoza, Fulgencio Batista, Fidel Castro, Alfredo Stroessner, Augusto Pinochet y la junta de gobierno chilena, Gustavo Rojas Pinilla.

p. 152 **Realia**
1. Explain that most Spaniards keep up-to-date with developments in Hispanic countries that have dictatorships and human rights problems. There are groups that support oppressed people from Chile, Nicaragua, El Salvador, Cuba, and other countries. Many refugees also choose to live in Spain.
2. This theme will be expanded in Chapter 10.

SPANISH FROM WITHIN

Programa 8: *La salud*

Learning objectives: To become familiar with advice that some Hispanics have on ways to maintain one's health.

I.   Antes de ver la cinta de video
A. Preview questions
Announce the general topic of these segments *(La salud)* and ask these questions:
1. ¿Qué cosas son importantes para la salud? (Respuesta: *La buena alimentación y el ejercicio.*)
2. ¿Qué tipos de comida son buenos para la salud y por qué? (Respuesta: *Las frutas y verduras, las proteínas, las vitaminas,* etc.)
3. ¿Qué alimentos no se deben consumir y por qué? (Respuesta: *Las grasas, el azúcar, el pan no fortificado.*)
4. ¿Qué dicho o proverbio sobre la salud conocen en inglés? (Respuesta: *An apple a day keeps the doctor away,* etc.)

B. Vocabulary
You may find it necessary to explain (if possible, with actions or visuals) some of the following words and phrases to facilitate students' comprehension of this video program.

chinas naranjas
guineos plátanos pequeños
habichuelas verdes judías, ejotes, porotos verdes, *string beans*
verduras vegetales
carne de ave *poultry*
productos lácteos *dairy products*
fuente *source*
potasio *potasium*
hierro *iron*
calcio *calcium*
desarrollar *to develop*
los músculos abdominales *abdominal muscles*
¡Buen provecho![1] = *May it be good for you (your health)!*

II. Ahora, ¡a ver la cinta!
First showing: Show these segments one by one. Help students retain information by asking questions after each segment. Showing one segment per class meeting would be ideal. These

---

[1] In the second segment of the videotape, there is a saying related to exercising that uses the concept of **Buen provecho.**

segments are shorter than previous ones, so you can guide students to pay attention to specific information given on the tape. This information is generally well-known, but students will develop the ability to listen for examples given by the two experts.

Parte 1: La buena alimentación
1. ¿Qué tipo de consejos está dando esta señora en la cinta? (Respuesta: *Consejos para la salud y para alimentarse bien.*)
2. ¿Por qué está en un supermercado y no en una clínica? (Respuesta: *Porque nos quiere mostrar alimentos que son buenos para la salud y que son fáciles de comprar en el supermercado.*)
3. Según usted, ¿qué profesión tiene esta señora? (Respuesta: *Nutricionista, dietista, profesora de higiene o de ciencias naturales.*)
4. Nombre dos frutas y dos verduras que se ven en la cinta.

Parte 2: Los ejercicios físicos
1. ¿Dónde está José Mora? (Respuesta: *Está en la universidad [un gimnasio].*)
2. ¿Qué tipo de consejos nos da José? (Respuesta: *Nos da consejos para mantenernos en buena condición física [que es parte de la salud].*)
3. ¿Qué nos muestra José en este gimnasio? (Respuesta: *Nos muestra distintas máquinas para hacer ejercicio.*)

III. ¿Comprendió bien?
Second and third showings: After showing the tape for the second and third times, have students answer the following questions:

Parte 1: La buena alimentación
1. Nombre las tres categorías de alimentos esenciales para la salud que menciona la especialista en nutrición. (Respuesta: *Las vitaminas, las proteínas y los carbohidratos.*)
2. ¿Qué frutas y verduras de la cinta puede recordar Ud.? ¿Cuáles son nuevas para Ud.? (Respuesta: *Piña, melón, nectarinas, manzanas, chinas o naranjas, toronjas, guineos. Espinaca, rábanos, pimientos verdes, habichuelas verdes, tomates.* Palabras nuevas: *Nectarinas, chinas, toronjas, guineos; rábanos, pimientos verdes, habichuelas verdes.*)
3. ¿Por qué son buenas las toronjas para la salud? ¿Y los guineos? ¿Y la espinaca? (Respuesta: *Contienen mucha vitamina C, mucho potasio y hierro.*)
4. ¿Qué carnes son bajas en calorías, grasa y colesterol? (Respuesta: *La carne de ave: el pollo y el pavo.*)
5. ¿Qué es lo bueno del queso? (Respuesta: *Contiene calcio.*)
6. ¿Por qué toma vitaminas y minerales la gente? (Respuesta: *Para suplementar la dieta. Para complementar el régimen alimenticio diario.*)

Parte 2: Los ejercicios físicos
1. ¿Por qué es importante mantenerse en forma? (Respuesta: *Porque es bueno para la salud.*)
2. Estas máquinas, ¿sirven para todo el cuerpo o para distintas partes del cuerpo? (Respuesta: *Desarrollan [Son para] distintas partes del cuerpo.*)
3. Haga una lista de las diferentes máquinas para hacer ejercicio. (Respuesta: *Hay máquinas para desarrollar las piernas, el pecho, los hombros, los músculos abdominales.*)
4. ¿Por qué hay que tener mucho cuidado cuando se usan estas máquinas? (Respuesta: *Porque puede haber un accidente.*)
5. ¿Qué reglas importantes se deben recordar cuando se usan estas máquinas? (Respuesta: *Hacer ejercicio con otra persona. No excederse en hacer ejercicio. [No exagerar; No hacer demasiado ejercicio.]*)
6. ¿Qué consejo o proverbio nos da José al final del programa? (Respuesta: *"Ejercicio bien hecho es ejercicio que le hará mucho provecho". [Esto quiere decir que el ejercicio es muy bueno para la salud.]*)

IV. ¡Luz, cámara, acción!

Have students work individually or in small groups to prepare skits expanding on topics on the videotape. Groups might offer narrated demonstrations of how to prepare a certain health food or how to do certain exercise routines, a skit in which somebody eating *junk food* gets advice on good eating habits and exercising, etc. (Students could take Mary Jo's and José Mora's roles).

If you have access to videotape equipment, it would be very interesting and useful to record for further analysis the scenarios developed in the **¡A divertirnos más!** section of the textbook. You can follow these steps:

1. Use the **Programa 8** videotape to help them prepare their skits. Play the tape with the sound turned off. Ask students to observe and learn gestures and movements for giving advice, suggestions, recommendations, warnings, etc.

2. Play the tape with the picture turned off. Ask students to listen for main ideas or for idiomatic phrases that they could use in their skits. For example: **Ejercicio bien hecho le hará mucho provecho. _____ es una gran fuente de _____. Este ejercicio es bueno para desarrollar _____. Recuerde, _____ es muy importante para la salud.**

3. Give students time to rehearse their skits. Circulate around the class to help different groups.

4. Have students perform their own skits and videotape them if possible.

CAPÍTULO 9
Vacaciones en grande

NUEVAS DIMENSIONES

Learning objectives: To be able to communicate in travel situations, offer suggestions to other travelers, and describe your previous trips and travel experiences.

p. 251 **Cuadro de Picasso**

1. Explain to students: Pablo Picasso (1881-1973) es sin duda el pintor cubista y abstracto más famoso de todos los tiempos. Aunque nació en España, vivió casi toda su vida en Francia, al igual que los otros españoles famosos de la época, Dalí y Gris. Además de pintor, Picasso fue también un gran escultor y ceramista.
2. Have students look at the painting and ask questions such as these:
    a. Ya sabemos que esta gente está jugando con una pelota de playa, pero ¿saben Uds. quiénes son? ¿Cuántos años tienen más o menos?
    b. ¿Estarán jugando en el agua o en la playa? ¿Estarán contentos o simplemente haciendo ejercicio?
    c. ¿De qué colores creen Uds. que son los trajes de baño?
    d. ¿Qué estilo de pintura es éste?
3. Bring reproductions of some of Picasso's works or a book of modern art to class so students can appreciate the colors, themes, and technique in his work. Art students should be able to help.

p. 252 **¿Cómo se dice?**

Have students form groups of three: one person reads aloud the airport announcement and the other two students role-play the dialogue.

p. 253 **DE VIAJE POR AVIÓN**

1. Review these words via realia, photographs, color slides and other illustrations.

De viaje por avión

aduana *customs control*	**horario** *schedule*
aterrizar *to land*	**línea aérea** *airline*
azafata *female flight attendant*	**llegada** *arrival*
boleto (billete) *ticket*	**maleta** *suitcase*
de ida y vuelta *roundtrip*	**recoger** *to pick up (baggage)*
sencillo *one-way*	**sala de espera** *waiting room*
con destino a *to (destination)*	**salida** *departure*
despegar *to take off*	**sobrecargo** *male flight attendant*
equipaje *luggage, baggage*	**tarjeta de embarque** *boarding pass*
hacer escala (en) *to stop (at)*	

2. Tell students that another word for **azafata** is **aeromoza**.
3. The following article explains an interesting activity that you might like to try in your classroom: "Un vuelo con Iberia" by Cathleen G. Cuppett, *Hispania*, Volume 73, No. 4 (December 1990), pages 1134-11356.

p. 253   **A. ¿Adónde piensas ir?**
At another class meeting, you could ask students these questions to which they respond in writing with their books closed.

p. 254   **C. De viaje.**
Encourage students to give other destinations and objectives according to their plans or dreams.

p. 255   **E. ¡Vamos de vacaciones!**
1. All Hispanic countries distribute free tourist brochures through their embassies in the United States and Canada. The addresses of the embassies are listed in the Appendix.
2. After the small groups of students plan their trip together, have them write their plans in a day-to-day itinerary.

p. 255   **F. Mi lugar favorito.**
After students finish writing their letter, they could do a brief oral presentation before the class on their favorite vacation spot.

p. 256   **ASÍ ES**
Show students some of your vacation photographs from your trip to Hispanic countries. If possible, emphasize where Hispanics go on vacation and what they do there.

p. 256   **CÓMO PEDIR Y DAR INFORMACIÓN EN EL AEROPUERTO**
1. Have students form groups of three: one person reads aloud the airport announcement and the other two students role-play the dialogue.
2. If you have photographs of Costa Rica, share them with your students. You could also obtain a great deal of free information on Costa Rica by contacting: Instituto Costarricense de Turismo, P.O. Box 777, San José, Costa Rica.
3. *Total physical response activity:* Going through immigration.
    Ud. acaba de llegar al aeropuerto de Barajas de Madrid y ahora va a pasar por el control de pasaportes o inmigración.
    a. Haga la cola con los otros pasajeros de avión.
    b. Saque su pasaporte.
    c. Salude al empleado de inmigración y sonría un poco.
    d. Dele su pasaporte al empleado.
    e. Dígale cuánto tiempo piensa pasar en España.
    f. Dígale también si Ud. está de vacaciones o en viaje de negocios.
    g. Reciba su pasaporte y dele las gracias al señor.
4. *Total physical response activity:* Going through customs.
    Ahora Ud. tiene que pasar por la aduana con su equipaje.
    a. Ponga su equipaje en el mesón.
    b. Salude al vista de aduana y sonría un poco.
    c. Abra sus maletas.
    d. Dele su declaración de aduanas.
    e. Dígale que no tiene "nada que declarar".
    f. Reciba su declaración y dele las gracias al vista.
5. *Total physical response activity:* Changing money at the bank in the airport.
    Ahora Ud. tiene que cambiar dólares por pesetas para poder funcionar en España. El Banco Exterior de España tiene una oficina de cambios en el mismo lugar donde se recoge el equipaje, después de pasar por el control de pasaportes.

    a.   Haga la cola en la ventanilla del banco con los otros pasajeros.
    b.   Saque su pasaporte.
    c.   Saque sus cheques de viajero.
    d.   Pregunte a cómo está el cambio.
    e.   Dígale a la cajera del banco cuántos dólares quiere cambiar.
    f.   Firme los cheques delante de la cajera.
    g.   Pásele el pasaporte y los cheques y espere un momento.
    h.   Reciba el pasaporte y el recibo de la transacción.
    i.   Reciba el dinero en pesetas.
    j.   Córrase *(move over)* a la izquierda de la ventanilla.
    k.   Cuente el dinero antes de retirarse de la ventanilla.

p. 258 **ASÍ ES**
Point out that in Chile, floors in buildings are numbered as they are in North America.

p. 258 **G. ¡Bienvenidos!**
1. This is a series of three role-playing activities representing survival situations abroad. Instruct each student to cover the other person's role in his or her book. **Usted** begins each conversation.
2. Students could role-play these situations in small groups. Afterwards, they could perform them before the class, if they feel comfortable doing so. If you have videotape equipment, you could record and later replay the role-playings to provide students with feedback on the effectiveness of their communication. This procedure should be done very tactfully so that no student is embarrassed.

p. 260 **I. En la Telefónica.**
Explain to students that most Hispanic cities have a central telephone office or center where people go to place long distance phone calls. Usually, the procedure is as follows: the customer tells the receptionist the number he or she wants to call, the customer waits until told to go to a specific telephone booth, the caller speaks with his or her party, then the customer pays for the phone call. Explain also that even though many homes have telephones today, it is often difficult to make long distance calls from them and even then the connection is not always good. For that reason, many people prefer to make long distance calls at a local telephone office.

p. 260 **J. Un viaje inolvidable.**
1. If students have slides, home movies, or videotapes of their trips, ask them to share them with the class. Allow plenty of time for preparation.
2. After students complete this activity orally in class, they could write a composition about their trip.

p. 260 **K. Nuevos amigos.**
Homework assignment: Each student is responsible for turning in one index card containing five questions in English related to the topic **vacaciones**. Collect the cards and redistribute them to students, who should interview each other in Spanish by asking the questions on the cards. (An alternative activity would be to have students write the questions in Spanish, which you could correct before redistributing the cards. This alternative is less difficult for students.) This activity is similar to one used in the Oral Proficiency Interviews from the American Council on the Teaching of Foreign Languages (ACTFL).

```
┌──────────────────────────────────────────┐
│           COMPAÑERO(A) N° 1                │
│                                            │
│  Ask your partner...                       │
│  where he or she often goes on vacation.   │
│  if it costs a lot to go there.            │
│  why he or she likes that place.           │
│  what he or she does not like about it.    │
│  when he or she is going there again.      │
└──────────────────────────────────────────┘
```

```
┌──────────────────────────────────────────────────┐
│              COMPAÑERO(A) N° 2                     │
│                                                    │
│  Ask your partner...                               │
│  how often he or she goes on vacation.             │
│  what he or she does on vacation.                  │
│  where he or she wants to go on an upcoming vacation. │
│  why he or she wants to go there.                  │
│  with whom he or she is going.                     │
└──────────────────────────────────────────────────┘
```

p. 260 Perspectivas auténticas

El embrujo de un hotel.

Grammar: present, past tenses, relative pronouns, expressions of obligation
Functions: reading for information and curiosity, understanding comparisons and contrasts, gaining cultural insights into Hispanic attitudes toward vacationing and values attached
Vocabulary: connectives, common travelers' concerns and problems in hotels, hotel personnel, objects

p. 260 **A. Su hotel preferido.**
Have students compare their responses to this survey.

p. 265 **E. Un hotel elegante.**
Many airlines in Spain and Latin America sell vacation packages. Contact these airlines to request Spanish-language brochures on these packages, then share them with your students. If you live in an area where many Hispanics live, locate and visit a travel agency there and request vacation brochures printed in Spanish.

p. 266 **G. ¡Buen provecho!**
This activity encourages students to review the food vocabulary presented in Chapter 3.

p. 266 **H. Tres problemas.**
This activity encourages students to review vocabulary presented in Chapter 4.

p. 266 **J. De vacaciones.**
Encourage discussion and circulate around the class to help with vocabulary. Have groups summarize aloud when they finish.

p. 267   **K. ¡Tantas decisiones!**
This is a small-group decision-making activity with the following functions: obtaining and sharing information, persuading and arguing, expressing personal preferences, influencing others' behavior, and responding to others' attempts to persuade.

p. 267   **DETALLES INTERESANTES**
1.   Five verbs meaning **irse: irse, marcharse, dirigirse, dejar, salir**
2.   Answers to **Ejercicio:** partió (se fue/salió), iba, andaban, salir (irme/marcharme), irse (marcharse), salir

p. 269   # En pocas palabras
LOS PRONOMBRES RELATIVOS
These pronouns are presented for recognition purposes and to improve writing skills, when students have the opportunity or have been trained on how to edit their work. In everyday speech **que** is regularly preferred over **quien**, as in English. Undue focus on **el/ la cual(es)** tends to produce unnatural (though grammatical) sentences.

p. 270   **A. Se solicita traductor(a).**
Circulate around the class to help individuals when necessary. Once students have learned how to translate fairly well, you could assign this kind of exercise for homework. These sentences were taken from travel materials.

p. 270   **B. Turistas españoles**
In Exercises B and C, most of the answers will be **que** reflecting its high frequency of use as opposed to article + **que**. These sentences were taken from travel materials. There are four **que**, one **los que**, one **lo que**, and one **quienes** in Exercise B.

p. 270   **C. Los hoteles españoles.**
1.   Answers to Exercise C: 1. cuyos, 2. (los) que, 3. (los) que, 4. a quienes, 5. que/quienes
2.   Point out that there may be more than one way to combine the sentences in C.

p. 271   **EXPRESIONES DE OBLIGACIÓN**
Explain that the emphasis on respecting rules and giving recommendations may sound overpowering or condescending to a traveler. It may serve as consolation that natives are addressed this way as well.

p. 271   **D. En la aduana.**
Students could role play this activity in small groups.

p. 272   **F. En la policía internacional.**
Item 2: Tell students that in some countries, customs officials require foreign visitors to show proof of passage out of their country (e.g., a round-trip ticket) to ensure that they are financially capable of returning home.

p. 273   **G. Un encuentro misterioso.** Answers to exercise:
caminaba, se acercó, pidió, dije, insistió, mostré, comenzó, tenía, tenía, era, era, vio, pidió, di, se fue.

p. 273   **H. ¡Qué viaje más espantoso!**
Have students bring to class photos, slides, and/or scrapbooks from their trips.

NUEVAS ALTURAS

Learning ojectives: To be able to scan a reading selection for specific information, understand a reading by mapping its content, and interpret symbols in poetry.

p. 156   **Anuncio 1**
Ask students what tourists would expect in a **noche hawaiana** and in a **noche mexicana**.

p. 157   **Anuncio 3**
1. Point out that in some areas of the Hispanic world, a girl's fifteenth birthday is so important that there are special trips abroad exclusively for groups of 15-year-old girls. Parents give them the trip as a gift to help them complete their formal education and give them a broader view of the world. Traditionally, Europe has been the "world" to see; at present, the United States is also a popular part of the world to see. Parents spend a great deal of money on these trips and sometimes even take out bank loans to pay for them.
2. In countries that do not have the **quinceañera** celebration (Argentina, Uruguay, Chile), some parents will send their daughters to Europe at the end of the third year of high school, or perhaps immediately after graduation—provided the trip does not interfere with national exams for admission to the university.

p. 158   **¿Comprendió bien?**
1. del 1º de marzo de 1992 al 30 de noviembre de 1992
2. cuatro personas
3. aire acondicionado, calefacción, terraza con increíble vista
4. transportación redonda en catamarán
5. refrescos y cerveza, almuerzo, conductor de grupo
6. transportación del hotel al muelle de Playa Linda
7. Quinceañeras
8. 26 días
9. el 8 de julio
10. en la fabulosa naviera Premier de Lujo...cabina triple...cuádruple
11. Paola Tours, teléfonos: 5559-5322, etc.
12. los jubilados/abuelos, gente mayor

p. 158   **A. Para leer mejor.**

1. tarifas
2. alimentos
3. conductor
4. festejos
5. terraza
6. zona hotelera
7. redonda
8. ocupación sencilla
9. crucero, naviera
10. aire acondicionado, clima

p. 158   **B. ¡A México los pasajes!**
Before students do this activity, ask them to read the realia in the right margin.

p. 160   **C. Para registrarse en el hotel.**
This activity reinforces the skills needed for completing forms. Watch for correct placement of last name, correct order of the date (day, month, year), and correct address (street, number, ZIP code, city). **Exp. en** means **expedido en** or *issued in*.

p. 161 **D. Sorpresa en el camino.**
Encourage students to act out a realistic scene. Before they begin, have them make their own passports and international driver's licenses. If you have access to videotape equipment, you could videotape each pair of students and play back the tapes to evaluate them and/or to vote on the three best presentations.

p. 162 **CONTENT MAPPING**
1. You may want to review the procedures on this page before discussing this reading strategy with students. You could have students map the content of a previous reading selection before they map the reading.
2. There is extensive research on the efficiency of graphic and pictorial aids that justifies training in this technique. Self-generated designs virtually always result in enhanced comprehension.

p. 163 **Los viajeros**
1. Before assigning this reading selection, set the stage by asking questions such as these:
   a. ¿Qué pasa cuando la gente toma un *tour* o un paquete de vacaciones? (Respuesta: *Todo está ya planeado para ellos. No tienen mucho tiempo para conocer el país y conversar con la gente. Sólo ven los lugares de turismo y no el país mismo.*)
   b. ¿Qué tipo de gente se dedica a viajar? (Respuesta: *La gente mayor, los jubilados, la gente muy rica, los estudiantes aventureros.*)
   c. ¿Cuánto tiempo llevaría visitar las ciudades más grandes de los Estados Unidos en detalle? (Respuesta: *Más de un mes; dos meses,* etc.)
2. If possible, try to obtain a copy of the film *If It's Tuesday, It Must Be Belgium,* which is a parody on tourists who take a grand tour of Europe in a very short period of time. Discuss students' reactions to the film.

p. 164 **Photo**
1. Have students describe this photograph in Spanish. Point out that the people standing in line are all men (except, perhaps, for only one person) of approximately the same age. Have students hypothesize who these men are and what they are going to do at their destination in Barcelona, Venezuela. The other destinations are San Fernando de Apure and Puerto Ayacucho (an agricultural area with a conservation-oriented university).
2. Point out that Spanish city names are found in many countries throughout the Hispanic world; among the most common ones are: **Santiago de Compostela en Galicia; de los Caballeros en Cuba; del Estero en Argentina; de Chile en Chile.** Other interesting examples are **Toledo** and **Medina** in Spain and Ohio; **Guadalcanal** in Spain and the Philippines; **Barcelona** in Spain and Venezuela, and **Valencia** in Spain, Venezuela and California. Encourage students to find more examples by studying maps of different areas.

p. 166 **¿Comprendió bien?**
C. Answers:
1. e 2. b 3. e 4. b 5. e 6. d 7. e 8. e. This exercise is not a test; answers which differ from these indicate that students can only see certain aspects of the problem at this point.

p. 167 **A. Para leer mejor.**
1. Answers:
   a. **Maletines** no son alimentos, sino cosas que contienen ropa de viaje.
   b. **Frascos** contienen líquidos, no sólidos.
   c. **Cementerio** no es medio de transportación, sino un lugar donde se entierra a una persona muerta.

    d.   **Madera** no tiene nada que ver con películas, sino que es un material.

    e.   La expresión **por todas partes** se refiere a un concepto espacial, no a un grupo de cosas.

    f.   La expresión **los alrededores** se refiere a un lugar local y relativamente pequeño, no a un país ni a un continente.

p. 168 **C. De viaje.**

    Follow-up activity: Have students redo this activity as a written homework assignment.

p. 168 **E. No seamos Ponzevoy.**

    Of course, students could also show home movies, slides or videotapes, if they have them.

p. 169 **Interpreting symbols in poetry**

    Show students symbols from other cultures, and have them guess their meanings. Emphasize that all symbols are culture-based; that is, their interpretation depends on the culture to which they are attached.

p. 170 **Canción del jinete**

    Read the poem aloud to your students to give them the feeling that García Lorca may have had when he wrote it.

       Help students with the meaning of the symbols in this poem.

p. 171 **XXIII**

    1. Read the poem aloud to your students to give them the feeling that Machado may have had when he wrote it.

    2. Play the song recorded by Catalan singer Joan Manuel Serrat, if you have it.

    3. Distribute to students a Spanish version of the 23rd Psalm from the Bible. Have students read it silently, then ask them what this biblical passage has in common with Machado's poem.

p. 172 **El viaje definitivo**

    1. Read the poem aloud to your students to give them the feeling that Juan Ramón Jiménez may have had when he wrote it.

    2. Discuss with students the common threads found in the poems by García Lorca, Machado, and Jiménez in this chapter.

    3. Have students write their own poems.

SPANISH FROM WITHIN

Programa 9: *Lugares de interés*

Learning objectives: To become familiar with places of interest for visitors in the Spanish-speaking world.

I. Antes de ver la cinta de video
A. Preview questions

Announce the general topic of these segments *(Lugares de interés)* and ask these questions:

1. ¿Qué lugares de interés hay en esta ciudad? ¿Por qué precisamente son interesantes?

2. ¿Cuál es su lugar de interés preferido?
3. ¿Qué lugares de interés les gustaría visitar en otros estados o en otros países?

B. Vocabulary

You may find it necessary to explain (if possible, with actions or visuals) some of the following words and phrases to facilitate students' comprehension of this video program. If possible, show a picture or drawing of Madrid's symbol (**el oso y el madroño** [**madroño** = arbusto de frutos rojos comestibles]) and of Don Quijote and Sancho, explaining their significance and importance.

un recorrido un paseo
siglos *centuries (indicate that cardinal numbers are used after the tenth century,* e.g., el siglo diecisiete.)
una hectárea (Ha) 2,47 acres = 10.000 metros cuadrados
amplio(a) grande, ancho(a)
conducir *to lead*
bandera *flag*
un caudal de conocimiento gran cantidad de información
recinto campus
ambiente natural *environment*
disfrutar gozar
balsa *raft*
cacique jefe indio
arrojar *to throw*
discos giratorios *revolving disks*
arco iris *rainbow*

II. Ahora, ¡a ver la cinta!

First showing: Show these segments one by one. Help students retain information by asking questions after each segment. Showing one or two segments each class meeting would be ideal.
1. ¿Por qué está en los Estados Unidos esta chica madrileña? (Respuesta: *Porque estudia en la Universidad del Estado de Nueva York, sede de Rockport.*)
2. Nombre un lugar de interés de cada una de estas ciudades o países: Madrid, Ciudad de México, Costa Rica, Bogotá, Buenos Aires. (Respuesta: *Véase la lista que se encuentra en la sección siguiente.*)

III. ¿Comprendió bien?

Second and third showings: After showing the tape for the second and third times, have students answer the following questions:
1. Describa brevemente porque son interesantes o importantes cada uno de los lugares mencionados en el video.

Madrid	¿Qué hay allí?
la Gran Vía	mucho comercio; dinamismo; cultura actual
la Puerta del Sol	centro del Madrid antiguo; el oso y el arbusto (madroño) son símbolos de la ciudad
el kilómetro 0	de aquí se miden las distancias en España
la Plaza Mayor	famoso centro de reunión popular
el Palacio Real	del siglo XVIII; sólo ceremonias ahora
la Plaza de España	monumento a Cervantes, Don Quijote y Sancho Panza
la Oficina de Correos	arquitectura diferente
el Museo del Prado	cuadros de Velázquez y Goya
el Parque del Retiro	enorme; amplio lago, fuentes preciosas, bellos jardines

Ciudad de México	¿Qué hay allí?
el Zócalo	plaza central; tiene Palacio Nacional y la Catedral
el Museo de Antropología	mucha información histórica y cultural, único en el mundo
la UNAM	famosos murales en sus edificios

Costa Rica	¿Qué hay allí?
las regiones tropicales	parques nacionales; paraíso para los naturalistas (biólogos y ecólogos)
San José	capital; ambiente urbano en contraste con la selva tropical

Bogotá	¿Qué hay allí?
el Santuario de Montserrate	vieja iglesia; contraste con edificios modernos
el Museo del Oro	fantástico; muchos objetos de oro

Buenos Aires	¿Qué hay allí?
la Plaza de Mayo	conmemora la independencia de la Argentina de España
el monumento a San Martín	San Martín es uno de los libertadores de Argentina, Chile y Perú; plaza grande

2. En la cinta vemos la balsa de oro que representa el baño ceremonial del cacique de Guatavita. Digan si las siguientes afirmaciones son verdaderas o falsas según la narración.
   a. El cacique se ponía el oro sobre su magnífico traje de jefe. (F)
   b. Varios caciques menores acompañaban al cacique. (V)
   c. Los jefes de menor importancia podían mirar al jefe cubierto de oro. (F)
   d. El oro era ofrecido a los dioses que vivían en la profundidad de la laguna. (V)
3. Investigue más sobre la leyenda de El Dorado de la laguna de Guatavita en la sierra colombiana.

IV. ¡Luz, cámara, acción!

Have students work individually or in small groups to prepare skits expanding on topics on the videotape. Groups might offer brief tours of Hispanic cities or American or Canadian attractions to entice prospective "customers" to buy package tours with their travel agency. Students could assume the following roles: projectionist, who shows the slides; tour guide, who explains each slide in Spanish, tourists, who ask questions about the slides they see.

If you have access to videotape equipment, it would be very interesting and useful to record for further analysis the scenarios developed in the ¡A divertirnos más! section of the textbook. Students could also make their own videotapes to advertise cities to potential tourists. You can follow these steps:

1. Use the **Programa 9** videotape to help them prepare their skits or presentations. Play the tape with the sound turned off. Ask students to observe what people are doing in the different places shown. For example, they can see older people taking a walk and boys playing soccer in a downtown square (Plaza San Martín) in Buenos Aires.
2. Play the tape with the picture turned off. Ask students to listen for main ideas or for idiomatic phrases that they could use in their presentations. For example: **Quiero invitaros (invitarles) a hacer un recorrido por.... Este el centro de la parte antigua (moderna) de _____. Aquí se puede apreciar la actividad (el dinamismo/la belleza) de _____. Este edificio (museo/puente) fue construido en el siglo _____.**
3. Give students time to rehearse their skits. Circulate around the class to help different groups.
4. Have students perform their own skits and videotape them if possible.

CAPÍTULO 10
¡Estás en tu casa!

NUEVAS DIMENSIONES

Learning objectives: To be able to talk and write about cultural differences, to state and support your opinions, and to compare and contrast different lifestyles.

p. 277 **Cuadro de Orozco**
1. Explain to students: José Clemente Orozco (1883-1949) fue un pintor que nunca asistió a ninguna academia de pintura; aprendió a pintar solo. Vivió en Estados Unidos entre 1927 y 1934 y pintó gigantescos e impresionantes murales en el Dartmouth College, el Pomona College y en la New School for Social Research de Nueva York. Es un pintor realista social que saca toda su inspiración y mensaje de la revolución mexicana. Su objetivo inmediato era comunicar a través del arte público su ideología política y su gran resentimiento por la explotación del pueblo y de los indios mexicanos por las clases privilegiadas. Otros grandes muralistas mexicanos son Diego Rivera (1886-1956) y David Alfaro Siqueiros (1896-1976) y también Rufino Tamayo (1899-), aunque su estilo es más bien modernista.
2. Discuss with students Emiliano Zapata's life and the significance of his role in the Mexican Revolution and Mexican history. Then ask questions such as these:
   a. ¿Qué representa este cuadro?
   b. ¿Quiénes son las personas que van a pie? ¿Y los que van a caballo? ¿Y las mujeres? ¿Quiénes son esta gente?
   c. ¿Qué colores creen Uds. que predominan en este cuadro y por qué?
3. Show the class reproductions of paintings by Orozco, Rivera, Siqueiros, and Tamayo, and discuss with students the impact of historical and political events in Mexico on the creation of a distinctly Mexican monumental art and design. Remind them of references made to this Mexican style in the reading on Mexico's subway (*El estupendo metro de México*, Chapter 4).

p. 278 **¿Cómo se dice?**
Have students role play this dialogue in pairs. It is a continuation of the two dialogues in Chapter 9.

p. 279 **CÓMO EXPRESAR SUS NECESIDADES**
Remind students that they could also use these expressions when they travel abroad.

p. 279 **A. A buscar una familia que le guste.**
Follow-up activity: Have students write a composition titled *Mi familia hispana ideal,* based on the topic of this exercise and guided by the incomplete sentences in it.

p. 280 **B. ¡Estás en tu casa!**
Follow-up activity: Students could also do this activity by writing a letter to their "family."

p. 280 **C. Otra cultura, otro mundo.**
Ask students to tally the numbers they assigned to each statement and estimate the degree of difficulty they would have adjusting to Hispanic culture. The higher the number, the more difficult their adjustment would be. Begin the discussion by eliciting students' reactions.

p. 281 **D. Queridos todos...**
1. After students have written their letters, they can exchange them with other students who pretend to be members of the family abroad. The "family members" should answer the letters and "mail" them to the "foreign students."
2. Give each student a name and address of a person chosen randomly from the telephone book of a Hispanic city. Tell students to write a letter to the person in which they should introduce themselves, state the purpose of the assignment, and describe themselves, their family, school activities, and personal interests.

p. 282 Have students continue role-playing this dialogue in pairs.

p. 282 **CÓMO PEDIR OPINIONES**
The expressions on this page are extremely useful for making new friends. Your students' ability to express and defend their opinions expands their basic communication skills in a personal, highly relevant way.

p. 282 **EL GOBIERNO Y LA POLÍTICA**
Students could form small groups in which they discuss the advantages and disadvantages of various kinds of governments such as democracy vs. monarchy vs. dictatorship. Afterward, ask one person in each group to report the group's opinions, which you could list on the board or on an overhead transparency. This discussion anticipates the topics that students will discuss in Activity F (**Conversando con la familia** on page 284).

p. 284 **F. Conversando con la familia.**
You may want to add topics to this list or have your students propose other topics or situations.

p. 285 # Perspectivas auténticas

Grammar: past tenses, present tense, reflexive verbs, contrasts
Functions: reading for information, learning cultural facts and implications, gaining insights into Chilean culture, understanding descriptions, expressing one's own cultural pride, understanding one's own limitations and potential
Vocabulary: abstract nouns, vocabulary related to politics, psychological problems, young people's concerns, current issues

p. 285 **CÓMO LEER LA LECTURA**
Activity: Trabajen en grupos de tres o cuatro personas y contesten estas preguntas o hagan un trabajo de investigación sobre alguno de estos grupos de exiliados.
a. ¿Conoce Ud. o ha escuchado algo sobre estos refugiados?
b. ¿Sabe Ud. más detalles sobre este tipo de problema?

p. 286 **VUELVEN LOS HIJOS DEL EXILIO**
Before assigning this reading selection, ask students the following questions:
1. ¿Qué tipo de gente tiene que irse al exilio?
2. ¿Conoce Ud. algunos ciudadanos norteamericanos que hayan sido exiliados? ¿Conoce Ud. a algunos exiliados extranjeros que después se hayan convertido en famosos norteamericanos?
3. ¿Qué puede hacer una persona exiliada? ¿Qué haría Ud. si fuera exiliado(a) de su patria?
4. ¿Sabe Ud. la diferencia entre exiliarse y ser deportado?

p. 288 **¿Comprendió bien?**
C. ¿Qué decía el artículo?
The workbook contains a second set of questions on the factual information contained in the reading; you can assign it for homework to prepare students for the inference questions in the textbook.

p. 290 **ASÍ ES**
1. Try to provide as much background information as possible so students can understand this cultural note.
2. Ask students to find out the kinds of government and names of the presidents of at least three Hispanic countries. (Specify which countries.) Point out that many students abroad keep up-to-date with the news and politics in other countries.
3. If you have students majoring in International Relations or Political Science, assign special projects for them such as **la cuenca caribeña**, **Centrómerica**, **la región andina**, **Sudamérica del Norte, Sudamérica del Sur o Cono Sur**.

p. 290 **I. La situación actual**
This activity is important because students should know how to explain current political situations in their own country. Their ability to do so is an important part of a basic, functional proficiency.

p. 290 **DETALLES INTERESANTES**
Answers to the Ejercicio:
volvió, vuelta, devuelvo, vuelva, vuelva, vuelta, vuelta, se vuelve

p. 292 # En pocas palabras
B. No sé cómo decirlo.
This exercise also reviews the present subjunctive.

p. 293 **B. ¿Podrías ayudarme, por favor?**
This exercise also reviews impersonal **se**.

p. 293 **EL INDICATIVO Y EL SUBJUNTIVO (REPASO)**
Because this summary is concise and only one example is provided for each function, you may want to add other examples. You might also divide the class in groups and assign each function to a different group. Each group should write three to six examples to share with the class.

p. 295 **LAS FRASES CONDICIONALES DE LAS COSAS POCO POSIBLES**
This pattern is presented mainly for receptive use in listening and reading or for explaining plans in written form.

p. 297 # ¡A divertirnos más!
Del mundo hispano
Have students read the realia and then ask questions such as these:
1. ¿Pueden Uds. estudiar español en INTENSA? ¿Por qué?
2. ¿En qué ciudad está este instituto? ¿En qué país?
3. ¿Qué se enfatiza en este instituto, la práctica oral o escrita?
4. ¿Creen Uds. que es mejor estar en un grupo con el mismo tipo de estudiante o en un grupo con estudiantes más avanzados? ¿Por qué? ¿Quiénes ayudan más?

NUEVAS ALTURAS

Learning objectives: To be able to integrate a variety of reading strategies discussed in previous chapters of this book.

p. 178   **Cajas de cartón, primera parte**
Before assigning this reading, ask students the following questions.
1.   ¿Qué son los braceros? (Hints: **brazo** = **bracero**; see photo)
2.   ¿Quiénes son los braceros que trabajan en los Estados Unidos? ¿Cómo son ellos? ¿Conoce Ud. a algún bracero?
3.   ¿Cuáles son algunos de los problemas que tienen los braceros? ¿Cómo solucionaría Ud. estos problemas?

p. 181   **Realia**
Have students create a Father's Day card and/or a Mother's Day card in Spanish. This is a good review of the use of the subjunctive for wishing well.

p. 181   **¿Comprendió bien?** Answers:
1.   b
2.   b
3.   la mamá de Panchito, el papá de Panchito, Panchito, los hermanitos, Ito, Panchito
4.   Answers will vary.
5.   Answers will vary.

p. 182   **A.   Para leer mejor**. Answers:
1. a   2. d   3. b   4. b

p. 183   **B.   Olla de mis amores.**
Ask students to bring to class one of their favorite possessions. Have them show it to other students and talk about it in Spanish.

p. 183   **D.   Proyectos escritos y orales.**
If students present oral reports, have them enhance the reports with illustrations (slides, magazine photographs, drawings, etc.).

p. 184   **Cajas de cartón, segunda parte**
Note that here, **asignatura** means *homework*; normally, however, it means *academic subject*.

p. 187   **¿Comprendió bien?**
1.   Answers:
   1) d
   2) b
   3) Roberto, Panchito, Panchito, el Sr. Lema (el maestro), el papá de Panchito
   4) Answers will vary.
   5) Answers will vary.
2.   Other questions you could ask students appear below.
   a.   La jornada de trabajo del padre y de los dos niños es *de sol a sol*. Diga con más exactitud desde qué hora hasta qué hora trabajaron y a qué hora tomaron un descanso.
   b.   Explique por qué se enfermó Panchito.

    c.   Los tres pasaron un gran susto *(scare)*. ¿Por qué?

    d.   Aparte de la comida, ¿qué otro momento agradable tuvieron padre e hijos durante el día?

    e.   ¿De cuándo a cuándo es la cosecha de algodón?

    f.   ¿Dónde cree Ud. que Panchito fue a la escuela? ¿En el área del señor Sullivan o en otra parte? ¿Por qué?

    g.   ¿El señor Lema habla inglés o no? ¿Por qué?

    h.   ¿Qué instrumento le gustó a Panchito? Según lo que dice la lectura del Capítulo 5, ¿cree Ud. que Panchito tenga una personalidad "trompeta"?

p. 187 **A. Para leer mejor.** Answers:
        1. a 2. c 3. b 4. d

p. 188 **C. La vida de Panchito.**
        1.   If your students know a young migrant worker like Panchito, ask them to describe him or her to the class or to compare Panchito to Carlos Soto (**Spanish from Within**, Programa 5).
        2.   If possible, invite one or more migrant workers to discuss their lives with your students.

p. 188 **G. ¿Qué será de ellos ahora?**
        As in Activity C above, this is an activity that can be developed around the three boys mentioned before.

p. 189 **Versos sencillos**
        1.   Play the song *Guantanamera*, which is the musical version of Martí's poem.
        2.   Have students complete the following verse:

            Yo soy un hombre (una mujer)
            de donde _____;
            y antes de morirme quiero

            _____.

        3.   Another "identity" song is *La bamba*. Bring the words to class, and have students sing it together.

SPANISH FROM WITHIN

Programa 10: *Intercambios culturales*

Learning objectives: To become familiar with issues related to living and studying abroad.

I. Antes de ver la cinta de video
A. Preview questions
Announce the general topic of these segments *(Intercambios culturales)* and ask these questions:
1.   ¿Quién ha estudiado en otro país? ¿Dónde? ¿Cuándo? ¿Cómo fue su experiencia?
2.   ¿A quién le gustaría estudiar en otro país? ¿Por qué? ¿En qué país le gustaría estudiar y por qué?
3.   ¿Qué ventajas tienen Uds. para estudiar en un país hispano? ¿Qué desventajas tienen? ¿Qué ventajas y desventajas tienen los estudiantes hispanos que vienen a estudiar en los Estados Unidos (el Canadá)?

4. ¿Qué será lo bueno y lo malo de vivir con una familia hispana? ¿Qué será lo bueno y lo malo para la familia hispana?
5. ¿Qué problemas de comunicación podrían tener Uds. si fueran a un país hispano?
6. ¿Qué problemas tienen muchos estudiantes hispanos al llegar a este país? ¿Qué consejos les podrían dar antes de que vinieran para acá?

B. Vocabulary
You may find it necessary to explain (if possible, with actions or visuals) some of the following words and phrases to facilitate students' comprehension of this video program.

(Parte 1)
esfuerzos *efforts*
intercambio *exchange*
tratar *to treat*
pasarlo de lujo pasarlo muy bien
extrañar *to miss*
echar de menos extrañar
cadenas canales (de televisión)
de verdad en serio
*****mente abierta** *open mind* [1]

(Parte 2)
escoger *to choose*
compromiso *obligation*
trámites *errands*
a uno le choca *one is shocked*
extrañarse *to miss each other*
se me pegaron *I picked up* (customs, ways)
amistosa muy cordial
me hace falta necesito
más que nada *more than anything else*
ambiente *atmosphere*
sitios lugares
de habla latina de habla hispana (española)
modismos expresiones idiomáticas
lo antes posible tan pronto como sea posible
manejado *under control*

II. Ahora, ¡a ver la cinta!
First showing: Show these segments one by one. Help students retain information by asking questions after each segment. Showing one segment each class meeting would be ideal. Please note that this program is longer than previous programs.

Parte 1: Norteamericanos en países hispanos
Mi otra familia
1. ¿Cómo son las impresiones de estas dos señoras sobre los estudiantes norteamericanos? (Respuesta: *Su actitud es muy positiva [buena]. Les gusta tener estudiantes en su casa.*)
2. Nombre una razón por la cual muchas familias hispanas reciben a estudiantes extranjeros en su casa. (Respuesta: *Por el intercambio cultural.*)

Estudiantes norteamericanos
1. ¿Qué actitud tienen los estudiantes? ¿Les gustó su experiencia de intercambio o no? ¿Cómo sabe Ud.? (Respuesta: *Les gustó mucho porque se expresan favorablemente [positivamente]. Dicen que les gustó vivir con su otra familia.*)
2. Nombre una razón por la cual muchos norteamericanos quieren estudiar en un país hispano. (Respuesta: *Para aprender el idioma y la cultura. Para conocer gente.*)

---

[1] Anglicized expression used by an American student who studied in Spain.

En el extranjero
Nombre una gran ventaja de estudiar en un país hispano. (Respuesta: *Uno conoce a mucha gente interesante; aprende a aceptar las costumbres de otra gente; aprende la cultura; vive en una ciudad grande.*)

Problemitas de comunicación
1.   ¿Qué problemas de comunicación puede tener un(a) estudiante extranjero(a)? (Respuesta: *El problema más común es errores en el vocabulario, [porque los extranjeros tratan de crear palabras basadas en su propio idioma y otras cosas por el estilo].*)
2.   ¿Qué nos contó la señora Marín de una estudiante norteamericana que había vivido con ella? (Respuesta: *Que la chica se preparó para ir a clases a las diez de la noche.*)

Lo que más se extraña de los Estados Unidos
En general, ¿qué cosa extrañan muchos estudiantes cuando viven en otro país? (Respuesta: *Extrañan a sus amigos y la comida.*)

Consejos para vivir en el extranjero
¿Qué consejo nos dan los estudiantes norteamericanos para vivir en el extranjero? (Respuesta: *Respetar o aceptar las costumbres.*)

Parte 2: Hispanos que viven en los Estados Unidos
"Lo que más me gusta..."
En general, ¿en qué están de acuerdo estos estudiantes hispanos cuando les preguntaron qué les gusta más? (Respuesta: *Les gusta la independencia que tienen; la libertad para ir y venir, para decir su opinión, para mantenerse o no mantenerse en contacto con las amistades, etc.*)

"Al principio fue más difícil."
Nombre una cosa que fue difícil al principio para estos estudiantes hispanos. (Respuesta: *El idioma, el cambio de cultura.*)

"Lo que más extraño de mi país..."
¿Qué cosa echan de menos de su país todos los estudiantes hispanos? (Respuesta: *Extrañan a su familia y a sus amigos.*)

Consejos para vivir en los Estados Unidos
¿Qué aconsejan hacer estos hispanos para vivir en los Estados Unidos? (Respuesta: *Aprender inglés bien. Prepararse para un gran cambio.*)

III. ¿Comprendió bien?
Second and third showings: After showing the tape for the second and third times, have students answer the following questions:

Parte 1: Norteamericanos en países hispanos
Mi otra familia
1.   ¿Qué admira más en los estudiantes la señora María Teresa? (Respuesta: *El trabajo [el esfuerzo] que hacen para aprender el español y comprender la cultura hispana.*)
2.   Como no puede viajar al extranjero, ¿qué hace doña Remedios? (Respuesta: *Recibe estudiantes en su casa para aprender sus ideas, saber de sus países.*)

Estudiantes norteamericanos
1.   ¿Qué le parece vivir con una familia mexicana a Craig? (Respuesta: *Le parece muy buena la idea para aprender cosas de la cultura; es más real.*)

2. ¿Qué experiencias tuvo Andrea con su familia española? (Respuesta: *Lo pasó muy bien [de lujo]; le gustó mucho.*)
3. Andrea dice que la "trataban como a una hija". ¿Qué cosas haría su familia para tratar a un(a) chico(a) extranjero(a) como a un(a) hijo(a)? (Respuesta: *Ir de compras, tocar la guitarra.*)

Vivir en el extranjero
1. ¿Qué impresiones tiene Craig de Cuernavaca? (Respuesta: *Dice que la gente allí es amable y el clima es agradable.*)
2. ¿Por qué le gusta tanto Madrid a Andrea? (Respuesta: *Porque hay tanto que hacer: películas, bares, ballets, mucha diversión. Es una ciudad grande.*)
3. ¿Qué cosa inolvidable le pasó a Michael cuando fue estudiante en México? (Respuesta: *Conoció a una amiga allí. [¡Cosas del corazón!]*)

Problemitas de comunicación
1. ¿Qué experiencia cómica tuvo María Teresa con uno de los jóvenes norteamericanos que vivió en su casa? (Respuesta: *El estudiante les dijo que tenía cuatrocientos años.*)
2. ¿Por qué se confundió con el horario de clases la chica norteamericana? (Respuesta: *Porque se olvidó de cambiar su reloj o lo puso mal. Porque hay seis horas de diferencia. Porque ella durmió durante el día y creyó que ya era la mañana. Porque ella entendió que las clases eran de noche.*)
3. ¿Qué le pasó a Andrea cuando fue a comprar a la perfumería? (Respuesta: *Pidió* **sopa** *en vez de* **jabón** *para la cara porque ella se confundió entre* soap *y* **sopa** *[que es un cognado falso]*).
4. ¿Qué problemita le ha sucedido a Ud.? Por ejemplo, hay mucha gente que dice **embarazada** (pregnant) cuando quieren decir *embarrassed* o **tengo vergüenza (tengo pena).**

Lo que más se extraña de los Estados Unidos
1. ¿Qué extrañaron los siguientes estudiantes norteamericanos durante su estancia en el extranjero?

Estudiante	Respuesta
Craig	Sus amigos norteamericanos y la comida norteamericana
Andrea	La televisión y la comida mexicana del sudeste
Patrick	Su familia y la comida rápida (de McDonald's)

2. ¿Qué extrañaría Ud.?

Consejos para vivir en el extranjero
1. ¿Qué consejos dan los estudiantes norteamericanos para vivir en el extranjero? (Respuesta: *Aceptar las costumbres, tener una buena actitud [mente abierta].*) Andrea incorrectly says **mente abierta**.
2. ¿Qué consejo específico muy útil da Andrea? (Respuesta: *No es muy buena idea comparar las culturas porque hay cosas que no se pueden comparar. No hay que decir "En Estados Unidos nosotros..."*)

Parte 2: Hispanos que viven en los Estados Unidos

"Lo que más me gusta..."
1. ¿Qué les gusta más a los cuatro estudiantes?

Estudiante	Respuesta
Stephen	La libertad de expresión; uno puede decir lo que quiera. También, es un país grande; uno se siente seguro.
Silvana	La libertad de caminar por la calle, de poder estudiar lo que uno quiera, de poder pensar y escoger.

Esther	La libertad de las obligaciones familiares y con los amigos (poder elegir si uno quiere hacer algo con los amigos o no). La organización del país, la facilidad para hacer trámites y todas las cosas.
Germán	Nueva York, Manhattan, por el nivel cultural, por lo que ha aprendido viviendo en esta ciudad.

2. ¿Qué tienen en común estos estudiantes hispanos con los estudiantes exiliados que volvieron a Chile (*Nuevas dimensiones*, pp. 286-289)? ¿Qué les gusta a todos ellos de sus países adoptivos? (Respuesta: *A todos les gusta la independencia, la libertad para decidir por sí mismos; esta independencia no la tienen en sus propios países.*)

"Al principio fue más difícil"
¿Qué dificultades tuvieron los estudiantes hispanos cuando recién llegaron a los Estados Unidos?

Estudiante	Respuesta
Silvana	El shock de saber que ciertas cosas estaban permitidas aquí, pero no en el Perú. Hay costumbres muy diferentes.
Esther	Expresarse (comunicarse) en inglés.
Stephen	Acostumbrarse a las costumbres estadounidenses, porque él aprendió costumbres diferentes en Nicaragua (cuando era adolescente).

"Lo que más extraño de mi país..."
Específicamente, ¿qué echan más de menos estos estudiantes hispanos?

Estudiante	Respuesta
Germán	Sus amigos, personas que lo estimen. Uno se puede sentir muy solo en una ciudad tan maravillosa como Nueva York.
Stephen	Sus amigos, la gente es más amistosa allá. Su familia.
Silvana	Su papá, su mamá, una de sus hermanas.
Esther	El ambiente familiar y el ambiente de amigos; la variedad de cosas que se pueden hacer con ellos.

Consejos para vivir en los Estados Unidos
1. ¿Qué consejo le dará Stephen a su primo? (Respuesta: *Le va a decir que trabaje muy duro y que piense de una manera diferente.*)
2. ¿Qué consejo ofrece Germán? (Respuesta: *Prepararse psicológicamente para el cambio.*)
3. ¿Qué aconseja Silvana? (Respuesta: *Ella dice que los estudiantes hispanos deben pensar sólo en inglés, no en español. Que deben hablar inglés [porque si sólo hablan con sus amigos hispanos van a aprender otras palabras y otros acentos del español, pero no inglés.)*
4. ¿Qué dice Esther sobre el asunto? (Respuesta: *Ella dice que los estudiantes hispanos deben aprender inglés o deben saberlo antes de llegar a los Estados Unidos. También dice que uno no debe perder su identidad.*)

IV. ¡Luz, cámara, acción!

Have students work individually or in small groups to prepare skits expanding on topics on the videotape. Groups might offer skits involving conflicts of cultures between foreign students and members of host families, or comical skits on what Americans or Hispanics should *not* do abroad (it could be called *Una comedia de errores*).

If you have access to videotape equipment, it would be very interesting and useful to record for further analysis the scenarios developed in the **¡A divertirnos más!** section of the textbook. You can follow these steps:

1. Use the **Programa 10** videotape to help them prepare their skits. Play the tape with the sound turned off. Ask students to observe and learn gestures and movements for narrating a story or anecdote. For example, have them observe how Silvana can talk with her eyes and eyebrows, how she can say "no" with both hands and a movement of rejection (see *"Al principio fue más difícil"*). Show how Andrea has picked up Hispanic facial expressions and gestures.

2. Play the tape with the picture turned off. Ask students to listen for main ideas or for idiomatic phrases that they could use in their skits. For example: **He echado de menos el (la) _____. Nos da mucho gusto tener estudiantes en casa porque... Yo pienso que es una buena idea estudiar en _____ porque... Lo pasábamos (pasé) de lujo (muy bien). Me hace falta mi...**

3. Give students time to rehearse their skits. Circulate around the class to help different groups.

4. Have students perform their own skits and videotape them if possible.

¡Felicitaciones! Ud. ha terminado el semestre (trimestre). Esperamos que a Ud. y a sus estudiantes les haya gustado este libro. Por favor, envíenos sus comentarios c/o Heinle & Heinle Publishers, 20 Park Plaza, Boston, MA 02116. ¡Hasta la próxima edición!

Angela Labarca
James M. Hendrickson

NUEVAS DIMENSIONES
Instructor Tape Tapescript

Capítulo 1
Conversación A. Curso de idiomas.
En el mundo moderno, saber hablar inglés le da a Ud. una ventaja extraordinaria. El Instituto Británico le ofrece clases de inglés, de mecanografía bilingüe y de inglés para negocios. Todos nuestros profesores son de Inglaterra y tienen por lo menos diez años de experiencia en la enseñanza del inglés. La matrícula ya está abierta. Ud. puede matricularse cualquier día de la semana. Recuerde, para aprender inglés rápido y bien, venga al Instituto Británico en Serrano 1236. Teléfono 229-6261.

Conversación B. Agencia "La Amistad".
—Muy bien, señor Martínez, aquí en la agencia La Amistad ya tenemos la información básica en nuestro formulario y ahora tengo que seguir con unas preguntas un poco más personales.
—Pregunte no más, señorita, tranquila.
—Muy bien. ¿Cuál es su fecha de nacimiento?
—Yo nací el 29 de abril del '55.
—Muy bien y, ¿cuál es su profesión?
—Soy ingeniero civil.
—Muy bien. ¿Y cuáles son sus intereses, eh, personales? Uno o dos solamente necesito.
—Bueno, me gustan los deportes y me gusta leer.
—Muy bien. Y me gustaría que me diera una descripción física personal.
—¿De mi persona?
—Sí, de su persona.
—Bueno, ... eh... estoy un poquito gordo, pero, pero estoy a dieta también y hago mucho deporte. Eh... soy tímido, un poco retraído. Me causa problemas hablar con personas que apenas acabo de conocer. Pero soy romántico y tranquilo.
—Muy bien. Me gustaría que Ud. me dé ahora una descripción de la persona de sus sueños.
—Bueno, yo quiero que Uds. me presenten señoritas... eh... que sean cultas, educadas, que sean más o menos de mi edad. Eh... que les guste compartir ideas, ir al cine, leer.
—Muy bien. Y dígame, ¿Ud. fuma?
—No, no, no fumo y no quiero que me

presenten ni fumadores ni fumadoras.
—Muy bien. Eso elimina a muchas personas. Y dígame, ¿qué cosas detesta Ud. en otros?
—No, yo así detestar, nada. A mí me gusta toda la gente.
—Muy bien. Creo que ya tenemos toda la información necesaria. Le dejaremos saber lo que pase.
—OK. Entonces, ¿Uds. me llaman?
—Sí señor.
—Muy bien. Gracias, señorita.

Capítulo 2
Conversación A. Un brindis.
—Quiero proponer un brindis por Juancho, mi gran amigo con quien me crié y más que vecinos fuimos como hermanos. Eh... me parece mentira que por fin Juancho se haya decidido casarse y realmente estoy tan contento de que haya escogido una mujer tan ideal como lo es Marta. Eh, Martica, yo sé que tú le aguantarás a él todos sus chistes y sus tonterías, y... y que se comprenderán mutuamente. Eh... les deseamos todos mucha felicidad, mucha alegría y sobre todo, mucha plata. Eh... felicidades, que tengan muchos hijos, y levantemos nuestras copas, un brindis por... por Juancho y Martica.

Conversación B. Los padres de la novia.
—Ay, mi amor, estoy tan cansada, pero la boda quedó preciosa. Me siento muy contenta.
—En realidad que quedó bien la cosa, eh... te diré que sí.
—¿Viste que linda lucía, este... Cecilia?
—Sí, se veía realmente muy bonita mi hija.
—Te sentías muy orgulloso de ella, me imagino.
—Claro que sí.
—Sí.
—Los Gómez, sabes, somos una familia muy presentable.
—Sí, señor. Uy, Felipe, pero te fijaste, chico, la señora esta, la, la...
—Doña Hilda. No me hables de esa mujer.
—Oye, qué metiche, ¿no?
—Sí, ¡criticó todo! Y tan lindo que lucía todo y resulta que todo lo criticó. La comida no era suficiente, que si el vino, la marca no era buena.
—Me di cuenta. Eh, apenas si probaba la

comida.
—Ah, pero bebieron; la familia bebió mucho. Y Vicente, ¿te diste cuenta?
—Sí. Lo tuvieron que sacar.
—Las botellas que tenía a su lado.
—Qué diferente, ¿verdad? Qué diferente a nuestros tiempos.
—Uh, sí, aquellos eran otros tiempos. Qué boda la nuestra, ¿eh?
—Fue preciosa.

Capítulo 3
Conversación A. Un restaurante mal atendido.
—Oye, cómo es el... cómo es de lento el servicio aquí.¿No es cierto?
—Me muero de hambre.
—Sí, ya llevamos como media hora esperando y nada que aparece la comida.
—Oye, estoy que me puedo comer un caballo. Mira, ahí viene el mesero.
—Ah sí, ojalá sea lo nuestro.
—Eh, la langosta para quién.
—Para mí, por favor.
—Señora, por favor.
—Gracias.
—Ud., el chateaubriand.
—Sí, para mí, gracias.
—Aquí lo tiene. ¿Alguna cosa más?
—Ahora no.
—Buen provecho.
—Gracias.
—Oye, ven acá. Prueba esta langosta.
—Esta langosta está dura.
—No me digas.
—No me puedo comer esto.
—Déjame probar, a ver.
—Uy, sí. ¿Qué hacemos? ¿llamamos al mesero?
—Sí, sí. Porque yo no me puedo comer esto.
—Sí, sí. Ya veo.
—Mesero, mesero.
—Señor.
—Eh, por favor, esta langosta está pasada.
—Yo no me puedo comer esta cena.
—¿Está Ud. segura, señora?
—Sí, sí.
—¿Y qué sugiere que hagamos?
—Bueno, llévesela otra vez a la cocina.
—Sí. Tráiganos otra langosta, por favor.
—Con su permiso.
—Gracias.
—Oye, no está de buen humor el hombre.

—No, nos iba a regañar. Pero qué, oye, estaba fea tu langosta. Déjame ver, yo pruebo mi carne, a ver como está. Ah, pero mira, mi carne... esta carne está cruda.

Capítulo 4
Conversación A. En la estación del metro.
Primera parte
—Bueno, Marisa, aquí estamos en la estación Zócalo. Ahora, ¿cómo, de aquí, cómo vamos a llegar a la UNAM?
—Ay, yo no sé.
—Vamos a preguntarle a aquel señor. Él se ve como que sabe para dónde va.
—Perfecto, vamos.
—Permiso señor, ¿nos puede ayudar?
—Sí, para servirle.
—Pues estamos perdidas y queremos llegar de aquí a la UNAM.
—Ah bueno, pues aquí están en la estación del Zócalo, ¿no?, que es la línea 2. Entonces Uds. quieren ir así para allá como para dirección Cuatro Caminos, hasta llegar a la línea 3, que es la verde.
—¿La línea 3, de la 2 a la 3?
—Sí, allí se baja en la estación Hidalgo, así se llama, estación Hidalgo. Y tiene el monito de don Miguel Hidalgo.
—¿Monito?
—Sí, sí, monitos son los símbolos, ¿no? Ese es... y entonces agarran para abajo la línea verde hasta que se acabe, porque esa línea se acaba en la UNAM.
—¿En la UNAM, es la última estación?
—Sí, sí.
—Ah, perfecto, entonces yo creo que no vamos a tener ningún problema.

Segunda parte
—Y... este... y también nos gustaría, después de que salgamos de la universidad, ir a visitar el bosque Chapultepec.
—Uy...
—¿Cómo llegamos de la UNAM a Chapultepec, al bosque?
—Eh, esta rebién lejos. Porque, verá, no, bueno, pues agarre la misma línea, para arriba, la 3, la verde. Otra vez la agarra p'arriba. Así como yendo a Indios Verdes, ¿no?, y se baja donde cruza con la uno.
—Con la uno.

—Que es la estación Balderas. Allí la figurita es un cañón, no hay pierde [sic]. Entonces, ahí se bajan y entonces se van para dirección Observatorio. Y luego se ve el monito, donde ven Uds. el monito del chapulín.
—¿Qué es un chapulín?
—Es un saltamontes.
—O.K.
—Sí. Pues es el cerro de los Chapulines, Chapultepec. Ahí se bajan. No hay pierde [sic].
—¿Y vale la pena ir a ver el parque?
—Uy... Muchas cosas que ver allí, muchas. Hay pues el oso, ese panda de los lentes negros, ¿no? Hay un bosque bien grande, está el castillo de Chapultepec, allí en donde vivió Maximiliano. Está... Hay un museo de la historia de México, de monitos, también de figuritas.
—Ah sí que es interesante. Quizás podamos almorzar allí.

Tercera parte
—Y luego nos interesaría, por la tarde, entonces... ir hasta la Basílica de Guadalupe. ¿Cómo llegamos desde el bosque de Chapultepec a la Basílica de Guadalupe?
—Bueno, pues, se regresa otra vez en la línea uno, esa que las llevó a Chapultepec. Y otra vez se bajan en la verde, en la línea verde, que es la 3. Nuevamente se bajan allí en Balderas, donde estaba el cañoncito. No se les olvide. Y suben para arriba hasta llegar a la Basílica y allí se ve otra vez la figurita, de la Basílica.
—¿La estación se llama Basílica?
—Basílica, así mismo.
—Ah, perfecto. Yo estoy tomando notas, Marisa. No te preocupes.
—O.K. Y mira, mire, señor, nos puede decir, ¿todavía se puede ir a la Basílica vieja?
—Sí, allí está, no más que está chiquita.
—Ah, pues vamos a hacer eso entonces. Vamos. Muchísimas gracias, señor, se lo agradecemos muchísimo.
—Muchísimas gracias.
—Para servirles, que les vaya bien.

Capítulo 5
Conversación A. Los Juegos Olímpicos del '96.
¡Atención! ¡Última hora! Una importante decisión fue tomada anoche por los delegados del Comité Olímpico Internacional. El Comité, presidido por Juan Antonio Samaranch de

Barcelona, se reunió por varios días para decidir cuál sería la sede de las Olimpíadas de 1996. Las dos ciudades que se disputaban la sede para 1996 eran Atenas, capital de Grecia, y Atlanta, la capital del sur de los Estados Unidos. Por supuesto, Atenas tenía la gran ventaja de ser la primera ciudad olímpica, ya que allí se celebró la primera olimpíada moderna en el año 1896. Parecía lógico entonces que —al cumplirse 100 años, el centenario de las olimpíadas modernas— los Juegos Olímpicos tenían que volver a Atenas, su lugar de origen.

Sin embargo, Atenas tenía graves problemas por falta de infraestructura. Por ejemplo, el aeropuerto no tenía instalaciones suficientes para recibir a cientos de miles de turistas y las carreteras de acceso a la ciudad tampoco están diseñadas para un tráfico intenso. Así pues, la perla del sur, Atlanta, ganó fácilmente la sede para las olimpíadas del '96. En Atlanta, la noticia produjo gran entusiasmo en la población. La gente se echó a la calle y la ciudad entera celebró con fuegos artificiales y un gran desfile. Aunque no es la primera vez que los Juegos Olímpicos vienen a los Estados Unidos —Los Ángeles ha sido sede dos veces— sí es la primera vez que una ciudad del sur recibe un honor a nivel mundial de esta magnitud.

Conversación B. Tarde deportiva.
—Qué lindo este estadio, pero qué calor el que está haciendo hoy, ¿no?
—Y de veras que hace calor hoy en el estadio Azteca, Mano. ¿Quieres una cerveza?
—Sí. Tomémonos otra.
—Ah, pues allí te va. Ah, pero mira, ya salen los equipos.
—Eso, allí vienen las Chivas del Guadalajara. ¡Esos son mis gallos!
—Oye, ¿pero cuáles son las Chivas?
—Los de las camisas rayadas de blanco y rojo.
—¿Y el otro es el América?
—El otro es el América.
—¿Y cuántos son por equipo?
—Once, por eso le dicen la oncena.
—Ah, la oncena. Ya, y mira, no pueden usar las manos, ¿no es cierto?
—No, en este juego no se usan las manos.
—¿Pero quién es el que tiene uniforme de otro color? Hay dos de uniforme de otro color.

—Ah, pues en cada equipo tiene que haber un portero para que pare la bola. Y el portero, para que lo distingan, tiene un uniforme de otro color.
—Ajá, ese es el que puede usar las manos.
—No más ése puede usar las manos para detener la bola y para sacarla otra vez.
—Ya, ¿y el gol es metiéndolo a la portería o encima?
—No, no. Tienen que entrar dentro del marco de la portería, y eso es un tanto, o sea un gol.
—Bueno, dime, ¿cuál es el tal Martínez del América, ése, ese delantero?
—Ése es un delantero que tuvo sus buenos días pero ya se está poniendo viejo. Creo que tiene treinta y dos años, fíjate.
—¿El número trece?
—Ése es, el número trece, sí, y además es número de mala suerte, ¿eh?
—Ajá, ya, no pero hoy va a meter gol, el Martínez. A mí me han dicho que es excelente jugador.
—Tú, fíjate no más en el portero Paco Bonilla. Tú fíjate en su trabajo de él. Y verás que no mete ni un gol tu Martínez ése.
—Pero, míralo como maneja la pelota.
—¿Eh? Maneja la pelota así-así, pero hoy no va a poder.
—Bueno, vamos a ver. Yo te apuesto un milagro que sí mete gol.

Capítulo 6
Conversación A. Gran venta en Sport Mundial.
No se pierda la sensacional liquidación en la tienda Sport Mundial. Prácticamente todo está rebajado al costo y por debajo del costo. Se está ofreciendo toda clase de equipo deportivo con el 40 por ciento y más de descuento, así que apúrese y hará una fantástica compra. Hay una gran selección de ropa para caballeros, damas y niños: zapatos de tenis Adidas, sudaderas, calcetines deportivos, equipo para acampar, y una gran cantidad de accesorios y artículos de deporte. La tienda Sport Mundial está llena de fantásticas ofertas de las marcas más conocidas: Nike, Adidas y otras. No espere ni un minuto más, vaya hoy mismo a la tienda Sport Mundial en la Avenida Príncipe, esquina con la Calle Fonseca. Teléfono: 42-75-66. Qué cantidad de gangas. Aproveche esta sensacional venta en la tienda Sport Mundial.

Avenida Príncipe, esquina con la Calle Fonseca. Teléfono: 42-75-66. Sport Mundial

Conversación B. El Grito de la Moda.
—Buenas tardes. El Grito de la Moda para servirle.
—Buenas tardes, mire, me gustaría pedir ciertas cosas del catálogo de invierno.
—Muy bien, me podría Ud. dar la información. Necesito saber primero su nombre.
—Sí. Es Catalina Mejía.
—Muy bien. ¿Su dirección?
—Calle El Empalme 48.
—Muy bien, su teléfono, por favor.
—Es 54-32-130.
—¿Y cómo va a pagar?
—Lo voy a cargar a mi tarjeta de crédito.
—Muy bien. Necesito el número de la tarjeta.
—Ajá, el número es 30314099.
—Muy bien. Y la fecha de vencimiento de la tarjeta.
—Junio del '94.
—Muy bien. ¿Me puede Ud. dar el pedido ahora?
—Sí, cómo no, el ... lo primero son unos zapatos de dama.
—¿El número del artículo?
—El número del artículo es 432176.
—¿Y qué numero calza?
—36.
—¿Y el color?
—El color, blanco.
—Muy bien. ¿Otra cosa?
—Sí, eh... también quisiera una blusa de dama, talla 32.
—Muy bien.
—El artículo es el número 704321.
—¿Y el color?
—Azul turquesa.
—¿Otra cosa más?
—Sí, eh... una chaqueta de hombre talla mediana.
—Muy bien.
—El número del artículo es el 87432.
—Muy bien. ¿Y en qué color?
—Gris, por favor.
—¿Desea alguna otra cosa?
—No, eso es todo por hoy.
—Muy bien, entonces le enviamos un par de zapatos de dama, número 36, color blanco, artículo número 432176; una blusa de dama,

talla 32, color azul turquesa, artículo número 704321; y una chaqueta de hombre, talla mediana, color gris, artículo número 87432.
—Perfecto.
—El paquete le va al llegar a su casa dentro de 2 ó 3 semanas.
—Muy bien; muchas gracias.
—De nada, señorita. Para servirle.
—Hasta luego.
—Hasta luego.

Capítulo 7
Conversación A. El pronóstico del tiempo.
Y bueno, ahora pasemos al estado del tiempo para este fin de semana, a ver cómo le va a Ud. con sus planes. La verdad es que, como siempre, trataremos de complacerlos a todos. Si quiere un fin de semana soleado y espléndido tendrá que irse a la costa del Pacífico o a California, donde se anuncia buen tiempo con chubascos en la costa de Oregón y por los lados de Washington, así es que, a hacer las maletas para irse a California a gozar del sol y de la vida. En el suroeste se espera también calor y sol, pero si Ud. vive por los lados de Kansas y Iowa, tenga cuidado, porque se aproximan violentas tormentas y tornados que pueden causar estragos por esos lados. Aparte de esto, en el Medio Oeste el cielo estará nublado y las temperaturas agradables. En el sur, por las Carolinas y Georgia, hará calor y mucha humedad. Por otra parte, en Nueva Inglaterra, el tiempo estará agradable y fresco todo el fin de semana, con sol y temperaturas alrededor de los 20 grados centígrados. Sentirá una brisa suave desde el oeste. Y ahora pasemos al estado del tiempo con temperaturas máximas y mínimas en varias ciudades del país. A sacar los paraguas, amigos, porque el pronóstico del tiempo nos anuncia aguaceros fuertes durante toda la noche y mañana por la mañana. Pero no se depriman, pues esperamos que la lluvia se acabe mañana por la tarde y que tengamos cielos despejados el resto del fin de semana. La temperatura se mantendrá en los 20 grados centígrados, con una suave tendencia a subir a partir de mañana por la noche y el domingo. El domingo será un día estupendo para salir de picnic, así es que prepare esos pollos a la parrilla ahora mismo, y haga sus planes para pasar la tarde en la piscina con los niños... o

con los sobrinos. Vayan donde vayan, conduzcan con cuidado y que lo pasen bien. Hasta mañana a las 18 horas, cuando les traeremos más noticias sobre el estado del tiempo de este fin de semana.

Capítulo 8
Conversación A. Consejos de la Doctora Galeno.
—Buenas noches, estimados radioyentes y bienvenidos al programa "Pregúnteselo a la Doctora Galeno". Yo soy Marcos Sandoval, su animador. Esta noche celebramos el séptimo año de ofrecerles los útiles consejos médicos de la distinguida doctora Galeno. Como ustedes sabrán, la doctora es directora general del hospital San Ángel aquí en el centro. Doctora Galeno, muy buenas noches.
—Buenas noches, Marcos.
—¿Cómo está usted, doctora?
—Muy bien, gracias. Aquí estoy lista para servirle al público.
—Me alegro de verla otra vez. Bueno, pasemos a la primera llamada. Buenas noches. Hágale su pregunta a la doctora Galeno, por favor.
—Buenas noches, doctora Galeno. Mi problema es que a veces tengo un dolor agudo al lado izquierdo de la cabeza. Sólo dura un segundo o dos y luego, pues, desaparece. ¿Qué será eso, doctora? ¿Piensa Ud. que pueda ser un tumor?
—No se asuste, no se asuste. Cálmese Ud. Dígame, ¿qué tipo de trabajo hace Ud.?
—Bueno, mire, pues, tengo dos trabajos. Durante el día soy cajera de un banco y por la noche trabajo como secretaria en una oficina de abogados.
—Como Ud. sabe, un diagnóstico oficial no se puede hacer por teléfono. Yo le recomendaría que Ud. haga una cita con su doctor y se haga un examen general, estando segura de discutir estos síntomas con su médico. También le diría que debe Ud. considerar seriamente si es necesario que Ud. tenga dos trabajos. Puede que la presión de mantener dos trabajos tan serios le esté causando estos síntomas. Mientras tanto, le deseo buena suerte, y asegúrese de ver a su médico.
—Muy bien, doctora. Se lo agradezco mucho.
—Bueno. Pasemos a nuestra segunda llamada. ¿Aló? Por favor, su pregunta.
—Doctora. Mire. Le llamo porque desde hace

días no me siento muy bien. Siento así como si tuviera globos en el estómago.

—¿Así que Ud. tiene dolor de estómago?

—Eso.

—¿Muy agudo o cómo es el dolor?

—Pues agudo, en partes sí, en el lado derecho sobre todo.

—Y dígame, ¿está Ud. comiendo tres comidas diarias buenas y saludables?

—Bueno, a veces tres, a veces cuatro, ¿no?, lo que se pueda.

—Bueno, yo sé que la vida moderna da para comer comidas algo difíciles de digerir. Le recomendaría a Ud. que, antes que nada, haga una cita con su doctor. Pero antes de ir a la cita, le diría que sería una buena idea si Ud. se sentara con una libreta y escribiera todo lo que come todo el día, desde que se levanta hasta que se acuesta.

—Bueno, pues sobre todo, como tacos... este... burritos, muchos frijoles, ese tipo de cosa, ¿no?

—Pues, entonces Ud. debe escribir todo eso en la libreta, por... por... varios días, para que el doctor tenga una idea fija del tipo de comida que Ud. come. También le diría que Ud. debe tratar de evitar las comidas grasosas. Esto, y se debe concentrar en comer frutas, vegetales y ensaladas frescas. Recuerde Ud. llevar la información a su médico. Le deseo mucha suerte.

—Pues, muchas gracias, doctora. Ya me estoy empezando a sentir mejor con sus consejos.

—Y ahora interrumpimos este programa para darles un mensaje de nuestro patrocinador.

Capítulo 9

Conversación A ¡Su atención, por favor!

¡Su atención por favor! Iberia anuncia la salida de su vuelo #345 con destino a Madrid. Hará escala en Londres y Lisboa. Los pasajeros, favor de abordar el avión por la puerta número 15. Viasa anuncia la llegada de su vuelo número 224 procedente de Caracas. Los pasajeros saldrán por la puerta número 4. Avianca anuncia que su vuelo número 443 procedente de Bogotá llegará con un retraso de 45 minutos. Muchas gracias por su atención.

Conversación B. ¡Mucho ojo en la aduana!

—Buenas tardes, señor agente.

—Buenas tardes. ¿De dónde llega Ud.?

—Eh... vengo de Argentina, de Buenos Aires.

—Muy bien. Ponga aquí sus maletas, por favor.

—Muy bien.

—Y esa caja que está en el suelo también.

—¿La caja también?

—Sí.

—Son papeles de negocios nada más.

—Póngala aquí arriba, por favor.

—Muy bien.

—Vaya abriendo sus maletas.

—Sí, pero lo que pasa es que esta tiene un problema con la llave. Un momentico.

—Mire, aquí tiene un destornillador si necesita.

—Todavía no... ya, ya está abierto todo.

—Muy bien. Vamos viendo, a ver, ¿cuál fue el motivo de su viaje?

—Pues, fui de turista, pero también hice unas visitas de negocios.

—¿Qué tipo de negocios?

—Negocios comerciales.

—Eso es. ¿Qué cantidad de regalos u objetos compró Ud. por allá?

—Pues, muy pocos realmente. Le traje regalos a mi esposa, mis hijos, a un compañero del trabajo. No mucho.

—¿Trae Ud. más de $10.000 en efectivo a los Estados Unidos?

—No, $10.000 no, no, no. Traigo como 300 dólares nada más.

—Eso es. Durante su estancia por allá, ¿fue Ud. acaso a alguna granja o a un lugar donde se cría ganado?

—No, estuve en Buenos Aires nada más. Y fui a la ópera, le cuento, que es muy bonito eso.

—Cuánto tiempo pasó por allá.

—Estuve 15 días.

—Eso es. ¿Qué tipo de regalos trajo?

—Traje... A mí señora le traje una blusa. A los niños, a cada uno, le traje un par de zapatos. Los zapatos argentinos son muy finos.

—Muy bien.

—A mi compañero de trabajo le traje un cartón de cigarrillos.

—¿Cuántos?

—Un cartón.

—¿Algún otro tipo de tabaco, para pipa o puros?

—No, yo no fumo. Es un regalo que me pidieron, nada más.

—¿Licor?

—¿Licor? Sí, unas botellitas de aguardiente.

—Eso es. Eh, sáquelas por favor. Las botellas, porque hay que ponerles impuesto.

—No, pero si, ¿no me permiten 2 botellas?
—Sí, pero aquí en este estado se les tiene que poner impuesto estatal, no federal.
—Ajá. Momentico, pues yo busco... Aquí están.
—Gracias. Bienvenido a Estados Unidos.
—Gracias.

Capítulo 10
Conversación A. El nuevo senador.
—Señoras y señores, ahora con Uds., nuestro nuevo senador de la república, don Gabriel Martínez Gómez.
—Gracias, gracias, compañeros y amigos; muchas gracias. Quisiera agradecerle especialmente a toda mi familia por ayudarme tanto durante la elección. Gracias, gracias. Aquí, cerca de la cordillera y de las filas de parras de nuestro hermoso país, he venido a decirles que Gabriel Martínez no se olvidará de Uds. Cuando llegue al senado, lo primero que haré es trabajar para ayudar a los exiliados que han vuelto. Esta gente joven necesita más ayuda, necesitan albergues, becas, trabajo para volver a integrarse al país. No podemos dejarlos solos porque ellos son el futuro del país también. Salieron porque sus padres fueron perseguidos por la dictadura y ahora vuelven porque quieren vivir en su país y yo estoy feliz de poder ayudarlos. Además de esto, también quiero trabajar para mejorar nuestra educación al nivel global, señores y señoras. Nuestros hijos serán ciudadanos del mundo y debemos prepararlos para que comprendan mejor los problemas globales. Por eso, señores, trabajaré para conseguir más programas de intercambio para que nuestros hijos tengan la oportunidad de visitar, vivir y estudiar en otros países y porque así también aprenderán otros idiomas. Para eso, señores, será mi trabajo en el senado. Y ahora celebremos todos juntos. Gracias, muchas gracias, jóvenes de la república.

Conversación B. Cuando estamos lejos.
—Bueno, recibí una carta de mi primo. Le han ofrecido un puesto aquí y él quisiera venirse, pero tiene miedo de dejar a su familia.
—Oye, es que, no te creas, ésa es una de las cosas mas difíciles que uno siente cuando está lejos de la familia, cuando vive lejos. ¿No les pasa a Uds.?

—Ay, sí, yo tengo una cuenta de teléfonos astronómica, porque uno se sienta a escribir, pero yo me escribo tres párrafos y luego tengo que llamar por teléfono porque tengo que hablar.
—Pues sí, porque tú te acuerdas de cómo era antes, de cuando se reunían Uds., toda la familia extendida, por así decirlo, ¿no?, y estaban ahí, que primos y tíos y tías y todos cooperaban en la conversación, y darse consejos y preguntarte que cómo te está yendo de casada y esas cosas que aquí no suceden, ¿no?
—Exacto, que aquí eso no sucede. Las familias aquí están como alejadas. Sobre todo cuando ya una pareja se casa y se va a vivir su propia vida, ya, se... como que se separa de sus tíos, sus primos, es como muy cerrada la relación allí.
—Y creen que eso es bueno y aquí tampoco hay compadres. A mí me hacen falta los compadres.
—Y las comadres.
—Sí, eso no existe aquí.
—Existen compadres y comadres, pero no existe esa relación como existe allá.
—El compadrazgo. Que implica una relación casi familiar, incluso, ¿no?
—Sí.
—Hay familias que tienen... que viven en el mismo barrio, o en la misma ciudad y que no se conocen los primos los unos con los otros, ¿no?
—Ay, qué pena.
—No, es muy raro, es muy distinto por lo menos.
—Tú te acuerdas que tus primeros amigos fueron quizás tus primos, ¿no?
—Que vivían en otra ciudad pero que se veían con frecuencia.
—Exacto, incluso les decimos primos hermanos.
—Exactamente.
—Exacto, sí.
—Pues tan siquiera tienes tu primo que viene para acá y...
—Ojalá venga y tendré aquí un pariente cercano.
—Oye, ¡qué suerte!, ¿eh?
—Verdaderamente.

APÉNDICES

Sample Lesson Plan

Chapter 1 in textbook and reader
Program 1 on videotape
Chapter 1 on instructor tape
Chapter 1 in laboratory program

The authors of the *Nuevas dimensiones* program realize that the lesson plan outlined below will not suffice for all instructors, or for all groups of students, or for all programs because people and programs differ in many ways. This lesson plan is offered, therefore, merely as a series of guidelines for using the *Nuevas dimensiones* materials in a proficiency-based approach to teaching Spanish and Hispanic culture. As you follow this sample lesson plan, consider incorporating or adapting the page-specific suggestions provided in the *Instructor's Manual* (IM) for Capítulo 1. Also, feel free to integrate other of your favorite activities of your own in your lesson plan; for example: viewing slides, filmstrips, movies, videotapes; listening to an account of your everyday activities or to records or cassette tapes, watching a Spanish-language television program, singing songs, teaching folk dances, listening to guest speakers, taking field trips, and so forth. Above all, the materials in *Nuevas dimensiones* were designed so that instructors and students could enjoy working together in the classroom.

¡Que se diviertan Uds. muchísimo!

The outline below is a general plan for using the textbook, reader, video and audio programs, and workbook of *Nuevas dimensiones* in a coordinated fashion. This outline is offered only as a series of suggestions. Assume that each class meeting lasts fifty minutes. Shorten or expand this outline according to your own school system (i.e., quarter versus semester; three versus five weekly class sessions; regular versus accelerated tracks; etc.)

Meeting 1: ¿Cómo se dice?
1. Assign this section for homework before beginning it in class.
2. Present the vocabulary (e.g., pronunciation, meaning of any unfamiliar words or phrases) introduced in Chapter 1.
3. Have students do the communication activities.
4. Discuss the cultural note on page 4 and demonstrate the nonverbal language that Hispanic people use when greeting and meeting people.
5. Repeat steps 1-4 above for pages 5-12.
6. Homework: a) Exercises and activities in the **¿Cómo se dice?** section of the workbook/lab manual. b) Activity A, page 30, in the textbook. c) instructor tape: *¡A escuchar!* section in the textbook.

Meetings 2-4: Perspectivas auténticas
1. Review expressions for greeting and meeting people, question words, names of academic courses, and professions by having students do SELECTED activities in the **¿Cómo se dice?** section with a different conversation partner.
2. Discuss the results of students' opinions (Activity A, page 12, textbook).
3. Have students do activity B, page 13, and discuss the results.
4. Homework: a) *Cómo leer la lectura* section. b) Scan the *Lectura*.

5. Ask two or three general questions about the *Lectura*. Then do Exercices C and D pages 16. Go over the answers as a class.
6. Optional: View Program 1 of videotape, **Spanish from Within**.
7. Have students do the activities and read the cultural notes in *¡Vamos a conversar!*.
8. Homework: a) *Detalles interesantes*. b) Exercises and activities in the **Perspectivas auténticas** section of the workbook/lab manual. c) Read and study pages 21-22 and 25 in the textbook.

Meetings 5-6: En pocas palabras
1. Review simple present tense of regular and irregular verbs. This review should take no longer than two to three minutes because students should have already studied this tense before enrolling in the course, and they should have completed their homework assignment (7-c above).
2. You can skip the traditional review and review by having students do the *¡A practicar!* activities, preferably with a different conversation parter.
3. Homework: a) Review the forms of the simple present tense of regular and irregular verbs. b) Read and study use of negative words. c) Read and study use and forms of the present progressive tense.
4. Show how to use the present progressive tense by having students describe what is going on at that moment in the hall, on the street, or on charts that you can provide.
5. Have students do the activities on pages 22-26.
6. Homework: a) Exercises and activities for the **En pocas palabras** section of the workbook/lab manual. b) Review pages 2-28 of the textbook.

Meeting 7: ¡A divertirnos más!
1. Optional: View part of Program 1 on the **Spanish from Within** videotape for a second time.
2. Have students do *Del mundo hispano* and one of the activities in *¡Le podría pasar a Ud.!*.
3. Review for a test on Chapter 1.[1]
4. Homework: a) Redo *¡A escuchar!* section in the textbook. b) Study for test on Chapter 1.

Meeting 8:
1. Test on Chapter 1.
    Note: *Continue with Chapter 2 in the textbook or, if you are using* **Nuevas alturas**, *continue with the plan below.*
2. Homework: Read the information and do the activities in *Understanding Meaning from Cognates* in **Nuevas alturas**.

Meeting 9:
1. Optional: Go over the results of Chapter 1.
2. Work through *Understanding Meaning from Cognates* in **Nuevas alturas** and do the first readings.
3. Homework: a) Do the exercises in *¡A practicar!*. b) Read and study *Understandig Meaning From Affixes*.

Meeting 10:
1. Collect the written work resulting from Activities B and C of ¡A practicar! section.
2. Optional: Review: *Understanding Meaning from Cognates*.

---

[1] Some instructors may prefer to give a chapter test at this time, others may want to give one or two quizzes before giving a chapter test, other instructors may prefer to give a quiz at this time, then complete Chapter 1 in the reader before giving a chapter test; and still others may have a different preference.

3. Quickly work through *Understanding Meaning from Affixes*.
4. Homework: a) Read the *Lectura* section. b) Do the *¿Comprendió bien?* section. c) Do the *¡A practicar!* exercises.

Meeting 11:
1. Go over *¿Comprendió bien?* and *¡A practicar!* sections.
2. Stress the importance of reading for meaning with the assistance of cognates, affixes, and context. Guide students through the section on *Understanding Meaning from Context*.
3. *Homework:* Read the two passages in *Understanding Meaning from Context,* and the second reading. Do the comprehension exercise after each one.

Meeting 12:
1. Do *¡A practicar!* section.
2. Review Chapter 1 of **Nuevas alturas**.
3. View once again Chapter 1 on the videotape, **Spanish from Within**.
4. *Homework:* Study for a chapter test on Chapter 1.

Meeting 13:
Give the test on Chapter 1 of **Nuevas alturas**.

Index of Language Functions

The following list contains the functional tasks introduced and practiced in the textbook, followed by the number of the chapter in which they appear.

Verbs Followed by a Preposition

A. Verbs that require a preposition before a noun.

asistir a   *to attend* (event)

EJEMPLO: Ahora asisto a clases por la mañana.
           Now I attend classes in the morning.

acudir a	*to go for help*
agradecer a	*to thank (someone)*
agregar a	*to add (in preparing food)*
atropellar a	*to run over (a living being)*
bajarse de	*to get off (vehicle, object)*
casarse con	*to marry (someone)*
contar con	*to count on (someone or something)*

convertirse en	*to become (something)*
dar un paseo por	*to take a walk around*
despegar de	*to take off from (a place)*
devolverse a	*to go back to (a place [infinitive])*
dirigirse a	*to go toward (a place)*
disfrutar de	*to enjoy (something)*
echar de menos a	*to miss (somebody or something)*
enamorarse de	*to fall in love with (someone or something)*
entrar en/a	*to enter (place)*
estar harto de	*to be fed up with (someone or something)*
extrañar a	*to miss (someone or something)*
hacer escala en	*to stop at (a place)*
hacer caso omiso de	*not to acknowledge (something)*
irse de vacaciones a	*to go on a vacation in (a place)*
irse a (infinitive)	*to go (-ing)*
poner cara de	*to put on a __ face*
ponerse a	*to begin (-ing)*
quejarse de	*to complain about (someone or something)*
querer a	*to love (person)*
reírse de	*to laugh at (someone or something)*
respaldar a	*to support (someone or something)*
salir bien (mal) en	*to pass (fail) (a class or test)*
salir con	*to go (steady) with (someone)*
salir de	*to leave (place)*
ser de	*to be from (a place)*
soñar con	*to dream about/of (someone or something)*
subirse a	*to get on (a vehicle or object)*

B.   Verbs that require a preposition before an infinitive.

aprender a   *to learn*

EJEMPLO: Aprendí a leer cuando tenía cuatro años.

acabar de	*to have just*
acordarse (ue) de	*to remember*
alegrarse de	*to be glad*
apresurarse a	*to hurry*
atreverse a	*to dare*
ayudar a	*to help*
comenzar a	*to begin, to start*
consentir (ie) en	*to agree to*
consistir en	*to consist of*
correr a	*to run*
dejar de	*to stop, to cease*
empezar a	*to begin, to start*
enseñar a	*to teach*
insistir en	*to insist on*
invitar a	*to invite*
ir a	*to go*
negarse (ie) a	*to refuse*

olvidarse de	*to forget*
salir a	*to go out*
tardar en	*to be long in, to delay in*
tratar de	*to try*
venir a	*to come*
volver (ue) a	*to (verb) again*

Table of Weights and Measures

Tablas de conversión

Conversiones del sistema métrico al sistema norteamericano

Multiplique	por	para convertir a
LONGITUD		
milímetros	0,04 [2]	pulgadas
metros	3,3	pies
metros	1,1	yardas
kilómetros	0,62	millas
CAPACIDAD		
litros	2,11	pintas (líquido)
litros	1,06	cuartos (líquido)
litros	0,26	galones (líquido)
PESO		
gramos	0,04	onzas (avoir.)
kilogramos	2,2	libras (avoir.)
SUPERFICIE		
hectáreas (Ha)	2,47	acres
metros cuadrados (m^2)	10,76	pies cuadrados ($pies^2$)

TEMPERATURA
$°C = (°F - 32) ÷ 1,8$

Conversiones del sistema norteamericano al sistema métrico

LONGITUD		
pulgadas	25,00	milímetros
pies	0,30	metros
yardas	0,9	metros
millas	1,6	kilómetros

---

[2] In the European usage, decimals are indicated by a comma, not a period.

CAPACIDAD

pintas	0,47	litros
cuartos	0,95	litros
galones	3,80	litros

PESO

onzas	28,00	gramos
libras	0,45	kilogramos

SUPERFICIE

acres (ac.)	0,4047	hectáreas
pies cuadrados (pies^2)	0,0929	metros cuadrados (m^2)

TEMPERATURA
$F° = (C° \times 1,8) + 32$

Tomado de Almanaque Mundial 1988, *Editorial América, 6355 N.W. 36th Street, Virginia Gardens, FL 33166, págs. 165-168.*

Resources

Compañías que ofrecen servicios en español
AT&T Servicios al cliente: 1-800-235-0900.

Organizaciones para profesores de español
American Association of Teachers of Spanish and Portuguese (AATSP), P.O. Box 6349, Mississippi State, MS 39762-6349.
The American Council on the Teaching of Foreign Languages (ACTFL), 408, Hastings-on-Hudson, NY 10706.

Para estudiar en el extranjero
American Field Service, 313 E. 43rd Street, New York, NY 10017.
El Experimento en Convivencia Internacional, Kipling Road, Brattleboro, VT, 05301-0676.

Para escribirle a un(a) estudiante hispano(a)
ONCE, 114 Lee Road, Garden City, NY 11530. Mande $1.00 y diga la edad y el sexo de la persona a quien le gustaría escribr.

Direcciones de las Oficinas de Turismo en los Estados Unidos

CENTROAMÉRICA Y EL CARIBE
Antigua y Barbuda: 610 Fifth Ave., Suite 311, New York, NY 10020.
Barbados: 800 Second Ave., 17th floor, New York, NY 10017.
Colombia: 140 E. 57Th St., New York, NY 10022.
Costa Rica: 200 S.E. First St., Suite 606, Miami, FL 33131.
Cuba: Cuban Section, Embassy of Czechoslovakia, 2639 16th St., N.W., Washington, DC 20009.
Domínica (embajada): 1629 K St. NW, Suite 500, Washington, DC 20006.
Granada: 141 E. 44th St., Suite 803, New York, NY 10017.
Haití: 30 Rockefeller Plaza, New York, NY 10020.

Honduras: 1138 Fremont Ave., Suite 202, South Pasadena, CA 91030.
Nicaragua (embajada): 1627 New Hampshire Ave., N.W., Washington, DC 20009.
Panamá: 2355 Salzedo St., Suite 201, Coral Gables, FL 33134.
Puerto Rico: 1290 Avenue of the Americas, New York, NY 10104.
Santo Domingo: 485 Madison Ave., New York, NY 10022.
San Cristóbal y Nieves: 1730 Rhode Island Ave., N.W., Suite 501, Washington, DC 20036.
Santa Lucía: 41 E. 42nd St., Suite 315, New York, NY 10017 .
San Vicente y las Granadinas: 801 Second Ave., 21st floor, New York, NY 10017.
Trinidad y Tobago: 400 Madison Ave., Suite 712-14, New York, NY 10017.
Venezuela: 450 Park Ave., New York, NY 10022.

ESPAÑA
Spanish National Tourist Office, 665 Fifth Ave., New York, NY 10022 (Teléfono: 212-759-8822). [También hay oficinas en Chicago, San Francisco, Houston y St. Augustine, Florida.]

MÉXICO
1156 15th Street N.W., Suite 329, Washington, DC 20005 (Teléfono: 202-296-2594). [También hay oficinas en Atlanta, Chicago, Dallas, Denver, Houston, Los Angeles, Miami, Nueva Orléans, Nueva York, San Antonio, San Diego, San Francisco y Tucson.]

SUDAMÉRICA
Embajada de Argentina, 1600 New Hampshire Ave., N.W., Washington, DC 20009. Consulados: 5900 Wilshire Blvd., Los Angeles, CA 90036; 12 W. 56th Street, New York, NY 10019.
Embajada de Bolivia, 1625 Massachusetts Ave., N.W., Washington, DC 20036. Consulado: 10 Rockefeller Plaza, New York, NY 10020.
Embajada de Chile, 1736 Massachusetts Ave., N.W., Washington, DC 20008. Consulados: 510 W. Sixth Street, Los Angeles, CA 90013; 866 Second Avenue, Room 501, New York, NY 10017.
Oficina de Turismo de Colombia, 140 E. 57th Street, New York, NY 10022. Embajada de Colombia, 2118 Leroy Place, N.W., Washington, DC 20008. Consulados: 3255 Wilshire Blvd., Los Angeles, CA 90010; 10 E. 46th Street, New York, NY 10017.
Embajada del Ecuador, 2535 15th Street, N.W., Washington, DC 20009; Consulados: 427 W. Fifth Street, Los Angeles, CA 90013; 1270 Avenue of the Americas, New York, NY 10019.
Embajada del Paraguay, 2400 Massachusetts Ave., N.W., Washington, DC 20008. Consulados: 408 S. Spring Blvd., Los Angeles, CA; 1 World Trade Center, Suite 1609, New York, NY 10048.
Embajada del Perú, 1700 Massachusetts Ave., N.W., Washington, DC 20036. Consulado: 10 Rockefeller Plaza, New York, NY 10020.
Embajada del Uruguay, 1918 F. Street, N.W., Washington, DC 20006. Consulado: 301 E. 47th Street, New York, NY 10017.
Oficina de Turismo de Venezuela, 450 Park Avenue, New York, NY 10022.

News Agencies
American Distributor Magazines, Inc., 10100 N.W. 25th Street, Miami, FL 33172.
Hotaling's News, 142 W. 42nd Street, New York, NY 10016, (212) 840-1868.
Prensa y Libros S.A., P.O. Box 2145, San Ysidro, CA 92073; La pajarita, 3125 16th Street, San Francisco, CA 94103, (415) 431-4264.
The Newsroom, 1753 Connecticut Ave., N.W., Washington, DC

Notes

Notes

NUEVAS DIMENSIONES

Robert Motherwell
Elegy to the Spanish Republic, 108 (1965-67)
Oil on canvas, 6' 10" x 11' 6¼"
Collection, The Museum of Modern Art, New York.
Charles Mergentine Fund.

 Heinle & Heinle Publishers
A Division of Wadsworth, Inc.
Boston, Massachusetts 02116 U.S.A.

NUEVAS DIMENSIONES

SECOND EDITION

ANGELA LABARCA
Georgia Institute of Technology

JAMES M. HENDRICKSON

Publisher: Stanley J. Galek
Developmental Editor: Erika Skantz
Assistant Editor: Jeanne Theriault
Production Coordination: Hispanex
Production Supervisor: Patricia Jalbert
Manufacturing Coordinator: Lisa McLaughlin
Internal and Cover Design: Jean Hammond
Illustrators: Kate Clifford and Lee Gorman Smith
Cover painting: *Salsa para ti* by Ibsen Espada,
                courtesy of Larissa Curtis

Heinle & Heinle is a division of Wadsworth, Inc.

Manufactured in the United States of America.

Library of Congress Cataloging-in-Publication Data

Labarca, Angela.
    Nuevas dimensiones / Angela Labarca, James M. Hendrickson,
—2d ed.
        p.   cm.
    Includes index.
    ISBN 0-8384-2335-3
    1. Spanish language—Textbooks for foreign speakers—English.
    2. Spanish language—Grammar–1950-   I. Hendrickson, James M.
II. Title.
PC4128.L33   1992
468.2'421—dc20   91-39931
                                                                 CIP

ISBN 0-8384-2335-3

10 9 8 7 6 5 4 3 2 1

CONTENTS

3

¿Vivir para comer o comer para vivir?

4

¿Vivir o sobrevivir en la ciudad?

7

¿Quieres
salir
conmigo?

COMMUNICATIVE GOALS
In this chapter, you will make plans for the
weekend and describe what you did over the
weekend.

8

Con la salud no se juega

COMMUNICATIVE GOALS

In this chapter, you will discuss health-related matters involving illnesses, accidents, emergencies, and keeping fit.

9

Vacaciones en grande

COMMUNICATIVE GOALS

In this chapter, you will communicate in travel situations, offer suggestions to other travelers, and describe your previous trips and travel experiences.

10

¡Estás en tu casa!

Apéndices

Changes in *Nuevas dimensiones,* Second Edition

- Deletion of the **¿Te acuerdas?** section.

- Dialogues added to **¿Cómo se dice?** sections to provide students with samples of authentic language in context, using the new vocabulary in that section.

- Addition of one or more activities in the **¿Cómo se dice?** sections.

- Revision of the **Antes de leer** sections to relate them more closely with their respective reading passages.

- Clearer explanations of grammatical concepts, as well as additional exercises and activities in the **En pocas palabras** sections.

- Fewer **Le podría pasar a Ud.** situations in the **¡A divertirnos más!** sections.

- Greater contextualization throughout the textbook to fit the setting, topics, and language functions of each chapter better.

- New and clearer art.

- New Testing Program.

Nuevas dimensiones is an innovative program for intermediate-level Spanish that allows students to enter the Spanish-speaking world and interact with it on a personal basis. Through its extensive use of authentic reading, listening, and visual materials, the program offers students a new dimension of language learning and cultural experiences.

With *Nuevas dimensiones,* students will practice Spanish through carefully sequenced exercises and activities that extensive field testing has shown students will enjoy. In each chapter students are given many opportunities to improve their communication skills in reading, listening, speaking, writing, and cultural sensitivity. In short, *Nuevas dimensiones* combines the linguistic and cultural information your students need with numerous opportunities to communicate in realistic situations.

Traditionally, intermediate-level Spanish courses attract students who have varying interests, educational backgrounds, career goals, and language preparation. Their interest in learning Spanish tends to be highly pragmatic; they want to use the language to communicate with people both in the United States and abroad, to enhance their career opportunities, and to become bilingual and bicultural in an increasingly interdependent world. The approach of *Nuevas dimensiones* is therefore practical and straightforward. The authors have strived to present a systematic, activity-based approach throughout the program. There are useful vocabulary, functional grammar, authentic cultural readings, and a wide variety of proficiency-oriented exercises and activities.

The role of the instructor was also kept in mind throughout the production of *Nuevas dimensiones.* Its approach accommodates different teaching backgrounds and styles, levels of language proficiency, pedagogical preparation, and classroom experience. This philosophy is reflected particularly in the *Instructor's Manual,* which contains abundant teaching suggestions and techniques for using *Nuevas dimensiones* in a variety of ways.

Nuevas dimensiones is the first program of its kind to recognize formally the value of input in second language acquisition. This approach includes an emphasis on authentic reading selections, a special instructor audiocassette coordinated with listening activities in the textbook, and the creation of an exclusive videotape, *Spanish from Within,* that is integrated with the textbook. This tape was filmed on location in ten areas of the Spanish-speaking world and encompasses a wide range of cultural and linguistic materials.

The *Nuevas dimensiones* program offers many options for authentic language input at the intermediate level. Vocabulary, readings, audiocassette, and video all stress using Spanish functionally within cultural situations that students will most likely encounter while in the United States and abroad. Interactive tasks in all the communication skills areas help students learn to function in the language, while a streamlined grammar gives them the structure they need to participate actively in these activities.

All the reading texts in *Nuevas dimensiones* and its accompanying reader, *Nuevas alturas,* were written *by* native speakers *for* native speakers. Because these reading selections are actual products of various cultures, they give students an authentic view of Spanish and the people who speak it. The selections stress the authenticity of the language. The authors of *Nuevas dimensiones* have focused on teaching students strategies to help them approach and understand these readings. Each selection is preceded by detailed pre-reading exercises and strategies, and are followed by activities that check global comprehension and encourage the development of ideas.

As educators become increasingly aware of the importance of the receptive skills in foreign language learning, listening assumes a greater importance. But often instructors lack the time to give listening development skills the attention they deserve. *Nuevas dimensiones* solves that problem by including an instructor audiocassette. This tape, completely recorded using native speakers, contains unscripted conversations and recorded versions of authentic materials. These listening selections are accompanied by global comprehension activities in the textbook and are related to the chapters by theme and function. This approach gives students the opportunity to practice one of the most widely neglected and difficult language skills. The additional use of native speech ensures that students receive the benefit of cultural information not possible from reading alone.

With *Nuevas dimensiones,* students can take advantage of a third medium for language input: the visual. *Nuevas dimensiones* is accompanied by *Spanish from Within,* a videotape produced by Bernard Petit with Víctor Rojas of SUNY College at Brockport. This tape was especially developed to mirror the sequence of themes and language functions in *Nuevas dimensiones.* Aids to spoken speech such as facial gestures and body language help guide students through another kind of listening experience. Video makes possible greater depth of cultural information through the immediacy of the images chosen and the diversity of locations presented. (Filming locations include Spain, Mexico, Costa Rica, Colombia, Argentina, and major Hispanic communities in the United States.) Because it is organized around cultural themes, *Spanish from Within* gives these tasks meaning by showing native speakers of Spanish interacting in their own language within their own cultures.

Nuevas dimensiones differs from other intermediate-level Spanish programs in that the writing activities are created as functional tasks. Students have the opportunity to write in a variety of creative ways, such as making lists, writing letters and invitations, creating advertisements and flyers, and more. These kinds of writing activities are offered throughout the chapters as a means of interacting with the reading material and other classmates.

I **¿Cómo se dice?** This section builds the active use of Spanish vocabulary by presenting authentic conversations, high-frequency vocabulary, and communication strategies for interacting with Spanish speakers. It introduces useful words, phrases, and idiomatic expressions, as well as provides exercises and activities for using them in personal, contextualized situations based on chapter topics.

The textbook contains ten chapters, each of which is divided into five major sections (indicated below by Roman numerals).

II **Perspectivas auténticas** This section helps students to become more proficient readers of Spanish and develop the ideas presented in the readings through conversation and writing. It incorporates the vocabulary, grammar, and language functions presented in the chapter, and is divided into five subsections:

A. **Antes de leer** provides several pre-reading activities to help students practice effective reading strategies and begin thinking about the ideas and subject matter of the reading. This preliminary exposure to the information and issues helps students better understand and appreciate the ideas expressed in the readings.
B. **Lectura** is the chapter's main reading selection, an authentic piece of writing based on a topic of interest to North American students.

The readings are taken from recently-published Spanish-language magazines. Cognates, marginal glosses, line drawings, captioned photographs and more help students understand and enjoy the **Lectura.** The readings are complemented by authentic *realia* from the Hispanic world, including public announcements, advertisements, written invitations, poems, letters, postcards, bulletins, signs, menus, and recipes.

C. **¿Comprendió bien?** presents exercises that help students think about and understand the ideas and information presented in the **Lectura.** Exercises that progress from closed to open-ended in varied formats check student use of reading strategies and enhance comprehension.

D. **¡Vamos a conversar!** includes numerous activities related to the context of the reading that are designed to increase student oral proficiency. This section offers them opportunities to express their opinions and reactions to the ideas introduced in the **Lectura.**

E. **Detalles interesantes** includes explanations that focus on grammatical structures and lexical items that intermediate students find especially troublesome. They serve as a way of addressing and highlighting common points of confusion that may be missed in the course of a grammatical explanation.

III En pocas palabras This section helps students communicate more accurately in Spanish and continue improving their conversational and writing skills. It concisely presents several specific points of Spanish grammar and provides opportunities for practice in a sequence of structured to open-ended oral and written activities. These activities motivate students to express their ideas in the context of the chapter topic and language functions while focusing their attention on specific grammatical features. The activities include interview questions, problem-solving situations, learning games, writing tasks, and more.

IV ¡A divertirnos más! This section reviews language functions, vocabulary, grammar and chapter themes in a series of open-ended activities designed to improve student proficiency in listening comprehension and conversation. Students are given opportunities to interact with Spanish-language *realia,* authentic audio materials, and realistic role plays. As the videotape symbol in the margin indicates (see margin), this section provides opportunity to use a segment from *Spanish from Within* as a means of integrating its different elements.

A. **Del mundo hispano** provides one or two communicative activities based on a piece of authentic Spanish-language *realia* that complements the theme and language functions of the chapter.

B. **¡A escuchar!** is a listening comprehension activity based on the chapter's theme and language functions. Students are directed to listen to the *Instructor Tape* (indicated by the listening symbol in the margin of their textbook) for an authentic recording specially designed for this activity. (See margin for listening symbol.) Then they do its accompanying exercise in the textbook to check their listening comprehension.

C. **¡Le podría pasar a Ud.!** presents a role play that depicts real-life conflicts that students are directed to resolve by speaking Spanish in pairs or small groups. The role play is designed to encourage students to use the vocabulary, grammatical structures, language functions, and communication strategies that they have already acquired in the chapter.

V   Vocabulario   Each chapter concludes with a vocabulary list of new words and phrases introduced in the chapter. This list organizes the vocabulary into semantic and grammatical groupings (i.e.: **Los deportes** and **Adverbios de tiempo**), it categorizes and indexes functional phrases (i.e.: **Cómo pedir clarificación**), and provides an alphabetized listing of the glossed vocabulary from the **Lectura.**

Additional features

1. **¡OJO!** This feature appears in the margin whenever necessary to point out comments to which students should pay particular attention. (See margin for symbol.)

2. The cultural notes in *Nuevas dimensiones* serve as an additional source of cultural enrichment. They appear wherever they are pertinent to the topic at hand. Titled **Así es, Así se hace,** and **Así se dice,** according to what is being described, these specific commentaries amplify student understanding of cultural differences and similarities between the Spanish- and English-speaking worlds. Frequently, these notes are tied specifically to the chapter setting and location, which in turn may be reinforced by the video sequences.

The entire *Nuevas dimensiones* package includes:

- Student Textbook
- Instructor Tape
- **Nuevas alturas,** an authentic materials reader
- *Spanish from Within,* a 60-minute videotape filmed in 10 Spanish-speaking locations, with accompanying viewer's guide
- Instructor's Manual/Instructor Tape Tapescript
- Workbook/Laboratory Manual
- Laboratory Tape Program and Tapescript
- Testing Program

The *Instructor Tape,* free upon adoption, contains unscripted conversations between native speakers and oral versions of authentic written materials. Follow-up questions are provided in *Nuevas dimensiones* (**¡A escuchar** section of **¡A divertinos más!**).

Nuevas alturas, a cross-cultural, authentic-materials reader presents a selection of interesting readings in Spanish that take the textbook's chapter topics one step further by encouraging students to discuss and examine more complex issues. These readings cover a wide range of styles, including cultural and literary selections, and *realia.* Abundant exercises and activities are presented to encourage students to improve their proficiency not only in reading comprehension but also in speaking and writing Spanish effectively. The text is organized around the different reading strategies and language functions presented in the basic textbook. The readings, exercises, and activities are designed to help students develop effective reading skills, to learn more about the Spanish-speaking world and the world community, and to practice Spanish in a variety of contexts.

Spanish from Within, the 60-minute videotape, presents a fresh approach to teaching language in context. This tape was filmed in ten different locations to truly represent the diversity of Spanish speakers worldwide. Through this diversity, students are exposed to different cultures and cultural experiences, as well as unsimplified and unscripted Spanish in a variety of settings. The tape's segments are coordinated with the basic textbook by theme and language functions. The one-hour program, when used in class and correlated to the textbook with teacher guidance, results in many hours of student interaction. The accompanying viewer's guide presents exercises and activities to encourage students to analyze and use the information presented in the video on a number of levels.

The *Instructor's Manual* includes chapter-by-chapter teaching suggestions for developing and expanding student skills in listening to, speaking, reading, and writing Spanish. The manual also contains learning objectives for each chapter, suggestions for ways to modify the exercises and activities in the textbook, sample lesson plans, and tips for using *Spanish from Within* with all other components of the program, including the tapescript for the *Instructor Tape.*

The *Workbook/Laboratory Manual* and laboratory tape program serve as an out-of-class reinforcement to the language functions, grammatical structures, strategies and themes presented and developed in the textbook and in class.

The *Workbook/Laboratory Manual* contains personalized exercises and activities designed to improve student proficiency in understanding spoken Spanish and in writing Spanish for practical purposes.

This text also provides additional opportunities to practice the vocabulary and grammatical structures presented in the textbook with which it is carefully coordinated.

The *Laboratory Tape Program* improves student pronunciation of Spanish and reinforces the vocabulary and functional grammar of each chapter. Native Spanish speakers from different Spanish-speaking countries recorded these tapes so that students can practice understanding several varieties of spoken Spanish.

The *Testing Program* includes twenty tests (two tests for each chapter in the textbook) to assess student progress in listening, reading, and writing. Also included are several speaking tests to assess global oral proficiency in Spanish, as well as answers to the closed-ended test items.

Nuevas dimensiones was written so that it could be realistically completed in one academic year. The following weekly schedule suggests how the ten chapters could be divided for a quarter system and a semester system.

Week	Material in *Nuevas dimensiones*
1	Capítulo 1
2	Capítulo 1
3	Capítulo 1, Evaluation
4	Capítulo 2
5	Capítulo 2
6	Capítulo 2, Evaluation
7	Capítulo 3
8	Capítulo 3
9	Capítulo 3, Evaluation
10	Review, Quarter Examination

END OF FIRST QUARTER

Week	Material
11	Capítulo 4
12	Capítulo 4
13	Capítulo 4, Evaluation
14	Capítulo 5
15	Capítulo 5, Evaluation, Semester Examination

END OF FIRST SEMESTER

Week	Material
16	Capítulo 6
17	Capítulo 6
18	Capítulo 6, Evaluation
19	Capítulo 7
20	Capítulo 7, Review, Quarter Examination

END OF SECOND QUARTER

Week	Material in *Nuevas dimensiones*
21	Capítulo 8
22	Capítulo 8
23	Capítulo 8, Evaluation
24	Capítulo 9
25	Capítulo 9
26	Capítulo 9, Evaluation
27	Capítulo 10
28	Capítulo 10
29	Capítulo 10
30	Review, Quarter or Semester Examination

END OF THIRD QUARTER, SECOND SEMESTER

Let us know what you think about the second edition of the *Nuevas dimensiones* program. The most important information we receive about our textbooks comes from instructors who are using the materials in the classroom. We sincerely value your comments and suggestions about this program! Please send them to us, care of Heinle & Heinle Publishers, 20 Park Plaza, Boston, Massachusetts, 02116, or call toll-free: 1-800-237-0053. Your ideas make a difference!

ACKNOWL-EDGEMENTS

We would like to express our sincere appreciation to the many people who have contributed to the successful completion of this project. First and foremost, we thank Erika Skantz, our developmental editor, who provided bountiful amounts of professional guidance and moral support. We also thank José Blanco and Pedro Urbina-Martin, our production editors, whose meticulous work has resulted in a second edition of exceptional quality.

Our appreciation is extended to everyone whose important work on the first edition made the project a reality.

We are also indebted to our reviewers of both the first and second editions. They gave us numerous useful suggestions that enhanced the quality of our manuscript. They are: Rick Arons, *University of Minnesota*, Isabel Brown, *University of South Alabama*, Craig E. Burgess, *Cherry Hill High School East*, María Dolores Goddard, *Xavier University*, Margarita Hodge, *Northern Virginia Community College*, Jennifer Burkett Picker, *Simmons College*, Donna Van Bodegraven, *Central College*, Karen Breiner-Sanders, *Georgetown University*, James Ford, *University of Arkansas—Fayetteville*, Mark Goldin, *George Mason University*, Enrique Grönlund, *The Pennsylvania State University—Ogontz*, James Lee, *University of Illinois at Urbana—Champaign*, Lizette Mujica Laughlin, *University of South Carolina*, Rosa Pérez, *University of Michigan—Dearborn*, and Barbara Wing, *University of New Hampshire*.

Finally, we are grateful to publish this project with Heinle & Heinle Publishers—a company that really does live up to its motto: "Setting the Pace . . ."

Angela Labarca   James M. Hendrickson

NUEVAS DIMENSIONES

FRANCISCO DE GOYA **The Kite, c. 1788.
Oil on canvas.
The Prado, Spain.
Courtesy of The Granger
Collection, New York.**

Hacer amigos es tan fácil

COMMUNICATIVE GOALS

In this chapter, you will get acquainted with your classmates as well as learn how to invite them out, discuss your school life and career plans, and read about the career choices of young Spaniards.

FUNCTIONS

Greeting others
Saying good-bye
Making introductions
Expressing opinions
Making, accepting, and declining invitations
Asking for personal information and responding

CULTURE

The use of **vos**
Greeting and leave-taking courtesies in Spanish
The higher education system in Spain
Bars and other student gathering places
Student opinions about current issues in Spain
University documents from Hispanic countries

¿CÓMO SE DICE?

Para iniciar una conversación

TOMÁS: ¡Hola! Me llamo Tomás Nava Castillo.

MARICEL: Mucho gusto. Maricel Maldonado Torres.

TOMÁS: Igualmente, Maricel. Oye, . . . te presento a una amiga.

ALICIA: ¡Hola! Alicia Montes. ¿De dónde eres?

MARICEL: De Puerto Rico.

ALICIA: Ah, ¿de Puerto Rico? Allá no hace tanto frío como aquí en Madrid, ¿eh?

MARICEL: Pues . . . nunca. Casi siempre hace buen tiempo.

TOMÁS: ¡Qué estupendo! El invierno de aquí es como vivir en la Siberia.

ALICIA: Ay, Tomás, ¡qué exageración!

CÓMO SALUDARSE

—¡Hola! ¿Qué tal?
—Más o menos. ¿Y tú?

—¡Hola! ¿Qué hay?
—Bien, bien. ¿Qué dices?

—¿Qué hay de nuevo?
—Pues, nada. ¿Y tú?

—Buenos días. ¿Cómo está?
—Bien, gracias. ¿Y usted?

—¿Cómo van las cosas?
—Regular. ¿Qué me cuentas?

—Buenas tardes. ¿Cómo le va?
—Muy bien. ¿Y Ud.?

CÓMO PRESENTARSE Y PRESENTAR A OTRA PERSONA

Conversación informal

Conversación formal

A **¡Mucho gusto!** Salude a un(a) compañero(a) de clase y no olvide darle la mano. Luego, dígale . . .

1. su nombre.
2. de dónde es.
3. dónde vive ahora.
4. otra cosa personal e interesante.

B Nuevos amigos. Ahora presente a la persona que Ud. conoció en la Actividad A a otro(a) estudiante. El (ella) debe reaccionar apropiadamente.

> EJEMPLO: —Te presento a una amiga, Elizabeth Lewis. Ella es de San Francisco, California. Ahora vive aquí en Los Angeles. Algún día Elizabeth quiere ser médica.
> —¿De veras? Mi papá es médico.

Para continuar una conversación

ALICIA: ¿Qué te parece la universidad, Maricel?

MARICEL: Pues, me encanta . . . pero me parece muy grande.

TOMÁS: Es grandísima, ¿verdad? ¿Y cuál es tu especialidad?

MARICEL: Administración de empresas. ¿Y saben Uds. una cosa? Este semestre tengo todas mis clases por la mañana.

ALICIA: ¿En serio? Pero ¡qué suerte, mujer! ¿Qué cursos vas a tomar?

MARICEL: Pues, tengo matemáticas a las ocho con Uds., contabilidad a las nueve, inglés a las diez y administración de personal a las once.

TOMÁS: ¿De veras? ¡Y yo que tengo que venir por la mañana y por la tarde!

Así se hace

Cómo saludarse.
Los hispanos son muy efusivos cuando saludan y se despiden de sus familiares y conocidos. Normalmente, se le da la mano a una persona mayor y, a menudo, a alguien de la misma edad también. A veces, los adolescentes se dan la mano también, pero si son viejos amigos, los hombres se dan un abrazo y las señoras y señoritas se besan por los dos lados de la cara.

1. ¿Qué les dice Ud. a sus amigos cuando los saluda? 2. ¿Cómo saluda Ud. a su profesor(a) de español? 3. ¿Qué hace Ud. cuando se despide de sus padres? ¿y de sus amigos?

CÓMO CONVERSAR SOBRE ESTUDIOS Y CARRERAS

Para conocer mejor a otra gente, es necesario hacer buenas preguntas. Estudie las siguientes palabras y lea los ejemplos.

¿por qué?	*¿Por qué* estudias español?*
¿cuándo?	*¿Cuándo* son tus pruebas finales?
¿a qué hora?	*¿A qué hora* es tu clase de química?
¿dónde?	*¿Dónde* son tus clases este semestre?
¿cómo?	*¿Cómo* van tus clases este trimestre?
¿quién?	*¿Quién* es tu profesora de matemáticas?
¿qué?	*¿Qué* te parece la residencia . . . ?
	¿Qué estudias aquí? *¿Qué* es la contabilidad?
¿cuál(es)?	*¿Cuál* de estos cursos te gusta más?
	¿Cuáles necesitas para tu especialidad?
¿cuánto?	*¿Cuánto* cuesta la matrícula en tu escuela?
¿cuánto/a/os/as?	*¿Cuántas* clases tienes ahora? *¿Cuántos* créditos tomaste (llevaste) este semestre?

When you want to ask *How do you like this class (school)?*, use **¿Qué te parece este curso (esta facultad)?**

¿Qué estudias?

Estudio . . . artes.
          negocios.
          publicidad *(advertising)*.
          administración de empresas.

¿Cuál es tu especialidad *(major)*?

Voy a ser . . . publicista.
          consultor(a).
          dibujante *(draftsperson)*.
          corredor(a) de propiedades *(real estate agent)*.
          especialista en mercadeo (comercialización).
Pues, todavía no sé en qué voy a especializarme.

¿Dónde son tus clases?

Son en el edificio _____ en la sala número _____.
    en el laboratorio de física (lenguas / química / . . .).
    en la Facultad de Artes y Ciencias (Bellas Artes / . . .).

Use the verb **ser** to state where an activity takes place.
—¿Dónde **es** tu clase de sociología, Paula?
—**Es** en el edificio Waverly. ¿Y tus clases, Carlos?
—Todas mis clases **son** en el edificio Wells.

*/Remember that 1) all Spanish interrogatives have written accents, and 2) all written questions begin and end with question marks (¿ and ?).

Cursos y profesiones relacionadas

Departamento de Idiomas (Lenguas)

ruso	guía
árabe	locutor(a)
alemán	intérprete
francés	escritor(a)
español	profesor(a)
japonés	traductor(a)

Facultad de Ciencias

física	físico(a)
química	químico(a)
geología	geólogo(a)
biología	biólogo(a)
geografía	geógrafo(a)
astronomía	astrónomo(a)
computación	programador(a)

Facultad de Bellas Artes

pintura	pintor(a)
música	músico(a)
escultura	escultor(a)
teatro	actor (actriz)
ballet	bailarín (bailarina)

Departamento de Matemáticas

cálculo	
álgebra	matemático(a)
geometría	
trigonometría	
estadística	estadígrafo(a)

Facultad de Filosofía y Letras

inglés	maestro(a)
filosofía	filósofo(a)
literatura	escritor(a)
religión	pastor(a)
historia	historiador(a)

Escuelas de . . .

medicina	médico(a)
periodismo	periodista
enfermería	enfermera(o)
ingeniería	ingeniero(a)
pedagogía	maestro(a)
turismo	agente de viajes
hotelería	gerente de hotel
leyes/derecho	juez, abogado(a)
administración de empresas	administrador(a) de empresas, gerente

profesorado = *faculty*
traductor(a) = *translator*
estudiantado = *student body*
locutor(a) = *radio announcer*
computación = *computer science*
Escuela de Leyes/Derecho = *Law school*
facultad = *college or school in a university*

C Charlemos un poco. Trabaje con otro(a) compañero(a). Lean la siguiente conversación y luego hagan los papeles de A y B. La primera persona (A) hace la pregunta y la segunda persona (B) elige

En la propaganda, los titulares de los periódicos, los letreros o signos que están en los edificios o carreteras, no se ponen acentos si las palabras están escritas con mayúsculas *(capital letters)*.

la respuesta correcta. Deben alternar los papeles de A y de B al comienzo de cada ítem del ejercicio.

> EJEMPLO: ¿Cómo te llamas?
> Martina. / Me llamo.
> A: *¿Cómo te llamas?*
> B: *Martina.*

Compañero(a) A	**Compañero(a) B**
1. ¡Hola! ¿Qué tal?	Más o menos. / Poquito. / Nada.
2. ¿Cuál es tu apellido?	Me llamo Ana. / Martínez.
3. ¿De dónde eres?	Bien, gracias. / De aquí, ¿y tú?
4. ¿Qué estudias?	No trabajo. / Español, igual que tú.
5. ¿Dónde vives?	En una residencia. / De España, ¿y tú?
6. ¿Con quién vives?	Con una muchacha. / Nadie.
7. ¿Quién es tu consejero(a)?	Sí, tengo uno(a). / Todavía no sé.
8. ¿Qué clases tomas?	Cerveza. / Álgebra y computación.
9. ¿Qué más?	Bastante bien. / Inglés y estadística.
10. ¿Con quién tomas inglés?	Con vino. / Con la señora Jones.

D Mis estudios.   Mire las listas de la página 6 e indique los nombres de los cursos que Ud. tomó **ya (Y)**, los que está tomando ahora **(A)** y los que va a tomar **después (D)**.

> EJEMPLO: **Y:** Álgebra y química
> **A:** Español y biología
> **D:** Historia y sociología

E Sus preferencias.   Hable con otro(a) estudiante:

1. Refiérase a la lista de cursos de la Actividad D. Dígale a su compañero(a) qué cursos tomó ya, qué cursos sigue ahora y qué cursos va a tomar después. Luego, cambien de papeles. Tome notas de lo que le dice su compañero(a).

   EJEMPLO: Ya tomé cursos de álgebra y química . . .

   a. Ya tomé cursos de _____. (No) me gustó mucho el (la) _____ porque es . . .
   b. Ahora estoy tomando _____. (No) me gusta mucho el (la) _____ porque es . . .
   c. El próximo semestre (trimestre) voy a tomar cursos en _____. Me interesan _____ porque . . .

¿Qué se estudia en esta facultad? ¿Es una carrera difícil o no?

2. Ahora Ud. y su compañero(a) deben hablar con otros dos estudiantes. Presénteles a su amigo(a) a los otros estudiantes y dígales algo de lo que averiguó *(found out)* de él (ella).

EJEMPLO: Les presento a mi amiga, Patricia Miller. Patricia ya tomó cursos de español, historia y química. Le gustó mucho el español porque es interesante. Pero no le gustó mucho la historia porque es aburrida.

Ahora Patricia está tomando español, computación y antropología cultural. Le gusta mucho la computación, pero es difícil. También le gusta la antropología cultural porque es fascinante.

El próximo semestre va a tomar español y álgebra. Le interesa la computación porque quiere ser programadora.

F **Entre profesor(a) y estudiante.** Trabaje con un(a) compañero(a). Una persona hace el papel de su profesor(a) y la otra persona hace el papel de estudiante. Con la mano, tapen la columna que corresponde al papel de la otra persona.

Profesor(a)	Estudiante
1. Salude al (a la) estudiante.	2. Responda adecuadamente; luego pregúntele cómo está.
3. Responda a la pregunta; luego hágale una pregunta para continuar la conversación.	4. Conteste la pregunta. Luego, dígale algo interesante sobre lo que pasó recientemente en la universidad.
5. Haga un comentario sobre lo que dijo su estudiante.	6. Responda adecuadamente al comentario.

G **Cuéntame de tus estudios.** Hable con otro(a) compañero(a) de clase que Ud. no conozca. Salude a su compañero(a) y preséntese. Luego, trate de averiguar *(to find out)* lo siguiente . . .

Find out . . .
1. what the person's major is.
2. what courses the person is taking now.
3. why he or she is taking them.
4. how much the person's books cost.
5. who his or her professors are this term.
6. where his or her classes are held.
7. what days and times they meet.
8. where the person is going after class today.

H ¡Mucho gusto!   Con un(a) compañero(a), desarrolle una conversación y busque una solución al problema presentado aquí. Usen las expresiones y el vocabulario de esta sección.

1. Imagínese que usted quiere conocer a un(a) estudiante que parece ser una persona muy interesante. Inicie una conversación. Luego, piense en cosas interesantes para hablarle de usted y mantenerlo(la) bien entretenido(a).

2. Imagínese que su compañero(a) de clase viene a conversar con usted, pero usted se muere de miedo de hablar en español. Dígale algo para salvar la situación. Déle algunas excusas para no conversar en español con él (ella). Prepárese para la conversación con esa persona.

Cómo invitar y reaccionar

TOMÁS: Hace frío . . . vamos a un bar. Os invito a tomar un café.

ALICIA: Gracias, Tomás, pero no puedo. Tengo que ir a la farmacia y llamar a casa. Mi madre está un poco enferma.

MARICEL: Ay, pobrecita. Pues, yo tampoco puedo ir. Voy al banco y . . .

TOMÁS: Oye, te acompaño, Maricel. Tengo que cambiar un cheque.

ALICIA: Pues, me voy. ¡Que os vaya bien!

TOMÁS: Hasta mañana, Alicia. Que se mejore tu mamá.

ALICIA: Gracias. Hasta mañana. Hasta luego, Maricel.

MARICEL: ¡Chao, Alicia! Nos vemos en clase.

Así es

Para entrar en la universidad. En el mundo hispano hay una intensa competencia para poder asistir a la universidad. Los que quieren hacerlo tienen que tomar exámenes muy difíciles. Es aún más difícil entrar en las facultades científicas como, por ejemplo, la Facultad de Ingeniería o de Medicina, porque hay pocas vacantes y muchos candidatos.

También es muy difícil entrar en la Escuela de Ciencias Empresariales *(Business)* o de Administración. Al matricularse, los estudiantes tienen que seguir muchos cursos obligatorios; por eso, normalmente no es posible tomar cursos electivos como en los Estados Unidos o en el Canadá.

1. ¿En qué departamentos o facultades es más fácil y más di-

fícil entrar en las universidades de su país? ¿Por qué? 2. ¿Es relativamente fácil o difícil entrar en su universidad (politécnico / colegio)? ¿Por qué? 3. ¿Cuáles cursos son obligatorios donde estudia Ud. ahora? ¿Qué cursos electivos está Ud. tomando este semestre (trimestre)?

CÓMO INVITAR

Vamos a comer algo.
¿Te (Le) gustaría tomar algo?
Quiero invitarte(le) a una fiesta.
Te (Le) invito a tomar un refresco (un café).

CÓMO ACEPTAR

Sí, muchas gracias.
Pues, cómo no. Gracias.
Con mucho gusto, gracias.

CÓMO DECIR QUE NO

Gracias, pero no puedo.
Ay, gracias, pero tengo que . . .
No, gracias, en otra
oportunidad.

PARA TERMINAR UNA CONVERSACIÓN

Bueno, mira, tengo que irme ahora . . .
Pues, tengo que irme . . . Mañana nos vemos, ¿eh?
¡Ay, qué horror! Son las cinco, y tengo que . . .

—Hasta el lunes (martes, etc.).
—Sí, hasta luego.

—Que le(s) (te) vaya bien.
—Muchas gracias.

—¡Chao (Chau)!
—¡Chao!

—Entonces, nos vemos en clase.
—Sí, hasta pronto.

I   Quiero invitarte.   Trabaje con un(a) compañero(a) de clase. Una persona es el (la) Estudiante A y la otra es el (la) Estudiante B.

A: Invite a su compañero(a) a una fiesta. Luego, dígale . . .
- por qué hay fiesta.
- dónde y cuándo va a ser.
- a qué hora comienza.
- quiénes van a estar.
- qué debe traer (cerveza, refrescos, etcétera).

B: Responda a lo que le dice el (la) Estudiante A. Hágale preguntas adecuadas. ¡Improvise un poco!

J   ¡Hola!   Trabaje con otra persona de la clase. Con la mano, tapen la columna que presenta el papel de la otra persona.

Estudiante A	Estudiante B
1. Greet a student you know.	2. Answer, then ask how A is.
3. Respond, then ask about B's classes.	4. Answer. Say something about your own classes.
5. React appropriately, then invite B to go someplace with you tomorrow.	6. Accept or decline, as you wish. Express your gratitude.
7. Give an excuse for leaving, and plan to meet again.	8. Respond appropriately.

K ¿Quieres ir a jugar . . . ? Trabaje con un(a) compañero(a) para desarrollar una conversación y buscar una solución al problema presentado aquí. Usen las expresiones y el vocabulario de esta sección.

Estudiante A: Imagínese que usted vive con otros estudiantes en una residencia o un edificio de apartamentos. A usted le encanta jugar al tenis, pero su compañero(a) no está en la universidad hoy. Invite a otra persona (otro/a estudiante) a jugar con usted.

Estudiante B: Un(a) joven de la habitación o del apartamento de enfrente viene a invitarlo(la) a jugar al tenis, pero usted no quiere ir. Invente una buena excusa para no aceptar la invitación, pero de una manera amable y cortés.

PERSPECTIVAS AUTÉNTICAS

Antes de leer

A Para el próximo siglo. La revolución tecnológica de los últimos treinta años va a generar muchos trabajos nuevos el próximo siglo.

1. En su opinión, ¿qué carreras van a tener más demanda en el siglo XXI?
   a. _____ la ingeniería
   b. _____ las humanidades
   c. _____ las carreras técnicas
   d. _____ las ciencias económicas

2. Ahora pregúnteles en español a cuatro o cinco de sus compañeros sobre la preparación y los planes que tienen para el próximo siglo. Luego, preséntele los resultados a la clase.

   EJEMPLOS: ¿Qué destrezas *(skills)* técnicas tienes?
   ¿Piensas que estás bien preparado(a) para los nuevos trabajos?
   ¿Crees que vas a tener un trabajo tradicional en el año 2001?

a. Número de destrezas técnicas:
   dos _____ una _____ ninguna _____
b. Número de idiomas extranjeros:
   uno _____ dos _____ tres _____ ¿Cuáles? _____
c. Experiencia con computadoras:
   programar _____ procesar textos _____ otros usos _____
d. Carrera probable:
   ciencias ____   industria ____   comunicaciones ____
   medicina ____   información ____   recreación ____
   servicios ____   humanidades ____   administración ____
   educación ____   otra carrera ____
e. Preparación para la carrera:
   mala _____ regular _____ muy buena _____

B Cómo leer la lectura.   Lea la lectura en silencio, tratando de comprender las ideas generales. Las siguientes estrategias pueden ayudarlo(la) a leer mejor.

1. Trate de comprender los cognados—las palabras semejantes al inglés que tienen un significado similar en ambos idiomas. Por ejemplo, dé el significado de cada una de las siguientes palabras en letra cursiva y diga cómo lo descubrió:
   Él es una buena **persona.**
   Siempre **estudiamos** en **grupo.**
   Hay gran **variedad** de **cursos.**
   Es una **carrera** que da mucho dinero.
   Hay buenas **razones** para estudiar idiomas.
   Hay que **investigar** las **causas** de este **fenómeno.**

2. Si no entiende una palabra, en vez de usar un diccionario, siga leyendo; el significado puede descubrirse más adelante por el contexto. Por ejemplo, lea el título de la lectura y la primera oración:

   Infórmese sobre su futuro

   Si le preguntamos a un grupo de personas cómo eligieron su carrera, nos vamos a encontrar con una gran variedad de razones.

   La palabra **eligieron** significa . . .
      a. seleccionaron
      b. abrieron
      c. estudiaron
      d. prepararon

3. Se dan en el margen los significados de algunas palabras difíciles.

Infórmese sobre su futuro

S i le preguntamos a un grupo de personas cómo eligieron su carrera, nos vamos a encontrar con una gran variedad de razones:

—Ésta fue la única escuela que me dio una beca°.

—Mi madre es veterinaria y yo voy a ser veterinario también.

—Siempre me gustó la medicina.

—Mi mejor amiga estudia ingeniería y por eso yo elegí lo mismo.

—Mi novia está en esta universidad en la Escuela de Derecho y pensé que lo mejor sería estar juntos.

Por muy válidas° que parezcan estas razones, no parecen ser las mejores si pensamos que a veces no tienen nada que ver con las habilidades de la persona ni con las necesidades de la sociedad. En Barcelona, más de 70.000 escolares de enseñanza media y secundaria asisten esta semana a una reunión de orientación en que se van a informar mejor acerca de su futuro para evitar° los errores típicos cuando llega la hora de elegir una carrera.

El Instituto de Estudios Universitarios Josep Trueta usa las ofertas de trabajo publicadas en los periódicos como base para la información que entrega° a los futuros estudiantes universitarios. La prensa° es una fuente importante, puesto que canaliza° un 30% de las ofertas de empleo. La conclusión es sencilla: los estudiantes de cualquier carrera técnica, de ciencias económicas y de ciencias empresariales son los que tienen las mejores expectativas de trabajo al terminar la carrera en Cataluña.*

El estudio revela que el 42,79% de la demanda se concentra en las carreras técnicas, mientras que° un 19,09% de los anuncios en los periódicos buscan diplomados en ciencias empresariales y económicas. Después, siguen los ingenieros industriales con un 11,31% de los anuncios y los ingenieros técnicos industriales con un 11,10%. Los ingenieros químicos también tienen buenas posibilidades de encontrar trabajo, ya que° 7,60% de los avisos° se refieren a ellos.

---

*/Cataluña es una autonomía situada en el extremo noreste de España. Su capital es la hermosa ciudad de Barcelona, sitio de los Juegos Olímpicos del verano de 1992.

scholarship

no matter how

no hacer

da los periódicos
proporciona

while

porque
anuncios

Los que tienen expectativas mínimas de encontrar trabajo son los estudiantes de carreras del área de las humanidades. Los que tienen más salida son los de Bellas Artes con apenas un 0,11% de la demanda. Siguen los licenciados de Ciencias Políticas y Sociología (0,04%) y los de Historia y Geografía y Geología, ¡ambos° con un 0,02%!

los dos

Las que tienen más problemas son las mujeres, sin embargo, puesto que más del 50% de los parados° europeos son mujeres. Además, España apenas° tiene un 33% de mujeres activas contra un 60% en Inglaterra. Estas perspectivas son aún peores° para las mujeres que no estudien las carreras que tienen más demanda, por supuesto.

sin trabajo
barely
todavía más malas

Adaptado de "El mercado de trabajo", El País, *3 de abril de 1990,*
Suplemento EDUCACION, *pág. 3.*

C **Rotulemos el gráfico.** Vuelva a leer la lectura y ponga los nombres que faltan en el siguiente gráfico.

La demanda de trabajo a fines de siglo

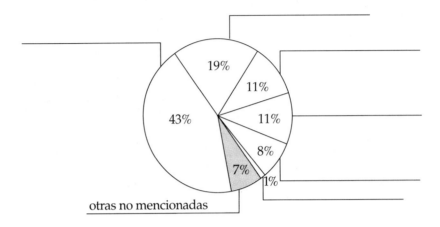

otras no mencionadas

D **¿Sí o no?** Diga si las siguientes frases son verdaderas o falsas según la lectura. Luego, diga si las frases son verdaderas o falsas en los Estados Unidos, Canadá o en su propio campus y explique por qué.

EJEMPLO: Los alumnos eligen sus carreras por buenas razones.
Tú: "Según el artículo, no es verdad. Aquí tampoco es así. Los alumnos eligieron su carrera por distintas razones: para estar con sus amigos, para tener la misma carrera de otra persona, porque tienen una beca, etc. Aquí, por lo general, elegimos la carrera después del segundo año de estudios".

1. Los estudiantes que reciben orientación vocacional en Barcelona son universitarios que están en primer año.
2. La información ofrecida a los alumnos es muy teórica y poco práctica.
3. Como derecho es una carrera técnica, es mejor que ciencias políticas o geografía.
4. En el área de las humanidades, debes estudiar arte si quieres tener trabajo seguro.
5. Un(a) alumno(a) listo(a) debe cambiarse de geología a administración de empresas.
6. En comparación con las mujeres españolas, hay más mujeres inglesas activas.
7. Para elegir una carrera hay que tomar en cuenta las necesidades de la sociedad y las habilidades personales.

E Planes y hechos. Clasifique las siguientes razones para elegir carrera en tres categorías: *Lo que hice, Lo que debería haber hecho y Lo que no hice.* En seguida, compare las listas con las de su compañero(a) y expliquen las diferencias o semejanzas.

1. Analicé mis habilidades con cuidado.
2. Mis padres eligieron la carrera por mí.
3. Elegí mi carrera porque a mi amigo(a) le gustaba.
4. Primero estudié la demanda de trabajo en mi ciudad, región o estado.
5. Siempre quise tener la misma profesión de mi padre (madre / . . .).
6. Vine a esta universidad porque me ofrecían una beca, nada más.
7. Entré en esta universidad para estar cerca de un(a) amigo(a).
8. Entré en la universidad y no elegí especialidad hasta este semestre.
9. Entré en la universidad y ya he cambiado dos veces de especialidad.
10. Entré en la universidad y me demoré dos años en elegir una carrera.
11. Elegí esta carrera porque detesto las matemáticas.
12. Elegí esta carrera porque me gustaban los cursos.
13. Elegí una carrera técnica en que puedo re-entrenarme fácilmente.

F Una encuesta de opinión. Imagínese que Ud. está preparando un artículo para informar al público sobre la vida y el trabajo en el futuro. Use la encuesta que sigue para entrevistar a cinco o más estudiantes sobre sus opiniones.

> EJEMPLO: —¿Qué te parece esta universidad? ¿Pésima, regular o muy buena?
> —Creo que es regular.
> o: A mí me parece que es pésima.
> o: No sé. Me da lo mismo. *(It's the same to me.)*

1. Esta universidad es . . .
   a. pésima ____   c. muy buena ____
   b. regular ____   d. No sé. ____

2. La preparación que recibimos para el próximo siglo es . . .
   a. pésima ____   c. muy buena ____
   b. regular ____   d. No sé. ____

3. Es mejor tener un empleo que un título de B.A.
   a. Por supuesto. ____   c. Me da lo mismo. ____
   b. No estoy seguro(a). ____

4. Es mejor tener destrezas que saber mucha teoría.
   a. Por supuesto. ____
   b. No estoy seguro(a). ____
   c. Me da lo mismo. ____

5. Puedo trabajar perfectamente bien con computadoras modernas.
   a. Por supuesto. ____
   b. No las entiendo. ____
   c. Las detesto. ____

6. Encontrar trabajo en mi ciudad (estado / región) es un problema.
   a. Estoy de acuerdo. ____
   b. No estoy de acuerdo. ____
   c. No tengo idea. ____

G ¿Qué dijeron? Presente los resultados de la encuesta a sus compañeros. Prepárese bien y use gráficos para hacer más interesante su presentación. Diga también qué observó usted cuando hacía la encuesta.

EJEMPLO: Creo que a los compañeros no les interesan las cuestiones educacionales, porque siempre dicen "No sé" o "Me da lo mismo".

Así es

El bar, centro de reunión.
En las ciudades hispanas de cualquier país, siempre hay un bar, un café, una heladería, una confitería o una fuente de soda que es el centro de reunión de la juventud. Los jóvenes van allí a tomar un café o un refresco a cualquier hora del día. Además, se comen unas tapas, tacos o bocadillos *(sandwiches, snacks)* a las once de la mañana y toman té o un refresco a las cinco de la tarde. En España, se toman tapas y una cerveza o una copa de vino entre las siete y las diez de la noche. En el bar se discuten las últimas noticias, los rumores de la universidad, las pruebas más difíciles, los mejores y peores

cursos que se ofrecen y, por supuesto, la política.

1. ¿Dónde se reúnen Ud. y sus amigos con frecuencia?
2. ¿Qué hacen Uds. juntos?

¿Qué comen y toman Uds.? ¿Cuándo lo hacen? 3. ¿De qué hablan Ud. y sus amigos cuando se juntan?

H No todo será trabajo en el año 2000. Divertirse es muy importante para poder vivir feliz, sobre todo en la era tecnólogica, porque entonces va a haber más tiempo libre. Pregúntele a dos compañeros(as) sobre sus pasatiempos preferidos y otras maneras de "perder el tiempo".

> EJEMPLO: —¿Qué haces los fines de semana?
> —A mí me gusta salir a comer los viernes, y los sábados me gusta ir al cine o correr por el parque. ¿Y a ti?

I Nuestro centro de reunión. Con un(a) compañero(a) de clase prepare una descripción del punto de reunión favorito de la juventud en la universidad o en su ciudad. Estén listos para presentar su descripción a la clase. Por ejemplo, digan:

1. dónde queda este lugar.
2. a qué hora abren y cierran allí.
3. a qué hora hay más (menos) gente.
4. qué día está más lleno (vacío / cerrado) y por qué.
5. qué tipo de gente va allí a "perder el tiempo" a distintas horas.
6. qué tipo de comida o tragos *(drinks)* se sirve en ese lugar.
7. cuál es el plato o sandwich más famoso de este lugar de reunión.
8. cuáles son los temas de conversación más comunes.

EL *SE* Y EL *UNO* IMPERSONALES

Detalles interesantes

In Spanish, you can use the word **se** plus a verb form to provide general information and to speak objectively, particularly when a procedure or routine is described.

> Primero, **se** entrevista a los alumnos, después **se** analiza la información y, finalmente, **se** escribe un informe descriptivo.

In English, the passive voice is preferred in these cases. First, students are *surveyed*, then the results are *analyzed* and, finally, a descriptive report *is written*. To form this construction, use **se** + a verb in the third person.

> No **se sabe** qué efectos tendrá el cambio de lo industrial a lo tecnológico, pero ya **se habla** de cientos de trabajos nuevos para el próximo siglo.

You can also make general statements by using the word **uno(a)** plus a verb form. **Uno(a)** is used instead of **se** when the person making the comment is including himself or herself.

> **Uno** nunca sabe qué le traerá la vida.
> *One never knows what life has in store for you.*

En el año 2000, **uno** va a trabajar con la computadora en casa.
*In the year 2000, **one** is (**you are**) going to work at home on the computer.*

Cuando **uno** es joven, **uno** es de izquierdas; cuando **uno** muere, muere de derechas.
*When **one** is young, **one** is usually a leftist; when **one** dies, **one** usually dies a right-winger.*

J   **Carta abierta.**   Complete la siguiente carta de un alumno español con **se** o **uno,** según corresponda.

Carta abierta al estudiantado

¡Queridos compañeros!

No _____ necesita mucha imaginación para darse cuenta que la universidad no está a tono con los tiempos que corren. Cuando _____ piensa en su futuro, _____ puede ver que la gran escasez de ingenieros y técnicos que _____ experimenta hoy se va a agudizar cuando pasemos a la Comunidad Europea. Entonces, _____ se pregunta si _____ están tomando las medidas para rectificar estos problemas y la respuesta es "¡no!". Los alumnos debemos exigir que _____ aumenten las plazas en las carreras técnicas y médicas, en vez de mantener cursos de filología antigua que apenas tienen cinco alumnos. _____ necesita coraje para cambiar la tradición y creo que el alumnado puede dar el ejemplo. ¡Asistamos todos a la manifestación de mañana!

Rodrigo Perales Sebastián
Presidente del Centro de Alumnos

K   **Así son las cosas aquí.**   En un párrafo describa la vida universitaria de su campus, usando el **se** y el **uno** impersonal. Las siguientes oraciones incompletas pueden ayudarlo(la) a pensar, pero sólo son sugerencias; Ud. puede añadir otras.

EJEMPLO: Para poder matricularse en mi universidad, . . . uno tiene que tomar un examen bastante difícil, que es el S.A.T.

Para poder matricularse en mi universidad (politécnico), . . . / Una vez aceptado(a) allí, . . . / Antes de comenzar el semestre (trimestre), . . . / El primer día de clases, . . . / Durante el año académico, . . .

Spanish speakers use the present tense to describe habitual actions, current conditions, and general events. The present tense is useful for making small talk about yourself and others, for talking or writing about your daily activities, and also for describing your future plans. Study the following example.

> Estudio ingeniería y también **quiero** estudiar aeronáutica, pero esta universidad no **es** muy grande y no **hay** muchos cursos de ingeniería aeronáutica aquí. Mi amigo Bill **está** en esta universidad también, y también **estudia** ingeniería, pero ahora no lo **veo** mucho porque **vive** en otra parte, no **vive** aquí en la residencia. Por ahora, no **tenemos** mucho trabajo porque no **empezamos** el laboratorio de física hasta el próximo lunes (los materiales **llegan** pasado mañana).

Present tense of regular verbs			
	estud**iar**	l**eer**	viv**ir**
yo	estudi**o**	le**o**	viv**o**
tú	estudi**as**	le**es**	viv**es**
él / ella / Ud.	estudi**a**	le**e**	viv**e**
nosotros(as)	estudi**amos**	le**emos**	viv**imos**
vosotros(as)	estudi**áis**	le**éis**	viv**ís**
ellos/ellas/Uds.	estudi**an**	le**en**	viv**en**

Some very common verbs have **yo** forms that end in **-go** or **-oy**.

hacer	ha**go**	decir	di**go**	estar	est**oy**
tener	ten**go**	venir	ven**go**	ser	s**oy**
poner	pon**go**	salir	sal**go**	ir	v**oy**
traer	trai**go**	oír	oi**go**	dar	d**oy**

Subject pronouns are not normally used in Spanish because they are usually indicated by the ending of a verb.

CÓMO HABLAR DEL PRESENTE Y DEL FUTURO

Por ahora, **vivo** en una residencia, pero el próximo mes **me voy.**
Este año **estoy** en segundo año y **estudio** biología y español.
Actualmente, lo que más **me preocupa es** pasar de curso.
Mañana por la mañana, **termino** mi trabajo de biología.
De hoy en adelante, **prometo** que **voy** a estudiar mucho más.
Pasado mañana, **viene** mi hermana a verme. Me **trae** ropa de verano.
La próxima semana, **viajo** con mi grupo a la feria anual del estado.
El próximo mes **empieza** la temporada deportiva. **Va** a ser fabulosa.
En este momento, **trabajo** en un restaurante grande, pero no **me gusta.**

Review the meanings of the following regular verbs.

estudiar para
una prueba

escuchar mis discos

beber un refresco

-ar	-er	-ir
nadar en la piscina	beber un refresco	salir temprano
trabajar de mesero(a)	vender los libros	(tarde)
estudiar para una	correr por el parque	escribir un trabajo
prueba	comer nachos	(una composición)
viajar a casa	ver una película en	recibir cartas
hablar con mis amigos	la tele	dividir los gastos
tomar muchos	aprender cálculo	compartir una
créditos	saber (yo *sé*) álgebra	habitación
conversar con . . .	(francés)	abrir la puerta
llegar temprano	poner la radio	asistir a clases (a
(tarde)	deber estudiar	una reunión)
escuchar mis discos	(trabajar)	
enseñar las	creer que + verb	
ecuaciones		
sacarse una A o una B		
ahorrar dinero		
ganar y pagar dinero		
descansar un rato		

escribir un trabajo
(una composición)

¡A PRACTICAR!

A Día tras día. Haga una lista de por lo menos cinco cosas que Ud. hace con frecuencia.

EJEMPLO: Día tras día . . . hago la tarea de español, nado en la piscina para hacer un poco de ejercicio y voy a mi laboratorio de física. Una vez a la semana, trabajo en el correo de la universidad también.

B La próxima semana. Diga qué cosas van a ocurrir la próxima semana.

EJEMPLO: La próxima semana, tengo mi primera prueba de química y también empiezan mis clases de tenis.

C Para conocerte mejor. Hágale tres preguntas interesantes a un(a) compañero(a) y converse con él (ella). Use palabras interrogativas (vea la página 5) y los verbos de esta sección.

EJEMPLOS: ¿Dónde estudias por la noche?
¿Con quién vives en la residencia?
¿Cuándo trabajas de tiempo completo?
¿Qué cursos enseñan aquí en la primavera?

D ¿Tienen curiosidad por saber? Cuéntele a todos sus compañeros(as) acerca de la persona que entrevistó en la actividad anterior.

EJEMPLO: Jeanne vive con su amiga Ann en la residencia . . . Todos los días estudian en la biblioteca y los viernes trabajan en la tienda . . .

E Entre amigos. Estudie la siguiente tabla para decirle a la clase por lo menos cinco cosas acerca de usted y sus amigos(as).

EJEMPLO: Cuando no hay clase, salimos de la casa a las doce y nunca estudiamos nada. Compramos muchas cosas y comemos mucho. Por la noche, no salimos a ninguna parte; miramos la tele hasta las dos.

Así se dice

Un amigo es alguien...

...que siempre tiene tiempo para vos.

¿Cómo se dice you?
En general, ya sabe Ud. que para hablarles a sus amigos, se usa **tú / ustedes** y se reserva **usted** para demostrarles respeto a los profesores y otras personas mayores. En el Mundo Hispano, sin embargo, la gente usa otros dos pronombres que también significan *you*, como se describe a continuación.

En España, unos 30 millones de personas usan **tú / vosotros(as)** con sus amigos y **usted / ustedes** cuando quieren ser formales.

En Hispanoamérica (los países de América donde se habla español), unos 100 millones de personas o más no usan ni **tú** ni **vosotros(as)**. Los pronombres que se usan en gran parte de la América Central, la costa del Pacífico, la Argentina, Uruguay, Paraguay y gran parte de Bolivia son:

Informal, para amigos y familiares: **vos/ustedes**
Formal, para autoridades y gente mayor: **usted/ustedes**
Esto quiere decir que hay muchas probabilidades de que Ud. tenga contacto con hispanos que usan **vos** cuando están tratando de conocerle y de hacerse amigos con Ud. No se preocupe, Ud. puede usar el **tú** que ya maneja bien. Pero note que las terminaciones de los verbos son diferentes cuando la gente usa **vos**. Por ejemplo, conversando

con amigos costarricenses, Ud. puede escuchar lo siguiente:
—¿Y vos **querés** salir con nosotros esta noche? **Podés** llamarnos antes de las seis y te recogemos a las seis y media. ¿Qué te parece? **Tomá,** aquí **tenés** mi número de teléfono. **Mirá,** allá viene Anita . . .
A veces, la gente puede usar el **tú** y el **vos,** pero esto depende de la región de donde vengan y de lo acostumbrados que estén a hablar con extranjeros.

Cuando (no) hay vacaciones / mal tiempo / exámenes / mucha gente aquí / mucho trabajo / un día libre / clase / un(a) buen(a) profesor(a) . . .

beber . . .	trabajar como loco(a)
(no) leer (nada)	salir con unos compañeros
comer mucho y . . .	mi amigo(a) ayudarme a . . .
no estudiar nunca	nadar para hacer ejercicio
manejar con cuidado	comprar un montón de cosas
correr por el parque	(no) salir a (ninguna) parte
estudiar por la noche	dividir los gastos de la fiesta

F Entrevistas. Trabaje en un grupo pequeño. Pregúnteles a sus compañeros de grupo lo que sigue. Después, ellos le preguntan lo mismo a usted.

Ask . . .

1. what they do after dinner. (**¿qué?**)
2. whom they often call on the phone. (**¿a quién?**)
3. what (whom) they talk about. (**¿de qué?** / **¿de quién?**)
4. what they do on Saturdays or Sundays. (**¿qué?**)
5. what they do when there are no classes. (**¿qué?**)
6. when they go to their parents' or friends' home. (**¿cuándo?**)
7. what they do with their spare (extra) money. (**¿qué?**)
8. whom they talk with when they have a problem. (**¿con quién?**)

G Actividades de amigos. Describa en un párrafo cuándo o con qué frecuencia hacen Ud. y sus amigos las siguientes actividades. Trate de expresar tres o cuatro ideas usando las expresiones de tiempo y frecuencia de la página 21.

EJEMPLO: **ir de compras / con**
A veces, voy de compras con mi amiga los fines de semana.
Mañana por la mañana, vamos al centro comercial Europa donde hay unas tiendas muy bonitas. Nuestra tienda favorita es "Guys".

1. comer / en	5. cocinar / con
2. beber / con	6. compartir / con
3. mirar la tele / en	7. recibir cartas / de
4. ir a acampar / con	8. trabajar en ____ / porque

In Spanish, some of the most frequently used verbs have irregularities in spelling and/or pronunciation. Some of these common verbs have the following changes in their stem.

e→ie pensar	o→ue volver	e→i vestirse
pienso	vuelvo	me visto
piensas	vuelves	te vistes
piensa	vuelve	se viste
pensamos	volvemos	nos vestimos
pensáis	volvéis	os vestís
piensan	vuelven	se visten

There are no stem changes in the **nosotros** and **vosotros** forms.

Here are some other stem-changing verbs:

e→ie	o→ue	e→i
tener (tengo) sed	**jugar** al tenis*	**decir** (digo)
venir (vengo) ahora	**almorzar** juntos	**pedir** dinero
querer viajar	**poder** conversar	**seguir** un curso
perder la beca	**llover** en primavera	**vestirse** de *jeans*
sentarse con amigos	**dormirse** rápidamente	**conseguir** trabajo
comenzar un proyecto	**dormir** en la residencia	**servir** un refresco
nevar en invierno	**recordar** a los amigos	
empezar el año	**soñar** con el (la) novio(a)	
entender la lección		
cerrar un curso		
sentirse cansado(a)		
divertirse con amigos		

*/The verb **jugar** has a **u** > **ue** change in its stem: e.g., **juego.**

¡A PRACTICAR!

H **Mis planes.** Haga una lista de sus planes. Use *querer* y *pensar* para expresar sus deseos.

EJEMPLO: Quiero encontrar otro apartamento más cerca de mi facultad. Pienso terminar mis estudios en 1997; quiero tomar más clases técnicas. Después de graduarme, quiero sacar una maestría en negocios (M.B.A.).

I La cruel realidad. Ahora, sea Ud. muy realista y también diga qué cosas quiere hacer, pero no puede. Use *querer y poder.*

EJEMPLO: —Quiero ir a la Florida, pero no puedo, porque no tengo dinero.

—Quiero estudiar negocios, pero no puedo, porque no sé economía.

J ¿En coche o a pie? Pregúntele a un(a) compañero(a) cómo viene a clases; después, cambien papeles.

EJEMPLO: —¿En qué te vienes a clases?

—Vengo a pie (en bici / en moto / en auto con . . . / en autobús).

—A veces, vengo . . .

K Buena memoria. Pregúntele a su compañero(a) el nombre de varias personas importantes en su vida. Después, cambien papeles.

EJEMPLO: —¿Recuerdas el nombre de tu primera profesora?

—Sí, se llamaba . . . (o: No, no puedo recordar; ¿y tú?)

L Siempre es así. Prepare tres preguntas para tres compañeros(as) que Ud. no conozca bien. Luego, cuéntele a la clase qué contestaron. Para hacer sus preguntas y respuestas, Ud. y sus compañeros(as) pueden combinar ideas de las columnas que siguen.

EJEMPLO: —¿Qué haces cuando vuelves tarde a casa?

—Cuando vuelvo tarde a casa, quiero dormir y no puedo leer nada. Después, duermo toda la mañana y pierdo mucho tiempo.

Cuando . . .

nevar mucho	jugar . . .
llover mucho	no puedo . . .
volver tarde a casa	se lo (la) pedir a . . .
no poder venir a clases	perder el tiempo y . . .
le pedir ayuda a alguien	almorzar donde mis . . .
no vestirme muy elegante	entender más rápido
morirme de deseos de dormir	dormir toda la mañana
no estudiar para una prueba	no ir a la cafetería
no recordar un número de teléfono	acostarme en la cama
no poder entender un concepto difícil	salir a jugar en la nieve

CÓMO DECIR QUE NO

—¿Quieres este diccionario?
—No, **no** quiero **nada.**

—¿Van Uds. al estadio el domingo?
—No. **No** vamos a **ninguna** parte.

—¿Te ayudan tus amigos?
—No, **no** me ayuda **nadie.**

—¿Estudias bellas artes?
—**Nunca** tomo clases **ni** de música **ni** de arte.

—¿Vas al cine con algún amigo?
—No. Hoy **no** voy con **ninguno.**

—¿Y no tomas teatro o algo así?
—No, **no** tomo clases de teatro **tampoco.**

—¿Quieres jugar al tenis?
—**No** juego a **ningún** deporte.

El uso de las palabras negativas

Spanish speakers express negative ideas as shown. Notice the position of the negative words: before and after the verb. Notice also how **ni . . . ni** is used when two things or ideas are rejected.

Negative words can also be placed before the verb without using the word **no.**

Nadie quiere venir a la reunión de la residencia.
Ninguno puede pagar $30 dólares de inscripción **ni** ayudar.
Nunca tengo tiempo para leer; **nunca** tengo tiempo para **nada.**

¡A PRACTICAR!

M De pésimo humor.   Trabaje con su compañero(a). Cuando Ud. le propone alguna actividad, él (ella) está de mal humor y contesta que no la quiere hacer. Después, cambien papeles.

EJEMPLO: —¿Quieres llamarme?
—No, **no** quiero llamar a **nadie.**

1. leer algo
2. tomar algo
3. ayudarme
4. visitar a algún amigo
5. ir a alguna parte
6. comprar alguna cosa
7. estudiar cálculo o sociología
8. también estudiar cine europeo

N Es imposible. Diga qué cosas no se puede hacer cuando pasa lo siguiente.

> EJEMPLO: cuando nieva
> Cuando nieva, **no se puede** viajar en coche a otro estado **ni** se puede . . .

1. cuando nieva
2. cuando llueve mucho
3. cuando Ud. tiene una prueba
4. cuando Ud. se divierte mucho
5. cuando cierran la tienda de la esquina
6. cuando Ud. pierde una semana de clases

O Catarsis. Escriba tres frases en que menciona todas las cosas que no quiere o no piensa hacer porque no le gustan o porque no tiene tiempo.

> EJEMPLO: No pienso comer con nadie mañana; cuando tengo prisa todos quieren conversar.

P Dilemas. Elija cuatro de las preguntas que siguen y entreviste a tres estudiantes diferentes. Luego, preséntele a la clase un resumen de sus respuestas.

> EJEMPLO: —¿Quieres vivir en una casa o apartamento y no en la residencia?
> —Yo quiero vivir en la residencia; está más cerca.
> —Pienso vivir en una casa el próximo año porque . . .
> —Yo no quiero vivir **ni** en la residencia **ni** en . . .

1. ¿Prefieres un trabajo que requiera destrezas técnicas o quieres trabajar con gente?
2. ¿Deseas vivir en una residencia o en un apartamento? ¿Dónde estás más cómodo(a)?
3. ¿Trabajas de tiempo completo o no?
4. ¿Tienes tiempo para leer todos los libros de las clases?
5. ¿Le escribes a algún (alguna) amigo(a) del colegio secundario?
6. ¿Recuerdas bien a tus compañeros de quinto grado?

O ¡ A DIVERTIRNOS MÁS

1. Trabajen en grupos de tres personas. Estudien estas ofertas de trabajo y comenten sobre las que se adapten mejor a su preparación. Si no hay ninguna oferta que se adapte a su preparación, comente sobre el tipo de trabajo que espera encontrar en el futuro.

Del mundo hispano

2. Ahora, inventen una oferta de trabajo atractiva e interesante. Incluyan . . .
   - el tipo de trabajo.
   - los requisitos para el trabajo.
   - el sueldo y los beneficios que se ofrecen.
   - el nombre, la dirección y el teléfono de la compañía.

   Puede dibujar algo para ilustrar el anuncio, si quiere.

A. Cursos de idiomas.   Escuche la grabación de un anuncio de radio sobre cursos de idiomas que se ofrecen a estudiantes como Ud. Luego, complete las siguientes oraciones lógicamente.

1. En el Instituto Británico se aprende . . .
2. Los profesores del Instituto son . . . (norteamericanos / canadienses / ingleses / españoles).
3. Uno puede matricularse . . . (esta semana / el otro mes / el año que viene).
4. El teléfono del Instituto es . . .

B   Agencia "La Amistad".   ¿Quiere Ud. hacer amigos rápidamente? En la agencia "La Amistad" puede encontrar a un(a) amigo(a) con intereses parecidos a los suyos. Escuche la grabación y después complete la ficha personal del señor Martínez.

AGENCIA MATRIMONIAL "LA AMISTAD"

DATOS PERSONALES DEL (DE LA) SOLICITANTE

Nombre _____
Fecha de nacimiento _____
País de origen _____
Profesión _____
Intereses personales _____
_____
Descripción física _____
_____
Personalidad _____
_____

DATOS PERSONALES DE LA PERSONA QUE BUSCA

Descripción _____
_____
Intereses _____
_____

Fumador(a)   [   ] Sí   [   ] No

C   Por favor, ¡compréndeme!   Trabaje con uno o dos compañeros para desarrollar una conversación entre las dos personas descritas a continuación. Uds. tienen que encontrar una solución al problema presentado. Primero, decidan cuántos personajes *(characters)* van a crear y escriban lo que quieren decir; es posible crear un tercer personaje que ayude a uno de los personajes principales. Después, representen la conversación para toda la clase. Al final, decidan qué grupos desarrollaron las mejores conversaciones. Usen las expresiones y el vocabulario de la sección *¿Cómo se dice?*, las ideas discutidas en clase y la gramática de este capítulo.

1. Usted quiere sacar buenas notas y tener éxito *(succeed)* en su carrera. Por eso, le gusta estudiar tranquilamente en su cuarto. Pero usted comparte su cuarto con otra persona que no estudia mucho, escucha el estéreo todo el día y tiene muchos amigos de visita todo el tiempo. ¿Qué puede hacer para que su compañero(a) cambie su conducta y su actitud ante los estudios?

2. Usted saca notas bastante malas en sus clases, pero no le importa porque tiene muchos amigos en la universidad y se divierte mucho con ellos. El único problema es que su compañero(a) es demasiado serio(a), no le gusta la música y siempre estudia en el cuarto. ¿Qué puede decirle a su compañero(a) para que estudie en la biblioteca y no en el cuarto? Así usted puede conversar tranquilo(a) con sus amigos.

VOCABULARIO

Sustantivos

especialidad major
estudiantado student body
facultad college or school in a university
profesorado faculty

Cursos

alemán German
árabe Arabic
cálculo calculus
computación computer science
contabilidad accounting
derecho law
enfermería nursing
escultura sculpture
hotelería hotel management
ingeniería engineering
leyes law
mercadeo marketing
periodismo journalism
pintura painting
publicidad advertising
química chemistry
ruso Russian
teatro theater

Profesiones

abogado(a) lawyer, attorney
agente de viajes travel agent
astrónomo(a) astronomer

bailarín male dancer
biólogo(a) biologist
comerciante business person
corredor(a) de propiedades real estate agent
dibujante draftsperson
enfermera(o) nurse
escritor(a) writer
escultor(a) sculpturer
estadígrafo(a) statistician
filósofo(a) philosopher
físico(a) physicist
geógrafo(a) geographer
geólogo(a) geologist
gerente manager
guía guide
historiador(a) historian
ingeniero(a) engineer
intérprete interpreter
juez judge
locutor(a) announcer
maestro(a) teacher
matemático(a) mathematician
médico(a) doctor, physician
músico(a) musician
pastor(a) minister, pastor
periodista journalist
pintor(a) painter
publicista advertiser
programador(a) programmer
químico(a) chemist
traductor(a) translator

Palabras negativas

nada nothing
nadie no one, nobody
ni neither, nor
nunca never
tampoco neither

Adverbios de tiempo

actualmente presently
de hoy en adelante from today on
en este momento right this minute
este año (semana, mes) this year (week, month, etc.)
la próxima semana next week
el próximo día (mes, año) next day, month, year

mañana por la mañana tomorrow morning
pasado mañana the day after tomorrow
por ahora for now

Preguntas

¿a qué hora? (at) what time?
¿cómo? how?
¿cuál(es)? which?
¿cuándo? when?
¿cuánto(a)? how much?
¿cuántos(as)? how many?
¿dónde? where?
¿por qué? why?
¿qué? what?
¿quién? who?

Expresiones para . . .

saludarse, p. 3
presentarse y presentar a otra persona, p. 3
invitar y reaccionar, p. 11
terminar una conversación, p. 11
hablar del presente y del futuro, p. 21
decir que no, p. 27

De la lectura

ambos both
apenas hardly
aún peores even worse
avisos advertisements
beca scholarship
canalizar to direct
entregar to give, turn in

evitar to avoid
mientras que while
parados unemployed
por muy no matter how
prensa press
ya que because

JOAN MIRÓ **The Family, 1953.
Etching, engraving and aquatint,
printed in color plate 14¹⁵⁄₁₆ x 17⅞"
Collection, The Museum of
Modern Art, New York. Gift of
Abby Aldrich Rockefeller.**

Y tu familia, ¿qué tal?

COMMUNICATIVE GOALS

In this chapter, you will learn to describe your friends and family as well as some activities you do together.

FUNCTIONS

Asking about the family

Comparing and contrasting

Making plans with the family

Talking about family activities and events

Discussing current and past actions and events

Describing family, friends, places, and reactions

CULTURE

The Hispanic surname system

The importance of **compadrazgo**

The importance of Mother's Day

The celebration of a saint's day

The practical importance of **la familia**

The importance of a young woman's **quince años**

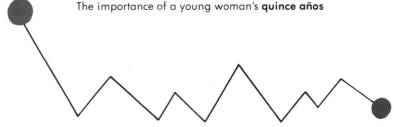

¿CÓMO SE DICE?

Para hablar de familiares y parientes

LUISA: Oye, Maribel. Dime . . . , ¿cómo está tu tío?

MARIBEL: Mucho mejor, gracias. Fíjate que salió del hospital ayer.

LUISA: Ay, me alegro. A propósito, ¿qué le pasó exactamente?

MARIBEL: Pues . . . el pobre chocó con otro auto y . . . este . . . , bueno, la casa es un desastre. Mi tía pasa todo el día en el hospital.

LUISA: ¡No me digas! ¡Qué horror! Oye, dime, ¿quién cuida a tus primitos?

MARIBEL: Mi mamá y mi abuelita los trajeron para acá.

LUISA: ¿O sea que todo anda bien por casa ahora?

MARIBEL: Ay sí, gracias a Dios.

PARA PREGUNTAR ACERCA DE LOS FAMILIARES

—¿Cuántos son ustedes?
—Somos seis; tres hermanos y tres hermanas.

—¿Y cómo están por casa?
—Más o menos. Fíjate que mi mamá tiene la gripe.

—¿A qué se dedica tu papá?
—Es abogado. Trabaja en la corte del estado.

PARA SOLICITAR MÁS INFORMACIÓN	PARA PENSAR UN POCO MÁS
Oye . . . Dime . . .	A ver . . . *(Let's see . . .)*
A propósito, ¿ . . .?	Este . . . pues . . . *(Um . . . well . . .)*
¿De veras? ¿Qué pasó?	Es que . . . mmm . . . *(It's just that . . .*
¡No me digas! ¿Y qué más?	uh, . . .) . . . , o sea, *(uh, . . .)*

Mi familia	**Otros parientes**	La familia
mis bisabuelos		
mis abuelos (paternos y maternos)		
mis padres, padre y madre*	suegros *(father- and mother-in-law)*	
mis hermanos y sobrinos hermanastro *(step-brother)* hermanastra *(step-sister)*	cuñados *(brother- and sister-in-law)*	
mis tíos (paternos y maternos)	tíos políticos**	
mis primos o primos hermanos	primos en segundo grado*** *(second cousins)*	
mi padrino *(godfather)* y mi	compadres****	
madrina *(godmother)*	comadre*****	
la ahijada *(goddaughter)* de papá	otros ahijados *(godchildren)*	
el ahijado *(godson)* de mamá		

---

   */O mi padrastro *(stepfather)* o madrastra *(stepmother)*

  **/Son los tíos casados con los hermanos de mis padres.

 ***/Son los hijos de los primos de mis padres.

****/**Compadre** is the term used by the father or the godfather to describe their relationship to each other.

*****/**Comadre** is the term used by the mother or the godmother to describe their relationship to each other.

A ¡Saludos!

1. Salude a un(a) compañero(a) y pregúntele cómo están por su casa.

EJEMPLO: A: —¡Hola! ¿Qué tal? ¿Cómo estás?
          B: —Bien, bien. ¿Y tú?
          A: —Bien, gracias. ¿Y por tu casa?
          B: —Todos bien, gracias. Fíjate que mi hermano se compró un coche nuevo.
          A: —¡Ah, qué bien! Me alegro. ¿Cómo es? . . .

2. Salude a su profesor(a) y pregúntele por su familia.

EJEMPLO: ¿Cómo están por su casa?

        o: ¿Cómo está su marido (señora)? ¿y los niños?

B ¿A qué se dedican? Pregúntele a un(a) compañero(a) a qué se dedican algunas personas de su familia. Usen la siguiente tabla como guía o inventen una respuesta imaginaria. Pregúntenle a su profesor(a) si el nombre de la ocupación que Ud. necesita saber no está en la lista. Dígale, ¿Cómo se dice . . .?

EJEMPLO: —¿A qué se dedica tu papá?
          —Es técnico de una planta química.

mi papá (padrastro)		contador/a
mi mamá (madrastra)		ama de casa
mi hermano(a) (mayor)		ingeniero/a
mi hermano(a) (menor)		empresario/a
mi abuelo(a)	es	médico/a (enfermero/a)
mi tío(a)		gerente de una planta
mi primo(a)		maestro/a (profesor/a)

Mi _____ está jubilado(a) [retired].

Do not insert **un(a)** before names of occupations or professions when they are not modified by adjectives.

EJEMPLOS: Mi mamá es contadora.
           Mi mamá es **una buena** contadora.

           Mi primo es empresario.
           Mi primo es **un** empresario **riquísimo.**

C ¿De dónde son Uds.? En un grupo de tres estudiantes, pregúnteles a sus compañeros de dónde son sus familiares.

EJEMPLO: —¿De dónde son ustedes?

—Mi abuelo es de Italia y mi abuela es alemana, pero mis padres son norteamericanos. También tengo una abuela irlandesa. Ahora ella está visitando a su familia en Dublín, Irlanda.

País	Nacionalidad	Nacionalidades hispanas
de Alemania	alemán (alemana)	colombiano(a)
de Australia	australiano(a)	hondureño(a)
del Canadá	canadiense	salvadoreño(a)
de Corea	coreano(a)	uruguayo(a)
de la China	chino(a)	argentino(a)
de Dinamarca	danés (danesa)	dominicano(a)
de Escocia	escocés (escocesa)	español(a)
de Estados Unidos*	norteamericano(a)	nicaragüense
de Francia	francés (francesa)	panameño(a)
de Holanda	holandés (holandesa)	puertorriqueño(a)
de la India	indio(a)	boliviano(a)
de Inglaterra	inglés (inglesa)	guatemalteco(a)
de Irlanda	irlandés (irlandesa)	mexicano(a)
de Italia	italiano(a)	costarricense
del Japón	japonés (japonesa)	paraguayo(a)
de Noruega	noruego(a)	venezolano(a)
de Polonia	polaco(a)	peruano(a)
de Rusia	ruso(a)	ecuatoriano(a)
de Suecia	sueco(a)	cubano(a)
de Viet Nam	vietnamita	chileno(a)

D Cuéntame más de tu familia. Traiga fotos de algunas personas de su familia. Luego, dígale a otro(a) estudiante algo interesante sobre estas personas. Por ejemplo, Ud. podría decirle . . .

1. cómo se llaman.
2. dónde viven ahora.
3. cuántos años tienen.
4. si son solteros o casados.
5. cómo son físicamente.
6. algo sobre su personalidad.
7. si estudian o trabajan, y dónde.

---

*/de Tejas = tejano(a), de Nueva York = neoyorquino(a)

Así es

La dinámica familiar.

Tradicionalmente, los grupos familiares hispanos (incluídos parientes políticos y amigos) son muy unidos, por razones tanto culturales como prácticas. Por eso, los hispanos no dependen tanto del gobierno ni de la iglesia ni de organizaciones de caridad cuando necesitan dónde vivir, buscar un trabajo, pedir dinero prestado o pedir ayuda de cualquier naturaleza. Familiares y compadres, padrinos y amigos son un núcleo de apoyo (ayuda) que dura toda la vida.

Cuando los hispanos emigran lejos, estos lazos (links) son más difíciles de mantener. Por lo general, se producen crisis en el grupo familiar, a menos que los que parten emigren a lugares donde tienen amigos o parientes, como es el caso de muchos cubano-americanos, puertorriqueños, mexicano-americanos y otros grupos. Es notable la gran cantidad de dinero que gastan los hispanos en ayudar a los familiares más pobres y en viajar periódicamente a ver a la familia. En muchos casos dichos gastos afectan seriamente el estándar de vida del emigrante.

1. Y su familia, ¿incluye a otras personas además de los familiares? 2. ¿Quién le ayuda a Ud. a resolver sus problemas de trabajo, estudios y dinero? 3. ¿Conoce Ud. a una familia que sea como una familia hispana? 4. Mire los anuncios. ¿De qué manera están unidos los hispanos que usan los servicios de estas agencias?

Los cubanos de Miami ayudan a sus familiares de Cuba.

LUISA: ¡Hola, Maribel! ¿Qué hay de nuevo?

MARIBEL: Pues, nada . . . este domingo después de misa, mis padres y yo vamos a salir a almorzar con mis abuelos.

LUISA: Ay, ¡qué rico!

MARIBEL: Sí, ¿verdad? Es el cumpleaños de mi abuelito. Fíjate que va a cumplir ochenta años.

LUISA: ¡Increíble, niña! Oye, y a tu tío . . . ¿cómo le va?

MARIBEL: ¿El que tuvo el accidente? ¡Muy bien! Ayer fue con mis primitos a una carrera de autos.

LUISA: ¡No me digas! ¡Qué bueno que ya esté bien!

LOS FINES DE SEMANA MI FAMILIA Y YO VAMOS . . .

a la iglesia.
a la sinagoga.
a almorzar afuera.
a pasear al campo.
a visitar a mis abuelos.
a comprar al centro comercial.

TAMBIÉN VAMOS TODOS JUNTOS CUANDO HAY . . .

una boda.
un funeral.
un bautismo.
un cumpleaños.
una fiesta de graduación.
un aniversario de matrimonio.
un santo *(saint's day party)*.

Así es

El día del santo.
Además del cumpleaños, en la cultura hispana también se celebra el día del santo de una persona. Por ejemplo, si Ud. se llama Claudio(a), Antonio(a), Luis(a), Juan(a), Guillermo(ina), Pedro (Petronila), Pablo (Paulina), etc., Ud. también hace una fiesta e invita a sus amigos en junio, en el día que le corresponda según indica el calendario.

OTRAS COSAS QUE HAGO DE VEZ EN CUANDO CON MI FAMILIA SON . . .

ir a un partido de fútbol americano o de béisbol.
jugar un partido de vólibol en el patio de la casa.
ir a acampar al campo, a las montañas o a la playa.
ir a comer algo por la noche a un restaurante chino.

ESTE FIN DE SEMANA MIS AMIGOS(AS) Y YO PENSAMOS . . .

ir a bailar todos juntos.
salir a ver a otros amigos(as).
jugar al tenis (ráquetbol / béisbol / básquetbol).
ir a algún concierto de música rock (música clásica).
ir a las carreras de autos (motos / bicicletas / caballos).

CÓMO DECIR CON QUÉ FRECUENCIA

A menudo vamos a . . .
Todos los días mi mamá . . .
Todo el tiempo mis hermanos . . .
Cada dos semanas vamos a . . .
Casi nunca jugamos al . . .
(Casi) siempre mis padres y yo . . .
A veces, invitamos a . . .
De vez en cuando nos gusta . . .
Una vez al mes (año) visitamos a . . .

E   En familia.   Pregúntele a dos compañeros(as) sobre las cosas que hacen con sus familiares.

EJEMPLO: A: —¿Qué hacen Uds., Anita?
           B: —Pues, me gusta ir de compras con mi hermana.
           A: —¿Cuándo?, ¿con qué frecuencia?
           B: —Este . . . , los fines de semana.

¿Quién(es)?	¿Qué hace(n) Ud(s).?	¿Con qué frecuencia?
tú	jugar al . . .	siempre
tu tío(a)	comer con . . .	a veces
tus padres	visitar a . . .	a menudo
tu novio(a)	ir al cine con . . .	casi nunca
tu amigo(a)	ir de compras a . . .	muchas veces
tu abuelo(a)	caminar (correr) a . . .	todos los días
tus suegros	pasear en auto por . . .	cada dos semanas
tu esposo(a)	ir a la iglesia con . . .	de vez en cuando
tus primitos	hablar por teléfono con . . .	los fines de semana
tu hermano(a)	estudiar para la clase de . . .	una vez al mes (año)

Ahora, dígale a la clase lo que averigüó.

EJEMPLO: Anita va de compras con su hermana los fines de semana, y Brian sale con su novia todos los días. A Anita le gusta jugar al béisbol con todos sus hermanos.

F Una invitación. Invite a otro(a) estudiante a su casa para celebrar una reunión familiar.

Estudiante A:

1. Tell your partner what occasion your family is celebrating.
2. Say where and at what time the event is going to take place.
3. Say who will be there, and describe one person in particular.

Estudiante B:

1. Ask your partner to clarify some information you did not understand.
2. Choose *one*: a. Accept the invitation and express your appreciation.
   b. Decline the invitation and give an appropriate excuse.

G Mis actividades. Escriba tres párrafos sobre las actividades que Ud. hace solo(a), con su familia y con sus amigos. Use expresiones de frecuencia en los espacios, y añada otra información personal en los puntos suspensivos (. . .).

Yo: Me gusta ir de compras _____ con mi . . . Voy a la iglesia (a la sinagoga) _____ con mi(s). . . . Luego, ... Muchas veces me (nos) gusta. . . .

Mi familia: Mi familia y yo almorzamos _____. Nos gusta comer en. . . . _____ mis padres y yo visitamos a mis abuelos, que viven en. . . . Otras cosas que hago con mi familia actualmente son. . . .

Mis amigos: Mis amigos y yo paseamos en auto (carro, coche) _____. Nos gusta ir a . . . , pero casi nunca vamos . . . porque. . . . _____ mis amigos y yo pensamos. . . .

Así es

El compadrazgo.

Elegir el padrino y la madrina de un bebé es una costumbre muy importante en la cultura hispana que une íntimamente a varias personas. El niño (la niña) gana otros padres, o sea, los **padrinos,** que se van a preocupar de él (ella) siempre. Por su parte, los padres ganan dos **compadres,** o amigos como de *(considered part of)* la familia, con quienes van a compartir todas las cosas, tanto buenas como malas. Los padrinos también ganan dos compadres (los padres del bebé), que rápidamente son incorporados a su círculo familiar. Esta costumbre se llama **compadrazgo** y es la base de amistades muy estrechas, de actividades comerciales y de otros negocios. Los padrinos se preocupan de su **ahijado** o **ahijada** y están siempre dispuestos a recibirlo(la) en su casa como a otro hijo, sin diferencias de ninguna especie. A veces, esto sorprende a los cónsules norteamericanos porque, al pedir una visa para entrar en los Estados Unidos, los padrinos incluyen al ahijado o a la ahijada que vive o viaja con ellos como parte de la familia, aunque, claro, no tiene el mismo apellido.

1. ¿Cómo le explicaría Ud. esta situación al cónsul? 2. ¿Tiene Ud. padrino o madrina? ¿Cómo es? ¿Qué hace por Ud.? 3. ¿Tienen algún amigo sus padres que sea como un padrino para Ud.? ¿Qué hace esta persona por Ud.?

Para Mi Querida Madrina EN NAVIDAD

PERSPECTIVAS AUTÉNTICAS

Antes de leer

A El padre típico solo. ¿Qué problemas enfrenta el padre solo?

1. Piense Ud. en algún padre solo que conozca; puede ser una persona divorciada o viuda. Luego, marque en la lista que sigue los problemas que este tipo de persona tiene para criar *(to raise)* a sus hijos solo, sin la ayuda del otro padre.

Los padres solos (sin pareja) . . .

a. se sienten libres para hacer lo que quieran.
b. se sienten solos cuando necesitan compañía.
c. se desesperan cuando se enferma uno de los niños.
d. se sienten aproblemados porque hay tanto que hacer.
e. se aburren con los niños porque no conversan como adultos.
f. se irritan porque los familiares siempre se meten en su vida.
g. se divierten mucho saliendo, paseando y comiendo en restaurantes.
h. se cansan de tener que pedirle ayuda a los parientes o familiares.
i. se aburren porque cuando quieren salir no hay quién se quede con los niños.

j. se indignan porque los bancos no les prestan dinero porque no tienen un co-deudor.

k. se indignan porque en el trabajo no les dan permiso para ciertas actividades de los niños (deportes, reuniones de padres, fiestas escolares).

2. Haga una lista de otros problemas que puedan tener los padres solos que son inmigrantes recientes en este país o el Canadá.

EJEMPLO: Los padres solos no conocen el sistema escolar.

3. Con un(a) compañero(a) de clase, busque al menos una solución para cada uno de los problemas mencionados o seleccionados por Uds. Si es posible, mencionen instituciones o profesionales que puedan ayudar a los padres solos.

B **Cómo leer la lectura.** Generalmente, es muy útil mirar la lectura primero, antes de leerla con más cuidado.

1. Lea el título de la lectura; luego, trate de adivinar de qué trata el artículo en general.

2. Mire el primer párrafo y busque algunas palabras que le faciliten la comprensión.

3. Ahora lea la lectura rápidamente para formarse una idea general del tema. Si hay palabras que no entiende, no se preocupe; es posible que las comprenda durante la segunda o la tercera lectura.

Así es

La familia hispana.
La familia hispana incluye a todos los que se mantienen en contacto permanente con un grupo familiar aunque no vivan juntos: padres, hijos, abuelos, parientes, padrinos y amigos íntimos. Una gran diferencia con la familia norteamericana es la intensidad de las relaciones entre todos ellos y la larga duración del contacto entre padres e hijos.

La forma en que los grupos familiares celebran ciertas fechas importantes es un buen ejemplo de estas características. En la familia hispana, cualquier celebración es una actividad que ocupa e incluye a toda la familia, sin distinción de edad, parentesco (degree of family relationship) o amistad. Sin embargo, la vida moderna en las grandes ciudades hispanas de EE.UU. y del extranjero hace muy difícil mantenerse en contacto y ha causado algunos cambios en las estructuras tradicionales.

Algunas de estas ideas aparecen en la **lectura** que sigue.

1. Para Ud., ¿qué significa la palabra "familia", es decir, en qué consiste una familia? ¿Está cambiando esta definición? Explique, por favor. 2. ¿Qué importancia tiene la familia para Ud., personalmente? ¿Qué relación emocional tiene Ud. con sus abuelos, padres y hermanos?, ¿y con sus tíos y primos? ¿Están Uds. unidos o son independientes? Explique, por favor.

Padres heroicos

papá o mamá   *partner*

muy cansados

no tienen éxito

común, tradicional

persona que cuida niños

a pesar de todo esto
void

encontraron

Criar a un niño solo, sin la ayuda del esposo o esposa, es pertenecer al club de los padres heroicos, porque un padre° solo, sin pareja°, hace trabajos y papeles que dejarían al padre **y** a la madre totalmente agotados°. Además, el padre solo hace todo con menos dinero, con menos recursos. El padre solo trabaja, limpia la casa, cocina, hace las compras y les da a sus hijos la atención que necesitan constantemente.

Los padres solos no son raros—puesto que casi la mitad de los matrimonios de hoy fracasan°—y su vida es muy difícil y solitaria, porque las normas y tradiciones en el trabajo, el colegio y la estructura social están basadas en la familia promedio°, donde hay dos padres con sus hijos. Prácticamente nadie piensa en la otra familia, donde sólo hay un padre solo. Entre otras cosas, un padre solo no puede faltar al trabajo cuando un niño está enfermo; no puede ir a las reuniones de padres que son muy temprano o en ciertos días importantes; no puede conseguir préstamos porque los bancos no le prestan dinero a una persona sola; y no puede salir y conocer a otra gente, porque es difícil encontrar a una niñera° o tener suficiente dinero para pagarle. Un padre solo, en suma, no puede ir y venir como otro padre con pareja.

No obstante°, los padres solos son increíblemente ingeniosos y a veces hallan formas de llenar el vacío° que dejó el esposo o la esposa ausente. Algunos, como la azafata Pat Lenar de Chicago, solucionaron su problema porque desarrollaron° una "familia sustituta". Los vecinos de Pat cuidan a su niño después del colegio. A cambio de esto, ella los lleva en auto a todas partes o les ayuda a limpiar la nieve en el invierno. "Sin ellos, no podría trabajar", dice Pat. "Mi familia vive en Boston y no me pueden ayudar. Mis vecinos son como tíos para mi hijo".

Un inmigrante salvadoreño, Ernesto, quien cría solo a su hija de diez años, encontró al grupo Padres sin pareja *(Parents without Partners)*, cuando ya no le quedaba ninguna esperanza. Aunque tiene la ayuda de su tía, descubrió que ser padre soltero lo aísla de su grupo. Sus compañeros camioneros° no entienden nunca por qué no se puede quedar a tomar una cerveza después del trabajo. "Necesitamos conocer a otros como nosotros, pero es muy difícil en este país, en que la gente es tan reservada", nos dice Ernesto. Padres sin pareja tiene oficinas en Europa y en los Estados Unidos (basta con llamar al 800-637-7974) y hace campañas° para apoyar leyes que ayuden a los padres solos, ofrece cursos sobre finanzas, seguros, asuntos legales e impuestos° y también organiza algunas actividades sociales para padres e hijos.

Los padres solos que son inmigrantes tienen más problemas que otros padres, porque no tienen idea del sistema legal y social. "Los padres no tienen acceso a las cortes para conseguir la custodia o la pensión alimenticia de sus hijos", dice Suzanne Jones, directora del Centro de Recursos para el Padre Individual de Nueva York. El centro tiene empleados bilingües que ayudan a conseguir trabajo, vivienda o guarderías infantiles para los niños.

Es evidente que el mundo moderno tiene otras familias que no encajan en° la definición tradicional, pero no cabe duda que estos núcleos familiares tienen las mismas necesidades y derechos de una familia clásica—sólo que más apremiantes° todavía.

Tomado de "Padres heroicos" por Chiori Santiago en Más, *Otoño 1990, página 35.*

chóferes de camión

promociones
taxes

entran dentro de

urgentes

¿Comprendió bien?

C **¿Qué descubrió?** Lea la lectura de nuevo. Luego, complete este cuestionario.

1. Indique si la lectura es . . .
    a. un cuento.
    b. un ensayo histórico.
    c. un anuncio comercial.
    d. una narración descriptiva.
    e. otro tipo de lectura (indique cuál es: _____).
2. ¿Qué propósito tiene la lectura? Es para . . .
    a. persuadir al lector.
    b. ofrecerle ayuda al lector.
    c. anunciar un producto nuevo.
    d. darle información al lector.
    e. otro propósito (indique cuál es: _____).
3. Haga una lista de los problemas que tiene un padre solo, según el artículo. Luego, compare esta lista con la que Ud. hizo en la sección *Antes de leer.* ¿Cuántos problemas predijo Ud. *(did you predict)*, y cuáles son?

¡Vamos a conversar!

D **¿Eres independiente?** Entreviste a su compañero(a) usando las preguntas que siguen para saber si Uds. son más o menos independientes que los padres solos. En seguida, comparen sus respuestas con las de otro par de compañeros(as).

Sí   **No**

—   —   ¿Puedes vivir solo(a) en la misma ciudad donde vive tu familia?

—   —   ¿Puedes vivir con una persona del otro sexo?

—   —   ¿Pudiste elegir tu carrera de acuerdo a tus propias preferencias?

—   —   ¿Puedes vender algo que te hayan dado tus padres o tu pareja (por ejemplo, un coche o un estéreo fino)?

—   —   ¿Podrías cambiarte de universidad o dejar tus estudios sin consultar con tu pareja o tus padres?

E **Problemas del diario vivir.** Converse con dos o tres compañeros y averigüe si necesitan consultarle a su pareja, a sus padres o a sus compañeros(as) de cuarto cuando hacen las siguientes cosas. Use una tabla para llevar la cuenta *(tally)* de los resultados de su encuesta.

Sí   **No**

—   —   dormir fuera de casa
—   —   invitar a los amigos a casa
—   —   usar la casa para una gran fiesta
—   —   llevar a alguien a dormir en casa
—   —   llevar a los amigos a comer en casa
—   —   irse por el fin de semana con amigos
—   —   salir el viernes por la noche y volver tarde
—   —   tomar vino o cerveza en casa o en una fiesta
—   —   usar el carro (coche) de su papá o de su mamá
—   —   llevar a un(a) amigo(a) que no tiene casa a vivir con Ud.

F **Las funciones de la familia.** Trabaje con un(a) compañero(a). Pregúntenles a tres personas qué piensan de lo siguiente. Después, preséntenle los resultados a la clase. Hagan una tabla para clasificar las respuestas de los entrevistados.

1. ¿Qué cosas deben hacer los padres para ayudar a sus hijos?
2. ¿Qué cosas debe hacer un joven para ayudar a sus padres?
3. ¿Cómo evita *(avoid)* Ud. los conflictos con sus parientes?
4. ¿Qué se puede hacer si hay un conflicto entre padre e hijo? ¿Entre madre e hija? ¿Entre suegra y yerno? ¿Entre marido y mujer?

5. ¿Cómo se puede ayudar a los parientes que ya están viejos?
6. ¿Cómo cree Ud. que será la familia después del año 2000?
7. ¿Qué le parecen los papeles que tiene Ud. como hijo(a), sobrino(a), ahijado(a), primo(a), padre (madre)? ¿Cuál prefiere y por qué?

G Recuerdos del pasado. Entreviste a dos compañeros(as) para averiguar si Uds. tuvieron niñeras, si los cuidó su mamá todo el tiempo, o si otros parientes o familiares ayudaron a criarlos. Luego, discutan las ventajas de cada alternativa y háganle un resumen a la clase.

EJEMPLO: En general, a nosotros nos criaron las mamás, excepto en el caso de Brian, que lo crió su abuela, porque su mamá trabajaba en el hospital . . .

H Compromisos. Con un(a) compañero(a) entreviste a cinco estudiantes de español. Pregúntenles su edad, si están libres sentimentalmente, si están comprometidos, o si ya están casados o viven con alguien permanentemente. Traten de encontrar a personas de ambos *(both)* sexos y de distintas edades. Anoten los resultados en esta tabla.

	Hombres			Mujeres		
Edad	*18/19*	*20/21*	*22/23*	*18/19*	*20/21*	*22/23*
Libres	＿＿	＿＿	＿＿	＿＿	＿＿	＿＿
Comprometidos	＿＿	＿＿	＿＿	＿＿	＿＿	＿＿
Casados/unidos	＿＿	＿＿	＿＿	＿＿	＿＿	＿＿

Hagan una tabla con los resultados de todos los grupos de la clase y después comparen sus resultados con los de la encuesta de jóvenes españoles que sigue.

	Hombres			Mujeres		
Edad	*18/19*	*20/21*	*22/23*	*18/19*	*20/21*	*22/23*
Libres	86%	72%	56%	72%	46%	39%
Comprometidos	13%	22%	33%	24%	39%	27%
Casados/unidos	1%	6%	11%	4%	15%	34%

Tomado de Cambio 16, *Nº 707, 17 de junio de 1985,*
páginas 106-109.

I Cada oveja con su pareja. Los padres solos tratan de encontrar una nueva pareja a veces. Con otras dos personas, discutan cuatro de los siguientes problemas que se les pueden presentar.

1. el caso de dos enamorados cuando uno de ellos desea salir con otra persona
2. las mujeres o los hombres de carrera que no tienen tiempo para tener novio o novia
3. los problemas de los padres solos que llevan a su pareja a vivir con ellos y los niños
4. cuántos años deben salir juntos los enamorados antes de casarse
5. qué pasa con las parejas jóvenes que se casan después de un corto noviazgo
6. las ventajas y los problemas de los enamorados que viven juntos

J ¡Qué cómodo es vivir con un sólo padre! Con otros dos compañeros, hagan una lista de las ventajas y desventajas de vivir con un sólo padre. Cuando terminen la lista, compártanla con los otros grupos y vean si son muy diferentes o no. Analicen las diferencias.

EJEMPLOS: **Ventaja:** No hay que acostumbrarse a dos personas diferentes.
Desventaja: Falta el modelo de un padre.

Compare: **Cuando era chico(a) . . .** *(When I was a young boy/girl)* . . .
Cuando era joven . . . *(When I was a young adult)* . . .

Así es

Los períodos de la vida. Estudie cómo se dividen—aproximadamente—los períodos de la vida en la cultura hispana. Discutan lo siguiente.

1. ¿Qué diferencias hay entre la manera en que nuestra cultura divide los períodos de la vida y la manera en que se hace en la cultura hispana?
2. ¿Cuándo se supone que un(a) joven debe ser independiente de sus padres aquí?
3. ¿Cuándo se supone que un(a) joven debe casarse, más o menos?

la infancia	cuando somos **chicos** (hasta los 10 u 11 años)
la adolescencia	cuando somos **adolescentes** (hasta los 16 o 17)
la juventud	cuando somos **jóvenes** (hasta los 29 o 31)
la edad adulta	cuando somos **adultos** (de los 25 a los 60)
la vejez o "la tercera edad"	cuando somos **viejos** o **mayores** (de los 60 hasta los 75) o jubilados *(retired)*
la ancianidad o senectud	cuando somos **muy viejos** o **ancianos** (mayores de 75)

IDENTIFICACIÓN

When describing others, it is possible to distinguish each person by inserting appropriate details in phrases, as shown below.

> Mi tío más anciano, **el que fue policía,** está en Tejas ahora.
> Mi tía Estela y mi tía Marta, **las de Nevada,** van a venir para Reyes.
> Mi prima Amalia, **la que trabaja en la clínica,** vive con sus padres todavía.

The phrases between commas help specify a particular person, and they avoid unnecessary repetition of his or her name. Note that these phrases use a definite article *(el, la, los, las)* which must correspond to the person or persons referred to.

K Detalles.   Complete lo que le dice Pat Lenar a la periodista con frases que incluyan los detalles que siguen.

Mi amiga, (1) . . . , va a llevar al niño al partido de fútbol infantil. Nunca puedo ir a las reuniones del club, (2) . . . , porque siempre son a las cinco de la tarde y a esa hora yo recién salgo del aeropuerto. Mis vecinos, (3) . . . , son tan amables; fíjese que el otro día cuando llegó mi prima, (4) . . . , la recibieron y la invitaron a cenar con el niño, porque yo no llegaba hasta las diez de la noche de Los Ángeles.

1. Es la amiga que trabaja en la oficina central de American Airlines.
2. Es el club que está en la Plaza Lincoln.
3. Son los vecinos que viven en la casa de la derecha.
4. Es la prima que vive en Boston cerca de su mamá.

PUNTOS DE REFERENCIA

Spanish and English differ as to the point of reference for certain very frequent verbs that imply movement and involve at least two people, for example: **ir** and **venir, llevar** and **traer.** In Spanish, the point of reference is the person who is speaking, not the person who is listening.

The reading says: Un padre solo, en suma, no puede **ir y venir** como otro padre con pareja.
English speakers say: A single parent cannot **come and go** (not go and come) like a parent who has a spouse.

When there is somebody at the door,
  Spanish speakers say: ¡Ya **voy!**
  English speakers say: I'm **coming**!

When asking permission to come over to visit someone,
  Spanish speakers say: ¿Puedo **ir** a verte?
  English speakers say: Can I **come** to see you?

When offering to bring something to a party,

Spanish speakers say: ¿Qué te **llevo?**

English speakers say: What should I **bring** you?

L   No te preocupes.   Complete la siguiente conversación entre Ernesto y su amigo José.

ERNESTO: ¿A qué hora es la fiesta, José?

JOSÉ: A las nueve o diez, pero como tú tienes el problema de la niña, si quieres puedes _____ más temprano. (ir/venir)

ERNESTO: Bueno, no puedo _____ (ir/venir) más temprano porque la niña tiene un partido de básquetbol, pero voy a ver si mi tía puede _____ (traerla/llevarla) de regreso a casa. ¿Y qué te _____ de comer? (llevo/traigo)

JOSÉ: Ah, no te preocupes. Tú tienes mucho que hacer; _____ unas cervezas, nada más. (lleva/trae)

EN POCAS PALABRAS

El pretérito de los verbos regulares

The preterite tense is used for talking about the past, describing what happened, and telling stories. Notice in the paragraph below how the verbs are woven together to tell a short anecdote.

Para el Día de la Madre, **se vistieron, tomaron** el auto y **salieron** de casa hacia el restaurante. A medio camino, *pasaron* por los abuelos. **Llegaron** al restaurante después de las dos y el camarero los **llevó** directamente a su mesa. Después, los adultos **bebieron** un poco de jerez y **comieron** un poco de queso. Los niños **pidieron** Coca-Colas bien heladas. En fin, todos lo **pasaron** muy bien: la comida **estuvo** exquisita.

Preterite forms of regular verbs		
-ar cas**arse**	**-er** com**er**	**-ir** recib**ir**
me cas**é**	com**í**	recib**í**
te cas**aste**	com**iste**	recib**iste**
se cas**ó**	com**ió**	recib**ió**
nos cas**amos**	com**imos**	recib**imos**
os cas**asteis**	com**isteis**	recib**isteis**
se cas**aron**	com**ieron**	recib**ieron**

Here are some common activities from the three verb families:

-ar	-er	-ir
ayudar a mamá	beber unas copas	salir a comer
pagar las deudas	nacer *(to be born)*	decidir cúando . . .
invitar a los tíos	crecer *(to grow up)*	escribir cartas
visitar a los primos	aprender vocabulario	asistir a clase
comprar los alimentos	comer en un restaurante	recibir regalos

Verbs with spelling changes

1. Several verbs have spelling changes only in their **yo** forms.

(c→qu)	sacar	buscar	explicar
yo	sa**qu**é	bus**qu**é	expli**qu**é

(g→gu)	llegar	pagar	jugar
yo	lle**gu**é	pa**gu**é	ju**gu**é

(z→c)	empezar	comenzar	organizar
yo	empe**c**é	comen**c**é	organi**c**é

2. Stem-changing **-ir** verbs change in their preterite **él, ella, usted** and **ellos, ellas, ustedes** forms.*

(e→i)	pedir	vestirse	conseguir
él, ella, Ud.	p**i**dió	se v**i**stió	cons**i**guió
ellos, ellas, Uds.	p**i**dieron	se v**i**stieron	cons**i**guieron

(o→u)	dormir	morirse	
él, ella, Ud.	d**u**rmió	se m**u**rió	
ellos, ellas, Uds.	d**u**rmieron	se m**u**rieron	

3. Several **-er** and **-ir** verbs have a change in the **usted** and **ustedes** preterite forms: **i** between two vowels changes to **y.**

(e/i→y)	leer	oír	construir
él, ella, Ud.	le**y**ó	o**y**ó	constru**y**ó
ellos, ellas, Uds.	le**y**eron	o**y**eron	constru**y**eron

CÓMO DECIR QUÉ PASÓ

El otro día, llamé a . . .
Anoche (anteayer), fui a . . .
El lunes (miércoles), jugué . . .
La semana pasada, le pedí a . . .
En abril, comencé a trabajar en . . .
El 12 de junio de 1991, Luis se casó con . . .

---

*/For a list of other stem-changing **-ir** verbs, see page 00 (ms. 1–16).

¡A PRACTICAR!

A   Una reunión familiar.   El sábado pasado, la familia Torres celebró el cumpleaños de Graciela, que cumplió quince años. En un grupo de tres personas, escriban la narración completa de esta fiesta. Luego, comparen su cuento con el de otro grupo.

> EJEMPLO: yo / escribir / las tarjetas de invitación
> Yo escribí las tarjetas de invitación.

Por la mañana, todos **(asistir)** a misa y el padre Camacho **(hablar)** de las responsabilidades de tener quince años. Luego, mis parientes y yo **(volver)** a mi casa, donde Graciela **(recibir)** muchos regalos preciosos. Por la tarde, sus padrinos **(invitar)** a todos a su casa, donde un conjunto musical **(comenzar)** a tocar un vals y Graciela y su papá **(bailar)** juntos. Después, todo el mundo **(bailar)** por mucho rato. Más tarde, **(llegar)** el tío Pepe con un estupendo tocadiscos para Graciela. También **(venir)** otros parientes y yo **(conversar)** con ellos y con mis primos. Después, todos **(servirse)** unos bocadillos exquisitos que la abuela **(preparar)** anoche. Mi tío **(decir)** que los años **(pasar)** volando y que Graciela ya era una señorita con sus quince años. La fiesta **(ir)** muy buena y lo **(pasar)** muy bien juntos, en familia.

B   Preguntas comunes.   Con otro(a) estudiante, agreguen dos preguntas a la lista y pregúntense lo siguiente:

1. dónde nació su compañero(a)
2. dónde creció él (ella)
3. dónde nacieron sus padres
4. dónde crecieron ellos
5. dónde se conocieron y se casaron sus padres
6. qué fiestas familiares celebraron el año pasado
7. cuándo murieron sus abuelos o bisabuelos

C   Me mata la curiosidad.   Use frases de la lista y hágale tres preguntas a otra persona. Luego, piense en dos frases más y hágale otras dos preguntas a su compañero(a).

> EJEMPLO: trabajar en serio
> A: —¿Trabajaste en serio este semestre?
> B: —No, porque mis cursos eran fáciles.

chocar el auto	pagar las deudas	copiar en una prueba
recibir regalos	trabajar en serio	pelear con los padres
beber demasiado	escaparse de casa	conocer a gente interesante

D   ¿Qué hiciste anoche?   Pregúnteles a cinco compañeros sobre los siguientes detalles. Luego, hágale un resumen de las respuestas a la clase.

Find out . . .

1. what they did after dinner last night.
2. when they called home last.
3. whom they talked with.
4. what they talked about.
5. what news they had.

Resuma . . .
Anoche, todos estuvieron en su cuarto porque hay pruebas. Virginia llamó a su casa . . . y habló con . . .

E   ¡Tantas cosas, por Dios!   Haga una lista de las cosas que ya ha hecho esta semana. Después, compare su lista con la de otro(a) compañero(a).

EJEMPLO: Llamé a mis padres porque saqué una A en cálculo.
Conseguí un libro usado de álgebra para mi prima.
Le preparé el laboratorio de física a mi hermano.

Unas palabras para desearte
todas las cosas lindas
que hacen de un cumpleaños de quince
una experiencia alegre y bella...
amigos para compartir tu alegría
durante el día y la noche...
seres queridos que llenen tu corazón
con cariño y felicidad...
y recuerdos para guardar
y atesorar toda tu vida.

Así
se hace

La quinceañera. En México, en la zona del Mar Caribe y en los Estados Unidos, las niñas hispanas tienen un gran baile cuando cumplen quince años. En esta ocasión, se convierten en señoritas y entonces pueden ir a fiestas y salir con muchachos o en grupos, probablemente con un(a) primo(a), tía o hermano(a) de chaperón.
1. En su cultura, ¿hay alguna fiesta similar para niños o niñas? 2. ¿Cuándo es esta celebración? 3. ¿Qué hace la familia para esta fiesta?

El pretérito de los verbos irregulares

Some verbs have irregular stems in the preterite tense, but their endings are identical.

Irregular preterite forms				
decir	traer	venir	tener	estar
dije	traje	vine	tuve	estuve
dijiste	trajiste	viniste	tuviste	estuviste
dijo	trajo	vino	tuvo	estuvo
dijimos	trajimos	vinimos	tuvimos	estuvimos
dijisteis	trajisteis	vinisteis	tuvisteis	estuvisteis
dijeron	trajeron	vinieron	tuvieron	estuvieron
hacer	querer	dar	poder	poner
hice	quise	di	pude	puse
hiciste	quisiste	diste	pudiste	pusiste
hizo	quiso	dio	pudo	puso
hicimos	quisimos	dimos	pudimos	pusimos
hicisteis	quisisteis	disteis	pudisteis	pusisteis
hicieron	quisieron	dieron	pudieron	pusieron

*/**Traducir (traduje)** is like **decir; andar (anduve)** is like **tener. Detener, contener, obtener,** etc., are also like **tener.**

The verbs *ir* and *ser* have the same preterite forms; their meaning is clarified according to their context.

> fui *(I was/went)*, fuiste, fue, fuimos, fuisteis, fueron

Todo el mundo **estuvo** muy feliz en la fiesta del Día de la Madre. Olga, porque no **tuvo** que preocuparse de la comida ese día; Moisés, su marido, porque no **fue** a la oficina por la tarde; y los niños, porque no **fueron** al colegio ni **hicieron** ninguna tarea. Además, le **trajeron** muchos regalos a Olga y los niños **estuvieron** muy felices jugando con sus primos y comiendo torta. Charito, la menor, **dijo** que **fue** un día estupendo.

¡A PRACTICAR!

F ¡Felicidades! Jorge y su amiga Loreto hablan del Día de la Madre que celebraron la semana pasada. ¿Qué dicen? Con un(a) compañero(a), completen las conversaciones y después lean los diálogos en voz alta.

> EJEMPLO: —¿Qué **hicieron** Uds., Jorge?
> —**Hicimos** muchas cosas.

1. —¿Qué le **diste** de regalo a tu mamá, Jorge?
   —Un gran abrazo y también le _____ un álbum. Mi hermano le _____ un libro.

2. —¿Y qué le **dijiste,** Jorge, eh?

   —Le _____, "Felicidades, mamá".

   —Y tu papá, ¿qué le _____?

   —Le _____, "Felicidades, mi vida".

   —¡Ay, qué amor!

3. —¿Y qué cosa le **trajo** tu papá a tu mamá, Loreto?

   —Un vestido muy lindo.

   —¿Y tus hermanas?

   —Le _____ un bouquet de flores maravilloso.

4. ¿Qué le **hicieron** tus abuelas a tu mamá, Loreto?

   —Le _____ una torta muy grande. Era de crema moka.

   —Y tú, ¿qué le _____?

   —Yo le _____ unas tartas de fruta pequeñitas.

G ¿Qué hiciste ahí? Dígale a otro(a) estudiante lo que Ud. hizo recientemente en por lo menos cuatro de estos lugares. Luego, su compañero(a) va a decirle lo que hizo él o ella.

    EJEMPLO: En el laboratorio, hice un experimento y explotó todo.

1. en la calle
2. en una tienda
3. en el trabajo
4. en el laboratorio
5. en el gimnasio
6. en la cafetería
7. en la enfermería
8. en la oficina de un profesor

H ¡Qué bien lo pasamos! Pregúntele a un(a) compañero(a) cuál fue la última fiesta familiar que tuvieron en su casa y qué pasó. Refiérase a las siguientes sugerencias, si no recuerda cuál fue la ocasión. Luego, cambien de papeles.

    EJEMPLO: —¿Cuál fue la última fiesta que tuvieron Uds.?

            —Fue la boda de mi prima.

            —¿Y qué hicieron?

            —Fuimos a San Francisco. Después de la ceremonia, tuvimos una fiesta con orquesta y bailamos hasta las doce. Fue una fiesta muy buena.

tu cumpleaños

el cumpleaños de . . .

el bautizo de . . .

la boda de . . .

la graduación de . . .

la jubilación _(retirement)_ de . . .

I Regalos. Pregúntele a un(a) compañero(a) qué regalos recibió de sus familiares recientemente. Él (Ella) debe contestar y preguntarle a Ud. Luego, comparen sus respuestas con las de otra pareja de alumnos.

EJEMPLO: A: ¿Qué regalos te hicieron en tu última fiesta?
B: Fíjate que mi papá me dio su coche viejo. No quiso usarlo por un año, pero yo le puse transmisión nueva.
A: ¡Ah, qué bueno! A mí me dieron una grabadora.

J ¿Qué hiciste el último feriado? Pregúntele a un(a) compañero(a) qué hizo para el último feriado *(holiday)*. Después, cambien papeles.

EJEMPLO: —¿Qué hiciste el último feriado?
—Fui a mi casa a ver a mis padres y también estuve dos días en el campo con mis primas.

o: —No fui a ninguna parte. Estuve aquí en la universidad, trabajé cuatro horas y puse mis cosas en orden en casa. También fui a dos fiestas de mis amigos.

K Mi fiesta. Cuénteles a sus compañeros de grupo sobre alguna fiesta bien interesante de su familia, usando las siguientes sugerencias.

Explique . . .
1. qué celebraron Uds.
2. quién vino.
3. quién no pudo venir.
4. quién llegó muy tarde.
5. qué regalos trajeron los invitados.
6. qué comida trajeron.
7. quién no quiso comer mucho.
8. qué hicieron ustedes.
9. de qué hablaron todos.
10. quién tuvo las mejores ideas.
11. quién no quiso cantar o bailar.
12. quién limpió la cocina y la casa después.

Los verbos ser y estar

Use the verb *estar* when you want to describe location or position; physical condition; state of mind or emotional reactions and, in general, states or conditions that are based on your *perception*.

Location or position	Mi cuñado **está en** California; **está cerca de** mi tía Inés y la abuela.
Physical or mental condition	Mi primo Larry **está preocupado** porque ahora **está enfermo** con la influenza y no puede ir a sus clases.

No sólo hoy,
sino toda la vida,
que seas siempre muy feliz...
que tu corazón permanezca lleno
de amor y alegría...
porque tú eres
entre todas las madres
la más buena...
la más tierna...
la más querida.

Feliz Día de las Madres

El día de la Madre.
En muchos países hispanos se celebra el Día de la Madre, aunque la fecha cambia de un lugar a otro. En general, hay fiestas para las madres en los colegios públicos y particulares y también en los centros comunitarios. Ese día, la familia sale a almorzar a un restaurante o se reúne en casa de la abuela para celebrar a las madres más jóvenes. Los niños

cantan o declaman poemas para sus mamás. Ellas reciben muchas flores, tarjetas de saludo hechas por sus hijos y, a veces, joyas y otros regalos más caros.

1. ¿Qué hacen en su casa para el Día de la Madre?
2. ¿Qué tipo de regalos recibe su madre? 3. ¿Hay regalos para las abuelas también? 4. ¿Qué espera su mamá que haga la familia?

State of mind or emotional reactions	La novia de Larry **está furiosa** porque los dos no pueden ir al matrimonio de su hermana tampoco.
Perceived state	El día **está muy frío** afuera y el agua no **está bien caliente** como para una ducha ahora. Parece que el calentador de agua **está roto.** Creo que no **estoy** muy bien hoy.

Use the verb *ser* to describe a person's origin, profession, and physical and psychological characteristics. The verb *ser* is also used for telling time, for stating where something takes place, for indicating possession and for describing what something is made of.

Occupation *Psychological* *Physical* *Time* *Location of event*	Mi tío Jorge **es ayudante graduado** aquí en la universidad. **Es bajo, muy inteligente y estudioso.** También **es muy trabajador.** Aunque su clase **es tarde (es a las 7:00),** él llega a las 5:00, porque la clase **es en el laboratorio** grande y él tiene que preparar todo primero. Tiene que **ser**
Materials *Possession* *Origin*	muy cuidadoso porque los materiales **son** radioactivos y, además, el equipo **es del** profesor Scholl. Mi tío **es** de origen irlandés, como mi mamá.

Notice that while the verb **estar** is used to express notions related to our perception of the world and states of affairs, the verb **ser** is used to describe essential or intrinsic characteristics of people, things and ideas.

¡A PRACTICAR!

L   Acerca de la familia.   Complete las siguientes conversaciones, usando formas apropiadas de los verbos *estar y ser*.

1. —¿De dónde son Uds.?
   —_____ de Nueva York.
   —¿Y dónde _____ tu casa?
   —_____ en un pueblo que se llama Montrose; _____ ahí en la calle principal.

2. —¿De dónde _____ tu familia?
   —La familia de mi papá _____ de Georgia y la de mi mamá _____ de Oklahoma; nosotros _____ del sur. ¿Y tú?
   —La familia de mi papá _____ de Bulgaria y la de mi mamá _____ de Iowa; pero nosotros _____ de Illinois.

3. —¿Cómo _____ tu chica?
   —_____ pequeña, muy pequeña. _____ bajita, de pelo negro y muy simpática. _____ en la Escuela de Negocios. ¿Y tu novia?
   —Ya no tengo novia; nos peleamos. Pero tengo una amiga que _____ muy inteligente y entretenida. _____ en Nevada ahora.

M   Cuéntame de tu familia.   Hable con otro(a) estudiante. En los espacios, usen Uds. formas de los verbos *ser y estar;* en los puntos suspensivos (. . .), añadan información personal.

Estudiante A	Estudiante B
1. ¡Hola! ¿Cómo _____?	2. . . . ¿Y tú?
3. . . . ¿De dónde _____ tú?	4. _____ de . . . ¿Y tú, de dónde _____?
5. . . . y/pero mi papá _____ de . . . y mi mamá _____ de . . . Y tus padres, ¿de dónde _____?	6. Pues, mis padres _____ de . . . Y ¿cómo _____ por tu casa?
7. . . . ¿Dónde viven Uds.?	8. Bueno, nuestra casa (nuestro apartamento) _____ en . . . Mi dirección _____ . . . ¿Y dónde viven Uds.?
9. . . . Oye, ¿tienes hermanos?	10. Sí, . . . (No, fíjate que no). ¿Y tú, cuántos hermanos tienes, cómo _____ y dónde _____ ahora?
11. . . . Pues, ahora cuéntame un poco más de tu familia.	12. Bueno, mis . . . (tíos, abuelos . . .) _____ y . . .
13. Ay, ¡qué interesante!	14. . . .

N Depende del tiempo. Nuestro ánimo (*mood*) cambia con el tiempo muchas veces. Diga cómo se siente en cada caso.

EJEMPLO: lluvioso
Si está lluvioso, estoy aburrido y con sueño.

Sí está húmedo, . . .
    lluvioso, . . .
    caluroso, . . .
    nublado, . . .
    nevando, . . .
    bajo cero, . . .

Si hay viento y sol, . . .
    una tormenta, . . .

Si hace 96°F, . . .
    65°F, . . .

O ¿Cómo estaban? Imagínense que les han sucedido las siguientes cosas. Pregúntele a un(a) compañero(a) cómo reaccionaron sus familiares u otras personas cuando sucedió cada una.

EJEMPLO: tener un accidente de auto
A: ¿Tuvo alguien en su familia un accidente de auto?
B: Sí, mi hermana.
A: Cuéntame, ¿qué pasó?
B: Mi papá estaba furioso porque mi hermana usó su auto.

enojado	nervioso	espantado	avergonzado
furioso	deprimido	frustrado	horrorizado

1. sacar malas notas
2. chocar el coche de . . .
3. suspender las clases
4. romper algo en el trabajo
5. no estudiar el vocabulario
6. hacer una explosión en física

P Su compañero(a). Escriba en una hoja de papel una descripción de un(a) compañero(a) de clase, pero no indique el nombre de esta persona. Luego, junten todas las descripciones, léanlas una por una y traten de adivinar el nombre de la persona descrita.

EJEMPLO: Esta persona es tranquila, reservada y amable. Está en la facultad de . . . y le gusta mucho trabajar con . . . Es alto y muy delgado y tiene . . . No es ni nervioso ni . . . Le gusta nadar y hacer esquí acuático porque es de la Florida.

When describing people, things and places in Spanish, pay attention to the gender (masculine or feminine) and number (singular or plural) of the nouns you are using. Both their gender and their number must be matched by the articles, adjectives, and pronouns that refer to them. Generally, adjectives go after the noun.

La relación de los sustantivos con artículos, adjetivos y pronombres

Fíjate que llegaron mi**s tíos** extranjer**os** ayer por la tarde.
Todavía no **los** llevan a mi casa, pero creo que **los** podemos ver

la próxima semana. Hay **un tío** muy entretenid**o** que se fue de Grecia a Buenos Aires, en vez de venir a Nueva York como mi papá, y un**as** prim**as** muy bonit**as** e interesant**es** que hablan tres idiomas: griego, español e inglés.

In addition to affecting the choice of verb endings (singular or plural), the word *tío(s)* in the paragraph above causes other words (e.g, *extranjeros, los*) to change. Notice how *primas* also triggers changes in articles and adjectives.

In Spanish, feminine nouns generally end in: *-a, -ción, -sión, -dad, -tud, -ez, -cia, -umbre, -triz, -sis.* Masculine nouns generally end in *-o, -or, -ma.* Colors, numbers, and names of trees are also masculine nouns. There are, of course, some exceptions to these rules; words ending in *-e* are somewhat difficult to classify.

Some common adjectives usually go before the noun, but they still must agree with it. Among these are: *gran, pequeño, buen, mal, primer, segundo, tercer, cuarto, distinto, famoso, mismo, excelente, cierto, otro.* Some of these adjectives change meaning when they change position. Study the following phrase sets and note the spelling changes in the first three sets:

mal ojo = *bad eye for . . .*	**ojo malo** = *damaged eye*
gran soldado = *great soldier*	**soldado grande** = *big soldier*
buen alumno = *good student*	**alumno bueno** = *nice student*
cierta idea = *certain idea*	**idea cierta** = *sure idea*
misma chica = *same girl*	**chica misma** = *girl herself*
nuevo regalo = *another gift*	**regalo nuevo** = *new gift*
viejo amigo = *old friend*	**amigo viejo** = *elderly friend*

Note that in the reading selection, *Padres heroicos*, there is a contrast in the words **sólo** *(only)* and **solo** *(alone)*:

un sólo padre = one only parent
un padre solo = a parent without a spouse, a single parent

¡A PRACTICAR!

Q ¿Qué sabe Ud.? Con otro(a) estudiante, clasifique las siguientes palabras en dos grupos: masculino y femenino.

vejez, aire, dilema, costumbre, vecinos, vacaciones, gente, adolescencia, cama, supervisor, madurez, padres, crisis, felicidad, rapidez, problema, infancia, hipótesis, calor, motor, niñez, campañas, programa, ley, custodia, pensión, cortes, chófer

R Mi persona preferida. Pregúntele a un(a) compañero(a) por su persona preferida. Después, cambien papeles. Usen adjetivos de la lista y otros para describir a la persona.

genial	generoso(a)	simpático(a)	bueno(a)
amable	interesante	trabajador(a)	gran(de)
liberal	inteligente	aventurero(a)	famoso(a)
guapo(a)	divertido(a)	entretenido(a)	diferente
bonito(a)	tranquilo(a)	conversador(a)	nervioso(a)

EJEMPLO: A: ¿Quién es tu persona preferida?
B: Mi tía Ana.
A: ¿Cómo es ella?
B: Es una persona genial. Es la hermana menor de mi papá y vive en . . . Es interesante porque . . . y también es muy bonita y divertida.

S Mi casa o apartamento. Descríbale su casa, cuarto o apartamento a un(a) compañero(a). Use adjetivos de la lista; después, cambien papeles.

EJEMPLO: Mi **apartamento** no es muy bon**i**to porque es muy pequeñ**o**, pero es bastante cómod**o** para nosotros. Mi habitación es grande y **la** tengo decorad**a** con much**os** cartel**es** *(posters)* modern**os**.

bonito(a) . . . feo(a)	nuevo(a) . . . viejo(a)	cómodo(a) . . . incómodo(a)
limpio(a) . . . sucio(a)	grande . . . pequeño(a)	asoleado(a) . . . oscuro(a)
malo(a) . . . bueno(a)	amplio(a) . . . estrecho(a)	diferente . . . ordinario(a)

T Mis cosas. Describa algunas de sus cosas usando adjetivos de la lista.

Describa su estéreo, su máquina fotográfica, su bicicleta, su computadora personal, su tocacintas, su tocadiscos, su radio o su tocacintas portátil (Walkmán), su reloj calculadora, etc.

EJEMPLO: Mi **estéreo** es estupend**o**; tiene **un tocacintas** brutal y unos **parlantes** sensacional**es**. Es **un aparato** importad**o** excelente, que tiene **un sonido** fantástico.*

brutal	portátil	liviano(a)	estupendo(a)
nacional	confiable	poderoso(a)	importado(a)
gran(de)	coreano(a)	diminuto(a)	japonés(esa)
nuevo(a)	pequeño(a)	práctico(a)	fantástico(a)
viejo(a)	preciso(a)	sensacional	electrónico(a)

---

*/Si estos aparatos no son de buena calidad, diga: **No es muy bueno / es pasable / no suena muy bien / el diseño no es muy bonito.**

U Cada loco con su tema.   Mire esta página de la TeleGuía y pregúntele a otra persona qué programas de televisión les gustaría ver a las diferentes personas de su familia y por qué.

EJEMPLO: A: ¿Qué le gustaría ver a tu papá?

B: A mi papá le gustaría ver el programa de boxeo porque le gustan los deportes violentos, pero a mi madrastra le gustaría el programa de . . . porque . . . y a mi hermanito . . .

V Mis primos o mis amigos.   Describa por escrito a dos primos o amigos usando algunos de los adjetivos de la lista. Estos adjetivos son más fáciles porque sólo debe fijarse si necesita la forma singular o la plural.

EJEMPLO: Mis prim**as** Ana y Catalina son muy interesant**es** porque vivieron en el Japón. Ellas son mayor**es** que yo y también son mejor**es** para los idiomas porque vivieron en el extranjero. **Las** quiero mucho.

peor	amable	sociable	popular
mejor	genial	inteligente	diferente
mayor	gran(de)	interesante	importante
menor	fenomenal	independiente	sentimental

¡A DIVERTIRNOS MÁS

Fiestas y celebraciones. Con otras dos personas, estudien las siguientes tarjetas de invitación y determinen a qué fiesta corresponde cada una. Después, escriban sus propias tarjetas para las celebraciones que vienen. Aquí tienen Uds. algunas frases útiles.

Del mundo hispano

Querido(a) _____ (nombre) _____,
El día 12 de abril voy a dar una fiesta de . . .
Me gustaría invitarte a . . .
Por favor, trae a tu novio(a) / ? . . .
Si no es mucha la molestia, por favor, trae . . .
La fiesta va a ser divina porque . . .
Pues, nos vemos el sábado . . .
Con cariño, _____ (su nombre) _____,

Cuando termine su tarjeta, mándesela a un(a) compañero(a) de otra sección o a un(a) amigo(a).

Armando Díaz Milián
Hortensia Martínez de Díaz

Juan Antonio Rico
Ma. del Rosario Gal

Participan el matrimonio de sus hijos

María Antonieta y Juan

y se complacen en invitarles a la Ceremonia Religiosa
que se celebrará el sábado veintidós del presente, a las dieciocho treinta h
en la Parroquia de San Jacinto Plaza de San Jacinto 18-bis, San Á
dignándose impartir la Bendición Nupcial el R. P. José Rodríguez G.

Ciudad de México, Noviembre de mil novecientos ochenta y seis

J. Jesús Coronel Trejo   y   Ma. Guadalupe M. de Coronel

Se complacen en invitar a Ud. y a su apreciable familia a la Misa de
Acción de Gracias que con motivo del

XV Aniversario

del natalicio de su hija

Gisela Reyna

Tendrá lugar D. m. el día 28 de Agosto a las 20 horas, en el Templo
de San Isidro, dignándose oficiar el Sr. Pbro.
Prisciliano Hernández.

Sus Padrinos:

Lázaro Mendoza M.   y   Elvira J. de Mendoza

Querétaro, Qro., 1981.

¡A escuchar!

A Un brindis.   Entre las celebraciones familiares, una boda es sin duda una de las fiestas más grandes. Escuche la grabación de un brindis para unos novios y después marque las respuestas correctas (a veces, hay más de una).

1. Juancho es (hermano / amigo / vecino / primo) de este señor.
2. El brindis es por _____ de Juancho.
   a. la boda
   b. el bautismo
   c. el cumpleaños
   d. el aniversario
3. La novia de Juancho se llama . . .
4. El amigo de Juancho espera que la pareja tenga . . .
   ____ mucha felicidad
   ____ muchos nietos
   ____ mucho dinero
   ____ muchos niños
   ____ mucha suerte
   ____ mucho amor

B Los padres de la novia.   ¿Quiere Ud. saber qué pasa después de la boda? Escuche en la grabación los comentarios de los padres de la novia sobre la fiesta y después conteste las siguientes preguntas.

1. ¿De qué hablan estas personas?
2. ¿A quiénes les parecieron mal algunas cosas de la fiestas?
3. ¿Por qué están tan contentos los padres de la novia?
4. La madre de la novia insiste en hablar de algo. ¿De qué es?

¡Le podría pasar a Ud.!

C El coche nuevo de papá.
Con otros dos o tres compañeros desarrollen una conversación entre los dos personajes descritos a continuación. Primero, escriban lo que quieren decir y decidan cuántos personajes necesitan: recuerden que pueden crear más personajes para ayudarles a los personajes principales a resolver su problema. Después, representen la conversación para toda la clase. Usen las ideas, el vocabulario y los verbos estudiados en este capítulo.

Estudiante A: Ud. tomó el coche de sus padres sin permiso y lo chocó. El coche está en mal estado. Explíquele a su papá (mamá) por qué tomó el coche y cómo ocurrió el accidente. Por supuesto, Ud. no tiene la culpa (fault) del accidente.

Estudiante B: Recientemente su hijo(a) no le ha obedecido en nada. Por eso, ustedes dos han tenido un montón de conflictos. Ahora él (ella) le chocó su coche nuevo. Recuérdele las cosas que han pasado y exíjale una explicación clara del accidente.

Sustantivos

campo country
carrera race
compadrazgo close relationship between and among godparents and parents of a child
corte court
gripe flu, influenza
iglesia church
misa mass
partido game
playa beach

Los familiares

abuela grandmother
abuelo grandfather
ahijado(a) godchild
bisabuela great–grandmother
bisabuelo great–grandfather
comadre mother and godmother in relationship to each other
compadre father and godfather in relationship to each other
hermanastro(a) step-brother (-sister)
cuñada sister-in-law
cuñado brother-in-law
madrina godmother
padres parents
padrino godfather
parientes relatives
primo(a) cousin
primo(a) hermano(a) first cousin
primos en segundo grado second cousins
sobrina niece
sobrino nephew
suegra mother-in-law
suegro father-in-law
tíos políticos persons married to your uncles or aunts

Celebraciones y ceremonias

bautismo baptism
boda wedding
cumpleaños birthday
quinceañera a girl's 15th birthday celebration
santo saint's day (party)

Verbos

acampar to camp
buscar to look for
casarse to get married
crecer to grow up
criar to bring up (someone)
cuidar to take care of
cumplir to turn (a certain age)
chocar con to crash (into)
fijarse to imagine
llamar to call
llegar to arrive
llevar to take or bring
morirse to pass away
nacer to be born
pasear to go for a walk
pelear to fight
querer to want, to love
sacar to take out
salir to go out
traer to bring
vestirse to get dressed

Adverbios de frecuencia

a menudo often
a veces sometimes
cada dos semanas every other week
casi nunca almost never
de vez en cuando from time to time
siempre always
todo el tiempo all the time
todos los días every day
una vez al mes once a month

¿A qué se dedica? What do you do (for work)?
a propósito by the way
a ver let's see
¿De veras? Really?
¡No me digas! You don't say . . . !

Expresiones idiomáticas

Expresiones para . . .	preguntar acerca de familiares y parientes, p. 35
	solicitar más información, p. 35
	pensar un poco más, p. 35
	hablar de las actividades en familia, p. 39, 40
	decir con qué frecuencia, p. 40
	decir qué pasó, p. 51

De la lectura

agotados exhausted
apremiantes urgent
camioneros truck drivers
campañas promotions
desarrollaron developed
encajan belong
fracasan fail
impuestos taxes

niñera babysitter
no obstante nevertheless
padre parent
pareja partner
promedio average
solo(a) alone
sólo only
vacío void

3

JUAN GRIS   Breakfast, 1914.
            Cut–and–pasted paper, crayon, and oil
            over canvas, 31⅞ x 23½".
            Collection, The Museum of
            Modern Art, New York.
            Acquired through the Lillie P.
            Bliss Bequest.

3

¿Vivir para comer o comer para vivir?

COMMUNICATIVE GOALS

In this chapter, you will learn to express your needs in a restaurant, and to talk and write about nutrition and food.

FUNCTIONS

Making suggestions
Talking about food
Talking at the table
Expressing likes and dislikes
Ordering a meal in a restaurant
Asking for and expressing opinions
Requesting and complaining about services
Making, accepting and declining invitations

CULTURE

Hispanic eating habits
Restaurant service
Restaurant costs
Restaurant customs
Kinds of restaurants
Buenos Aires, Argentina
Los bocadillos

¿CÓMO SE DICE?

Cómo expresarse en un restaurante

MOZO: Muy buenas tardes, señor.

DANIEL: Buenas tardes. Reservé una mesa a nombre de Daniel Martín . . . este . . . y quisiéramos sentarnos cerca de la ventana y . . . y en la sección de no fumadores, por favor.

MOZO: ¿En la sección de no fumadores? No hay sección de no fumadores; aquí, los clientes vienen a comer y a pasarlo bien y todo el mundo fuma . . . pero, pasen por aquí, por favor. Aquí hay una mesa cerca de la ventana. Señora, ¿me permite su abrigo, por favor?

ROXANA: Gracias.

. . . . .

MOZO: ¿Qué desean servirse? Tenemos parrilladas y bifes y . . .

ROXANA: Ay, ¡yo me muero de hambre! Quiero . . . , a ver. . . . Quiero un bife con papas fritas y cebolla frita. El bife a punto, por favor, no me gusta cocido.

DANIEL: Y yo . . . quisiera pescado hoy. Tráigame merluza frita . . . no, mejor merluza al horno con arroz y . . . ensalada, por favor.

ROXANA: Ah, claro; para mí, ensalada también.

MOZO: Un bife, un pescado asado, dos ensaladas mixtas. Muy bien, señor, y ¿qué desean tomar Uds.? ¿Algún vino?

DANIEL: Sí, tráiganos una botella de vino blanco de la casa, por favor.

ROXANA: Y agua mineral bien helada también. Tengo una sed tremenda.

MOZO: Muy bien; ya vuelvo con el pan y las bebidas.

CÓMO PEDIR UNA MESA

Reservamos una mesa a nombre de . . . ; somos cuatro.
Quisiéramos una mesa para dos . . .
                en el rincón.
                cerca de la ventana.
                afuera en la terraza.
                en la sección de fumadores (no fumadores).

CÓMO PEDIR ALGO DE BEBER

Tráiganos una botella de . . . champaña, por favor.
                      vino tinto,
                      vino blanco,
                      vino rosado,
                      un vino seco/dulce *(dry/sweet)*.
¿Nos trae . . . agua mineral, por favor?
             dos refrescos (gaseosas) bien helados(as)?

CÓMO PEDIR ALGO DE COMER

De entremés, ¿nos podría traer . . .
                aceitunas *(olives)*?
                ceviche de pescado *(fish cocktail)*?
                salpicón de mariscos *(shellfish salad)*?
                tortilla española *(egg and potato omelette)*?

Así es

¿Cómo se dice *dinner*?

Fíjese bien que las horas de comida y las palabras **almuerzo** y **comida** tienen distintos nombres en distintas partes.

desayuno, almuerzo
breakfast
tapas/tacos, merienda, colación
late morning snack
almuerzo, comida, lonche
lunch (dinner)
merienda, tapas, el té, once(s)
afternoon snack
cena, comida
dinner (supper)

PARA EL DESAYUNO TRÁIGAME . . . ,

medias lunas
pan integral
pan tostado
mantequilla, mermeladas y queso
huevos fritos
    revueltos
    con chorizo o jamón.

medias lunas

pan tostado

PARA EL ALMUERZO/LA CENA QUIERO COMER . . .

carne	**pescado y mariscos**
pavo	atún
salchichas	trucha
carne de vaca (buey/res)	bacalao
pechuga de pollo	lenguado
costillitas de cerdo	almejas
chuletas de . . . puerco	langosta
ternera	camarones (gambas)
cordero	

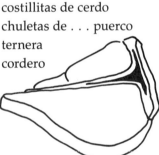

chuletas de . . . puerco

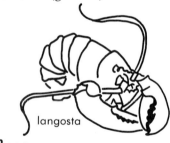

langosta

Quiero el pescado (la carne) . . .   **con . . .**

crudo(a)   arroz
ahumado(a)   fideos (tallarines)
cocido(a)   puré de papas
asado(a)   papas hervidas
estofado(a)   ensalada
frito(a)
al horno
a la parrilla
a la barbacoa
a punto
bien cocido(a)

fideos (tallarines)

¿Cómo cambia el vocabulario de un país a otro?

	México	España	Países andinos y Argentina
shrimp	camarones	gambas	camarones
pork	puerco	cerdo	cerdo, chancho
beef	carne de res	carne de buey	carne de vaca, vacuno
beef steak	bistec	bistec	bife, bistec, biftec
omelette	tortilla de . . .	tortilla de . . .	tortilla de . . .
tortillas	tortillas	—	—

CÓMO EXPRESAR PROBLEMAS

Ay, el mesero (camarero, mozo) se ha equivocado.
El pan está añejo *(stale)*.
Y la carne está dura *(tough)*.
¿Podría Ud. cambiarme esto?
Por favor, hielo para los refrescos.
Por favor, me falta un tenedor.

CÓMO COMUNICARSE ANTES DE IRSE

La cuenta, por favor.
¿Está incluída la propina?
¿Aceptan . . . cheques de viajero?
              tarjetas de crédito?
¿Me podría dar un recibo, por favor?

A **En un restaurante.** Hable con un(a) compañero(a) de clase. Imagínense que Uds. están en un restaurante; una persona es el (la) **m**esero(a) y la otra persona es el (la) **c**liente. Después, cambien papeles.

M: ¿Qué desea, señor(a/ita)?
C: Ay, ¡me muero de hambre! A ver. Quiero _____ con _____.
M: Lo siento, señor(a/ita), pero hoy no hay. Pero tenemos un(a) _____ exquisito(a). Es el plato del día.
C: Ah, ¿sí? Pues, quiero . . .
M: Muy bien. ¿Algún entremés, quiere Ud.?
C: Bueno, ¿qué hay?
M: Pues, tenemos . . .
C: Este . . . _____.
M: Perfecto. ¿Y de beber?
C: Pues, tráigame _____, por favor.
M: _____, señor(a/ita).

Así se hace

En el restaurante. En general, no espere que alguien le atienda al entrar a un restaurante, excepto cuando sea un lugar de lujo o de moda. Busque una mesa que le agrade y siéntese; si no hay mesa, hable con un camarero y pídale una. No se apure para comer ni espere que el camarero sea muy rápido, excepto cuando Ud. le diga que tiene prisa. Los hispanos piensan que la comida debe tomarse con tranquilidad, sin apuros *(haste)*, y el camarero le servirá de esta manera. Los camareros son profesionales que saben muy bien su trabajo y no les gusta que la gente los apure. Por la misma razón, ellos sugerirán exactamente qué tomar con ciertos platos o qué combinación de platos pedir. Siga sus consejos; tienen mucha experiencia. Al pagar la cuenta, pregunte si la propina está incluida; si no, déjele entre un cinco y un diez por ciento al camarero.

B Entre amigos. Trabaje con un(a) compañero(a). Uno(a) de ustedes debe hacer el papel del cliente y la otra persona el papel del dueño de un restaurante. Tape con la mano la columna correspondiente a su compañero(a).

CLIENTE	DUEÑO(A)
1. Salude a la otra persona.	2. Responda adecuadamente. Pregúntele cómo están por su casa y cuéntele algo interesante que pasó en casa.
3. Haga un comentario adecuado. Luego, hágale una pregunta para continuar la conversación.	4. Conteste la pregunta. Luego, quéjese sobre un problema del restaurante.
5. Haga un comentario sobre lo que dijo el (la) dueño(a).	6. Responda adecuadamente al comentario. Luego, pregúntele lo que quiere comer.
7. Responda adecuadamente.	8. Tome el pedido, luego dígale algo para terminar la conversación.

C ¡Mesero/Señorita . . . ! Trabaje con una o dos personas, una de las cuales es mesero(a). Reaccionen a las siguientes situaciones hablando solamente en español y haciendo gestos con las manos o la cara.

1. You and your friends are thirsty. Order something to quench your thirst.
2. Suddenly, you're all hungry. Order something to keep you from starving.

3. The waiter (waitress) goofed and served you something that you didn't order. Say what you did order and clear up the matter.

4. Now you're finished eating and it's time to pay the check, but somehow you've misplaced your wallet. Explain the situation, and together, work out a way to pay the bill.

CÓMO CONVERSAR EN LA MESA

ROXANA: ¿Qué tal tu pescado, Daniel?

DANIEL: ¡Riquísimo! . . . y está bien fresco. ¿Y tu bife?

ROXANA: Mmmm . . . , rico también. Me encanta la comida de aquí.

DANIEL: Oye, Roxana, ¿no quieres algún postre? ¿Torta de piña, quizás?

ROXANA: No, gracias, vida. No puedo comer más. Estoy satisfecha.

DANIEL: Bueno, . . . este . . . queda un poco de vino. ¿Quieres más?

ROXANA: Pues, . . . sí, gracias, un poquito. ¿Está bueno, verdad?

DANIEL: Tan dulce como tus labios, mi amor.

ROXANA: ¿Qué te pasa? ¿Se te fue el vino a la cabeza?

DANIEL: ¡Salud, mi amor!

ROXANA: ¡Salud!

CÓMO EXPRESAR SUS PREFERENCIAS

Me encantan los . . . **cacahuetes/maníes** (peanuts).
Me gustan las . . . **palomitas de maíz** (pop corn).
No me agradan las . . . **papitas fritas** (potato chips).

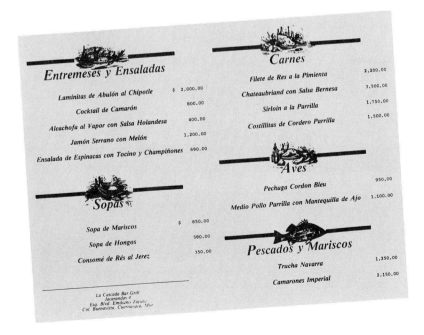

Así es

Menú del día. En las ventanas o puertas de la mayoría de los restaurantes en España e Hispanomérica se encuentra el menú, que indica los platos del día, las especialidades de la casa y los precios de cada plato. También se indican los costos extras, como por ejemplo, el cubierto (cover charge), el porcentaje por la propina o un recargo (surcharge). El **menú del día** ofrece una comida completa a un precio fijo, más barato que el menú a la carta. El cliente también tiene la oportunidad de elegir entre dos o tres cosas para cada plato.

apio

pepino

rábanos

zanahorias

espárragos

champiñones

PARA OFRECER MÁS COMIDA

¿No quieres más . . . ?
¿Un poquito más de . . . ?

¿Por qué no pruebas . . . ?

PARA PEDIR MÁS COMIDA

¿Queda un poco de . . . ?
¿Me sirves más . . . , por favor?
¡Qué . . . más rico(a)! ¿Quién lo (la) hizo?

QUÉ DECIR EN LA MESA

¡Salud! *Cheers!*
¡Buen provecho! *Enjoy your meal!*
Me muero de hambre/ de sed.
Pásame la sal / la pimienta, por favor.
¿Qué tal tu sopa de pescado?

PARA RESPONDER QUE NO

No, gracias, gracias. De veras.
Ay, no puedo comer más; en serio.
No, mil gracias. Estoy satisfecho(a). *(I'm full.)*

uvas

piña

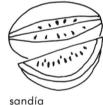

sandía

fresas

guayaba

Verduras

apio
pepino
rábanos
cebollas
guisantes
espinaca
alcachofas
zanahorias
espárragos
aguacate (palta)
champiñones (hongos)

Frutas

uva
piña
sandía
fresas
cerezas
frambuesas
ciruelas
guayaba
dátiles
toronja (pomelo)
duraznos (melocotones)

¿Cómo cambia el vocabulario de un país a otro?

	México	España	Países andinos y Argentina
corn	elote	maíz	choclo
beans	ejotes	judías verdes	porotos verdes, chauchas
peas	chícharos	guisantes	petit pois, arvejas
potatoes	papas	patatas	papas
mushrooms	hongos	champiñones	champiñones

En la mesa

plato de sopa / cuchara sopera
botella de vino / copa
vaso de limonada / pajita
trozo de pastel / tenedor
platillo de queso suizo con
galletas / cuchillo
salero (sal) pimentero (pimienta)
la aceitera / la vinagrera
el azucarero (azúcar) / la sacarina
el aspartame
la servilleta

plato de sopa
cuchara sopera

tenedor trozo
de pastel

botella
de vino

copa

pimentero

salero

aspartame

azucarero

sacarina

Reglas para la mesa. En los países hispanos, es sumamente importante saber comportarse en la mesa. Aquí tiene Ud. algunas reglas de oro que conviene respetar siempre.

1. Pregunte a qué hora debe llegar. Las horas de comida cambian mucho de una cultura hispana a otra. La comida principal es entre la 1:00 y las 3:00 de la tarde. 2. En algunas partes del Mundo Hispano hay tres comidas principales y en otras hay cuatro. Pregúntele a la persona que lo (la) invitó. 3. Coma lentamente. La hora de comida dura mucho porque ésta es la ocasión en que se hace amigos. 4. Al empezar a comer, diga: «Buen provecho». Cuando no quiera más comida, diga: «Estoy satisfecho(a), gracias». 5. Cuando insistan que Ud. pruebe algo o coma más, nunca diga que no directamente; pida «un poquito» y pruebe. 6. Nunca

se retire de la mesa en cuanto termine de comer, sino que continúe conversando. Esta costumbre se llama "la sobremesa" y puede durar de media hora a tres horas, según el día de la semana, la ocasión y el lugar. 7. El café es de tipo

expreso y se sirve al terminar la comida. Nunca se sirve leche con las comidas (excepto para los niños pequeños). 8. Si Ud. no bebe vino, pida agua o un refresco **antes** de que le ofrezcan vino. El vino se considera parte de la comida.

D Mis preferencias. Dígale a un(a) compañero(a) los alimentos que le gustan y que no le gustan en las siguientes categorías. Su compañero(a) debe hacer comentarios o preguntas sobre lo que Ud. le dice. Después, cambien papeles.

sopa   huevos   mariscos
carne   pescado   ensaladas

> EJEMPLO: A: Me gusta la pechuga de pollo, pero no me gustan los mariscos.
> B: ¿No te gustan los mariscos? A mí tampoco. ¿Con qué te gusta el pollo?
> A: Con arroz, zanahorias y guisantes.

E Para bajar de peso. Para bajar de peso, dígale a un(a) compañero(a) qué cosas se pueden comer en las siguientes oportunidades. Luego, cambien papeles.

1. Antes de almorzar, a las once de la mañana.
2. Para la hora de almuerzo el día domingo.
3. A media tarde, a las cuatro más o menos.
4. Después del cine, a las diez de la noche.
5. Para una fiesta de cumpleaños de un(a) amigo(a).

F ¡Qué comida tan rica! Pregúntele a otro(a) estudiante qué platos especiales preparan sus parientes y amigos y para qué ocasión.

Pregúntele . . .

1. qué cosas ricas prepara su mamá / compañero(a) de cuarto.
2. cuál es la especialidad de su papá (sus hermanos / su novio / su novia).
3. para cuándo la prepara(n).
4. qué hace su abuelo(a) o tío(a) para Navidad (para Acción de Gracias / para su cumpleaños).
5. qué cosa especial preparaba su mamá cuando Ud. era chico(a).
6. cuál es su propia especialidad.

G Unos consejos. Primero, escriba qué deben comer estas personas. Luego, comparta sus ideas con las de otro(a) estudiante.

> EJEMPLO: Camila: doctora, le gusta la vida natural, está demasiado delgada, no le gustan ni la carne ni los huevos.
> *Creo que Camila debe comer aguacate, cacahuates, plátanos y mucha fruta fresca.*

1. Gabriela: secretaria bilingüe, vegetariana, no le gustan ni los mariscos ni el pescado; tampoco come huevos
2. Juan Cristóbal: estudiante de leyes, gordito, le encantan los dulces, las cosas para picar y el arroz, tiene mucho dinero pero es un poco tacaño
3. Jesús: hombre de negocios, siempre tiene prisa, anda corriendo todo el día, es demasiado delgado, no le gustan las verduras ni las frutas
4. María Paz: planificadora urbana, le encantan el café, los aguacates, la carne y los mariscos, tiene dificultades para dormir, está a dieta

H Problemas y soluciones. Primero, lea las descripciones de los problemas. Luego, escriba sus soluciones. Por fin, discuta con otra persona sus soluciones.

> EJEMPLO: Mi primo mexicano es abogado y siempre está en su oficina. No viene a casa a comer.
> *Si come mucho afuera, debe comer más frutas y verduras en casa.*

1. Parece que mi cuñado guatemalteco siempre ha sido vegetariano. El próximo sábado voy a hacerle una fiesta por su cumpleaños, pero no sé qué prepararle. Déme algún consejo, por favor.
2. Vine a Buenos Aires a estudiar y vivir con una familia argentina. Hoy por la mañana, me encontré con otros chicos norteamericanos y nos fuimos juntos a probar una exquisita pizza que preparan en un Pizza Hut. Cuando llegué a casa a almorzar, no tenía nada de hambre. ¿Qué puedo hacer para no ofender a mi mamá argentina?
3. Hoy mi mamá mexicana le preparó un completísimo almuerzo especial a mi amiga norteamericana, que está viviendo en la casa desde principios de mes. Creo que está un poco delgada y nerviosa con el cambio de comida y las horas de comer. ¿Qué hago para ayudarla a acostumbrarse un poco?

I ¿Cuánto llevo? Calcule Ud. cuánto tiene que comprar en kilos o litros en un país hispano, según lo que Ud. compra en los Estados Unidos para la semana.

> EJEMPLO: un galón de jugo de manzana → tres litros de jugo

leche, queso, pan, jugo/zumo de naranja, cerveza, galletas saladas, papitas fritas, caramelos, café/té, azúcar, refrescos, espaguetis, salsa de tomates

Así es

¿Dónde comemos? En el mundo hispano hay distintos lugares en que se puede comer o tomar algo. Las **hosterías** y las **posadas** se especializan en platos regionales. En un **bar de tapas** se sirven diferentes tipos de vino y tapas como, por ejemplo, mariscos, aceitunas, jamón y chorizo; en las **taquerías** se sirven tacos, cerveza y otras cosas. Las **marisquerías** sirven mariscos y pescados. En varios países, como la Argentina, el Uruguay, Chile, el Perú y Bolivia, se puede tomar un pastel con café o té en una **confitería;** en otros países, se llaman **cafés, heladerías** o **pastelerías** y están siempre llenas por la tarde o por la noche.

UNIDADES DE MEDICION

LONGITUD
1 Decámetro Dm. = 10 m.
1 Hectómetro Hm. = 100 m. = 10 Dm.
1 Kilómetro Km. = 1.000 m. = 100 Dm. = 10 Hm.
1 Decímetro dm. = 0,1 m. = 10 cm. = 100 mm.
1 Centímetro cm. = 0,01 m. = 10 mm.
1 Milímetro mm. = 0,001 m.
1 Pulgada pulg. = 0,0833 p. = 0,0278 yd. = 0.0254 m.
1 Pie p. = 12 pulg. = 0,3333 yd = 0,3048 m.
1 Yarda yd. = 36 pulg. = 3 p. = 0,9144 m.
1 Centímetro = 0,3937 pulg. = 0,0328 p = 0,01 m.
1 Metro m. = 39,37 pulg. = 3,28 p. = 1,19 v.
1 Legua Terrestre Lg. t. = 4.514 m. = 36 cd.
1 Cuadra cd. = 125,39 m. = 150 v.
1 Vara v. = 0,84 m. = 2,76 p.
1 Micra mc. = 0,001 mm.
1 Milla marina mill. m. = 1.852 m. = 2.025 yd. = 6.080 p.
1 Milla inglesa mill. i. = 1.609 m. = 1.760 yd. = 5.280 p
1 Braza br. = 1,83 m. = 2 yd.

SUPERFICIE
1 Milímetro cuadrado mm.^{2}
1 Centímetro cuadrado cm.^{2} = 100 mm.^{2}
1 Decímetro cuadrado dm.^{2} = 100 cm.^{2} = 10.000 mm.^{2}
1 Metro cuadrado m.^{2} = 100 dm.^{2} = 10.000 cm.^{2} = 1.550 pulg.^{2}
$\quad$ = 10.76 p.^{2}
1 Area a = 100 m.^{2}
1 Hectárea ha. = 10.000 m.^{2} = 100 a.
1 Kilómetro cuadrado Km.^{2} = 100 ha. = 10.000 a. = 1.000.000 m.^{2}
1 Pulgada cuadrada pulg.^{2} = 6.452 cm.^{2}
1 Pie cuadrado p.^{2} = 144 pulg.^{2} = 0,111 yd.^{2} = 929 cm.^{2}
1 Yarda cuadrada yd.^{2} = 1.296 pulg.^{2} = 9 p.^{2} = 8.361 cm.^{2}
1 Vara cuadrada v.^{2} = 7,62 p.^{2} = 0,70 m.^{2}
1 Acre acr. = 0,40 ha.
1 Legua terrestre cuadrada leg. t.^{2} = 20,34 km.^{2} = 1.296 cd.^{2}
1 Milla inglesa cuadrada mill. i.^{2} = 2.588.881 m.^{2}

VOLUMEN
1 Milímetro cúbico mm.^{3}
1 Centímetro cúbico cm.^{3} = 1.000 mm^3

1 Decímetro cúbico dm.^{3} = 1.000 cm.^{3} = 1.000.000 mm.^{3}
1 Metro cúbico m.^{3} = 1.000 dm.^{3} = 1.000.000 cm.^{3}
1 Decilitro dl. = 0,1 l.
1 Litro l. = 10 dl.
1 Hectolitro hl. = 100 l. = 1.000 dl.
1 Pulgada cúbica pulg.^{3} = 16,39 cm.^{3} = 0,0164 dm.^{3}
1 Pie cúbico p.^{3} = 1.728 pulg.^{3} = 0,0369 yd.^{3} = 28,32 dm.^{3}
1 Yarda cúbica yd.^{3} = 46.656 pulg.^{3} = 27 p.^{3} = 764,6 dm.^{3}
1 Galón americano gal. a. = 231 pulg.^{3} = 0,1337 p.^{3}
1 Centímetro cúbico cm.^{3} = 0,061 pulg.^{3} = 0,001 dm.^{3}
1 Arroba arrob. = 35,21 l.
1 Litro l. = 0,26 gal. a. = 2,11 p. a.
1 Pinta americana p. a. = 0,473 l.

PESO
1 Miligramo mg.
1 Gramo g. = 1.000 mg. = 0.348 oz. i.
1 Kilogramo kg. = 1.000 g. = 2,20 lb. i. = 2,17 lb. e.
1 Tonelada t. = 1.000 kg. = 10 q. m.
1 Quintal métrico q. m. = 100 kg. = 220,47 lb. i.
1 Libra lb. = 0,45359 kg. = 16 oz.
1 Libra española lb. e. = 460 g.
1 Onza Troy oz. tr. = 31,10 g.
1 Tonelada larga t. l. = 1.016 kg. = 20 q. i.
1 Tonelada corta t. c. = 907,18 kg. = 2.000 lb. i. = 0,89 t. l.
1 Quintal inglés q. i. = 50,80 kg. = 112 lb. i.
1 Arroba a. = 11,50 kg. = 11.500 g.
1 Onza española oz. e. = 28,76 g.

TEMPERATURA

	Tabla comparativa	
	Grados Celcius	Grados Fahrenheit
Agua (Ebullición)	100.0	212.0
Acohol (Ebullición)	78.3	172.9
Aluminio (Fusión)	659.7	1.219.4
Cobre (Fusión)	1.083.0	1.981.4
Hidrogeno (Ebullición)	−252.7	−422.9
Hierro (Fusión)	1.535.0	2.795.0
Mercurio (Fusión)	−38.8	−37.8
Plata (Fusión)	960.5	1.760.9
Temperatura Ambiente	20.0	68.0

Fórmulas de conversión:
Grados C = Grados F − 32 × 0.556
Grados F = Grados C × 1.8 + 32

Pesos y medidas. En el extranjero no se usan las medidas inglesas como onzas, libras *(pounds)*, pintas ni galones excepto en algunos países de la zona caribeña como Puerto Rico. En vez de las medidas inglesas, se usa el kilogramo y el litro para medir los artículos de comer y otras cosas. Por ejemplo, la leche viene en envases de un litro y los refrescos en envases de uno, dos y tres litros, como en los Estados Unidos. El vino, el agua mineral y la cerveza también se pueden comprar en envases de cartón o vidrio de un litro.

Al pedir refrescos en un restaurante o al comprar en un supermercado, tampoco se usan medidas menores de un litro, excepto en el caso del vino, que se puede comprar por medio litro. En el caso de los refrescos y gaseosas, las botellas, latas *(cans)* y vasos pueden ser pequeños, medianos o grandes. Nunca se dice «un vaso de . . . onzas», como en los Estados Unidos.

A Enfóquese en la Argentina. Con un(a) compañero(a) de clase, estudie el mapa de Sudamérica y conteste las siguientes preguntas.

1. ¿Dónde está la Argentina? ¿Con qué países limita?

2. ¿Dónde está Buenos Aires? ¿En qué costa? ¿Conoce Ud. otros puertos grandes como Buenos Aires? ¿Cómo cree Ud. que se llama la gente de Buenos Aires: argentinos, porteños, sudamericanos o atlánticos?

3. ¿Qué puertos norteamericanos están también en el Atlántico? ¿Qué bahía norteamericana se parece un poco al Río de la Plata?

4. ¿Dónde está la pampa argentina? ¿Dónde hay pampas en los Estados Unidos o en el Canadá y cómo se llaman?

5. ¿Qué se produce en las pampas de estos países?
   frutas   carne   leche   vino   vegetales   café
   pescado   queso   lana   maíz   cereales y granos

6. ¿Qué otras cosas saben Uds. sobre la Argentina?

B Comer carne: ¿bueno o perjudicial? Pregúntele a tres compañeros qué opinan del consumo de carne en nuestro país y después haga un resumen de sus opiniones. Pregúnteles, por ejemplo:

1. ¿Crees que ha disminuido el consumo de carne últimamente o no?

2. ¿Comías más carne antes que ahora o no? ¿Por qué?

3. Si puedes elegir entre carne y pescado, ¿qué comes?

4. Si has comido carne al almuerzo, ¿comes carne otra vez a la comida o no? ¿Por qué?

5. ¿Crees que la gente que come carne es más fuerte y más activa o no? ¿Por qué?

Cómo leer la lectura
Para leer esta lectura, siga estos pasos.

1. Lea el título de la lectura. ¿Cuál será el tema central?

2. Mire el párrafo 1. Busque la palabra **carne** y otras palabras relacionadas a la palabra **carne**. ¿Cómo se dice *beefsteak* en la Argentina? ¿Cómo se dice *beef*? ¿Quiénes comen buenos bifes?

3. Según el párrafo 1, ¿cuál es el tema principal de la lectura?

4. Mire el párrafo 2 y diga cuál es la idea principal.

5. Ahora lea todo el artículo desde el principio. Luego, conteste las preguntas de la sección *¿Comprendió bien?*

¿Le gustaría probar un bifecito de medio kilo?

Comer carne, ¿una manera de vivir?

Noche tras noche en Buenos Aires, los porteños practican una costumbre muy antigua: comer un bife° grande de una de las parrillas que hay en todos los restaurantes y hogares° del puerto. A pesar de° las recomendaciones médicas, de las consideraciones económicas y de las normas internacionales de consumo de carne de vacuno, todas las noches centenares° de miles de personas comen porciones de carne que ni mexicanos ni venezolanos ni siquiera° los tejanos se podrían imaginar.

    bistec
    casas
    in spite of

    cientos
    not even

Esta manera de consumir carne tiene profundas raíces° culturales, porque la carne es mucho más que el plato preferido de los argentinos: comer carne es una manera de vivir. Durante los cuatrocientos años de vida del país, la carne ha estado relacionada con todo: con lo económico, lo político, lo social y lo psicológico. Además de la iglesia, las fuerzas armadas, la inmigración extranjera y los sindicatos obreros°, la producción y el consumo de carne son elementos claves para entender la personalidad colectiva de esta gran nación sudamericana.

    orígenes

    organizaciones de trabajadores

Examinemos algunas cifras°. En la Argentina, el consumo de carne *per cápita* es el más alto del mundo: poco más de 85 kilos de carne por persona al año. En los Estados Unidos, el consumo *per cápita* es de 35 kilos al año, dos veces y media más bajo que el del país del Río de La Plata. En total, los argentinos se comen 2.500.000 toneladas de carne al año. Aunque parezca increíble, los argentinos de hoy son frugales en comparación con los argentinos de los siglos XVIII y XIX. En aquel tiempo, la dieta del gaucho consistía casi exclusivamente en carne y mate, el delicioso té verde de las pampas. Después, a principios del siglo XX, los "pobres" inmigrantes recién llegados consumían hasta 115 kilos de carne al año. Esta edad de oro de la Argentina duró hasta la gran depresión de los años treinta. En aquel tiempo, la Argentina producía el 40% de la carne que se consumía en el mundo. Actualmente, estas cifras parecen totalmente inconcebibles en un mundo que ha conocido terribles sequías° y hambrunas° y en el que la población aumenta sin ningún control.

    números

    períodos sin lluvia
    hambre generalizada

Lo único que le gusta a esta nena es un buen bife, ¡y ya sabe cortar la carne muy bien!

vacas

dinero que debe el país a otros países

Hoy en día, hay más de 60.000.000 de cabezas de ganado° en la Argentina y la carne todavía es una parte importante de la economía del país. Debido a la enorme deuda externa,° el gobierno argentino está tratando ahora de reducir el consumo interno para aumentar las exportaciones de carne. Sin embargo, ¿qué cree Ud. que dice el hombre común? ¡¡No!! Los trabajadores argentinos piensan que uno de sus derechos fundamentales es comer un buen bife todos los días. Por lo tanto, ningún gobierno puede subir los precios de la carne para reducir el consumo, porque las repercusiones políticas serían fatales. Hace algunos años, la prohibición de servir carne los martes y los viernes en los restaurantes casi produjo una catástrofe nacional. ¿Qué hacer entonces? Por ahora, no hay solución; el gobierno tendrá que educar a una nueva generación de argentinos que quieran comer otra cosa por la noche. Esta campaña va a llevar muchísimos años, sin embargo, y lo peor es que . . . ¡¡todavía no ha empezado!!

Adaptado de "La Argentina, país de la carne" por John D. Snyder. Revista Américas, *marzo-abril 1986, págs. 30-33, 64.*

C ¿Qué hacer con tanta carne? Después de leer la lectura, complete las siguientes frases con la alternativa más adecuada. Si Ud. contesta «No estoy seguro/a», lea el párrafo apropiado otra vez y diga por qué no está seguro(a).

1. En la Argentina se consume mucha carne porque . . .
   a. es importante para la economía del país.
   b. la carne es buenísima para todo el mundo.
   c. es una costumbre argentina bastante antigua.
   d. el país necesita consumir su producción de carne.
   e. No estoy seguro(a).

2. Si la carne es una manera de vivir, entonces . . .
   a. las dueñas de casa preparan carne todos los días.
   b. se sirve carne en todas las grandes celebraciones.
   c. la gente piensa que es una tragedia no poder comprarla.
   d. los maridos reclaman cuando no les sirven un plato de carne.
   e. Todas las alternativas son verdaderas.

3. Parece que en la Argentina, la palabra carne se refiere a . . .
   a. el bife solamente.
   b. la carne de vacuno.
   c. cualquier tipo de carne.
   d. los interiores de la vaca.
   e. No estoy seguro(a).

4. Para reducir el consumo de carne, el gobierno tiene que . . .
   a. aumentar los precios de la carne de vacuno.
   b. introducir más pescado y mariscos en el mercado.
   c. enseñarle a la gente a equilibrar bien su dieta.
   d. enseñarle a la gente sobre las enfermedades del corazón.
   e. Todas las alternativas son verdaderas.

5. La carne es una manera de vivir porque . . .
   a. la carne es el alimento principal de cada comida.
   b. si la gente no come carne, sienten que les falta algo.
   c. toda la gente piensa que es su derecho comer carne barata.
   d. la gente está acostumbrada a comer carne en todas las comidas.
   e. Todas las alternativas son verdaderas.

6. La campaña nacional para disminuir el consumo de carne no ha empezado todavía porque . . .
   a. va a llevar muchos años.
   b. nadie quiere empezar una campaña poco popular.
   c. Argentina necesita dinero para pagar la deuda externa.
   d. los restaurantes no tienen carne los martes y los viernes.
   e. No estoy seguro(a).

D ¿Cómo se prepara la carne? Hay varias maneras de preparar la carne. Aparee Ud. *(Match)* la manera de preparar la carne con el nombre del plato.

EJEMPLO: Para hacer carne asada → hay que meterla al horno.

cómo se llama	cómo prepararla
carne asada	meterla al horno
carne hervida	ponerla en la parrilla
sopa de verduras	ponerla a hervir en agua
estofado de carne	cortarla muy fina y freírla
carne a la parrilla	echarle sal y ponerla a secar al sol
carne frita / fajitas	prepararla con cebollas, papas, zanahorias y guisantes
carne salada o charqui	prepararla con aceite, vinagre, cebolla y laurel
carne escabechada	picarla y cocerla con verduras picaditas

¡Vamos a conversar!

E ¡En grandes cantidades! Como Ud. ya sabe, los argentinos consumen grandes cantidades de carne. Pero la gente que vive en otras partes también consume grandes cantidades de otros alimentos, según el lugar donde vivan. Con otra persona, complete las siguientes frases y luego discutan sus respuestas con otras dos personas.

EJEMPLO: En Buenos Aires . . .
En Buenos Aires se consumen ricas parrilladas.

arroz, carne, parrilladas, cervezas, papas, ensaladas, dulces y pasteles, té, café, vino . . .

1. En Alemania . . .
2. En el Oriente . . .
3. En los Estados Unidos . . .
4. En México . . .
5. En mi ciudad . . .
6. En mi casa . . .

F Hablando de la salud. Cuando hay información específica, es mejor leer con cuidado. Diga si estas afirmaciones son verdaderas o falsas. Luego, comparta sus respuestas con otro(a) estudiante.

1. La gente que no come proteínas se enferma del estómago.
2. La gente que no consume verduras y frutas frescas puede tener deficiencias de vitaminas y minerales.
3. La gente que consume una dieta pobre en hidratos de carbono simples como el azúcar y los cereales refinados puede tener diabetes.
4. Dicen los médicos que la gente que consume una dieta con muchas proteínas y grasas animales corre peligro de morir de cáncer al colon o de un ataque al corazón.

RIJ   2193

RIGHINI
- CARLOS - NEUQUEN 3862 757-1621
- EMMA - GUTER 3269 250-0649
- FRANCISCO C - ED'ELIA 495 ... 658-4464
- JORGE A - SARMIEN 71 755-9446
- MARCELA K DE - MEJICO 664 . 362-2000
- OSCAR O - VIAMON 2128 47-0658
- PABLO - CAXARAV 1579 204-0816
RIGHINO MARTA A
    SUCRE 5244 256-3963
RIGIDO MARIA A G DE
    PIEDRAS 837 23-4588
RIGIERO MARIA C C DE
    86 P LUNA 2827 768-4612
RIGILLO DOMINGO
    M GUEMES 2408 749-5084
RIGIRACCIOLO ANTONIO
    CONDARCO 128 207-5640
RIGIROLI
- AGUSTIN L - LINCOLN 4425 50-1244
RIGLER VIDA S DE
    CANNING 3168 665-1876
RIGLIERI GUILLERMO C
    ALBARRAC 1986 922-8508
RIGO
- ALDO G - CANNING 1446 72-4519
- ALFREDO J - BLANDENG 1447 . 652-4071
- AMALIA H DE - CASTELLI 17 ... 829-1626
- AMALIA H DE - O ROZAS 1489 . 629-3086
- AMALIA H DE - SARMIEN 312 .. 628-1700
- ANDRES - AYACUCHO 405 797-9181
RIGO
- JAIME - G PACHECO 3145 797-2277
- JAIME - V FLORES 117 90-8490
- JUAN - EE UU 628 362-4079
- JUAN - THAMES 1687 72-6316
- JUAN - ZELARRAY 5833 601-0366

RIGOLLEAU SA
ADMINISTRACION
    P.COLON 800 .... •33-1073

COBRANZAS 30-9173
                                30-9314
                                33-4648

DEPARTAMENTO
EXPORTACIONES 30-6304
PLANIFICACION
COMERCIAL 34-2849
                                34-9442

RIGONI-RUIZ PATRICIA V
    ABOG - JUNCAL 2223 83-5940
RIGOPOULOS
- NICOLAS - HUMBERTO 3361 ... 97-0419
- NICOLAS - R.JANEIRO 205 981-0399
RIGOU
- B RENE - PARANA 1037 44-4437
- BERNARDO R - AGRELO 4368 .. 983-2117
RIGOURD
- LUIS E - L.DELLEPAIN 4282 602-0371
- MARIA A D DE - VIAMON 1646 .. 44-7463

RIGRA Y GUARNIERI SOC COL
    EN FORM - GOYA 758 69-1600
RIGROUX
- LUCILA E DEL RIO DE
    ZAPIOLA 1709 551-8764
- PEDRO C - H.YRIGOY 723 33-1131
RIGUEIRA
- CARLOS J - 14 JUL 3256 241-7666
- CARLOS J - 2 MAYO 2930 241-1896
- LUIS J - V.GRANDE 4188 798-1070
- M DELIA D N D DE
    QUINT 4078 797-5447
- MARIA E V DE
    P.LUCENA 1240 243-1331
- NORBERTO A - MALAVER 2460 . 760-8346
- RAMON - MOZART 160 67-6293
- REINALDO A - OLIVIERI 235 67-2057
RIGUEIRAL DORA
    G MOSCONI 3293 757-7767
RIGUET
- AIDA A DE - C.ORTIZ 681 631-5694
- ALEJANDRA B
    R GUIRALD 185 620-0837
- ALICIA E - A D'ELIA 664-3229
- ESTANISLADA M DE
    ANCHORENA 230 244-2453
- MARIA S DE - R INDARTE 767 .. 632-2431
- RICARDO A - WILLIAMS 1829 .. 665-2861
RIGUETTI
- FRANCISCO - RIVADAV 5095 ... 99-5997
- JULIA - AVALOS 230 553-5255
RIHA
- ANTONIO - CAAGUAZU 6342 .. 642-7643
- ANTONIO - CAAGUAZU 6346 .. 642-8606
RIHANI MOHAMED
    MIGUELET 1155 773-2325
RIHCOH DELCIA O DE
    CANALEJ 680 90-8978
RIHSMOLLER CARLOS J
    C.DIAZ 1480 826-4201
RIILOS NELIDA E
    B SANCHEZ 2127 250-2425
RIILLO
- ATILIO - H.QUIROGA 2610 245-8266
- PASCUAL - ALMAF 1355 248-1356
RIINA
- PABLO R - SOBREMONTE 2063 . 745-6452
- SALVADOR E - M.JACOBI 1749 . 745-6184
RIIS GUILLERMO J
    NECOCH 1056 658-2479
RIITANO
- ALICIA C B DE
    URDININEA 1727 52-2507
- VERA P DE - MADERO 1393 ... 791-0587
RIJ
- MARIA O DE - GARIBALDI 115 .. 253-6560
- RICARDO - CALLE 4 N° 176 255-2360
RIJANA
- JOSE J - CANNING 2452 71-4356
- LUIS M - VIDAL 2563 543-4374
- VICTOR B - LASCANO 3069 53-0315
- VICTOR B - S TOME 3051 53-8334
RIJAVEC
- AGUSTIN - LARREA 1065 824-9195
- AGUSTIN - R.PENA 1180 44-1250
- ANA MARIA S DE
    HABANA 3442 53-5498
- BLANCA R DE - FOURNIER 662 . 751-1604
- CLAUDIO S - TERRERO 189 631-1409
- ESTANISLAO - J AZURDUY 629 . 751-0685

Buenos Aires.
Buenos Aires es un puerto de entrada al continente americano que tiene mucho parecido con Nueva York. A fines del siglo pasado, cuando se produjo la gran emigración europea hacia el Nuevo Mundo, millones de inmigrantes que buscaban mejores oportunidades en la gran ciudad y los países cercanos llegaron a Buenos Aires. Las industrias crecieron rápidamente y los inmigrantes se adaptaron con facilidad. Por eso en Buenos Aires, en el resto de Argentina, en Uruguay y en Chile hay una gran influencia europea en la población. Los grupos más numerosos son los italianos, los gallegos, los alemanes, los polacos, los ingleses, irlandeses y escoceses y los judíos de distintas naciones, especialmente de Rusia.

1. Estudie esta parte de la guía de teléfonos de Buenos Aires y vea si puede identificar a gente de los grupos nacionales más numerosos. 2. ¿Qué grupos de inmigrantes son más numerosos en su comunidad? 3. ¿Qué apellidos son típicos de su ciudad o barrio?

G Cuando hay unos kilitos de más.   Pregúntele a un(a) compañero(a) qué piensa de dos de las siguientes preguntas. Después, cambien papeles.

1. ¿Qué relación hay entre los seguros de vida y el peso de una persona?

2. Además de seguir una dieta o un régimen para adelgazar, ¿qué otra cosa se puede hacer?

3. Según Ud., ¿cuáles son las dos mayores dificultades para seguir una dieta por un tiempo?

H ¿Qué cree Ud.?   Con otros(as) dos compañeros(as) de clase, discutan las ventajas y desventajas de consumir los siguientes alimentos.

EJEMPLO: la carne de cerdo

Ventajas	Desventajas
Tiene muchas proteínas.	A veces, tiene mucha grasa
Tiene buen sabor.	Puede causar problemas al . . .
	Tiene muchas calorías si se
	prepara con . . .

1. el pescado	6. los productos lácteos
2. los huevos	7. los helados
3. los mariscos	8. las legumbres
4. las gaseosas	9. las especies
5. la carne de vacuno	

I Estereotipos.   La lectura de este capítulo puede dar la impresión de que *todos* los porteños comen un bife grande todos los días. Pero, ya se sabe que esto no es posible. No sólo es imposible generalizar sobre un cierto grupo de personas, sino que también podría ser peligroso, porque puede resultar en un estereotipo. Con otro(a) compañero(a), analicen dos características que se asocian con dos de los siguientes grupos de personas y digan por qué son verdaderas o falsas.

1. las mujeres	6. los sin casa
2. los japoneses	7. los hombres
3. los argentinos	8. los deportistas
4. los norteamericanos	9. los tejanos
5. los homosexuales	

¿Cómo se pueden combatir estos estereotipos?

J Hamburguesas, papas fritas y un refresco.   Como Ud. ha leído en la lectura, para los argentinos la carne es una manera de vivir. De la misma manera, para muchos norteamericanos, comer un sandwich en un restaurante de comida al paso también es una manera de vivir. Con un(a) compañero(a) de clase, conversen sobre sus reacciones a las siguientes afirmaciones. Digan si están de acuerdo o no, y por qué. Después, discutan sus opiniones con otro par de estudiantes.

1. Consumir comida al paso es una institución norteamericana.
2. El consumo de hamburguesas es importante para la economía de los Estados Unidos.

3. Consumir sandwiches con papas fritas puede causar muchísimos problemas de salud en los Estados Unidos.
4. El restaurante McDonalds más grande del mundo (para 900 personas) está en Moscú, en la Unión Soviética. También se produce Coca-Cola por primera vez en la China. Con el paso del tiempo, estas *instituciones* van a afectar el sistema socio-económico de esos dos países.

K   Informe oral.   En Estados Unidos se publican más de cien libros al año sobre diferentes sistemas para adelgazar o para mejorar los hábitos alimenticios. Si Ud. sabe cómo es alguno de estos sistemas, presente un informe oral en clase sobre lo más importante e interesante del libro.

Dé la siguiente información:
1. título y autor(es) del libro
2. una breve descripción del sistema con los alimentos más recomendados
3. su opinión sobre ese sistema

USE OF NEUTER PRONOUN *LO* + ADJECTIVE

When discussing ideas in Spanish, there are two levels of abstraction, as shown below.

1. **La economía** argentina es muy inestable, a pesar de que se ha controlado muchísimo la inflación últimamente.
2. Durante toda la historia argentina, la carne ha estado relacionada con **lo económico,** lo político y lo social.

Lo económico is a global expression that not only includes the concept of Argentinian economy, but also the activities, problems, controversies, decisions, methods and measures associated with it. This construction is very easy to form: use *lo* + adjective.

L   Lo importante es practicar.   Complete el siguiente comentario con expresiones con *lo* según el significado. Use *bueno / mejor / interesante / importante*, etc.

_____ de este artículo es que nos habla de un gran país que no conocemos bien. _____ es que habla de la gente común y corriente y de lo que más les gusta hacer. _____ para mí es que no tenía idea que la gente comía tanta carne; yo pensaba que se consumía más carne aquí. En fin, _____ es que ahora tengo una mejor idea de otras maneras de vivir.

USE OF CONJUNCTIONS

In order to read and write better, it is important to have an idea of how propositions are expressed. Study how the following conjunctions help express a more complete and elaborate idea consisting of two or more parts.

1. **A pesar de . . .** cuestiones médicas, económicas **y** políticas, . . .
2. . . . la gente continúa comiendo carne todas las noches.

1. Hay que reducir el consumo de carne **no sólo** por razones médicas, . . .
2. . . . **sino también** por razones económicas y políticas.

1. **Además de** . . . los militares, la inmigración **y** los sindicatos, . . .
2. . . . el consumo de carne es un elemento clave para entender a la Argentina.

1. **Aunque** parezca increíble ahora . . . ,
2. los argentinos de hoy son frugales, . . .
3. . . . **en comparación con** los argentinos de antes, que sólo vivían de carne y mate.

¡EN POCAS PALABRAS!

To increase your reading comprehension, try to locate all parts or arms of the proposition first. This will help you to see what is expressed in the main part and to determine what conjunction is affecting its meaning. The most common signs marking the secondary part are commas, the word *y* (indicating the end of an enumeration) or the presence of a conjunction like *a pesar de* or the second part of an expression like *sino [que] también*.

To improve your writing, know the meaning of and use connecting expressions such as *mientras, además, por lo tanto, no sólo . . . sino (que) también, a pesar de, aunque, ni siquiera*, etc.

Complete el siguiente párrafo con conjunciones apropiadas según el sentido.

_____ el invierno es entre junio y septiembre, más o menos, esquiadores de todo el mundo viajan a San Carlos de Bariloche, en el sur de la Argentina, para aprovechar la nieve y entrenarse más. Pero hay mucha gente que, _____ de lo mucho que les gusta la nieve, va a Bariloche simplemente a descansar y a degustar las exquisiteces culinarias que se ofrecen en invierno. Lo más delicioso en esta época son los dulces, que _____ vienen de la tradición criolla argentina _____ de la alemana y la austriaca. Hay tartas de manzanas y peras, fruta confitada y muchos manjares más. Y _____ el invierno es tiempo de dulces principalmente, no debe olvidarse Ud. de la exquisita trucha del lago, del paté de ganso *(goose)* y de los famosos asados de cerdo, jabalí *(boar)* y ciervo *(deer)*. El frío invita a probar las delicias gastronómicas de Bariloche, _____ los esquiadores hacen todo el trabajo físico por nosotros . . .

To express liking and disliking various people, things, or ideas, use verbs like *gustar, encantar, fascinar,* and *interesar.* These verbs provide you with a wide range of ways for expressing likes and dislikes, as shown below:

no me gusta   me gusta   me encanta   me fascina   me vuelve loco(a)

Me gustan mucho las hamburguesas, pero más **me fascina** el helado de chocolate. Realmente **no me gustan** las espinacas; ¡no quiero ni verlas! Por el contrario, **me vuelve loco** la pizza; ¡no puedo sobrevivir sin ella!

For expressing preferences, use *me / te / / nos / le(s)* to show who likes or dislikes, then the verb of liking, and finally *what* is liked. The verb and what is liked or disliked must agree (both must be either singular or plural).

No **me** gusta mucho **la pizza,** pero **me** encanta**n los espaguetis.**
  (who)   (what)   (who)   (what)

¡A PRACTICAR!

A **Por casa.** Complete la siguiente descripción de lo que le gusta a la familia Rodríguez, usando los distintos verbos del grupo de *gustar* y el pronombre personal apropiado.

En casa, a mi papá _____ la comida tradicional, como las carnes estofadas y los asados y a mi mamá _____ las verduras más caras como los espárragos, las alcachofas y las lechugas moradas con alcaparras y aceitunas. En realidad, a los dos _____ los sabores fuertes como los del jamón crudo y las anchoas. Como mi hermano siempre está muerto de hambre, _____ los espaguetis y los cabellos de ángel con verduras y carnes salteadas. A mí es muy fácil complacerme: déme Ud. carne a cualquier hora. Me _____ loco los bistecs jugosos o las chuletas de cerdo con especies y hierbas y también _____ el arroz de cualquier forma. A todos nosotros _____ el pescado y mi mamá lo prepara casi todos los viernes. A mi novia, lo único que sí _____ es el pescado, porque casi no come ninguna otra cosa. Y a Ud., ¿qué _____?

Franciso José

Pamela Irene

Arturito

Ana

Don Claudio

B Tú y yo. Piense en los alimentos que prefiere de cada una de las siguientes categorías y haga una lista. Luego, dígale a un(a) compañero(a) lo que le gusta a Ud. y pregúntele qué le gusta a él (ella).

EJEMPLO: De entrada: ensalada César; de plato principal: pollo asado; de postre: melón con vino; de beber: una gaseosa y café
—De entrada me encanta la ensalada César. ¿Qué te gusta a ti?
—Me gusta la ensalada de papas solamente.

C No puedo resistir la tentación. En los Estados Unidos se cena muy temprano y la gente se muere de hambre a eso de las diez u once de la noche. Pregúntele a otro(a) estudiante qué le gusta comer o tomar a esa hora. Después cambien papeles.

helados	un pedazo de pizza
unos dulces como *donuts*	un submarino italiano
una barra de chocolate	una barra de dulce
un sandwich de jamón con queso	cereal con leche
unos maníes salados	unas galletas

EJEMPLO: —¿Qué te gusta comer antes de acostarte?
—Me vuelven loca los helados. No puedo resistir la tentación.

D ¿Qué les gustará? Adivine qué les gusta a las siguientes personas. Luego, compare sus respuestas con las de sus compañeros de grupo.

EJEMPLO: Don Claudio, agricultor
Le gustan las legumbres, especialmente los pepinos y las zanahorias.

1. Ana, deportista
2. Arturito, cocinero
3. Pamela Irene, estudiante de nutrición
4. Francisco José, programador de computadoras

E La hora de la verdad. Hagan una lista de las cosas que no les gustan. Después, vean qué persona de la clase es la más original y tiene la lista más larga.

Las tapas, tacos, bocadillos o tentempiés. ¿Qué comen los hispanos cuando tienen hambre por la tarde o por la noche? En general, cosas bien diferentes de los famosos *snacks* americanos. Por ejemplo, nadie toma leche con galletas para el hambre (excepto los niños muy pequeños), sino unos tacos, un pedazo de queso y de pan, unas aceitunas, un pastelillo de tipo francés o vienés, un rico pedazo de jamón ahumado o cocido, un pedazo de chorizo, unas sardinas o anchoas *(anchovies)* o un poco de comida del almuerzo que quedó en la refrigeradora o nevera. El pan es indispensable cuando se come un bocadillo a cualquier hora y mucha gente termina la merienda con un pedazo de fruta también. Por lo general, los helados no se toman en casa, sino en las heladerías o confiterías, porque todos se reúnen allí para conversar y mirar pasar a la gente. En la Argentina, las heladerías están

llenas de gente hasta las dos o tres de la mañana y los helados son exquisitos, no sólo porque la leche es muy buena en la Argentina, sino porque hay mucha influencia italiana también. Si a Ud. le vuelven loco los helados, es mejor que se vaya a la Argentina: será el paraíso para Ud.

1. ¿Qué ventajas/desventajas tienen estos bocadillos según su punto de vista? 2. ¿Le parece a Ud. que la gente hispana come más cosas saladas que dulces o no? 3. ¿Hay algún alimento que Ud. asocie con un lugar específico y que no le guste comerlo en casa?

F ¿Qué te parece? Pregúntele a un(a) compañero(a) qué le parece la comida mexicana (española, francesa, china o cualquiera otra que Uds. conozcan).

EJEMPLO: —¿Qué te parece la comida mexicana?
—Me parece riquísima: me encanta ir al restaurante mexicano de la calle . . .
o: —Realmente, no me gusta; es demasiado picante para mí.

picante, pesada, grasosa, cara ↔ exquisita, riquísima, liviana
tiene muchas calorías, grasa ↔ es baja en calorías, no engorda

Note that when you give an opinion, *me/te/le parece* is always followed by an adjective: *bueno, estupendo, fantástico, exquisito,* etc.

CRUZ
ROJA
ESPAÑOLA

ASAMBLEA
PROVINCIAL
DE MALAGA

AREA DE
TOXICOMANIAS

¡DEFIENDE TU LIBERTAD! ¡DROGAS NO!

Los imperativos formales

To order food, to request a missing utensil or to ask an acquaintance to pass you something in a restaurant, you can use the formal command forms of verbs and the expression *por favor.*

> **Traiga** otro tenedor, por favor.
> **Traigan** agua mineral, por favor.
> Sr. Vargas, **pase** la sal, por favor.
> **Ponga** esta botella al otro lado, por favor.

To form formal commands *(Ud., Uds.)*, change the present-tense **yo** form of the verb as follows.

-ar verbs → -e(n)		-er/-ir verbs → -a(n)	
tomo	tome**(n)**	hago	hag**a(n)**
miro	mir**e(n)**	traigo	traig**a(n)**
ceno	cen**e(n)**	pongo	pong**a(n)**
preparo	prepar**e(n)**	digo	dig**a(n)**
almuerzo	almuerc**e(n)**	sirvo	sirv**a(n)**
pruebo	prueb**e(n)**	pido	pid**a(n)**

Some verbs have irregular command forms.

voy → **vaya(n)**		soy → **sea(n)**	
doy → **dé (den)**		estoy → **esté(n)**	

Command forms are often used with pronouns. Place the pronoun after the verb and add a written accent as shown below.

Tráiganos más pan, por favor, **pónganos** un poco de hielo en la sangría también y **tráigales** agua mineral a los niños, por favor.

¡A PRACTICAR!

G ¡Qué mesero tan amable!   Diga qué consejos le da este mesero tan amable a su cliente.

> EJEMPLO: tomar el menú de hoy   *Tome el menú de hoy, señor.*

1. probar el chorizo
2. ver el plato del día
3. tomar sopa de mariscos
4. servirse más pan de campo
4. comer pescado al horno
5. llevar una torta a casa
6. pedir café expreso especial
8. mirar las ensaladas del buffet

H Un picnic elegante.   Complete esta receta para un buen picnic. Si no quiere renunciar a los placeres de la buena mesa, aquí tiene una receta fácil para un picnic fino.

Huevos sorpresa

Haga 6 huevos duros y _____ (pelarlos).
Tome ¼ kg. de carne molida *(ground)* con ¼ kg. de cerdo molido, perejil, pan rallado *(grated)*, jugo de limón y 1 huevo batido *(beaten)* y _____ (combinarlos) con la mano.

Tome los huevos duros y _____ (cubrirlos) con esta preparación, apretando con la mano para que se adhiera bien.

Tome los huevos cubiertos y _____ (pasarlos) por otro huevo batido y pan rallado. En seguida, fríalos en aceite bien caliente.

Tomado de Ya, Revista femenina de El Mercurio, *pág. 18, 22 de enero de 1991.*

I ¡A poner la mesa!   Repase el vocabulario de los utensilios que está en la página 100. Imagínese que su compañero(a) le está ayudando a poner la mesa. Dígale dónde poner cada cubierto según el dibujo.

> EJEMPLO: Por favor, ponga el cuchillo a la derecha.

J **A mí, tráigame . . .**   Trabaje en grupos de tres o cuatro compañeros; una persona es el (la) mesero(a) (M) y las otras son clientes (C). El (La) mesero(a) sugiere algunos platos y los clientes piden una comida completa, usando el menú del restaurante que está en la página 73. Después cambien papeles.

EJEMPLO: M: Señora, **pruebe** nuestro pescado frito. Es muy bueno.

C: Bueno, **déme** pescado con ensalada y también tráigame una sopa de tomate, por favor.

K **Mi mejor plato.**   Intercambiar recetas es una buena manera de conversar y de hacer amigos. Escriba su receta preferida y después demuéstrela frente a la clase.

EJEMPLO: Para hacer mis famosos huevos revueltos, . . .
Primero, ponga mantequilla en la sartén.
Después, . . .
En seguida, agregue . . .
Finalmente, póngale un poquito de . . .

Los pronombres de objeto directo e indirecto

Pronouns are words that refer to nouns already mentioned. By using pronouns, you can speak and write Spanish more smoothly by not repeating the names of persons, places or things (nouns). For example, in the following conversation, *las* refers to *verduras frescas* and *te* refers to *mamá*.

—Mamá, **te** compré **verduras frescas** en el mercado; **las** voy a dejar aquí en la mesa de la cocina.
—Hija, ¿por qué no **las** pones en la refrigeradora?
—Es que tengo que irme a la universidad; **te las** dejo aquí encima.

Direct and indirect object pronouns			
What/whom?	*To/for whom?*	**¿A quién?** **¿Qué?**	**¿Para quién?** **¿A quién?**
me	*to/for me*	me	me
you	*to/for you*	te	te
him/her/you/it	*to/for him/her you/it*	lo/la	le *to/for him/her/you/it*
us	*(to/for) us*	nos	nos
you	*to/for you*	os	os
them/you	*to/for them/you*	los/las	les *to/for them/you*

1. Notice in the chart above that Spanish and English use the same pronouns regardless of the direct or indirect function. The only exception is that Spanish uses **le/les** for the indirect *to* or *for you/him/her/it*. Below you can see that the direct object is **el postre (lo)** and the indirect is **mi padrino (le).**

   > **Le** preparé un buen postre a mi padrino; ya **lo** puse en la refrigeradora.

2. When used together, indirect object pronouns always go before direct object pronouns.

   > I.O.P
   > ↓
   >
   > ¿Quién **te** hizo este pastel tan exquisito, María Luisa?
   > **Me lo** hizo mi mamá. Ella cocina muy bien.
   > ↑   ↑
   > I.O.P.   D.O.P

3. The pronouns *le* and *les* change to *se* when used with *lo(s)/la(s)*.

   > Mi hermano y mi cuñada trabajan, así es que siempre les hago las compras de la semana para ayudarlos, pero esta semana todavía no **se las** he hecho porque no he tenido tiempo.

   In the example, *se* refers to *les* or *mi hermano y mi cuñada* and *las* refers to *las compras*.

¡A PRACTICAR!

L **¿A quién, dijiste?** Lea los párrafos que siguen y determine a quién o a qué se refieren y qué cosa está relacionada con esa persona o cosa. Luego, haciendo rayas y círculos una las cosas o personas nombradas con sus pronombres, como en el ejemplo.

> EJEMPLO: A pesar de que el médico siempre (le) aconseja que no coma huevos, a mi (novio) (le) encanta comer (pasteles) que tienen tanto colesterol. Y él sabe que el doctor (se) (los) tiene prohibido. ¡Qué problema tan grande!, ¿no?

1. Mi padrino **le** compró cuatrocientas cabezas de ganado a mi tío Roberto y **se las** va a pagar el próximo verano, cuando empiece a vender**le** la carne a una cadena de supermercados.

2. Aunque parezca increíble, a los argentinos uno no **les** puede prohibir comer carne, porque es una cuestión de tradición, **me** dijo mi amiga, que es argentina. Siempre **le** digo a **ella** que es una barbaridad la cantidad de carne que come, que **le** hace mal para el corazón. Pero **ella me** contesta que no **le** hace mal, que son exageraciones de los médicos.

3. Debido a la enorme deuda externa, el gobierno argentino **les** tiene que pagar intereses a varios bancos estadounidenses. Lo malo es que todavía **les** tienen que pedir más dinero prestado y no van a terminar de pagár**selo** nunca si siguen los problemas económicos tan graves.

M Cosas ricas. Anote en su cuaderno qué cosas ricas de la lista le gustaría regalarles a las siguientes personas.

vino importado de Chile	queso exquisito de Wisconsin
galletas importadas	una botella de champaña catalana
un canasto de fruta fresca	una caja de bombones de chocolate
café supremo de Colombia	camarones congelados de México
patés de Québec	deliciosas salchichas de Chicago
aceitunas españolas	jugosas piñas de Guatemala

EJEMPLO: —A mi novia **le** quiero regalar una caja grande de bombones y también . . .

1. a tu novio(a)
2. a tu mamá
3. a tu papá
4. a tu compañero(a) de cuarto
5. a tus amigos
6. a tus hermanos
7. a tu jefe(a)
8. a tu ayudante de laboratorio

N Para pedir un favor. Imagínese que Ud. está en un restaurante con un(a) compañero(a) de clase. Pídale tres favores. Luego, cambien papeles.

EJEMPLO: —Laura, ¿**me** puedes traer más pan, por favor?
—Sí, claro, **te lo** traigo en un momento.

1. la sal
2. un cuchillo
3. la salsa picante
4. una servilleta
5. el aceite
6. más agua mineral
7. unas aceitunas
8. unos vasos limpios
9. las tacitas de café

O Una fiesta. Imagínese que su compañero(a) está preparando una fiesta. Ofrézcale ayuda.

EJEMPLO: A: **Te** invito a una fiesta el viernes.
B: ¡Qué estupendo!, gracias. ¿Qué **te** llevo de comer?
A: ¡Oh, no!, nada. No te preocupes.
B: **Te** llevo un pastel.
A: ¡Ah!, bueno; **te lo** agradezco mucho.

fruta	una ensalada	una botella de vino
pan fresco	unas salchichas	medio kilo de queso
unos dulces	cosas para picar	una docena de cervezas

¡A DIVERTIRNOS MÁS!

A En un restaurante porteño. En grupos de dos o tres personas, estudien este menú de un restaurante español.

1. Digan lo que les gustaría comer o no en este restaurante.
2. ¿En qué se parece este menú a los de aquí? ¿En qué se diferencia?

Después de conversar, preparen su propio menú con comida argentina o mexicana.

B Comida al paso. Ahora estudie este otro menú de un restaurante chileno con sus compañeros(as).

1. ¿Qué les gustaría servirse?
2. ¿Se trata de un restaurante o de una sandwichería?
3. ¿En qué se diferencia este lugar de un restaurante de comida al paso (que sirve comida previamente preparada) de los Estados Unidos?

Después de conversar, preparen un anuncio o un menú para un restaurante de comida al paso, según los gustos de Uds.

A.

B.

¡A escuchar!

C Un restaurante mal atendido.   Salir a comer afuera es un placer y sana diversión para mucha gente. A veces, sin embargo, las cosas no salen bien. Escuche la grabación para ver qué le pasa a una pareja en un restaurante y después complete los espacios en blanco.

1. Esta pareja está (satisfecha / disgustada) _____ con el servicio en el restaurante.
2. Para la cena, ella pidió _____, pero está _____.
3. Él pidió _____ , pero está _____.
4. Cada vez que le piden algo, el mesero dice _____ , a pesar de que no es muy amable.

¡Le podría
pasar a Ud.!

Trabaje con dos o tres compañeros para desarrollar la siguiente situación. Primero, escriban lo que quieren decir y decidan cuántos personajes necesitan. Después, representen la situación para toda la clase. Usen las ideas, las nociones culturales, el vocabulario y los verbos y pronombres estudiados en este capítulo.

1. Su hermana, sus padres y Ud. han llegado recientemente de la Argentina y se han hecho amigos de una señorita muy amable de la universidad que habla español bastante bien. Hoy domingo la han invitado a almorzar con ustedes a las dos de la tarde y su madre y hermana han preparado varios platos típicos argentinos: empanadas, bife chorizo, ensaladas, queso de postre, además de frutas, refrescos y buen vino de la provincia de Mendoza.
2. Ud. ha conocido a una simpatiquísima familia recién llegada de la Argentina y está muy contenta, porque ahora va a poder practicar su español. Usted lleva un régimen de vida natural, no fuma, no bebe y es vegetariana. La han invitado a almorzar y Ud. llega puntualmente a las dos con muchísima hambre.

VOCABULARIO

Sustantivos

arroz rice
cuenta bill, check
fideos noodles
hielo ice
papas hervidas boiled potatoes
puré de papas mashed potatoes
propina tip (for services offered)
recibo receipt
rincón corner (of a room)
tacos snacks (México)
tapas snacks (Spain)

Las comidas

almuerzo (comida) lunch
cena dinner, supper
desayuno breakfast
merienda snack

Entremeses

aceitunas olives
jamón ham
tortilla española potato and egg
  omelette

Para beber

champaña champagne
gaseosa soft drink
refresco soft drink
vino blanco white wine
vino dulce sweet wine
vino rosado rosé wine
vino seco dry wine
vino tinto red wine

Panes

galleta cracker
media luna croissant
pan integral whole wheat bread
pan tostado toasted bread
tostadas toast

Huevos

huevos fritos fried eggs
huevos revueltos scrambled eggs

Carnes

carne de vaca (buey, res) beef
costillitas de cerdo pork ribs
chorizo sausage
chuletas de cerdo (puerco) pork
 chops
chuletas de cordero lamb chops
chuletas de ternera veal chops
pavo turkey
pechuga de pollo chicken breast
pollo chicken
salchichas sausage links

Preparación de la carne o del pescado

a la barbacoa barbecued
a la parrilla grilled
a punto medium rare
ahumado(a) smoked
al horno baked
asado(a) roasted
bien cocido(a) well done
cocido(a) boiled
crudo(a) raw
estofado(a) stewed
frito(a) fried

Pescados y mariscos

almejas clams
atún tuna
bacalao cod
camarones (gambas) shrimp
ceviche de pescado fish prepared
 with lemon, onions, olives
langosta lobster
lenguado sole
mariscos shellfish
pescado fish
salpicón de mariscos shellfish
 salad
trucha trout

Las verduras

aguacate (palta) avocado
alcachofas artichokes
apio celery
cebollas onions
champiñones (hongos)
 mushrooms
espárragos asparagus
espinaca spinach
guisantes peas
pepino cucumber
rábanos radishes
zanahorias carrots

Las frutas

cerezas cherries
ciruelas plums
dátiles dates
duraznos (melocotones)
 peaches
frambuesas raspberries
fresas strawberries
guayaba guava
piña pineapple
sandía watermelon
toronja (pomelo) grapefruit
uva grapes

Productos lácteos

mantequilla (manteca) butter
queso cheese

En la mesa

aceitera (aceite) cruet for oil (oil)
aspartame Nutrasweet
azucarero (azúcar) sugar bowl (sugar)
botella bottle
copa glass for wine or champagne
cuchara spoon
cuchara sopera soup spoon
cuchillo knife
pajita straw
pimentero (pimienta) pepper shaker (pepper)
platillo saucer
plato de sopa soup bowl
sacarina saccharin
salero (sal) salt shaker (salt)
servilleta napkin
tenedor fork
vaso glass
vinagrera (vinagre) cruet for vinegar (vinegar)

Adjetivos

añejo stale
duro tough
satisfecho full (stomach)

Personas

mesera (camarera) waitress
mesero (camarero, mozo) waiter

Verbos

encantar(le a uno) to like very much
equivocarse to make a mistake
fascinar(le a uno) to fascinate
gustar(le a uno) to like
interesar(le a uno) to interest
probar (ue) to try out, taste
volver(le) loco a uno to go crazy with

Conjunciones

a pesar de (que) in spite of
además besides
aunque although
mientras while
ni siquiera not even
no sólo . . . , sino (que) not only . . . , but also
también
por (lo) tanto therefore

Expresiones para . . .

pedir una mesa, p. 69
pedir algo de tomar, p. 69
pedir algo de comer, p. 69
expresar problemas en el restaurante, p. 71
comunicarse antes de irse del restaurante, p. 71
expresar sus preferencias, p. 73
ofrecer más comida, p. 74
pedir más comida, p. 74

De la lectura

a pesar de in spite of
bife steak
centenares hundreds
cifras figures, numbers
deuda externa foreign debt
ganado cattle
hambruna famine
hogar home
ni siquiera not even
raíces roots
sequías droughts
sindicatos obreros labor unions

EL GRECO View of Toledo, DETAIL.
Oil on canvas, 47¾ x 42¾".
The Metropolitan Museum of Art,
Bequest of Mrs. H. O.
Havemeyer, 1929. The H. O.
Havemeyer Collection, 1929.

¿Vivir o sobrevivir en la ciudad?

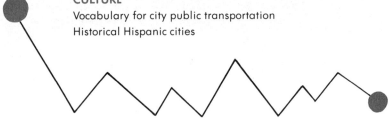

COMMUNICATIVE GOALS

In this chapter, you will learn to talk and write about urban problems that you have experienced and may have dealt with.

FUNCTIONS

Expressing complaints
Offering excuses and solutions
Asking for clarification
Recounting recent experiences
Describing habits and routines
Asking and understanding street directions
Describing a city, city life and its problems

CULTURE

Vocabulary for city public transportation
Historical Hispanic cities

¿CÓMO SE DICE?

Cómo pedir instrucciones en la calle

JESÚS: Disculpe, señora. Ando buscando la estación de metro de Bellas Artes.

LETICIA: ¿Bellas Artes? Pues, a ver . . . Bellas Artes . . . sí. Siga Ud. todo derecho hasta que llegue a la Calle Morelos. Luego . . . doble a la izquierda y camine una . . . , no . . . , dos cuadras y . . . y allí está la estación.

JESÚS: Todo derecho hasta Morelos, luego a la izquierda . . . dos cuadras . . . todo derecho, ¿no?

LETICIA: Sí, señor, eso es. Pero hoy el metro está cerrado. Es que los conductores están en huelga y . . .

JESÚS: ¿En huelga? Ay, no, por Dios. Entonces, me voy en autobús.

LETICIA: No, señor. Los chóferes de autobús están en huelga también, igual que los empleados del metro.

JESÚS: ¡Dios! Estoy harto de todos estos problemas. Tomo un taxi y se acabó. Muchas gracias, señora.

LETICIA: Por nada, señor. Que le vaya bien.

CÓMO PEDIR Y DAR INSTRUCCIONES

Perdón, señora, ¿el Banco Exterior?
Perdón, ando buscando . . .
Disculpe, ¿dónde queda(n) . . . ?

Siga (Ud.) todo derecho *(straight ahead)*.
       calle arriba *(up the street)*.
       calle abajo *(down the street)*.
Doble (Ud.) a la derecha.
      a la izquierda.
Camine unas tres cuadras y luego . . .
Tome (Ud.) el autobús 9 y bájese en la plaza . . .

CÓMO PEDIR CLARIFICACIÓN

¿Se puede ir a pie?   ¿Cómo?
      en metro?   ¿Qué línea?
      en autobús? ¿Qué número?

¿Queda por aquí cerca?   ¿Por dónde queda?
¿Está lejos del parque?   ¿A cuántas cuadras?
¿Entre esos dos edificios?   ¿Cómo? ¿Entre cuáles?
Está cerca de ese edificio alto, ¿no? No comprendo. ¿Dónde?
¿Al lado del zoológico, dice Ud.?   Perdón, ¿a qué lado?
¿En las afueras *(outskirts)* de la ciudad? ¿En qué parte queda?
¿Enfrente de *(across from)* qué banco? ¿Cómo? ¿En qué calle?
¿Queda en ese edificio de   ¿Está adentro o afuera?
apartamentos?   *(inside or outside)*

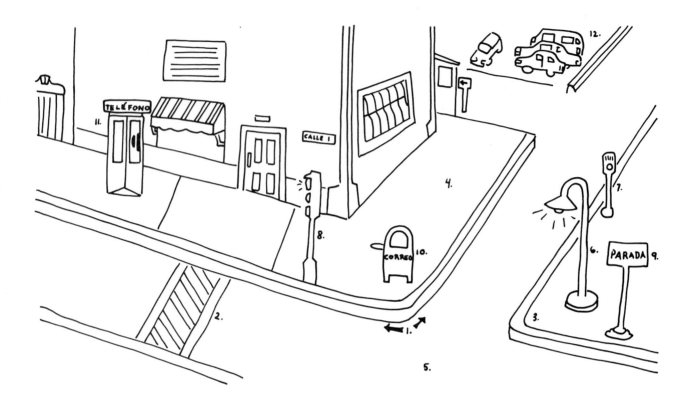

EN LA CALLE

1. la cuadra
2. el cruce
3. el cruce de peatones
4. la esquina
5. la acera (la vereda, la banqueta)
6. la bocacalle
7. el farol (la luz)

8. el parquímetro
9. el semáforo
10. la parada (de autobús)
11. el buzón
12. la cabina telefónica
13. el estacionamiento

A Perdón . . .   Con otro(a) estudiante, completen las siguientes conversaciones y, en seguida, represéntenlas. Usen expresiones de la lista.

lejos	derecho	enfrente
buzón	esquina	calle arriba
parada	afueras	estacionamiento
cuadra	derecha	cabina telefónica

1. —Perdone, señor(ita/a). Ando buscando un teléfono.
   —Hmmm. Pues, hay una _____ allí _____ del banco.
2. —Perdóneme, este . . . ¿el zoológico? ¿Está _____ de aquí?
   —¡Uy! Pues sí, señor(ita/a). Está en las _____ de la ciudad.

3. —Perdón, ando buscando un _____ para mandar estas cartas.
   —A ver . . . . Pues, hay uno allí en la _____, señor(ita/a).
4. —Perdóneme, señor(ita/a), quiero estacionar mi auto.
   —Bien. Doble Ud. a la _____; allí hay un _____.
5. —Disculpe, señor(ita/a). ¿Hay una _____ de autobús cerca de aquí?
   —Sí, sí. Hay una en la próxima _____. Siga Ud. todo _____ y cruce la bocacalle; está ahí mismo.

Ceda el paso

B Multas justas. Un policía pasó varias multas en la Ciudad de México hoy. Lea los informes del policía y complételos según el significado.

EJEMPLO: Una señora no podía encontrar **estacionamiento,** entonces puso el carro en el estacionamiento reservado del hospital.

1. De repente un muchacho se acordó que tenía que recoger unos libros de la biblioteca que estaba al otro lado de la calle y entonces _____ en un lugar prohibido.
2. Dos señores iban conversando de negocios, no prestaron atención y no pararon ante el letrero _____.
3. Si un letrero dice _____, uno debe mirar primero y dejar pasar al otro vehículo, pero la jovencita iba escuchando la radio y no vio el letrero.
4. Aunque había un letrero que decía _____ que mostraba la dirección solamente hacia la izquierda, el conductor dobló a la derecha porque iba tarde al dentista.
5. Todo el mundo sabe que la luz roja significa _____, pero un turista alemán dijo que él no sabía español.

Cruce de peatones

No girar en U

Estacionamiento

Sentido único

Prohibido estacionarse

Alto / Pare

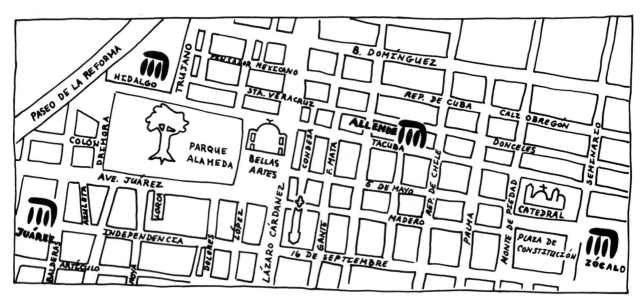

C Ando un poco perdido. Hable Ud. con otro(a) estudiante: una persona es un(a) turista que busca un lugar de interés. La otra persona es de la Ciudad de México y ayuda al turista. Reaccionen lógicamente, según lo que diga cada uno de Uds.

Turista	**Residente**
1. Perdón, señor (señorita / señora), ¿dónde queda(n) . . . ?	2. Sí, siga . . . (Pues, lo siento, pero . . .)
3. ¿Puedo ir . . . a pie (en autobús)?	4. Bueno, creo que . . .
5. Ay, muchas gracias. Muy amable. ¿También sabe Ud. dónde queda . . . ?	6. Sí, camine hasta . . . (Pues, la verdad es que . . .)
7. Perdón. ¿Dijo que tengo que . . . ?	8. Sí, váyase por (en) . . .
9. Pues, muchas gracias.	10. . . .

D De paseo en su ciudad. Trabaje con un(a) compañero(a) de clase. Una persona es el (la) turista y hace las siguientes preguntas. La otra persona es un(a) policía de la ciudad en que Uds. viven y él (ella) debe responderle apropiadamente. Vayan alternando papeles a lo largo de la actividad.

EJEMPLO: A: Perdón, señorita, ando buscando un buzón para echar estas tarjetas postales.
B: Pues, hay un buzón cerca de aquí. Siga hasta la otra esquina, ésa es la calle Main. Hay un buzón allí en la esquina.

1. Discúlpeme, ¿hay un banco por aquí?
2. Perdón, no soy de aquí. Busco un supermercado.
3. Disculpe, la oficina de correos, . . . , ¿está cerca o lejos?
4. Perdone, ando buscando un almacén grande. ¿Sabe Ud. dónde hay uno? . . . ¿Cómo puedo ir para allá? ¿Puedo ir a pie o tengo que tomar un taxi (autobús)?
5. Perdón, señor (señorita / señora). Quisiera saber si hay un restaurante mexicano por aquí.

Cómo quejarse de los problemas de la vida urbana

TAXISTA: ¿Adónde va, señor?
JESÚS: Al Parque de Chapultepec. Quería tomar el metro, pero no hay ni metro ni autobuses hoy.
TAXISTA: Sí, señor. Ya lo sé. Hay una huelga de camioneros y conductores de metro.
JESÚS: Pero, ¡qué desastre! Hicieron huelga el año pasado . . . y ahora otra vez. No puedo creerlo.
TAXISTA: Así es, señor. Es que están mal pagados, ¿sabe Ud.? Y con la inflación . . . , pues . . . ¿qué hacer?
JESÚS: La economía anda bastante mal . . . Bueno, lléveme a la Galería de Arte Moderno, por favor. A ver si así se me olvidan todos estos problemas.
TAXISTA: Cómo no, señor. Es mejor disfrutar de lo bueno de la vida, ¿no es cierto?
JESÚS: ¡Claro que sí!

PARA QUEJARSE

Pero, ¡qué desastre! Ahora . . .
¡Estoy perdiendo la paciencia!
¡Esto es el colmo! *(I've had it!)*

PARA DISCULPARSE Y SUGERIR SOLUCIONES

Lo siento mucho, ¡qué lástima!
Siento mucho que no tenga/haya . . .
Ahora mismo *(Right now)* voy a . . .
Lo que podemos hacer es . . .

PROBLEMAS TÍPICOS DE LAS CIUDADES

Hay una inflación
increíble.

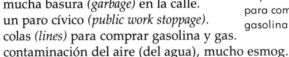

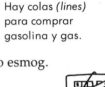

Hay colas (lines)
para comprar
gasolina y gas.

Hay tanta gente.
 tanta pobreza.
 tanta delincuencia.
 una inflación increíble.
 mucho tráfico (tránsito).
 una huelga (strike) general.
 escasez (a shortage) de azúcar.
 mucho desempleo (unemployment).
 mucha basura (garbage) en la calle.
 un paro cívico (public work stoppage).
 colas (lines) para comprar gasolina y gas.
 contaminación del aire (del agua), mucho esmog.

No hay luz.
 agua caliente.
 gas para cocinar.
 transporte público.
 gasolina (nafta / bencina) para el auto.

No funciona la calefacción.
 el aire climatizado (acondicionado).

Hay una huelga
(strike) general.

Hay escasez (a
shortage) de azúcar.

No hay gasolina
(nafta / bencina)
para el auto.

E **¿Qué opina Ud.?** Algunos problemas son más graves que otros. Lea la siguiente lista de problemas y clasifíquelos de más grave a menos grave con números del 1 al 6. Después, compare su lista con la de otro(a) estudiante y analicen las diferencias.

_____ Hay 80% de inflación.
_____ Hay escasez de apartamentos.
_____ El agua está un poco contaminada.
_____ No hay muchas luces en las calles.
_____ Hay huelga de choferes de autobús.
_____ Hay demasiada basura en las calles.

Hay mucho
desempleo
(unemployment).

Hay mucha basura
(garbage) en la calle.

F **Lo malo y lo bueno.** En cualquier ciudad hay cosas buenas y cosas malas. Complete las siguientes oraciones, luego compártalas con un(a) compañero(a) de clase y analicen sus respuestas.

EJEMPLO: En _____ hay tanta gente, pero . . .
 En Honolulu hay tanta gente, pero hace buen tiempo.

No funciona el
aire climatizado
(acondicionado).

1. En _____ hay mucha pobreza, pero . . .
2. Hay mucho desempleo en _____, pero . . .
3. En _____ hay tanta delincuencia, pero . . .
4. En _____ hay escasez de _____, pero . . .
5. En _____ hay una inflación increíble, pero . . .
6. Hay mucho tráfico en las calles de _____, pero . . .
7. Hay mucha contaminación del aire en _____, pero . . .

No funciona la
calefacción.

8. En _____ hay colas para comprar muchas cosas, pero . . .

9. Algún día me gustaría vivir en la ciudad de _____ porque . . .

10. Pero no me gustaría vivir en la ciudad de _____ porque . . .

G Un problema difícil. Hable con un(a) compañero(a) de clase para expresar sus opiniones.

Estudiante A	Estudiante B
1. Describa un problema de la ciudad o del campus universitario.	2. Exprese su opinión a favor o en contra. (Dé un ejemplo).
3. Quéjese y diga quién tiene la culpa por no hacer nada al respecto.	4. Diga si está de acuerdo o no y ofrezca una solución.
5. Reaccione a la sugerencia de su amigo y ofrezca otra solución.	6. Reaccione según su opinión.
7. Continúe la discusión.	8. Trate de terminar amigablemente.

H Seamos realistas. Escriba un párrafo en español sobre algunos problemas de su ciudad. Dé ejemplos realistas.

EJEMPLO: En mi ciudad hay tanta pobreza y también hay escasez de apartamentos, especialmente para la gente mayor. Por ejemplo, en el sur de la ciudad . . .

Así es

El Mundo Hispano es muy grande y el vocabulario cambia de un país a otro. Sin embargo, con un poco de paciencia y haciendo algunas preguntas, se pueden comprender las palabras más comunes. Recuerde Ud. que la gente que habla español y que visita otro país también tiene que hacer preguntas hasta acostumbrarse al nuevo vocabulario.

La palabra que significa *bus* es un estupendo ejemplo de cómo varía el vocabulario de un lugar a otro. En México, se dice **camión.** (En todos los otros países, **camión** significa *truck.*) En España, se dice **autobús;** sin embargo, si Ud. quiere ir a otra ciudad, Ud. toma el **autocar.** En la zona caribeña (Puerto Rico, Cuba y otras islas) se dice **guagua.** (En Chile, una guagua es un bebé.) En Chile, los autobuses se llaman **micros (microbuses),** porque al principio eran muy pequeños, pero también hay **buses** más grandes del servicio estatal. En la Argentina, se dice **colectivo** o **microbús,** y en otras partes se dice simplemente *bus,* excepto en Uruguay y Perú, donde se dice **ómnibus.** Finalmente, en Guatemala dicen **camioneta.**

Afortunadamente, los taxis se llaman **taxis** en todas partes excepto los taxis que hacen un viaje predeterminado y que llevan varios pasajeros: éstos se llaman ¡**colectivos!**

Ahora contesten las siguientes preguntas en grupos de tres personas.

1. ¿Cuántas palabras sabe Ud. en inglés para decir **refresco?** ¿Para decir *crazy?* ¿Para decir *bag?* 2. ¿Cuántas expresiones sabe Ud. en español para decir *dinner?,* ¿para decir *beef?,* ¿para decir *Hello, how are you?*

PERSPECTIVAS AUTÉNTICAS

Antes de leer

A El transporte público.

1. Indique qué tipo de transporte público hay en su ciudad:

_____ taxis   _____ helicópteros

_____ limusinas   _____ monocarriles

_____ autobuses   _____ tranvías (*street cars*)

_____ metro o subte[1]   _____ otro _____

2. ¿Cuáles de estos medios de transporte público usa Ud. con más frecuencia? ¿Por qué? ¿Cómo es el servicio?

B Los metros.

1. ¿Qué sabe Ud. de los metros en general? Escriba algunas oraciones verdaderas como en los ejemplos.

    EJEMPLOS: El metro es un sistema de transporte rápido.
    Hay metros en los Estados Unidos y en Europa.

2. Marque las palabras que Ud. crea que va a encontrar en la lectura "El estupendo metro de México".

_____ mano   _____ limpio   _____ eficiente

_____ gente   _____ aprender   _____ velocidad

_____ camisa   _____ estación   _____ dormitorio

_____ avión   _____ tránsito   _____ transporte

CÓMO LEER LA LECTURA

C Para ubicar las palabras claves.   Trabaje con otros dos compañeros. Para leer mejor, es necesario concentrarse y buscar las palabras claves (*key*) y después las descripciones que se refieren a ellas. Con otras dos personas, lean las siguientes frases y subrayen la palabra clave o sujeto:

1. pisos de mármol
2. la alegría de vivir
3. antiguos caminos elevados
4. el carácter del habitante de México
5. la energía casi eléctrica de sus pasajeros
6. las espléndidas instalaciones supermodernas
7. la elegante sencillez de la estación de Coyoacán
8. las calamidades espantosas de los últimos tiempos

---

[1]/En Buenos Aires se dice **subte,** abreviación de **ferrocarril subterráneo.**

9. un estudio sobre delitos cometidos en trenes subterráneos
10. los efectos de la tensión nerviosa y de la contaminación atmosférica

Después de completar este ejercicio, ¿qué han aprendido Uds. acerca de la posición de las palabras importantes en una frase en español? ¿Es la misma posición que en inglés? ¿Por qué son más largas las frases en español?

D La idea principal. Para leer mejor, también es útil tratar de comprender las ideas más importantes de una oración o de un párrafo. Por ejemplo, lea la siguiente oración y escriba dos o tres palabras de su idea principal.

> El 19 y el 20 de septiembre de 1985, dos espantosos terremotos sacudieron los edificios de la Ciudad de México, destruyendo 400 de ellos y sepultando en sus ruinas a más de 8.000 personas.

Ahora lea el siguiente párrafo, luego indique su idea principal.

> La Ciudad de México se elevó sobre la base de tres culturas importantes. Primero, los **aztecas** construyeron pirámides y templos fantásticos, además de calzadas sobre el lago que hoy forman algunas de las avenidas principales de la capital. Después los **españoles** trajeron un nuevo idioma, la religión católica y las tradiciones cristianas. Actualmente, los **mexicanos** han desarrollado un estilo que los distingue de otros pueblos y el metro es un claro ejemplo de esto porque allí las dimensiones son monumentales y la decoración, muy bella. El gusto por el arte y los hermosos espacios públicos se nota especialmente en el estupendo metro de la Ciudad de México.

La idea principal de este párrafo es . . .

1. Tres culturas están presentes en la capital mexicana.
2. La Ciudad de México tiene un metro fantástico.
3. Los españoles establecieron la Ciudad de México.
4. La capital mexicana es realmente maravillosa.

E Otras sugerencias. Mientras Ud. lee la siguiente lectura, trate de pensar en la idea principal de cada párrafo y . . .

1. En pocas palabras, escriba la idea principal de cada uno de los siete párrafos de la lectura.
2. Anote las tres maneras en que el metro de la Ciudad de México está unido al pasado.
3. Anote las dos cosas que la gente de la Ciudad de México y el metro tienen en común.

El estupendo metro de México

aire

con más experiencia

en todos estos siglos

placer, goce
pride

simplicidad
underscored   shine

Los sistemas de trenes subterráneos son tan únicos como las grandes ciudades que sirven. Por ejemplo, los metros de París y de Buenos Aires tienen un cierto aire de refinamiento, el de Nueva York es rápido, impaciente y ruidoso, y el de Londres tiene un sabor° a siglo diecinueve. El metro de la Ciudad de México, sin embargo, es tan hermoso y singular que sorprende al viajero más experimentado°. Limpio y eficiente, el metro mexicano tiene un especial encanto que es el resultado de los mismos factores que producen el carácter del habitante de México: la alegría de vivir y una vitalidad sin límites—a pesar de las calamidades espantosas de los últimos tiempos. A través de los siglos°, los mexicanos han aprendido a tomar las cosas con calma y a reverenciar sus tres culturas; el metro refleja todo esto, no sólo en las espléndidas instalaciones supermodernas, sino en la especial preocupación por conservar lo mexicano y exhibirlo para el deleite° de todos.

El orgullo° que los residentes de la capital sienten por el metro se refleja en su limpieza y orden y en la extraordinaria belleza de las estaciones. Los ingenieros pudieron haber diseñado un metro funcional y más barato, pero los mexicanos no hacen las cosas así. Por el contrario, han construido un metro del mismo estilo que caracteriza al diseño mexicano en otros campos como la arquitectura y el arte público. Así, los ingenieros han diseñado 105 estaciones brillantes, alegres y, en muchos casos, impresionantes, que incorporan la luz, el arte y las características de cada barrio en su decoración. Por ejemplo, en la estación de Bellas Artes se han puesto reproducciones de murales mayas de piedra y piso de mármol; la elegante sencillez° de la estación de Coyoacán está realzada° por murales abstractos que relucen° suavemente a cada lado; y la estación de Pino Suárez está construida alrededor de un templo azteca descubierto cuando se hacían las excavaciones preliminares.

El metro mexicano es un medio de transporte fácil, limpio y extremadamente barato para todos los mexicanos y hacía mucha falta en esta ciudad de veinte millones de personas, la más grande del mundo. Antes del metro, los problemas de transporte eran desastrosos y, mientras más autobuses se ponían en circulación, más se contaminaba la atmósfera con los gases de tantos motores. Actualmente, el metro transporta 4.000.000 de personas al día en un día de semana. Tanto estudiantes como hombres de negocios lo prefieren, porque en las calles el tráfico de vehículos es tan grande como en cualquier otra zona metropolitana y las congestiones de tránsito son descomunales°. Mientras que el metro puede alcanzar velocidades de 88 kilómetros por hora en ciertas partes y un promedio de 35 kilómetros por hora en general, los automóviles y autobuses generalmente circulan a una velocidad promedio de sólo 22 kilómetros por hora. Además de ser tan lento, el tráfico vehicular tiene el agravante de que los chóferes de la ciudad son tan impacientes y nerviosos como los de Madrid o Roma, porque sufren de los efectos de la tensión nerviosa y de la contaminación atmosférica.

      monstruosas

Los mexicanos también tienen otros motivos para estar orgullosos de su metro. En un estudio sobre delitos° cometidos en trenes subterráneos, se informó que el metro mexicano es uno de los más seguros, precedido sólo por los metros de Tokio y de Moscú, el cual reportó una total ausencia de delitos. Esto es notable si se piensa en las presiones económicas que sufre mucha gente de México y en el alto índice de delincuencia que tiene la ciudad en general. De vez en cuando, un ratero° roba algún bolso de mujer, pero en las estaciones hay guardias que mantienen constante vigilancia. Además, en las horas de mayor congestión se reservan varios carros exclusivamente para mujeres, niños y ancianos y la policía no permite la entrada a otras personas.

      violaciones de la ley

      carterista

Por muy moderno° que sea el metro, su planificación tiene fuertes vínculos° con el pasado, no sólo porque se han encontrado tantos restos arqueológicos durante su construcción, sino que también porque varias de las líneas coinciden con antiguas calzadas o vías elevadas que unían la ciudad-isla de Tenochtitlán con las orillas° del lago Texcoco hace quinientos años. Por ejemplo, la línea dos sigue la ruta que Cortés y sus hombres usaron para entrar en la capital en noviembre de 1519. La línea tres coincide con la calzada que conectaba con Tepeyac, lugar donde la Virgen de Guadalupe se le apareció a Juan Diego en 1531. De hecho, el metro también abarca° cinco siglos de historia en los nombres de sus estaciones; se recuerdan en ellas a todos los hombres ilustres de México desde Moctezuma y Cuauhtémoc hasta Benito Juárez, Emiliano Zapata, y Pancho Villa.

      no matter how
      nexos, conexiones

      costas, riberas

      cubre

Hasta la persona más agotada° puede sentirse contenta al viajar por este mundo subterráneo tan interesante y artístico. Para el visitante, el metro también es de gran interés, ya que es la manera más cómoda de conocer la ciudad y la gente que va y viene en sus tareas diarias. Es bueno dar un paseo en metro el domingo por la mañana, cuando hay menos gente y es más fácil encontrar asiento. Los extranjeros deben tener en cuenta, sin embargo, que México está a 2.250 metros sobre el nivel del mar y que el ejercicio de subir y bajar escaleras en las estaciones puede ser demasiado agotador para los que no están acostumbrados a la altura.

      cansada, exhausta

En la ciudad más grande del mundo, afectada por tantos otros problemas, las líneas del metro son las arterias que transportan la vida de la ciudad: su gente. Eficiente y seguro, el metro de México transporta más pasajeros por kilómetro construido que cualquier otro metro del mundo y lo hace muy bien. Los que hemos viajado en este subterráneo nos hemos maravillado de su belleza y hemos experimentado la energía casi eléctrica de sus pasajeros, fuerza vital que hace de México una ciudad única del ayer, de hoy y del mañana.

Tomado de "El estupendo metro de México" por George R. Ellis.
Américas, v. 38, 5, páginas 2-7.

¿Comprendió bien?

F ¿Qué sabe Ud.? ¿Qué aprendió Ud. de la capital de México? Aparee cada nombre con su definición.

1. _____ Texcoco
2. _____ Coyoacán
3. _____ Guadalupe
4. _____ Moctezuma
5. _____ Tenochtitlán
6. _____ Bellas Artes

7. _____ Hernán Cortés

8. _____ Benito Juárez

a. Emperador azteca
b. Virgen patrona de México
c. Famoso conquistador español
d. Antiguo presidente de México
e. Palacio, teatro y galería de arte
f. Nombre azteca de la Ciudad de México
g. Barrio universitario al sur de la capital
h. Lago que está cerca de la Ciudad de México

G El arte mexicano. Se habla de un "estilo" mexicano de diseño y arquitectura. ¿Cuáles de estas palabras describen este estilo?

barato	artístico	monumental	privado
público	carísimo	oscuro	histórico
multicultural	mexicano	moderno	funcional
lleno de luz	diferente	clásico	indígena

H Comparaciones. Dé dos características de los siguientes sistemas de trenes subterráneos.

1. El metro de Nueva York
2. El subte de Buenos Aires
3. Un metro que yo conozco

I Pro y contra. Enumere las ventajas del metro cuando se lo compara con el transporte en autobuses.

J Perdón, amigo . . .   Hable con diferentes personas de su clase hasta que encuentre al menos una que tenga cada una de las siguientes características. Cuando encuentre a una persona, anote sus iniciales en el espacio apropiado. Encuentre a una persona que . . .

Iniciales

1. pueda deleitarse con algo bello o artístico.   _____
2. le guste vivir en una ciudad grande como México.   _____
3. prefiera vivir en el campo en vez de la ciudad.   _____
4. tenga alegría de vivir y una vitalidad sin límites.   _____
5. haya sido víctima de un delito cometido en una ciudad.   _____
6. se preocupe del medio ambiente y la contaminación.   _____
7. haya visitado alguna ciudad grande donde se hable español.   _____

K ¡Qué orgullosos estamos!   En todas partes, la gente está orgullosa de alguien o de algo importante de su ciudad o país; por ejemplo, muchos mexicanos están orgullosos del metro. Cuéntele a otro(a) compañero(a) sobre una persona famosa, un lugar, un evento o una cosa importante de su ciudad del que usted está muy orgulloso(a). Sea específico(a) en cuanto a los nombres, fechas, lugares, ideas y personas a quienes usted se refiera.

EJEMPLOS: *Personas famosas:* exploradores, presidentes, artistas
Lugares importantes: nacimiento de un héroe, batallas
Eventos populares: celebraciones, desfiles, concursos
Cosas notables: monumentos, estatuas, aviones, torres

Las siguientes preguntas pueden servirle de guía.
1. ¿De quién o de qué estás orgulloso(a)? ¿Es de tu país o de tu ciudad o región?
2. Cuéntame un poco más, por favor.
3. ¿Qué edificios, monumentos o celebraciones hay para esta persona o evento?
4. ¿Qué haces tú para celebrar estas ocasiones?

L Los buenos y los malos.   Es importante saber el nombre de los delincuentes comunes para poder informar a la policía sobre qué pasó y quién cometió el delito. En la lista que sigue, ¿quiénes son los delincuentes?

ladrón	guardia	violador	detective
ratero	asesino	policías	carterista

Ahora, trabaje con un(a) compañero(a). Ud. es policía y él (ella) es la víctima de un delito. Ud. debe pedir los detalles e insistir en la precisión de sus descripciones. Él (ella) debe describir todo con mucho cuidado. Prepare tres o cuatro buenas preguntas antes de empezar.

> EJEMPLOS: ¿Qué pasó exactamente?
> ¿Había otra persona allí?

Un crimen means a murder.
Un delito means a crime (any violation of the law).

M Entrevista. Entreviste a una persona de la universidad o de la comunidad que tenga interés en un aspecto problemático de su ciudad. Primero, haga una lista de 10–15 preguntas en inglés o en español (según el idioma que hable esa persona). Luego, hágale sus preguntas y apunte sus respuestas. Finalmente, escriba un informe en español sobre la entrevista y preséntelo oralmente en un grupo pequeño de sus compañeros de clase.

> EJEMPLOS: What do you think is the greatest social problem in our town?
> How did this problem come about?
> Según su parecer, ¿cuál es el mayor problema que tiene esta comunidad?
> ¿Qué se puede hacer para resolver este problema?

N Los héroes de la patria. Juárez, Villa, Zapata, Cuauhtémoc y otros son héroes muy importantes en México. Haga una breve investigación para saber específicamente porqué. Déle un breve informe oral a la clase sobre *uno* de ellos.

O El carácter estadounidense. El autor del artículo dice que los factores que determinan el carácter del habitante de México son "la alegría de vivir y una vitalidad sin límites". Escriba una composición usando las siguientes preguntas de guía.

1. ¿Cuáles son los principales factores que determinan el carácter de la gente de este país?, ¿de la gente de su estado o región geográfica?, ¿de su ciudad? Compare y contraste sus ideas con las ideas del autor sobre el carácter mexicano.

activo	dinámico	patriótico	bien educado
franco	eficiente	trabajador	independiente
generoso	religioso	conservador	bien informado

2. Dé ejemplos en su composición, usando como base estas preguntas: ¿Cómo es el carácter de los habitantes de algunas de las siguientes regiones de Estados Unidos: el oeste, como California,

Oregón y la costa hasta Alaska; el medio oeste, como Iowa y Wisconsin; el sur, como Georgia y Luisiana; Nueva Inglaterra, como Vermont y Massachusetts?

COMPARATIVE EXPRESSIONS

Detalles interesantes

To improve your reading comprehension, it is important to know the comparative expressions appearing in the reading. Once you know them, you can write more elaborate ideas in your compositions. As those presented in Chapter 3, many of these expressions have two parts.

mientras más (menos) . . . más (menos) . . .
Used to compare the results of something. Nouns, adjectives or verbal forms can follow each part of the expression.

Mientras más vehículos se ponían en circulación, **más** contaminación había.
Mientras más gente llega a México, **más** delincuencia y cesantía hay.
Mientras más trenes circulan, **menos** contaminación hay.
Mientras más agotado estoy, **más** largo me parece el viaje.

tanto . . . como . . .
Used to indicate that the two people or groups mentioned have the same opinion or are comparatively equal. In English, *both* is used.
Tanto los obreros **como** los estudiantes prefieren el metro.
Tanto las estaciones **como** los trenes están inmaculadamente limpios.

por muy (mucho/a/s) . . .
This expression introduces a contrast.
Por muy moderno que sea el metro, tiene muchos vínculos con el pasado.
Por muchos problemas que haya, los mexicanos no pierden su alegría de vivir.

mientras que . . .
Also used to establish a contrast.
Mientras que el metro de Buenos Aires tiene un aire refinado, el metro mexicano es ultramoderno y tan artístico.

P **¡A escribir!** Complete el siguiente párrafo con expresiones comparativas según el contexto.

_____ viajo por el mundo hispano, más me doy cuenta de lo importante que es la locomoción colectiva (transportación pública) en las ciudades grandes. En México, por ejemplo, hay camiones, taxis, colectivos y el metro, _____ en mi ciudad, sólo hay autobuses y _____ que me apure en la tarde, a veces, pierdo el último autobús que pasa a las cinco y media. _____ la contaminación _____ el tráfico serían menores con más autobuses.

En esta parte del plano de Tenochtitlán que Hernán Cortés mandó a España, podemos ver el centro de la ciudad con el Palacio de Moctezuma, el emperador azteca.

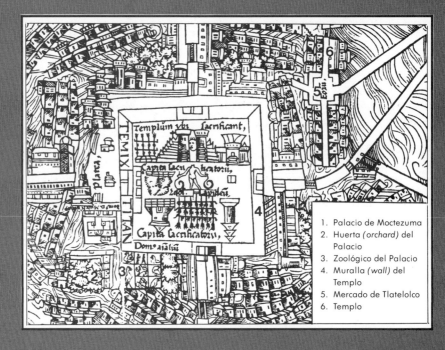

1. Palacio de Moctezuma
2. Huerta (orchard) del Palacio
3. Zoológico del Palacio
4. Muralla (wall) del Templo
5. Mercado de Tlatelolco
6. Templo

Ciudades antiquísimas de América. Algunas ciudades americanas ya existían cuando llegaron los españoles. Por ejemplo, ¿sabía Ud. que los mexicas fundaron Tenochtitlán en 1325 y que los quechuas del Perú fundaron el Cuzco en el siglo XII? Imagínese que los muros quechuas están todavía en pie, a pesar de la invasión española y el paso del tiempo.

Es importante tener presente que las grandes ciudades hispanas del continente americano son las más antiguas del continente por la rápida y febril actividad que desarrollaron los españoles durante el primer siglo de la conquista. Aquí tiene Ud. datos sobre la fundación

Capital	País/Estado	Fundada
Tenochtitlán	México	1325
Santo Domingo	República Dominicana	1496
Lima	Perú	1536
La Habana	Cuba	1515
San Juan	Puerto Rico	1521
Bogotá	Colombia	1538
Santiago	Chile	1541
Caracas	Venezuela	1567
Buenos Aires	Argentina	1580
Santa Fe	Nuevo México	1609

de algunas capitales en el Nuevo Mundo.

1. ¿En qué año llegaron los peregrinos del Mayflower a la Roca de Plymouth? ¿De dónde vinieron? ¿Por qué? 2. ¿Cuáles son las ciudades norteamericanas

más antiguas? ¿Dónde están? ¿Quiénes las fundaron? ¿Conoce Ud. esas ciudades? 3. ¿Cuándo fue fundada(o) su ciudad o pueblo? ¿Quiénes la (lo) fundaron?

In Spanish, the imperfect tense is used to provide background information about a story or to set the stage for talking about something that took place in the past. The imperfect is used when referring to the time period when something happened, when discussing weather conditions, and when describing what things looked like.

> **Eran** las 7:30 de la tarde y el metro **estaba** totalmente lleno; todos los trenes **venían** a la hora, pero **parecía** que nadie **iba** a poder irse. **Era** el fin del verano, **hacía** calor y la gente **aprovechaba** los últimos días antes de las clases para hacer las compras para los niños. Más y más gente **entraba** en la estación y los guardas los **dirigían** hacia la interminable fila que **esperaba** en el andén. Las señoras **se quejaban** sin parar del calor, pero los guardas las **ayudaban** a subir a los carros. Sentado en su piso frente al panel de control, el ingeniero **vigilaba** el movimiento de cada tren que **salía** o **llegaba** con mucha atención y después **anotaba** algunos datos en su libreta azul.

At this point, you might say, "Yes, but what happened?", because this long description does not tell you anything about the action. The description is incomplete; hence, the imperfect tense. The action that occurred against this background would be told in the preterite tense (discussed in Chapter 2). Although it is not always easy to decide what should be expressed in the imperfect and what should be expressed in the preterite, with practice you can learn some of the predictable uses of both tenses.

The following endings are used for *all* Spanish verbs except **ser, ir,** and **ver,** which have irregular imperfect forms.

Imperfect tense forms		
-ar quejarse	**-er** tener	**-ir** subir
me quej**aba**	ten**ía**	sub**ía**
te quej**abas**	ten**ías**	sub**ías**
se quej**aba**	ten**ía**	sub**ía**
nos quej**ábamos**	ten**íamos**	sub**íamos**
os quej**ábais**	ten**íais**	sub**íais**
se quej**aban**	ten**ían**	sub**ían**

ser era, eras, era, éramos, erais, eran
ir iba, ibas, iba, íbamos, ibais, iban
ver veía, veías, veía, veíamos, veíais, veían

Use the imperfect to describe:

weather conditions and seasons	**Hacía** frío . . . **Era** otoño . . .
what you or others in your story were thinking, feeling or doing	**Estaba** cansado(a) . . . **Tenía** sed . . . **Me sentía** mal . . . **Pensaba** en . . .
what was going on before describing what actually happened	Los guardas **miraban** y **ayudaban** a la gente . . . Los niños **comían** y **gritaban** . . . Las señoras **se quejaban** . . .
what the time was	**Eran** como las dos . . .
how old the people were	La niñita **tenía** unos cinco años . . .

Use the imperfect when you want to express things like:
*I *used to* . . . = I used to earn less before → Antes **ganaba** menos.
*He *would* . . . = He would say that all the time → Siempre **decía** eso.
was/were + . . . ing = I was working in Utah → **Estaba trabajando** en Utah.

CÓMO EMPEZAR A CONTAR COSAS DEL PASADO

Cuando era chico(a), . . .
Cuando vivía en _____, . . .
Cuando estaba en sexto año . . .
De niño(a), me encantaba . . . y también . . .

¡A PRACTICAR!

A Así es la pobreza. Lea en voz alta los siguientes párrafos, cambiando los verbos al imperfecto.

De niño, yo **(vivir)** en las afueras de la Ciudad de México en una colonia que **(nosotros/llamar)** "Sal si puedes" porque **(haber)** tanta pobreza y delincuencia allí. Más de un millón de personas **(vivir)** en casas que **(nosotros/construir)** de cualquier material que **(se/poder)** encontrar. Casi nadie **(tener)** trabajo; todos los días mis padres y yo **(ir)** a montones gigantescos de basura a buscar cualquier cosa que pudiéramos usar o vender.

Yo **(ir)** a una escuela donde nos **(ellos/enseñar)** a leer y escribir un poco. Mis compañeros de clase **(ser)** tan pobres como yo, pero todos **(nosotros/tratar)** de aprender juntos, ayudándonos como **(poder)**. A veces, nuestra maestra nos **(traer)** fruta fresca del ranchito que **(tener)** su tío en Oaxaca. ¡Cuánto nos **(gustar)** esa fruta fresca y jugosa!

B **¿Qué hacías?** Estudie las siguientes actividades. Luego, dígale a otro(a) estudiante lo que Ud. hacía a la hora indicada.

> EJEMPLO: Anoche a las once . . . → Anoche a las once dormía en casa.

comer	volver a . . .	leer un libro . . .
dormir	trabajar en . . .	lavar los platos . . .
estudiar	comenzar a . . .	salir con amigos . . .
descansar	divertirse con . . .	escuchar música . . .
bañarse	hacer ejercicio en . . .	tomar una cerveza . . .

1. Ayer a las diez de la mañana . . .
2. Ayer a las cuatro de la tarde . . .
3. Anoche a las once . . .
4. Esta mañana a las siete y media . . .
5. Hoy, antes de venir a clase . . .

C **Así fue mi niñez.** Describa por escrito algunos aspectos de su niñez, específicamente . . .

1. el lugar donde vivía (ciudad o pueblo, estado o provincia, país).
2. cómo era su casa o apartamento (tamaño, número de pisos, salas).
3. cómo se ganaban la vida sus padres (a qué se dedicaban y dónde).
4. cómo era su escuela primaria (sus maestros y cursos favoritos).
5. cómo era su mejor amigo(a) (apariencia física, personalidad).

D **Los gustos cambian.** Diga qué cosas le gustaban antes que ahora ya no le gustan. Mencione al menos tres contrastes.

> EJEMPLO: Antes me gustaba tanto caminar por la ciudad y hacía mucho ejercicio, pero ahora ya no porque . . . .

E **¡Todo estaba descompuesto!** Describa aquel día terrible en que ninguna cosa funcionaba en su edificio o casa.

> EJEMPLO: Nada funcionaba bien. No había agua caliente, la calefacción no funcionaba . . . .

F **Sin ruedas.** Diga qué hacían cuando Ud. y sus amigos no podían conducir todavía.

> EJEMPLO: Cuando todavía no podíamos conducir, íbamos a/al . . . a pie/en autobús, pero no podíamos ir a/al . . .

Cómo elegir entre el pretérito y el imperfecto

To talk or write about the past, it is usually necessary to use both the preterite and the imperfect tenses.

Use the imperfect to . . .

*tell time, age, weather
Eran las 5 y **llovía.**

*describe circumstances, feelings
Había ruido y humo, **tenía** miedo, **había** mucha gente, **estaba** preocupado.

*describe appearance, and sensations
Era grande y **tenía** mucho hambre.

*contrast past and present conditions
Antes **vivía** en . . . ; ahora estoy en . . .

*describe routine actions in the past tense
Siempre **veía** las noticias a las seis.

Use the preterite to . . .

*narrate steps in a story
Golpeó, entró y le **dio** un beso.

*narrate actions in a specific time frame
Por eso **se fue** a casa.

*narrate completed actions
Llamó y **pidió** la comida.

*talk about specific time
El martes **trabajé** seis horas.

*narrate what disrupted the routine
Ese día no las **vi** porque **llegué** a las ocho y media.

In general, use the imperfect to set the stage and the preterite to describe the action. When writing, it is often easier to divide the narration into two paragraphs: first, write the description of the scene in the imperfect; second, narrate the action in the preterite. This will help you use both tenses more appropriately. Study the two examples below.

> **Eran** las 5:00 de la mañana y todo el hotel **estaba** en calma. Yo **dormía** tranquilamente en el cuarto pequeño y mi tío José **estaba** con mi primo Pepín en la habitación más grande. **Teníamos** que levantarnos temprano para salir de compras, pero todavía **nos quedaban** dos horas de sueño. . . .
> } **Stage**

> Entonces **escuché** un ruido muy fuerte y unos gritos. Alguien **abrió** la puerta de la habitación del lado y dos personas **salieron** corriendo. Una **gritó** en inglés, pero no **entendí** nada. Entonces **me desperté** bien y **llamé** a la recepción, pero nadie me **contestó.** Después **llegó** la policía y unos guardias de seguridad. Así **fue** cómo le **robaron** las joyas a la señora de la otra habitación.
> } **Action**

¡A PRACTICAR!

G Reportero. Complete la siguiente narración sobre la vida después del terremoto en México con formas del imperfecto o del pretérito, según corresponda al ambiente *(stage)* o la acción *(action)*.

1. Como _____ (haber) todavía muchos temblores, nosotros _____ (mandar) a la abuelita y los niños al campo.

2. Y del campo _____ (llegar) mi primo Roberto y nos _____ (ayudar) a reconstruir una de las habitaciones, porque _____ (necesitar) al menos un dormitorio habitable.

3. Todas las mañanas, la tía Jesucita _____ (irse) al hospital pero nunca _____ (poder) conseguir noticias sobre una amiga de ella.

4. Probablemente, la pobre amiga _____ (morir) en el terremoto.

5. No _____ (haber) agua en nuestro barrio, así es que también _____ (tener que) hacer cola todos los días a las seis de la mañana, cuando _____ (venir) el camión del agua.

6. _____ (ser) un período muy difícil, pero ahora ya hemos reconstruido la casa y todo está más normal.

H ¿Qué pasó? Formen grupos de tres o cuatro estudiantes y completen *una* de estas narraciones. Luego, presenten su narración al resto de la clase.

1. ____Era____ (ser) una de esas noches calurosas y húmedas de mediados de julio. Un(a) amigo(a) y yo _____ (acabar) de salir del metro y _____ (subir) la escalera para salir de la estación cuando de repente _____ (tener) la sensación de que alguien nos _____ (seguir). _____ (Nosotros–salir) de la estación, _____ (doblar) la esquina y luego _____ (echar) un vistazo para atrás y . . . ¡qué horror! Detrás de nosotros _____ (ver) . . . [Termine el cuento.]

2. Marta Flores ____era____ (ser) una señorita, que _____ (vivir) con su mamá en un apartamento bastante modesto del centro de la ciudad. Marta siempre _____ (volver) de su trabajo a las siete de la tarde, luego _____ (cenar) con su mamá y las dos se _____ (contar) lo que había pasado durante el día. Una tarde cuando Marta _____ (llegar) a casa puntualmente a las siete, ella _____ (pensar) que algo _____ (andar) mal porque la puerta de su apartamento _____ (estar) medio abierta. _____ (Ella-entrar) y _____ (llamar) a su mamá una o dos veces, pero nadie _____ (contestar). Entonces, . . . [Termine el cuento.]

I Imágenes. Traiga una fotografía, ilustración o recorte *(clipping)* en que haya un escenario evocador.

1. Trabajando en grupos de tres o cuatro estudiantes, cada uno(a) debe describir su ilustración. Ellos dibujan el escenario en base a su descripción y después lo comparan con su original.
2. Elijan la mejor ilustración y luego escriban un cuento de lo que sucedió en ese escenario.
3. Finalmente, presenten sus cuentos a la clase y elijan entre todos el mejor cuento.

J Una aventura. Todos tenemos alguna aventura que contar de cuando éramos chicos. Cuénteles a dos compañeros qué le pasó a Ud. esa vez. Primero, describa el día y los antecedentes *(background)* de la aventura y, después, cuente lo que pasó.

> EJEMPLO: Una vez, cuando yo tenía ocho años y vivía en Chicago, salimos a explorar con un primo y un amigo. El día estaba . . .

Sugerencias:
el primer día de colegio, la primera fiesta de cumpleaños que recuerdo, la primera vez que fui a . . . , la vez que me perdí en . . . , el día en que mi perro/gato . . . , la primera visita al dentista/peluquero(a) / . . .

K Queridos compañeros . . . Imagínese que usted está estudiando en la UNAM en la Ciudad de México, donde ha habido un horrible terremoto de 6,8 grados en la escala de Richter. Escríbales una carta a sus compañeros de clase en la que les cuenta todo. Primero, describa el tiempo, la hora, el lugar donde Ud. se encontraba y lo que Ud. hacía cuando ocurrió el terremoto. También describa cómo era la ciudad antes de la destrucción. En seguida, describa cómo pasó el terremoto, qué sucedió en la casa, qué hizo Ud., y todo lo que pasó con detalles. Sea muy específico(a) para describir el escenario y narrar la acción.

L Otra aventura. Escriba sobre alguna aventura que haya tenido. Fíjese bien en la secuencia de las acciones.

> EJEMPLO: Una vez, salimos a caminar con mis primos y unos amigos y nos perdimos en el campo. Dormimos toda la noche debajo de un árbol. Mi papá llegó con la policía a las 6:00 de la mañana y . . .

When something has happened that is relevant to what we are talking about now, we use the present perfect tense.

—Todavía no **han conectado** el teléfono.
—¿Por qué no **te has quejado**?
—Porque no **he tenido** tempo. **He estado** tan ocupado.

To form the present perfect tense, use the appropriate form of **haber** and a past participle.

haber: he, has, ha, hemos, habéis, han

Regular past participles

-ar verbs	-er/-ir verbs
tom**ado**	com**ido**
llam**ado**	ten**ido**
trabaj**ado**	pod**ido**
prepar**ado**	**ido**

Irregular past participles

decir	dicho
hacer	hecho
poner	puesto
abrir	abierto
(d)escribir	(d)escrito
(de)volver	(de)vuelto
romper	roto
ver	visto

Place pronouns before a form of **haber.**

—¿Todavía no **te** has quejado al jefe?
—No, fíjate que todavía no **lo** he llamado.

¡A PRACTICAR!

M En la oficina. En la oficina central del metro, han escrito una lista de las cosas que hay que hacer y las cosas que ya están terminadas. Complete las frases.

EJEMPLO: Todavía no _____ (escribir) los informes del
mes.
Todavía no hemos escrito los informes del mes.

1. Todavía no _____ (nosotros - devolver) los informes del
año pasado.
2. Todavía no _____ (nosotros - conseguir) la información
sobre las horas de mayor uso.
3. El señor Montero todavía no _____ (aprobar) los gastos
del año.
4. La señorita Gutiérrez ya _____ (procesar) los datos del
trimestre.
5. Los pasajeros no _____ (hacer) reclamos este mes.
6. Algunos ingenieros _____ (decir) que quieren usar otro
programa.

N Es de nunca acabar. Haga una lista de las cosas que todavía no ha podido hacer esta semana o este mes.

> EJEMPLO: Todavía no he buscado un apartamento para el otro año.
> No he hablado con mi profesora de química.
> No he encontrado el horario de autobús que necesitaba.

O Y tú, ¿cómo andas? Complete las siguientes preguntas. Luego, pregúntele a un(a) compañero(a) qué ha hecho esta semana. En seguida, cambien papeles.

> EJEMPLO: —¿Qué tal? ¿Adónde has ido?
> —He ido a la reunión del club, nada más.

1. ¿Qué tareas . . . hecho?
2. ¿Cuántos capítulos . . . leído de . . . ?
3. ¿A quién . . . visto esta semana?
4. ¿Qué películas has . . . (ver) en la tele?
5. ¿Cuántos amigos has . . . (hacer) este año?
6. ¿Qué exámenes has . . . (tener) ya?

P ¡Qué maravilla! Pregúntele a un(a) compañero(a) qué cosas buenas le han ocurrido este año. Después, cambien papeles.

> EJEMPLO: —Y, ¿qué dices? ¿Qué buenas noticias has tenido?
> —Fíjate que este año me he sacado dos aes y una be. Estoy contentísimo(a). ¿Y tú?

Q Soy distinto ahora. Explique cómo ha madurado Ud. en estos últimos años.

> EJEMPLO: Antes no hacía nada en el apartamento pero, . . . este año he hecho las compras todas las semanas.

Sugerencias:
no hacía las tareas, no leía nada, no trabajaba nunca, no cocinaba nada, nunca hacía nada, perdía mucho tiempo, siempre pedía ayuda, siempre llamaba a casa, siempre me quejaba de todo, nunca devolvía los libros de la biblioteca, siempre ponía mi ropa en cualquier parte . . .

No he leído ni un capítulo porque estoy enamorada.

¡A DIVERTIRNOS MÁS!

A En el metro.   Trabaje con un(a) compañero(a) de clase, usando el siguiente mapa del metro de la Ciudad de México.

1. Digan cómo se va en metro desde la Universidad Autónoma de México (UNAM) hasta el parque zoológico.
2. ¿Cuál es la mejor combinación de trenes para ir en metro desde el Zócalo hasta el Parque de Chapultepec?
3. Usted y un amigo quieren ir en autobús desde la Ciudad de México hasta Tijuana y, por eso, necesitan ir al terminal de Autobuses del Norte desde el aeropuerto. ¿Qué línea tienen que tomar?

Del mundo hispano

B Para mejor el sistema.   Después de analizar las necesidades del área, preparen un mapa de metro para su ciudad. (Si ya existe un metro en su ciudad, planeen mejores rutas o un mejor sistema de metro.) Otra posibilidad: Si su universidad tiene un sistema de autobuses, consiga un mapa del sistema y modifíquelo para que funcione mejor.

¡A escuchar!

C En la estación del metro.   El metro de México es muy hermoso, pero también muy grande. ¿Quiere Ud. saber cómo ir a la Universidad Nacional Autónoma de México (UNAM)? Escuche la grabación y después conteste las siguientes preguntas.

1. Para ir a la UNAM, las señoritas tienen que tomar las líneas _____ y _____.
2. Para ir de la UNAM a Chapultepec, primero hay que tomar la línea 3 y después la línea _____.
3. En el Bosque de Chapultepec se pueden ver . . .
4. Es muy fácil ir a la Basílica de Guadalupe porque la estación se llama _____.
5. Para dar las gracias, las señoritas dicen «_____» y el señor responde «_____».
6. Para reconocer las estaciones se puede mirar los _____, o símbolos.

¡Le podría pasar a Ud.!

D Ando buscando . . .   Con otro(a) estudiante, desarrolle la siguiente conversación según las indicaciones. Traten de usar el vocabulario y la gramática de este capítulo.

Estudiante A (turista):

1. Interrupt a person (your partner) on the sidewalk.
2. Explain that you are new around here.
3. Ask for directions to the nearest bank.
4. Repeat the directions to be sure you understood them.
5. Find out what time the banks close.
6. Express your appreciation.

Estudiante B (residente):

1. Ask how you can help him or her.
2. Express your understanding.
3. Give specific directions.
4. Confirm or modify the directions.
5. Respond to the question.
6. Answer appropriately and say good-bye.

VOCABULARIO

Profesiones

conductor(a) de metro subway operator
chófer de autobús, camionero bus driver
obrero(a) common laborer

Problemas urbanos

basura garbage
cesantía unemployment
colas lines of people
delincuencia crime
delito (a) crime
desempleo unemployment
escasez shortage
huelga strike
paro cívico public work stoppage
pobreza poverty
tránsito traffic

En la calle

acera (la vereda, la banqueta) sidewalk
bocacalle intersection
buzón mailbox
cabina telefónica telephone booth
cruce crosswalk
cruce de peatones pedestrian crosswalk
cuadra city block
esquina street corner
estacionamiento parking lot
farol (luz) street light
parada de autobús bus stop
parquímetro parking meter
semáforo traffic light

Otros sustantivos

afueras outskirts
aire climatizado (acondicionado) air conditioning
bencina gasoline
calefacción heat
gas natural gas
nafta gas (for cars)

Adjetivos

agotado exhausted

Verbos

bajarse to get off
devolver (ue) to return, to give back
doblar to turn

Preposiciones de lugar

cerca de near
en in, on, at
enfrente de in front of
entre between
lejos de far from

Adverbios de lugar

adentro inside
afuera outside
cerca nearby
enfrente across the way
lejos far away
todo derecho straight ahead

Expresiones idiomáticas

ahora mismo right now
calle abajo down the street
calle arriba up the street
¡Esto es el colmo! It's the last straw!
estar en huelga to go on strike

Expresiones para . . .

pedir y dar instrucciones para ir a un lugar, p. 103
pedir clarificación, p. 103
quejarse, p. 107
disculparse y sugerir soluciones, p. 107

De la lectura

a través de los siglos throughout
abarca covers
agotada exhausted
deleite pleasure
delitos crimes
descomunales enormous
experimentado experienced
orgullo pride
orillas shores
por muy no matter how
ratero pickpocket
realzada underscored
relucen to shine
sabor ambience
sencillez simplicity
tener en cuenta to keep in mind
vínculos ties

5

AMELIA PELÁEZ   **Card Game, 1936.**
DEL CASAL   **Pencil, 25⅜ x 26⅜".**
                Collection, The Museum of
                Modern Art, New York.
                Inter-American Fund.

¡A pasarlo bien!

COMMUNICATIVE GOALS
In this chapter, you will learn to talk and write about sports and leisure activities, particularly those of interest to you.

FUNCTIONS
Suggesting fun things to do
Talking about future plans
Expressing uncertainty about outcomes
Commenting on sports events in progress
Describing pastimes and sport activities

CULTURE
Leisure activities among Hispanic youth
American influence on Hispanic culture
Hispanic attitudes toward bullfighting
Hispanics and sports

¿CÓMO SE DICE?

Cómo planear actividades

ARTURO: Oye, Ileana, ¿por qué no vamos al cine esta tarde?
ILEANA: ¿Al cine? Pues, ay . . . no . . . , no tengo ánimo, Arturo.
ARTURO: Entonces, ¿quieres . . . , este . . . , jugar a las cartas?
ILEANA: Pues, no sé. Es que no tengo ganas de hacer nada hoy.
ARTURO: ¿Qué te parece si tomamos sol en el balcón?
ILEANA: Pero hace un poco de frío afuera, Arturo.
ARTURO: Bueno, entonces vamos a conversar, ¿eh?
ILEANA: Bien. ¿Te gustaría ver las fotos de mis vacaciones?
ARTURO: Pues, sí . . . , claro. ¡Qué buena idea!

CÓMO SUGERIR IDEAS PARA DIVERTIRSE

A mí me gustaría . . .
¿Qué te parece si . . . ?
Sugiero que vayamos a . . .

CÓMO RESPONDER QUE SÍ

¡Claro! ¡Qué buena idea!
¡Qué idea más estupenda!
¡Fenomenal! Vamos ahora mismo.

CÓMO RESPONDER QUE NO

No tengo ganas de hacer nada.
Fíjate que no puedo porque . . .
Estoy cansado(a). No tengo ánimo.

LOS PASATIEMPOS

¿Qué quieren hacer hoy?
Pues, pienso . . .

dar una vuelta.
grabar unas cintas.
dibujar en la terraza.

echarme una siesta en el patio.
salir a patinar con mis amigos.
broncearme en el balcón.

¿Qué hacemos mañana?
¿Por qué no . . .

vamos al cine? Están dando una película muy buena.
vamos de compras? Hay tantas gangas en las tiendas.
vamos al teatro? Hay una obra muy buena. Se llama . . .
vamos a un concierto? Hay un festival de jazz en la uni.
damos un paseo por . . . ? El día está tan lindo y no hay humedad.

A ¡Adivínelo! Trabaje con otro(a) estudiante. Una persona representa *(acts out)* los pasatiempos de la lista y la otra los trata de adivinar *(guess)* con el libro cerrado. Si desean, pueden actuar otros pasatiempos.

EJEMPLO: escuchar música
A: (Ud. indica con las manos que está escuchando música.)
B: Estás escuchando música rock.
A: ¡Bravo!

broncearse	tejer un suéter	echarse una siesta
leer un libro	grabar un disco	dibujar a una persona
dar una vuelta	patinar	escuchar música clásica

dar una vuelta

echarme una siesta en el patio

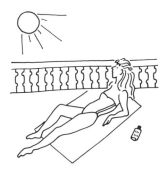
broncearme en el balcón

Así es

En general, los jóvenes hispanos pasan su tiempo libre conversando por largas horas, leyendo los periódicos, escribiendo cartas, escribiendo notas en sus diarios o cuadernos, recortando fotos de artistas de cine o cantantes populares, jugando juegos de salón *(board games)* o de video o mirando películas de la tele o videos alquilados. La ocupación preferida de la juventud quizás sea salir y dar una vuelta por ciertas calles, centros comerciales o plazas donde se va a vitrinear *(windowshopping)* o a ver y a ser visto. Salir a correr y hacer ejercicio son actividades muy populares ahora último pero, en general, no reemplazan el salir a dar una vuelta antes o después de la cena, sino que se hacen **además de** salir.

1. Según la explicación dada, ¿cree Ud. que los deportes sean considerados pasatiempos en las culturas hispanas? 2. ¿Cuáles de las actividades nombradas son pasatiempos para Ud.?

B   A ver . . .   Hágale las siguientes preguntas a un(a) compañero(a) de clase. Él o ella debe cerrar el libro en este momento.

1. ¿Miras mucho o poco la televisión? ¿Cuándo miras más la televisión: por la mañana, por la tarde o por la noche? ¿Cuáles programas de televisión te gustan más? ¿Qué tipo de programas no te gusta y por qué?

2. ¿Qué videos son populares hoy en día? ¿Con qué frecuencia ves videos? ¿Dónde los ves y con quién? ¿Qué video has visto últimamente? ¿Dónde lo conseguiste? ¿Qué te pareció?

3. ¿Hay muchos o pocos cines en tu barrio o ciudad? ¿Cuándo fue la última vez que fuiste al cine? ¿A qué cine fuiste y con quién? ¿Qué película viste? ¿Te gustó? Normalmente, ¿qué tipo de películas te gusta ver y por qué? ¿Quiénes son tus artistas preferidos? ¿Cuál es una de las mejores películas que has visto?

C   Entre amigos.   Hable con un(a) compañero(a). Usted hace el papel de Estudiante A y él (ella) hace el papel de Estudiante B. Tape con la mano la columna correspondiente a su compañero(a).

Estudiante A	**Estudiante B**
1. Salude a la otra persona.	2. Responda adecuadamente. Invítelo(la) a hacer algo este fin de semana.
3. Respóndale que no con una buena razón. Luego, sugiera otra actividad.	4. Reaccione positiva o negativamente a la sugerencia.
5. Haga un comentario sobre lo que dijo su amigo(a).	6. Responda adecuadamente al comentario. Luego, pregúntele qué hizo él (ella) anoche.
7. Responda adecuadamente. Luego, hágale la misma pregunta a él (ella).	8. Conteste la pregunta. Luego, diga algo para terminar la conversación.
9. Responda adecuadamente y despídase de su amigo(a).	10. Responda adecuadamente.

D   ¿Qué hace en su tiempo libre?   Primero, escriba cómo pasan su tiempo libre Ud. y sus amigos, usando las frases indicadas y el vocabulario de esta sección y otras palabras y frases adecuadas. Luego, dígale a un(a) compañero(a) de clase lo que Ud. escribió.

EJEMPLO: Los fines de semana me gusta ir de compras con mis amigos. A veces, vamos al Meridian Mall a aprovechar las gangas y las liquidaciones. Cuando tenemos hambre vamos al McDonald's o, de vez en cuando, comemos en Olga's Kitchen, que es un restaurante griego donde tienen unos *gyros* riquísimos.

1. Los fines de semana muchas veces me gusta . . .
2. Cuando estoy cansado(a) prefiero . . .
3. Cuando estoy de vacaciones . . .
4. En este momento, me gustaría . . .

Cómo hablar de las actividades deportivas

ILEANA: Mira esta foto, Arturo. ¿Ves? Aquí estoy haciendo tablavela.
ARTURO: ¡Caray! ¿Eres tú, Ileana? No puede ser.
ILEANA: Sí, soy yo. Me gustan los deportes acuáticos. ¿A ti también?
ARTURO: No . . . pues . . . sí, un poco. Una vez fui a esquiar en el agua.
ILEANA: Ah, ¿sí? ¿Sabes nadar bien, Arturo?
ARTURO: Este . . . pues . . . sí, como un pez.
ILEANA: ¡Arturo, no exageres! Oye, ¿quieres que yo te enseñe?
ARTURO: Bueno . . . sí, . . . cómo no, "profesora."
ILEANA: Bien. Vamos al Lago Corona el domingo después de almuerzo.
ARTURO: De acuerdo. ¿Quieres que pase por ti a eso de las cuatro?
ILEANA: ¡Perfecto! Muchas gracias.

CÓMO EXPRESAR DUDA E INCERTIDUMBRE

¿Cómo? Lo dudo.
¡Hombre! ¡No exageres!
¡Imposible! No puedo creerlo.
Perdón, pero creo que estás equivocado(a).

CÓMO PREGUNTAR SOBRE LAS ACTIVIDADES DEPORTIVAS

¿Te entrenas *(Do you train)* todos los días o no?
¿Juegas boliche *(bowling)* con tus compañeros de clase?*
¿Has ganado *(won)* alguna competencia *(competition)* alguna vez?
¿Te gusta jugar al tenis en la cancha *(court)* de la universidad?**

---

*/The verb **jugar** is sometimes followed by the preposition **a** when a sport is implied; however, native speakers differ widely in their use or omission of **a.** Example: **Pienso jugar al tenis. / Pienso jugar tenis.**

/The word **cancha *(field/court)* is more common in Latin America. **Campo** is used in Spain.

LOS DEPORTES

Cuando voy con mis amigos a la playa, nos gusta . . .

1. bucear
2. pescar
3. esquiar en el agua

4. hacer "surfing"
5. hacer tablavela
6. pasear en bote de vela

If you want to say that you have practice today, say **tengo entrenamiento.** The word **practicar** can refer to languages or musical instruments: **Tengo que practicar español/piano,** or it may mean "practical," as in **una persona práctica.**

(A) Nos encanta patinar. **(B)** También nos gusta patinar en el hielo.

E ¡Adivine, si puede! Trabaje con otro(a) estudiante. Una persona representa algunos de los deportes de la lista y la otra trata de adivinarlos.

EJEMPLO: jugar al tenis
           A: (Ud. indica que está jugando al tenis.)
           B: Estás jugando (al) tenis.
           C: ¡Bravo!

nadar	patinar	jugar al tenis
pescar	esquiar	jugar al fútbol
bucear	hacer aerobismo	jugar al boliche
hacer "surfing"	montar a caballo	jugar con el disco
hacer tablavela	patinar en el hielo	jugar al básquetbol
esquiar en el agua	montar en bicicleta	jugar al fútbol americano

F Algunos deportistas hispanos. Una mirada a cualquier periódico nos muestra inmediatamente cuántos nombres de deportistas hispanos aparecen en las noticias. Encuéntrelos en las siguientes noticias deportivas.

1. ¿Qué nombres hispanos ve Ud. en este recorte de un periódico? ¿De dónde son estos deportistas?
2. ¿Qué jugadores de béisbol conoce Ud. que sean hispanos? ¿Sabe Ud. de qué país son?
3. ¿Conoce Ud. otros deportistas hispanos?

BOXING

NATIONAL GOLDEN GLOVES TOURNAMENT
at Knoxville, Tenn.
112 pounds: Michael Pelen, Hawaii, d. Terrance Bone, Kansas City, Mo.; Tony Gonzales, Las Vegas, d. Anthony L. Montoya, New Mexico; Aristead Clayton, Louisiana, d. Freddie Coillins, Jackson, Tenn.; Sergio Reyes, Fort Worth, Texas, d. John Morgan, Knoxville, Tenn.; Lamar Hicks, Elizabeth, N.J., d. Steve Wilson, Louisville; Radamez Rodriguez, Toledo, Ohio, d. Ken Hidey, Cleveland; Carl Daniels, St. Louis, d. Carlton Robinson, Florida; Juan Jose Padin, Grand Rapids, d. Mike Grove, Minneapolis; Ernie Reyes, Rocky Mountain, d. James Braet, Springfield, Ill.; Jose Arreola, Los Angeles, d. Gary Harvey, Huntington, W.Va.; Mark Morgan, Hutchison, Kan., d. Lamaingo Powell, Pennsylvania; Christopher Hart, Lowell, Mass., d. Joel Zapata, Chicago.

MAJOR FIGHT SCHEDULE
(c-denotes defending champion)
Friday at Atlantic City — John Wesley Meekins vs. Sergio Aguirre, 10, jr. welterweights.
Saturday at Nimes, France — c-Julio Cesar Chavez vs. Francisco Tomas DaCruz, 12, WBC junior lightweight title.

125 pounds: Eric Whitfield, Louisville, d. Anthony Dean, Springfield, Ill.; Tyrone Was ington, Washington, d. ʼicky To Jackson, Tenn.; Rʼ ʼarrett Wʼ   ʼs, d

TENNIS

JAPAN OPEN
at Tokyo
Men's first-round singles
Kevin Curren, USA, def. Mike Leach, USA, 3-6, 6-4, 6-4; Ramesh Krishnan, India, def. Andrew Castle, Britain, 6-3, 6-1; Ben Testerman, USA, def. Jaime Yzaga, Peru, 6-3, 6-7 (6-8), 7-6 (7-3); Bill Scanlon, USA, def. Toshihisa Tsuchihashi, Japan, 6-3, 7-5; Shuzo Matsuoka, Japan, def. Kelly Jones, USA, 6-1, 5-7, 6-2; Anders Jarryd, Sweden, def. Ken Flach, USA, 6-3, 6-3; Glenn Michibata, Canada, def. Paul Annacone, USA, 7-6 (7-4), 6-7 (4-7), 7-5.
Second round
Ivan Lendl, Czechoslovakia, def. Richard Matsuzewski, USA, 6-4, 6-4; Scott Davis, USA, def. Thomas Hogstedt, Sweden, 5-2 (ret.); Jimmy Connors, USA, def. Brad Pearce, USA, 6-1, 6-1; Andres Gomez, Ecuador, def. Michael Westphal, West Germany, 6-1, 7-5; Andre Agassi, USA, def. Michiel Schapers, Netherlands, 6-1, 5-7, 6-3; Stefan Edberg, Sweden, def. Jim Grabb, USA, 7-5, 6-4.
Women's first-round singles
Melissa Gurney, USA, def. Iva Budarova, Czechoslovakia, 6-4, 7-5; Lea Antonoplis, USA, def. A.M. Fernandez, USA, 7-5, 6-1; Akiko Kijimuta, Japan, def. Janine Thompʼ Australia, 6-3, 6-3; Etsuko Inoue, Japan, ʼarina Karlsson, Sweden, 7-5, 6-0; ʼrdan, USA, def ʼriana Villagran, 7-6 (9-7), 3   ʼChristiaʼ ʼ ʼtzerlanʼ ʼ ʼ ʼ   ʼ ʼ

G Entrevista.   Hágale las siguientes preguntas a otro(a) estudiante para conocerlo(la) un poco mejor. Después, descríbale su compañero(a) a otra pareja.

1. ¿Haces algún deporte? ¿Con quién juegas este deporte? ¿Qué te gusta de tu deporte preferido? ¿Te entrenas todos los días o no? ¿Qué deporte no te gusta y por qué? ¿Juegas boliche a veces? (¿Dónde o con quién?)

2. Cuando eras niño(a), ¿jugabas al . . . ? ¿Qué deportes jugabas cuando estabas en la escuela secundaria? ¿Has ganado alguna competencia alguna vez? (Cuéntame más, por favor.)

3. ¿Y qué deportes te gusta ver en la tele ahora? ¿Cuándo y a qué hora ves partidos en la tele?

H ¿Lo crees o no?   Primero, lea Ud. todos los párrafos. Luego, hágale comentarios sobre ellos a un(a) compañero(a).

EJEMPLO: (párrafo 1)
  Pues, sí es posible que exista ese hotel porque . . .
  o: No es posible que exista ese hotel. Lo que dudo es que . . .

1. En la Florida hay un hotel ideal para los buceadores expertos. El Hotel Aguamarina está ubicado a 20 metros debajo del mar. Tiene todas las comodidades imaginables como habitaciones de lujo con grabadora de videocassette y servi-bar, restaurante internacional y servicio de bar 24 horas al día. La tarifa diaria es de cincuenta dólares por persona.

2. Todos los años en Dakota del Sur es posible cazar búfalos, pero solamente si se usan arcos y flechas *(bow and arrow)*, porque se prohibe matar búfalos con rifle. El precio por participar en este deporte depende del tamaño del búfalo que se mate. Por ejemplo, si Ud. mata un búfalo de 500 kilos, tiene que pagar cien dólares y si el búfalo pesa 250 kilos, entonces tiene que pagar la mitad.

3. En la Argentina las carreras de caballos son un deporte muy popular. Después de cada carrera se vende el caballo que ganó. De esta manera hay mucha competencia entre los dueños de los mejores caballos. Por supuesto, el gobierno argentino fomenta estas carreras porque los impuestos *(taxes)* sobre las ventas de animales son bastante altos. Nunca hay negocios sucios *(corruption)* entre los dueños y los funcionarios del gobierno.

4. Durante el invierno, en Wimbledon, Inglaterra, las canchas de tenis están completamente llenas de deportistas a quienes no les importa el frío de esta estación del año. En efecto, hay allí aficionados al tenis que son tan fanáticos que acampan cerca de las canchas para levantarse temprano por la mañana a jugar con sus compañeros.

A Mis actividades.   Complete las siguientes oraciones.

1. De los siguientes pasatiempos y deportes que se hacen en verano, prefiero:
   a. jugar al vólibol porque . . .
   b. hacer tablavela porque . . .
   c. broncearme en la playa porque . . .
   d. leer libros y revistas porque . . .
2. Cuando voy a un centro comercial, me gusta más . . .
   a. ver y comprar ropa.
   b. juntarme con mis amigos.
   c. leer las revistas en las tiendas.
   d. ver qué videos, discos y cassettes nuevos han llegado.
3. El verano pasado, . . .
   a. me divertí en _____.
   b. trabajé en un(a) _____.
   c. estudié en un(a) _____.
   d. me quedé en casa y no hice nada.

B Un verano ideal.   Cuéntele a un(a) compañero(a) de clase lo que Ud. quiere hacer el próximo verano, cuando tenga dinero.

   EJEMPLO: El próximo verano quiero . . . y también pienso . . .

PERSPECTIVAS AUTÉNTICAS

Antes de leer

Cómo leer la lectura

Esta lectura es fácil de leer. Léala completa una vez para tener una idea general sobre el tema, sin detenerse *(stopping)* al encontrar palabras desconocidas. Lea después párrafo por párrafo y complete las frases que siguen.

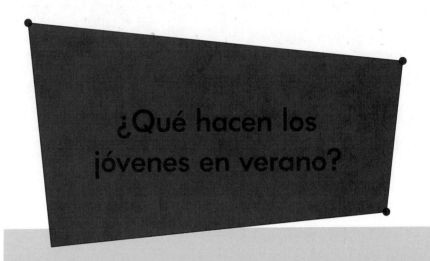

¿Qué hacen los jóvenes en verano?

1 ¡A gozar del sol!

Ir a la playa es el pasatiempo favorito. La juventud goza del sol, del mar y de la oportunidad de conocer a otros jóvenes. Algunos van con sus paletas° de playa, sus tablas o sus tablavelas; otros se ponen a hacer deportes como el vólibol, y muchos sólo quieren broncearse, el deporte más fácil de todos . . .

2 Paseo al centro comercial

Los centros comerciales ofrecen una alternativa de entretenimiento para los jóvenes, sobre todo para aquéllos que no tienen carro y que necesitan un lugar seguro y versátil para pasar las horas. ¿Qué hacen ahí? Pues, mucho. Pueden ver y comprar ropa en las tiendas, probarse complementos de moda, examinar los últimos discos y cassettes, y leer revistas. Además, pueden comer en distintos establecimientos o ir al cine. Por lo general, se juntan allí con amigos y todos comparten las actividades.

3 No todo es diversión

Muchos jóvenes trabajan durante sus vacaciones porque les gusta mantenerse ocupados y ganar dinero. El año pasado, varias de mis amigas

paddles

trabajaron de camareras y otra participó en un programa gubernamental de empleo para los jóvenes. Aprendió muchísimo en una oficina, donde ayudaba con las fotocopias, la correspondencia y otras labores.

4 ¿Y por qué no estudiar?

Hay muchos jóvenes que deciden estudiar en el verano para avanzar en su programa académico. De esta manera, a veces pueden graduarse antes de la escuela superior o de la universidad. Por ejemplo, mi amigo Rubén asistió al Tanglewood Institute of Music de Massachusetts y así pudo dedicarse por completo a la música, lo que había sido imposible para él durante el año. Esta alternativa debe considerarse teniendo en cuenta que casi siempre hay becas o ayudas financieras que alivian considerablemente la carga económica.

5 Y cuando cae el sol

La vida nocturna varía, claro está, según el lugar. En la capital, por ejemplo, la juventud se junta en el Viejo San Juan en discotecas, bares, restaurantes, placitas y calles. En los pueblos, los jóvenes acuden° a la plaza principal para juntarse con sus amigos. Desde luego, el objetivo principal de estas salidas es la posibilidad de conocer a otros jóvenes y cualquier sacrificio vale la pena°. No importan las largas colas de las discotecas, ni los problemas de transportación, ni la espera. Nada logra disminuir el entusiasmo de los jóvenes.

van

it is worth the trouble

6 El arte de no hacer nada

Quedarse en la casa a ver televisión, oír música y leer es lo que Mariana y Milena definen como «no hacer nada». También hablan muchísimo con sus amigas. ¿De qué? «De chismes°, de lo que hacemos durante el día, de lo que planificamos, de muchachos, de los papás . . .».

rumores

7 Mariana confiesa: «Me quedo viendo televisión hasta las dos de la madrugada y luego me levanto como a la una o las dos de la tarde». Sin embargo, si uno no hace nada por mucho tiempo, «se cansa muchísimo», admiten las chicas. Entonces, hay que tratar de encontrar otro pasatiempo . . . y esa búsqueda quizás se convierta en la más agradable actividad de todo el verano.

Alexandra L. Vega Merino, Imagen, *julio 1990. (Puerto Rico)*

C ¿Qué hacen en verano? Indique a qué sección de la lectura corresponde cada dibujo. Escriba el subtítulo de la sección debajo del dibujo.

D Buscando datos. Indique el número del párrafo de la lectura donde se expresa lo siguiente:

1. En la playa se pasa muy bien y se conocen más chicos.
2. Hay chicos que llevan su tablavela y otros que juegan en la arena con paletas de madera y una pelota.
3. Los muchachos se juntan en algún lugar y todos hacen lo mismo.
4. Si tomas algunos cursos de verano puedes salir antes de la escuela secundaria o de la universidad.
5. Si uno tiene una beca de estudios, sólo necesita dinero para casa y comida.
6. Cuando no hay centro comercial, los muchachos van a la plaza del pueblo.
7. Si quieres conocer a otros muchachos, no importa que hagas algún sacrificio.
8. Cuando no tienes nada que hacer, es entretenido hablar de rumores sobre gente que conoces.
9. Lo más interesante es descubrir algo nuevo que te guste hacer.

E Mis preferencias. Pregúntele a un(a) compañero(a) sobre su equipo o deportista preferido. Después, él (ella) le pregunta a Ud.

Averigüe . . .

1. su deporte preferido y por qué lo prefiere.
2. los nombres de algunos jugadores famosos de ese deporte o ese equipo.

3. su equipo o deportista preferido. Pregúntele por qué.

4. qué piensa el público sobre ese deportista o ese equipo.

5. si a él (ella) le gustaría jugar en un equipo profesional, y por qué.

F Recuerdos de aquellos días.   Cuéntele a otro(a) compañero(a) de clase sobre los deportes y pasatiempos que le gustaban cuando era chico(a).

Cuéntele . . .

1. qué deportes o pasatiempos le gustaban y no le gustaban.

2. quiénes jugaban con usted y dónde.

3. qué premios ganó Ud. y dónde están esos premios ahora.

4. quiénes eran sus ídolos (*heroes*) deportivos.

G Cuando cae el sol . . .   Cuando cae el sol, casi todo el mundo cambia de actividad. Y Uds., ¿qué hacen? Pregúntele a su compañero(a) y después cambien papeles.

EJEMPLO: A: ¿Qué haces cuando cae el sol?
B: A veces cocino y a veces salgo con mis amigos.
A: ¿Qué te gusta cocinar?
B: A veces, preparo comida tejana. Y tú, ¿qué haces?
A: Cuando cae el sol, a veces estudio o miro la tele.

H El arte de no hacer nada.   Por seguro, éste es el pasatiempo más interesante del verano. Pregúntele a un(a) compañero(a) qué hace cuando no hace «nada»; en seguida, cambien papeles y después comparen sus respuestas con otra pareja de estudiantes. Anoten los entretenimientos más interesantes en la pizarra.

EJEMPLO: A: ¿Qué haces cuando no haces nada?
B: Me paso el día durmiendo porque me canso mucho. ¿Y tú?
A: Cuando no hago nada, me paso el día hablando por teléfono porque me aburro.

I ¿Es el centro comercial o el *mall* un buen lugar de diversión?   En un grupo de tres personas, den dos ventajas y dos desventajas de los centros comerciales como centros de reunión y diversión. Después que todos los grupos expongan sus ideas, toda la clase debe elegir las tres ventajas y las tres desventajas más importantes para la gente joven.

Así es

La cultura norteamericana tiene gran influencia sobre ciertos aspectos de las culturas de otros países. Esta influencia se nota mucho más en el Caribe, porque los Estados Unidos están tan cerca. Por ejemplo, en la cuenca caribeña no es raro comprar y vender cosas usando el sistema de galones y libras y no el sistema métrico. Los estadounidenses también han introducido otras cosas como algunos deportes, modas de vestir (*jeans* y *shorts*), videos y música, y muchos programas de radio y de televisión.

J Dos culturas, dos opiniones.   Trabaje con otro(a) compañero(a) para desarrollar la siguiente conversación. Primero, escriban sus ideas y después representen la conversación para la clase.

Estudiante A

Imagínese que sus padres, sus abuelos y sus bisabuelos han seguido una larga tradición familiar de asistir a las corridas de toros durante la temporada en que los mejores matadores de España se encaran valientemente a los toros más bravos. Ahora usted y su hijo van a ver a uno de los mejores toreros del país, y por eso quiere invitar al (a la) estudiante extranjero(a) que está viviendo con ustedes.

Explíquele bien . . .

1. las tradiciones de su familia
2. la importancia de la corrida
3. la admiración que usted siente por los toreros

Estudiante B

Imagínese que a Ud. siempre le han gustado los animales y en casa tiene tres gatos y dos perros, un acuario lleno de peces y dos pajaritos en el salón. Además, usted es presidente(a) regional del Club Sierra, cuyos miembros defienden y protegen a los animales. Recientemente, Ud. ganó una beca para estudiar genética veterinaria por un año en Madrid. Ahora Ud. está viviendo con una familia muy simpática que lo (la) ha invitado a una corrida de toros, pero Ud. no quiere ir.

Explíquele bien . . .

1. las tradiciones de su familia
2. su amor por todos los animales
3. su trabajo en el Club Sierra

Así es

¡Olé! Una tradición muy diferente y muy característica de algunos países hispanos es *el toreo (bullfighting)*. Más que un deporte, opinan algunos que el toreo es una manera de vivir y de sentir, mientras que otros dicen que el toreo es un arte; hay tantas explicaciones diferentes. Lo que sí es muy cierto es que, o le gustan a Ud. el toreo con pasión o lo detesta con toda el alma. En España, México y Venezuela, por ejemplo, hay gente que vive en función de las corridas, pero también hay muchos otros a quienes no les gusta para nada. Tenga Ud. cuidado cuando exprese su opinión y también pregunte si en el país que le interesa hay corridas de toros o no. Por ejemplo, no existen en el cono sur (Argentina, Uruguay y Chile), pero sí las hay en España y en el sur de Francia. A muchos norteamericanos les fascinan las corridas y van a España a aprender cómo torear; también hay mujeres hispanas y norte-americanas que torean. El toreo es una tradición milenaria de los pueblos del Mediterráneo y, por tanto, muy característica de la cultura hispana también.

VERBOS QUE QUIEREN DECIR *TO BECOME*

Some reflexive verbs have idiomatic meanings. One of them is the verb **ponerse,** which you already know (e.g., **ponerse ropa, perfume o cosméticos**). This verb also means *to get, to become.*

> **Se puso** muy nervioso de tanto esperar el gol.
> **Se puso** furiosa cuando supo que habían perdido el partido.
> La pista *(track)* de carreras **se puso** peligrosa cuando empezó a llover.

The expression **ponerse a** has yet another meaning, similar to **empezar a.**

> **Se pusieron a** practicar apenas llegaron al estadio.
> En cuanto llego a la cancha de básquetbol, **me pongo** a driblear.

Other verbs that mean *to become* are: **hacerse, convertirse en, transformarse, volverse.**

Para **hacerse** famosos, los deportistas deben pasar largas horas entrenándose y soportando extenuantes rutinas de ejercicios y casi **se vuelven** locos. Así **se hicieron** famosos Nancy López, Roberto Clemente y Joaquín Andújar. Otro deportista famosísimo, Fernando Valenzuela **se transformó** en el favorito del público. En el Mundo Hispano hay muchos niños que sueñan con **convertirse** en grandes jugadores de fútbol, de tenis o de béisbol.

hacerse + occupation, profession	**Se hizo** pintor después de unos años.
hacerse + adjective	**Se hizo** indispensable en la oficina.
convertirse en + noun	**Se convirtió** en el brazo derecho de su madre. *(a great help to her)*
transformarse en + noun	**Se transformó** en el líder del grupo.
volverse + adjective	**Me volví** loco de alegría cuando conseguí entradas para el partido.

K Transformaciones.   Conteste las siguientes preguntas.

1. ¿Qué se pone a hacer Ud. cuando llega a su apartamento o habitación?
2. ¿Quién cree Ud. que se transformó en el líder de un grupo en su clase? ¿Por qué?
3. ¿Qué cosas lo hacen ponerse muy nervioso(a) o muy furioso(a)?
4. ¿Por qué se ha hecho Ud. famoso(a) en su familia? ¿Qué cosa ha hecho?

EN POCAS PALABRAS

Los verbos reflexivos

To talk about their daily activities, Spanish speakers often use reflexive verbs such as **levantarse, ponerse,** and **divertirse.** These and all other reflexive verbs use certain pronouns before the verb to indicate that the action directly affects or involves the subject.

> Los sábados **me levanto** temprano y **me visto** rápido para jugar al golf a las siete; por eso, nunca tengo tiempo de **desayunarme.** Quiero **superarme** en los deportes y en la universidad este año.

levantarse	
me levanto	nos levantamos
te levantas	os levantáis
se levanta	se levantan

REFLEXIVE VERBS RELATING TO SPORTS

entrenarse *to train*
pegarse *to get hurt*
cansarse *to get tired*
lastimarse *to get hurt*
cortarse *to cut oneself*
vendarse *to put on a bandage*
superarse *to improve yourself*
quebrarse una pierna *to break a leg*
lastimarse *to bruise, to scrape oneself*
desgarrarse un músculo *to strain a muscle*
doblarse el pie (tobillo) *to twist an ankle*

When using reflexive verbs with parts of the body and clothing, use a definite article (**el, la, los, las**) to express possession.

> Me pegué en **la** rodilla, por eso me puse **una** rodillera para jugar hoy.

REFLEXIVE VERBS WITH IDIOMATIC MEANINGS

Many reflexive verbs in Spanish are not always related to actions that you do for yourself such as getting dressed or washing up. Instead, some of them have idiomatic meanings, as shown below.

irse *(to leave, to go away)*	
me voy	nos vamos
te vas	os vais
se va	se van

caerse *to fall down*
venirse *to come away*
llamarse *to call oneself, to be named*
irse *to leave, to go away*
cuidarse *to take care of yourself*
ponerse a *to begin doing something*
comprarse *to buy yourself something*
mantenerse en buena forma *to keep in shape*
subirse a *to get on exercise equipment, vehicle*
bajarse de *to get off (exercise equipment, vehicle)*

Some reflexive verbs refer to mental processes:

fijarse	imaginarse	preocuparse	acordarse (de)
aburrirse	controlarse	orginarzarse	olividarse (de)
repetirse	preguntarse	desenvolverse	darse cuenta (de)

Some reflexive verbs indicate reciprocal actions when used in the **nosotros** or **ellos/Uds.** forms.

besarse	abrazarse	entenderse	escribirse
quererse	conocerse	comunicarse	hacerse amigos
ayudarse	saludarse	llevarse bien	mirarse

Nos llevamos muy bien mi novia y yo; **nos conocemos** desde el año pasado. Anoche **nos leímos** nuestras cartas viejas y escuchamos discos.

CÓMO CONTAR ACCIDENTES

Siempre me caigo cuando hay hielo en el suelo.
Cuando corro mucho siempre me lastimo los talones.
Fíjate que ayer me puse a levantar pesas y me desgarré . . .
Ayer lancé la pelota con fuerza y me desgarré un músculo.
Anteayer me caí y me pegué en (me quebré / me doblé) un pie.

Refrán:
Si te acuestas y te levantas temprano
te vas a mantener contento y sano.

¡A PRACTICAR!

A La rutina de los campeones.   Los campeones tienen mucho éxito no sólo por su destreza *(skill)*, sino también por su auto-disciplina. Haga el siguiente ejercicio para que sepa cómo es la rutina diaria de Fernando Valenzuela.

«Durante la temporada de béisbol, todos los jugadores de mi equipo (**entrenarse**) muy duro para (**prepararse**) bien. Mi rutina es casi siempre igual los días de semana y los sábados: Primero, (**levantarse**) a las seis, luego voy al baño a (**afeitarse**) y (**ducharse**). Después, (**ponerse**) el uniforme y voy a la cocina para (**desayunarse**) con mi esposa, quien siempre nos prepara un buen desayuno: café con leche, un buen bistec y pan tostado. A las 6:45 (**despedirse**) de mi esposa, que siempre (**ponerse**) triste porque no regreso a casa hasta muy tarde. ¡Claro que (**quererse**) mucho!»

Esa noche, Fernando le contó lo siguiente a su esposa.

«Mi amor, ¿sabes qué le pasó hoy a Federico? Pues, (**fijarse**) que al correr de una base a otra, Fede (**caerse**) y por desgracia (**cortarse**) la mano derecha, (**lastimarse**) la cara y (**doblarse**) el tobillo—casi (**quebrarse**) la pierna. Pues, lo llevaron al médico y lo atendieron y lo vendaron muy bien. Luego, volvió a la cancha a jugar con nosotros, pero al poco rato (**dormirse**) en una silla porque estaba agotado.»

B **El señor Distraído.**   Éste es un señor que nunca recuerda nada y siempre se olvida de todo. Diga qué ha hecho recientemente.

EJEMPLO: Dejó los documentos en la oficina (olivdarse de) →
Se olvidó de los documentos.

1. No recordó el cumpleaños de su esposa. (acordarse de) →
2. Dejó las flores en la oficina. (olvidarse de) →
3. No organizó sus cosas para salir con ella. (organizarse) →
4. No vio el día marcado en el calendario. (fijarse) →
5. No vio a la secretaria que le indicaba el calendario con la mano. (darse cuenta de) →
6. No podía entender qué pasaba cuando su esposa se puso furiosa con él. (preguntarse) →

C **Para mantenerse en forma.**   Pregúntele a un(a) compañero(a) cómo se entrena para su deporte preferido. Después, él (ella) le pregunta a Ud.

EJEMPLO: —¿Qué haces para mantenerte en forma?
—Me entreno dos veces a la semana. Levanto pesas. ¿Y tú?

D **El uniforme de correr.**   Descríbale a un(a) compañero(a) qué "uniforme" se pone para salir a correr o para hacer otro deporte. Después, cambien papeles.

EJEMPLO: Para salir a correr / ir a levantar pesas, tengo un "uniforme" muy divertido. Me pongo unos pantalones grises y una camiseta amarilla y unos shorts rojos sobre los pantalones. También me pongo un cintillo (*head band*) en la cabeza y los audífonos del radio Walkmán. A veces, me pongo unos guantes viejos también. Parezco loco con tantos colores diferentes, pero así me pueden ver los conductores de los coches que pasan.

E ¿Qué te pasó? Cuéntele a un(a) compañero(a) de alguna vez en que haya sufrido una caída fea *(bad fall)* o un accidente. Después, él (ella) le cuenta a Ud.

> EJEMPLO: —Fíjate que una vez me caí de la bicicleta y me pegué en la pierna.
> —¡Ay, qué horror! ¿Y fuiste al hospital?

El subjuntivo para expresar duda

Spanish speakers often use the subjunctive to express doubt or uncertainty. In the sentences below, note the verbs and expressions that introduce the doubtful mood and, therefore, require the use of subjunctive endings on the verb.

Dudo mucho que pueda ir al mundial porque no se ha entrenado bien.
No creo que juegue bien ahora que tiene una mano lesionada.
Es dudoso que los jugadores dominicanos **pidan** vacaciones de invierno.

In Chapter 3, you studied subjunctive endings when you learned formal commands. To form the present subjunctive, change the present indicative forms as shown below.

-ar verbs → e		-er and -ir verbs → a	
me entren**e**	nos entren**emos**	corr**a**	corr**amos**
te entren**es**	os entren**éis**	corr**as**	corr**áis**
se entren**e**	se entren**en**	corr**a**	corr**an**
me entreno →	que me entren**e**	corro →	que corr**a**
juego →	que juegu**e**	compito →	que compit**a**
esquío →	que esquí**e**	me digo →	que me dig**a**
me cuido →	que me cuid**e**	me pongo →	que me pong**a**

Certain verbs have irregular subjunctive forms.

dar	damos	→ que **dé, des, dé, demos, déis, den**
ir	vamos	→ que **vaya, vayas, vaya, vayamos, vayáis, vayan**
ser	somos	→ que **sea, seas, sea, seamos, seáis, sean**
estar	estamos	→ que **esté, estés, esté, estemos, estéis, estén**

¡A PRACTICAR!

F El '92 en Barcelona. Imagínese que Ud. escucha los siguientes comentarios en las olimpíadas. Exprese sus dudas de que sean ciertos; use las expresiones de duda que aprendió y el subjuntivo.

> EJEMPLO: Dicen que los mexicanos juegan muy bien al béisbol.
> No creo que los mexicanos jueguen muy bien al béisbol.

1. Nadie domina mejor el béisbol que los dominicanos. → No creo que . . .
2. Los ingleses van primeros en el campeonato de rugby.
3. Me dijeron que los rusos son únicos para el ajedrez *(chess).*
4. Los chilenos dicen que tienen grandes jugadores de tenis.
5. Dicen que los chinos se mantienen adelante en el ping–pong.
6. ¿Qué piensas? ¿Van a ganar el partido de polo los argentinos?
7. ¿Crees que Severiano Ballesteros sea mejor que Jack Nicklaus?
8. Según tú, ¿hay alguien que juegue más dominó que los cubanos?

G Pronóstico. En base a lo que Ud. sabe del equipo rival de su área o de la universidad, diga qué dudas tiene respecto a su actuación.

> EJEMPLO: No creo que nos ganen porque no tienen buena defensa.

H Pesimista. ¿Tiene Ud. un(a) amigo(a) o un familiar que sea pesimista cuando comenta las noticias deportivas? Dígale a un(a) compañero(a) qué dice él (ella) todo el tiempo.

> EJEMPLO: Mi amigo pesimista siempre dice que duda mucho que Michigan sea el campeón este año.

I ¡Lástima grande! Prepare Ud. tres buenas excusas en caso de que no pueda ir a una fiesta o partido al que lo inviten.

> EJEMPLO: ¡Lástima grande!, pero no creo que pueda ir porque . . .

El subjuntivo para hablar del futuro

Because the future is uncertain, Spanish speakers use the subjunctive to speculate about what has not happened yet and . . .

1. to explain the purpose (**para que**) for doing something in the future.
2. to describe required conditions (**cuando, después que**) in the future.

Note in the examples below how subjunctive verb forms are used after expressions that introduce purpose or future conditions.

Voy a correr un poco, **cuando termine** mi composición.
Debes entrenarte mejor **para que puedas** ir al campeonato.
Aunque le duela la pierna, tiene que entrenarse esta tarde.
Quiero salir a pasear **después que lea** mi capítulo de inglés.
Cuando tenga un buen sueldo, voy a comprarme esquíes nuevos.

	Introduction	Connector	Purpose/Condition (Subjunctive)
Purpose:	Debes descansar	**para que**	**ganes** mañana.
Condition:	Voy a casa	**en cuanto**	**termine** el partido.
	Vamos a comer	**antes que**	**empiecen** las clases.

Always use the subjunctive after these connectors:

para que	*so that*	**con tal (de) que**	*provided (that)*
sin que	*without*	**en caso (de) que**	*in case*
a menos que	*unless*	**antes (de) que**	*before*

Use subjunctive after the following connectors, when the action they introduce is pending in the future:

cuando	*when*	**después (de) que**	*after*
hasta que	*until*	**tan pronto como**	*as soon as*

Future: **Cuando llegue** el entrenador, nos iremos al estadio.
Después que hagamos ejercicio, podemos darnos un baño.

CÓMO SUGERIR QUE UNA PERSONA HAGA EJERCICIO

Debes hacer ejercicio para que duermas mejor.
bajes de peso.
te sientas bien.
Cuando hagas ejercicio vas a sentirte mejor.
corras
nades
levantes pesas

¡A PRACTICAR!

J Los sueños, sueños son. Diga Ud. qué va a hacer después que ocurra lo siguiente.

EJEMPLO: Cuando (ir) a Puerto Rico, voy a . . .
Cuando vaya a Puerto Rico, voy a broncearme en la playa.

1. Después que (terminar) la universidad, pienso . . .
2. Cuando (tener) un buen trabajo, quiero . . .

3. Cuando (encontrar) un(a) buen(a) novio(a), voy a . . .
4. Cuando (tener) unas vacaciones cortas, quiero . . .
5. Después que (hacer) ejercicio, pienso . . .
6. Cuando (empezar) el año escolar otra vez, voy a . . .

K **La semana es tan larga.** Toda la semana nos quejamos de que no hay tiempo para nada y postergamos *(put off)* las cosas. ¿Qué dice Ud. en estas oportunidades?

EJEMPLO: Voy a leer mi capítulo de historia del arte cuando . . .
termine de hacer gimnasia.

1. Voy a escribir el trabajo de ciencias políticas cuando . . .
2. Voy a lavar mi ropa después que . . .
3. Voy a llamar a mi abuela después que . . .
4. Voy a ir a la biblioteca después que . . .
5. Voy a hacer mis problemas de álgebra cuando . . .
6. Voy a llamar a mi profesor(a) cuando . . .

L **Preparativos para un picnic.** Cuando nos preparamos para salir, todo el mundo da órdenes. Complete por escrito las siguientes frases.

EJEMPLO: Lleva las gafas de sol para que . . . **te protejas los ojos.**

1. Lleva el traje de baño para que . . .
2. No te olvides del quitasol para que . . .
3. Llevemos las cartas para que . . .
4. Lleven más cerveza para que . . .
5. ¿Quién lleva la máquina fotográfica para que . . .?
6. No vayan a olvidarse de la loción para el sol para que . . .

M **Consejos bien intencionados.** Ahora que está de moda preocuparse de hacer ejercicio, prepare tres consejos para tres de sus amigos; explíqueles lo bueno que es hacer ejercicio.

EJEMPLO: Mira, Jeff, debes hacer ejercicio para que no engordes tanto.
Sarah, cuando hagas ejercicio no vas a tener tantos catarros.
Cuando salgas a correr, Bob, vas a conocer a mucha gente interesante.

¡ A DIVERTIRNOS MÁS !

Deportes y pasatiempos. Trabajen en un grupo de dos o tres personas. Estudien los siguientes anuncios y después digan a qué deporte o pasatiempo corresponde cada uno.

Del mundo hispano

CANTARES
11-15 Springfield St Cambridge   547-6300

MIERCOLES: "Latin Jazz"
JUEVES: "Yes-Brazil"
VIERNES: *Merengue-Boleros-Salsa*
SABADO: *Más Merengue, Boleros y Salsa*
DOMINGO: "Quijumba" del Carnaval de Río

Restaurant y Bar

HOMENAJE A ANDRES SEGOVIA

CONCIERTO EXTRAORDINARIO DE LA ORQUESTA SINFONICA DE R.T.V.E.

BAJO LA DIRECCION DE MANUEL GALDUF

SOLISTA

N A R C I S O   Y E P E S

PROGRAMA

Fantasía para un Gentilhombre.
RODRIGO

Concierto Op. 99.
CASTELNUOVO-TEDESCO

Concierto del Sur

BANI
Restaurant

**ESPECIALIDAD
EN
COMIDA
CRIOLLA
DOMINICANA**

Coma
como en
su casa
con la
sazón
dominicana

V CAMPEONATO
DEL MUNDO

**FEDERACION ESPAÑOLA
DE NATACION**

Natación, Waterpolo,
Saltos y «Sincro»

RESERVE
SUS
ENTRADAS

EN CENTRO DE NATACION
«MUNDIAL-86»

c/ Juan Esplandiu, s/n.
Tels. 401 75 98 - 402 90 10
402 92 29

MADRID

LA SALVADOREÑA

Tenemos Todos Los Títulos
De Video En Español

ACCION • DRAMA • COMEDIA

Llévese su película el Sábado y
le damos el Domingo ¡GRATIS!

ADEMAS...HAGASE MIEMBRO Y TENDRA
UNA PELICULA GRATIS AL MES.

¡Lo Esperamos!
De Lunes a Sábado de 10 a 6 p.m.

15 A Norfolk, Cambridge • 491-9596

¡ATENCION!

**EL SEÑOR
JIMMY PARRILLA**
Conocido promotor
de bailes anuncia la
próxima apertura del
PALLADIUM
TODOS LOS DOMINGOS
¡ESTEN ATENTOS!

A Los Juegos Olímpicos del '96. ¡A escuchar las noticias de la radio para saber cuándo y dónde son las próximas Olimpíadas! Escuche la grabación y después complete las frases con la alternativa correcta según lo que escuchó.

1. El Comité Olímpico se reunió para elegir . . .
   a. un presidente español.
   b. elegir dos ciudades.
   c. una ciudad para las Olimpíadas.
   d. a la ciudad de Los Angeles.

2. El Comité Olímpico tuvo que elegir entre dos ciudades:
   a. Atenas y Los Angeles.
   b. Atenas y Atlanta.
   c. Los Angeles y Atlanta.
   d. Barcelona y Atlanta.

3. Los problemas de Atenas vienen de que . . .
   a. fue la primera ciudad olímpica.
   b. las carreteras no son buenas.
   c. el aeropuerto es inadecuado.
   d. le falta infraestructura.

4. En el centenario de las Olimpíadas, Atlanta va a . . .
   a. ser sede de los Juegos.
   b. ser la perla del sur.
   c. ser la capital del sur.
   d. tener fuegos artificiales.

B Tarde deportiva. Mucha gente que no hace deporte va al estadio a ver a su equipo preferido, sin saber mucho del deporte. ¿Quiere Ud. saber algo de fútbol y de una tarde deportiva? Escuche la grabación y después complete las frases con la alternativa correcta según lo que escuchó.

1. Estos amigos están en el _____.
2. Están hablando sobre un partido de _____.
3. Hace bastante (calor / frío / viento); por eso, ellos van a tomar _____.
4. Un equipo se llama "Las Chivas de Guadalajara". El otro equipo se llama _____.
5. Los colores de ese equipo son _____.
6. Hay _____ jugadores en cada equipo.
7. Los amigos hablan del jugador _____, el número trece del América.
8. Dicen que el número trece es de _____ suerte.

C ¡Viva la diferencia! Trabaje con otro(a) compañero(a) para desarrollar la siguiente conversación. Primero, escriban sus ideas y después representen la conversación para la clase. Traten de usar el vocabulario y la gramática de este capítulo.

Estudiante A: Imagínese que Ud. es un(a) alumno(a) puertorriqueño(a) de casi la misma edad que el (la) estudiante B. Usted tiene muchos amigos, es una persona extrovertida, le gusta hacer deportes, ir a los partidos y ver los programas deportivos en la tele. Invite al Estudiante B a un partido de béisbol muy importante, y trate de persuadirlo(la) para que lo(la) acompañe a usted.

Estudiante B: Imagínese que usted es un(a) alumno(a) norteamericano(a) de la Universidad de Puerto Rico. Tiene uno o dos amigos(as), porque es más bien introvertido(a), le gusta estar solo(a), prefiere leer, ver los concursos de la tele y caminar solo(a) por la playa. Trate de rechazar la invitación del Estudiante A, y trate de expresarle sus opiniones y sentimientos.

VOCABULARIO

Sustantivos

cancha court
competencia competition
entrenamiento training
equipo team
ganga bargain
obra work (of art)
partido match, game
película movie

Los pasatiempos

broncearse to get a tan
dar un paseo to take a walk
dar una vuelta to take a walk
dibujar to draw
echarse una siesta to take a nap
grabar unas cintas to record tapes

Los deportes

boliche bowling
bucear to scuba dive
esquiar en el agua to water ski
hacer tablavela to go windsurfing
hacer "surfing" to go surfing
levantar pesas to lift weights
pasear en bote de vela to go sailing
patinar to roller skate
patinar en el hielo to ice skate
pescar to fish

Verbos

aburrirse to get bored
acordarse (de) to remember

bajarse (de) to get off (vehicle)
caerse to fall down
cansarse to get tired
comprarse to buy yourself something
cortarse to cut oneself
cuidarse to take care of yourself
desenvolverse (bien, mal) to handle oneself (well, badly)
desgarrarse un músculo to strain a muscle
doblarse el pie (tobillo) to twist a foot (ankle)
entrenarse to train
fijarse (en) to imagine; to notice
ganar to win
irse to leave, to go away
hacerse to become
lastimarse to bruise, to scrape oneself
llamarse to call oneself; to be named
pegarse to get hurt
ponerse a to begin doing something
ponerse to wear (clothes)
preguntarse to wonder
quebrarse una pierna to break a leg
quererse to love one another
saludarse to greet each other
subirse a to get on (vehicle)
superarse to improve yourself
vendarse to put on a bandage
venirse to come (away)
volverse to begin

Conjunciones

a menos que unless
antes (de) que before
aunque although
con tal (de) que provided (that)
cuando when
después (de) que after

en caso (de) que in case (of)
en cuanto as soon as
hasta que until
para que so that
sin que without
tan pronto como as soon as

Expresiones idiomáticas

bajar de peso to lose weight
dar una película to show a film
darse cuenta to realize
llevarse bien to get along well

mantenerse en buena forma to keep in shape
tener ánimo to be in the mood
tener ganas de + inf. to feel like

Expresiones para . . .

sugerir ideas para divertirse, p. 133
   responder que sí, p. 133
   responder que no, p. 133
expresar duda e incertidumbre, p. 135
preguntar sobre las actividades deportivas, p. 135
contar accidentes, p. 147
sugerir que una persona haga ejercicio, p. 151

De la lectura

paletas paddles
acuden van
vale la pena it is worth the trouble
chismes gossip

ALFONSO RAMÍREZ-FAJARDO   **Fiesta, 1942.**
Watercolor, 18½ x 24¼".
Collection, The Museum of
Modern Art, New York.
Inter-American Fund.

6

De compras en el centro

COMMUNICATIVE GOALS

In this chapter, you will learn to talk about personal possessions, evaluate and compare merchandise, carry on necessary conversations with salesclerks and vendors, make purchases, and exchange purchased items.

FUNCTIONS

Comparing, contrasting and specifying
Expressing opinions about store items
Asking and answering questions in stores
Offering advice about what to buy
Discussing ideas from different viewpoints
Referring to people, places and things mentioned

CULTURE

European versus American clothing sizes
Tips on bargaining in Hispanic countries
Using memorandum books
Currencies in Spanish-speaking countries
Paying bills in Spanish-speaking countries

¿CÓMO SE DICE?

Cómo expresar deseos y preferencias

DEPENDIENTE: Buenos días. ¿En qué puedo servirle?

CLIENTE: Ando buscando un regalo para . . . para mi hija.

DEPENDIENTE: ¿Cuántos años tiene la niña, señora?

CLIENTE: Pues, va a cumplir dieciocho años y . . . y quizás le guste una . . . falda o . . . no, mejor una chaqueta.

DEPENDIENTE: ¿Una chaqueta? Pues . . . ¿tal vez una chaqueta de gamuza?

CLIENTE: ¡Claro! Muéstreme una, por favor.

DEPENDIENTE: Bueno, tengo éstas muy novedosas. Mire Ud., ¿qué le parece ésta?

CLIENTE: ¡Preciosa! . . . pero, ¡el precio! Pues, está muy cara. ¿Podría enseñarme algo más barato?

DEPENDIENTE: ¿Más barato? Sí, cómo no . . . estos suéteres de lana.

CLIENTE: A ver . . . están rebajados, ¿no? ¿Puedo probarme este azul? Es que mi hija lleva la misma talla que yo.

DEPENDIENTE: Cómo no, señora. Pase Ud. por acá, por favor.

CÓMO EXPRESAR DESEOS

¿En qué puedo servirle?
Quisiera . . . una falda de lana *(wool)*.
　　　　　una corbata de seda *(silk)*.
　　　　　una chaqueta de gamuza *(suede)*.
　　　　　una camisa de algodón *(cotton)*.
　　　　　un pijama de franela *(flannel)*.
　　　　　un traje de tela sintética *(polyester)*.
　　　　　un par de pantalones de pana *(corduroy)*.
　　　　　un par de zapatos de cuero/piel *(leather)*.
¿Qué número calza Ud.?
Número treinta y ocho.

CÓMO ESPECIFICAR SUS PREFERENCIAS

¿Lo(la) tiene en otro modelo?
　　　　　de otro color?
　　　　　de mejor calidad?

¿Podría enseñarme algo más barato?
　　　　　menos vistoso *(flashy)*?
　　　　　más novedoso *(fashionable)*?

¿Puedo probarme . . . esta blusa a cuadros *(checked)*?
　　　　　otra talla *(size)* más grande/pequeña?
　　　　　esta camiseta (remera, polera) a rayas *(striped)*?
　　　　　este chántal (buzo, conjunto) para correr *(jogging suit)*?

Ando buscando un(a) . . .

COMPLEMENTOS

collar de perlas
reloj digital
brazalete (pulsera) de plata
bolsa (cartera) y una
 billetera de cuero
anillo (sortija) y unos aretes
 (pendientes) de oro

collar de perlas

anillo (sortija) y unos aretes
(pendientes) de oro

A En un almacén.   Aparee cada oración o pregunta de la cliente
con una respuesta apropiada del dependiente.

Cliente

1. —Perdón, ¿lo tiene de otro color?
2. —Disculpe, ando buscando una corbata.
3. —Sí, pero quiero zapatos de buena calidad.
4. —¿Podría enseñarme algo más barato, señor?
5. —Perdone, ando buscando un anillo y aretes.
6. —Por favor, ¿cuánto valen estos aretes de oro?
7. —Señorita, ¿puedo probarme otra talla más grande?

Dependiente

a. —Pues, éstos son los mejores.
b. —Pues, sí: verde, azul y rojo.
c. —Sólo veinte mil pesos, señorita.
d. —Cómo no. Esta falda es cuarenta y dos.
e. —Sí, este reloj vale sólo mil pesos.
f. —Están en el departamento de señoras.
g. —Bueno, hay de algodón y de seda. ¿Qué prefiere?

B ¡Qué suerte! Imagínese que un tío rico le regaló para su cumpleaños un certificado de quinientos dólares para que Ud. se compre ropa en un buen almacén. Descríbale a otro(a) estudiante lo que Ud. va a comprar con el certificado. Luego, cambien papeles.

C De compras.
Hable con otro(a) estudiante: una persona es el (la) dependiente y la otra es el (la) cliente y contesta con una respuesta apropiada de la segunda columna. Ustedes pueden añadir información para hacer más personal la conversación.

Dependiente	Cliente
1. ¿En qué puedo . . . ?	2. Quisiera un regalo para . . .
3. Pues, tenemos . . .	4. ¡Ah, qué . . . ! ¿Cuánto vale(n)?
5. Para Ud., sólo . . .	6. Bueno, lo(s)/la(s) llevo.
7. Bien. ¿Quiere Ud. . . . ?	8. Este . . . Sí (No), gracias.
9. Entonces . . .	10. . . .

DEPENDIENTE: ¿Qué talla usa?

    CLIENTE: No sé. ¿Me puede tomar la medida?

DEPENDIENTE: Sí, cómo no, señorita.

Cómo averiguar la talla

D Grandes liquidaciones.
Lea los siguientes anuncios comerciales y conteste las preguntas.

1. ¿Dónde se puede encontrar artículos para niños?
2. ¿Qué vende la tienda La Innovación?
3. ¿Qué puede comprarse Ud. en Discom?
4. ¿Cómo se escriben los números de teléfono en este país?

Así es

Damas

Vestidos/Trajes

norteamericano	6	8	10	12	14	16	18	20
europeo	34	36	38	40	42	44	46	48

Calcetines / Pantimedias						Zapatos					
norteamericano	8	8½	9	9½	10	10½	6	6½	7	8	8½	9
europeo	0	1	2	3	4	5	36	37	38	38½	39	40

Caballeros

Trajes/Abrigos

norteamericano	36	38	40	42	44	46
europeo	46	48	50	52	54	56

Camisas

norteamericano	14	14½	15	15½	16	16½	17	17½	18
europeo	36	37	38	39	41	42	43	44	45

Zapatos

norteamericano	5	6	7	8	8½	9	9½	10	11
europeo	37½	38	39½	40	41	42	43	44	46

¡Malas noticias! Las tallas cambian de país en país y es muy difícil darlas todas. Por eso presentamos una tabla de equivalencias para que Uds. puedan convertir del sistema americano al europeo. Por suerte, hay muchas prendas de ropa que vienen en tallas extra-grande, grande, mediana y pequeña, como aquí. Por lo general, en México hay muchos artículos que tienen las mismas tallas norteamericanas, excepto que, a veces, los zapatos son demasiado pequeños. ¡Buena suerte!

¿Qué sistema se usa en esta tienda puertorriqueña?

CLIENTE: Bueno, ya me probé el suéter. ¿Cómo me queda?
DEPENDIENTE: ¡Perfecto, señora! A su hija le va a gustar mucho.
CLIENTE: ¿Cuánto vale?
DEPENDIENTE: Sólo cinco mil quinientos. Es un precio muy conveniente.
CLIENTE: Ay, no . . . ¿Por qué no me lo rebaja un poquito más?
DEPENDIENTE: Bueno, en realidad no puedo. Ya está muy rebajado.
CLIENTE: Lástima. ¿Y esta lana es importada?
DEPENDIENTE: Sí, señora. Y ese suéter es el último que tenemos de ese color. ¿No le gusta?
CLIENTE: Me encanta, ¡y qué color más lindo! ¿Se destiñe?
DEPENDIENTE: Nada, nada, señora. El azul le hace juego con los ojos.
CLIENTE: Ah, ¿de veras? Entonces, lo llevo, pero para mí misma. Y para mi hija, ¿qué otras cosas tiene Ud.?

CÓMO PEDIR CONSEJOS

¿Qué me recomienda usted?
¿Cuál te gusta más, éste o ése?

CÓMO REACCIONAR A LOS CONSEJOS

¿De veras? Entonces lo llevo.
Bueno, no sé. No estoy seguro(a).

CÓMO QUEJARSE

Estos zapatos . . . se destiñeron (faded) con la lluvia.
no hacen juego (match) con estos pantalones.
me quedan mal. Son demasiado apretados (anchos).
no me quedan bien (look/fit well). Quiero cambiarlos.

CÓMO PEDIR MÁS INFORMACIÓN

¿Por qué no me lo rebaja un poco?
¿Se lo puedo pagar con un cheque / con tarjeta?
¿Me lo puede cambiar por otro más grande / chico(a)?

CÓMO DESPEDIRSE

Bueno, gracias, voy a pensarlo.
Voy a llevar éste, por favor.
Gracias, gracias, muy amable, pero no me gusta.
pero me queda mal.

RECUERDOS

Ando buscando . . .
cintas, discos compactos
algo de cerámica o de vidrio
cuadros o dibujos *(drawings)*
tarjetas postales y sellos (timbres / estampillas)

cintas, discos compactos

tarjetas postales y sellos
(timbres / estampillas)

E ¡Qué quejas! Encuentre una respuesta apropiada del dependiente a cada queja del cliente.

Cliente

1. —¿Por qué no puedo pagar con cheque?
2. —Mire, señorita. Esta tela se destiñe.
3. —Esta camisa no hace juego con estos pantalones.
4. —Estos zapatos me quedan mal. Son demasiado apretados.
5. —Este vestido no me queda bien. Quiero cambiarlo por otro.
6. —¿Por qué no me rebaja un poco este traje? Es del año pasado.
7. —Pues, no me gustan para nada estos cuadros. ¿Tiene otros quizás?

Dependiente

a. —Bueno, ¿cuál de los dos artículos desea cambiar?
b. —Porque sólo aceptamos efectivo y tarjeta Visa.
c. —No se puede, señora. Hace un mes que lo compró.
d. —No se preocupe, señor. A ver, aquí tiene otro par.
e. —No, son los únicos que hay, pero venga Ud. la próxima semana.
f. —Ay, sólo el jefe puede hacer rebajas y ahora no está.
g. —Parece que Ud. la lavó. Sólo se debe lavar en seco *(dry clean)* esta chaqueta.

F A comprar un regalo.   Complete la siguiente conversación oralmente con otro(a) estudiante.

DEPENDIENTE: Buenos días. ¿En qué puedo . . . ?
CLIENTE: ¿Tiene Ud. algo bonito para . . . ?
DEPENDIENTE: Sí, (señor / señorita / señor). Mire Ud., tengo . . .
CLIENTE: ¿Cuánto vale(n)?
DEPENDIENTE: . . . Es un buen precio, (señor / señorita / señora).
CLIENTE: Bueno, no sé. ¿Podría enseñarme algo más . . . ?
DEPENDIENTE: ¿Más . . . ? Este . . . pues, sí. Tengo . . .
CLIENTE: ¿Cuánto vale(n)?
DEPENDIENTE: Sólo . . .
CLIENTE: ¿Se puede devolver o cambiar las cosas?
DEPENDIENTE: Sí, pero solamente . . .
CLIENTE: Claro. Entonces, (lo/la/los/las) llevo. ¿Puedo pagar con cheque?
DEPENDIENTE: ¿Con cheque? Ay, lo siento, pero . . .
CLIENTE: Bueno, entonces voy a . . .
DEPENDIENTE: Bien, (señor / señorita / señora). Pase usted por acá, por favor.

G ¿Qué comprarías?   Imagínese que Ud. está de viaje y que quiere comprarles regalos a las siguientes personas. Dígale a otro(a) estudiante lo que compraría Ud. Luego, cambien papeles.

EJEMPLO: para una niña que va a cumplir seis años
Le compraría una muñeca que hable, llore y haga pipí.

1. para las bodas de oro de los abuelos
2. para su tía rica de cuarenta años que es arquitecta
3. para su sobrino que va a cumplir nueve años el sábado
4. para un(a) amigo(a) que siempre le trae bonitos regalos
5. para su profesor(a) de español que ha sido tan simpático(a)

H De compras.   Hable Ud. con un(a) compañero(a) de clase. Haga el papel del (de la) dependiente(a) y la otra persona hace el papel del (de la) cliente. Reaccionen adecuadamente, según cómo se desarrolle la conversación.

Dependiente	Cliente
1. ¿En qué puedo servirle?	2. Pues, ando buscando . . . (Dígale qué tipo de ropa busca.)
3. (Responda adecuadamente con cortesía.)	4. (Reaccione negativamente. Comente sobre el color, la talla, el precio, o el modelo. Exprese su preferencia.)

5. (Conteste adecuadamente.)

6. (Pídale un poco más de información sobre la tela.)

7. (Responda apropiadamente.)

8. (Dígale su opinión, aunque decida no comprar la prenda de ropa.)

9. (Reaccione adecuadamente.)

10. (Despídase con cortesía.)

| **Dame un consejo.** Léale tres situaciones a su compañero(a) para que le dé consejos adecuados. En seguida, cambien papeles con las tres restantes.

1. El viernes por la noche mis abuelos van a una fiesta en un club social. ¿Qué deben llevar?

2. El domingo próximo mi papá va a llevar a mi hermanito de seis años a la playa. ¿Cómo deben vestirse?

3. Un(a) amigo(a) y yo pensamos ir a acampar a la montaña este fin de semana. ¿Qué recomiendas que nos compremos?

4. En febrero, mi mejor amigo(a) y yo vamos a esquiar a Nueva Inglaterra. ¿Qué ropa debemos llevar?

5. Esta mañana está muy calurosa. Ya hay 32 grados centígrados. ¿Cómo me visto para ir a la universidad?

6. Queremos comprarte algo de ropa para tu cumpleaños. ¿Qué sugieres?

Así se hace

El regateo es una costumbre muy antigua en todas las culturas tradicionales como la hispana. Por lo general, se puede regatear en los mercados y ferias al aire libre y también en los lugares donde se venden antigüedades o cosas usadas, como en el Rastro de Madrid o en San Telmo en Buenos Aires. Se comienza a rega-tear preguntándole al vendedor por el precio del artículo, pero sin demostrar demasiado interés para que no le pidan un precio muy alto. Luego, se ofrece aproximadamente 30% menos del precio indicado y así se continúa el regateo. A veces, es posible rebajar el precio fácilmente si se encuentra algún defecto.

1. ¿Dónde y cuándo se puede regatear en Estados Unidos o en Canadá? ¿Cómo se regatea allí? 2. ¿Qué cosa ha comprado Ud. regateando? ¿Qué precio quería el vendedor y cuánto pagó Ud. por fin? 3. ¿Se siente Ud. nervioso(a), entusiasmado(a), apenado(a) (*embarrassed*) o confiado cuando regatea?

J **¿Qué diría Ud.?** Léale las siguientes líneas de conversación a un(a) compañero(a) y entonces él (ella) debe reaccionar adecuadamente.

1. Esta situación ocurre en una tienda.
   a. No me gusta este modelo de chaqueta.
   b. ¿Qué otros colores tiene en este modelo?
   c. Voy a probarme ésta. *(Se la prueba . . .)*. Pues, ¿cómo me queda?
   d. Bueno, ahora quisiera dos pantalones que hagan juego con esta chaqueta. ¿Cuáles me recomienda usted?

Ahora, cambien papeles.

2. Esta situación tiene lugar en una zapatería.
   a. ¿En qué puedo servirle, señor (señorita, señora)?
   b. ¿Qué número calza? (¿Cuánto calza Ud.?)
   c. ¿Qué color anda buscando?
   d. Este modelo viene en varios colores: negro, marrón, y azul. ¿Cuál prefiere usted?

K **Hay que saber regatear** *(to bargain).* Hable Ud. con un(a) compañero(a) de clase. Haga el papel del (de la) vendedor(a) y la otra persona hace el papel del (de la) cliente. Tapen la columna de la otra persona y reaccionen adecuadamente, según lo que diga cada uno.

Vendedor(a)	**Cliente**
1. ¿Qué va a llevar, joven?	2. Pues, ando buscando . . .
3. Sí, aquí tiene Ud. uno(a). (Dígale algo para persuadirle a comprar la cosa.)	4. (Le gusta mucho a Ud., pero no exprese mucho interés. Pregunte el precio.)
5. (Responda adecuadamente.)	6. (Exprese mucha sorpresa. Comience a regatear, diciendo un precio más bajo.)
7. (Responda adecuadamente.)	8. (Dígale su opinión e indique un defecto de la cosa.)
9. (Reaccione a lo que dijo.)	10. (Decida comprar o no comprar la cosa.)
11. (Conteste apropiadamente.)	12. (Despídase y váyase.)

L **Ni se cambia ni se devuelve la mercadería.** Trabaje con un(a) compañero(a) de clase para desarrollar la siguiente conversación. Primero, escriban lo que quieran decir y después representen la conversación para su clase.

Estudiante A
Usted está de vacaciones en Cancún, México, pasándolo muy bien. Pero se le olvidó traer su Walkmán y, por eso, compró otro muy barato

en una tienda el sábado pasado. Ahora la radio no funciona bien y el tocacintas no funciona en absoluto. Usted acaba de volver a la tienda para quejarse de la mala calidad del aparato. Trate de conseguir que le den otro Walkmán que funcione.

Estudiante B

Usted es un(a) nuevo(a) empleado(a) de una tienda donde se vende todo tipo de artículos electrónicos como televisores, grabadoras, radios a transistores, tocacintas compactos, etc. El sábado pasado hubo una gran liquidación y todo fue rebajado 50%, pero no se puede devolver nada. Aunque usted no trabajó ese día, usted sabe esto muy bien. Hoy está solo(a) en la tienda cuando entra un(a) cliente a quejarse. Hable con él (ella) cortésmente para solucionar el problema que tiene.

PERSPECTIVAS AUTÉNTICAS

Antes de leer

A ¿Cómo es Ud.? Lea y reaccione a las siguientes oraciones para conocerse mejor a sí mismo(a). No hay respuestas correctas ni incorrectas; es mejor que responda según su primera reacción.

1.	Soy una persona afectuosa.	Sí	No
2.	En general, soy una persona feliz.	Sí	No
3.	Soy una persona bastante organizada.	Sí	No
4.	Tomo buenas decisiones, generalmente.	Sí	No
5.	Manejo bien las situaciones difíciles.	Sí	No
6.	Tengo una buena opinión de mí mismo(a).	Sí	No
7.	La gente me quiere más por mi personalidad.	Sí	No
8.	Yo sé cuáles son mis prioridades en la vida.	Sí	No
9.	Estoy preparado(a) para cualquier emergencia.	Sí	No
10.	Normalmente, afronto el presente como debiera.	Sí	No
11.	Trato de separar mi trabajo de mi vida personal.	Sí	No
12.	Tengo pocos problemas con el manejo del dinero.	Sí	No

B Cómo leer la lectura. Una manera muy práctica de adivinar el significado de una palabra es buscar ayuda en el contexto. Esto es sumamente fácil cuando hay una enumeración de objetos. *No busque en el diccionario las palabras que no sabe; piense qué podría completar la serie,* imaginándose en concreto lo que dice el párrafo. Por ejemplo:

Oficina: papeles, lápices y gomas, cartas por contestar, informes por terminar, libreta de direcciones y teléfonos, libreta de apuntes o agenda.

Si Ud. no sabe las palabras **gomas, informes** o **agenda,** trate de pensar en las cosas que hay sobre el escritorio de una oficina. Piense qué otra cosa usamos cuando usamos un lápiz y qué otras cosas escribimos además de memos y cartas. Es posible que pueda descubrir el significado de al menos dos de estas palabras usando esta técnica. ¿Y qué pasa con la tercera palabra? No se preocupe, ya ha comprendido la gran mayoría de ellas.

1. **Golosinas:** chocolates, bombones, barras de chocolate, barras de maní con caramelo, caramelos, chupa-chups o chupetes, galletas, chicles.

    La palabra **chupetes** significa *(lollipops / earrings / machines)*.

2. **Cosméticos:** lápices de labios, sombras de ojos, rímel para las pestañas, polvos compactos, maquillaje líquido, loción humectante, loción de limpieza, loción para el acné.

    Lápices de labios es *(nail polishes / skin creams / lip sticks)*.

3. **Para *siemprelistos*:** linterna, imperdibles, bandas adhesivas (parches adhesivos), hilo y agujas, botones, cinta adhesiva, estampillas, loción desinfectante, fichas para el teléfono público, fichas para el metro, un cheque de viajero.

    La palabra **fichas** significa *(rates / tokens / schedules)*.

4. **Recuerdos:** fotos, cartas, notitas, boletos de conciertos o de cine, recortes de periódicos, flores secas, tarjetas, cajetillas de cigarrillos.

    Recortes son *(clippings / ads / headlines / articles)*.

El siguiente artículo es sobre una entrevista entre una periodista y un siquiatra de Boston. Primero, léalo rápidamente prestando atención a los subtítulos. Trate de adivinar por el contexto el significado de algunas de las palabras que Ud. no sepa. Luego, lea de nuevo y después conteste las preguntas de comprensión.

Así es

La agenda o libreta de apuntes.
La agenda o libreta de apuntes es un artículo muy importante cuando de compras se trata *(it comes to)*. La agenda es como un diario donde los hispanos anotan todas las cosas importantes que hacen o que les suceden y, por supuesto, la lista de las cosas que quieren comprar y, después, los precios que pagaron por ellas. En la libreta también se anotan direcciones y teléfonos de amigos o conocidos, citas con el (la) dentista o el (la) médico(a) y reuniones con amigos u otra gente, cumpleaños de los familiares, poemas y proverbios, las cosas que uno tiene que hacer en el día y las cosas que realmente hizo, y muchas otras cosas. Las chicas llevan su libreta en el bolso y los chicos en un bolsillo o cartera de mano.

1. ¿Dónde anota Ud. la lista de las cosas que necesita comprar? 2. ¿Qué hace con la lista una vez que ya ha comprado todo? 3. ¿Qué cosas anota Ud. y guarda, sin tirar el apunte a la basura?

Dime qué llevas contigo y te diré quién eres

En el momento de pagar por una compra, cuando una chica abre su bolso o cuando un chico busca dinero en sus bolsillos, nadie sabe lo que va a pasar, ¡ni los mismos chicos! Billeteras, monedas, billetes arrugados, lápices, espejos, botones, llaves, píldoras y vitaminas, papelitos, caramelos y otras cosas increíbles como cigarrillos imposibles de fumar o sándwiches imposibles de comer pueden salir de tan mágico lugar. En realidad, cuando de bolsos o bolsillos se trata, cualquier cosa es posible.

Si uno consigue ver lo que hay en un bolso, se puede adivinar mucho acerca de la personalidad de una persona, porque—al revés de lo que pudiera pensarse en el primer momento—la gente echa en sus bolsos un montón de otras cosas además del dinero para comprar. Lo difícil es hacer que la gente nos muestre qué tienen allí. El doctor Sheldon Zigelbaum, un siquiatra de Boston, cree que la técnica de registrar° bolsos y bolsillos es útil no sólo como terapia, sino como técnica de auto-ayuda. Además, la técnica puede ser bastante entretenida y un excelente tema de conversación. ¡Vamos!, vacíe Ud. sus bolsillos y veamos qué tiene allí. Yo sé lo que va a pasar porque ya lo he hecho. Por años he cargado con bolsos más pesados que una bala de cañón°, de modo que° sabía que estaba abriendo una caja de sorpresas cuando abrí mi cartera para sacar lápiz y papel para tomar notas para este artículo. Lo que no sabía era que el doctor me iba a pedir permiso para ver qué tenía adentro. Lo primero que hizo fue examinarlo por fuera. "No es una cartera de marca° y esto puede ser importante", dijo con seriedad. "La mujer que lleva un bolso con la firma de un diseñador puede que esté buscando su identidad o seguridad a través de las cosas materiales". Otra cosa que descubrió el doctor fue

examinar

cannon ball   así es que

designer

[1]/El título se refiere a un refrán tradicional que dice: «Dime con quién andas y te diré quién eres.» El refrán equivalente en la cultura norteamericana es *One is often judged by the company one keeps.*

que yo usaba una sola cartera, porque el cuero estaba demasiado viejo y gastado°. Además, le fue muy fácil ver que mi bolso pesaba° demasiado para un bolso común y corriente°. Concluyó que yo tendía a echarme demasiadas responsabilidades encima.

muy usado   *weighed*
ordinaria

Pero aún faltaba lo mejor. Dentro del bolso, el médico encontró más evidencia de que yo tenía "una fuerte orientación hacia la gente, que me gustaban mis posesiones materiales y que quizás tuviera problemas con el manejo° del dinero". Con esto respiré aliviada° porque, sin duda, me pudo haber dicho cosas mucho peores°. Aunque es importante no generalizar ni hacer juicios precipitados, cualquier persona puede usar la misma técnica para conocerse mejor y hasta para cambiar algunos hábitos que no le gusten. Basándonos en el trabajo del doctor Zigelbaum sobre el particular, les ofrecemos estos ejemplos de lo que bolsos y bolsillos pueden revelar sobre distintas personas. Vea si su caso está representado aquí.

uso   tranquila
más serias

Un almacén de golosinas. Si lleva muchos comestibles con Ud.—barras de chocolate, paquetitos de maní o cacahuetes, galletas—a Ud. le gusta «picar°» y darle golosinas a la gente. ¡Cuidado!, no se olvide de que una barriga llena no siempre significa la felicidad total ni para Ud. ni para las personas importantes en su vida.

comer un poquito a toda hora

Dulces recuerdos. A Ud. le gusta guardar cosas que le traigan recuerdos de los buenos tiempos. Pero esas tarjetas, notitas, entradas de conciertos, fotos y papelitos arrugados podrían significar que Ud. no está afrontando el° presente como debiera.

enfrentándose al

Orden perfecto. Si su bolso, mochila o cartera está bien organizado, su vida debe estarlo también. Un bolso o una mochila bien ordenados pueden indicar una buena opinión de sí mismo y de sus prioridades. Sin embargo, esto también puede revelar falta de espontaneidad y dificultad para manejar situaciones nuevas o difíciles.

Caos completo. Si su bolso o sus bolsillos están desordenados y llenos de cosas, lo más probable es que Ud. sea una persona cálida°, cuya vida está llena de la presencia de personas y cosas que Ud. quiere. Si su sentido de las proporciones es caótico como sus bolsillos, sin embargo, es posible que le sea muy difícil tomar decisiones acertadas°.

afectuosa

buenas

Siempre listo(a). Si Ud. lleva en su bolso bandas adhesivas, linternas en miniatura, imperdibles, una cajita con píldoras surtidas° y otras cosas por el estilo, quiere decir que Ud. está preparado para cualquier emergencia, suya° y de los demás. Sin embargo, su problema podría ser que a veces se ponga un poco pesimista.

de todas clases

your own

Belleza portátil°. Si su bolso está lleno de maquillaje, lápices de labios, sombras de ojos y coloretes para las mejillas, verse atractiva es muy importante para Ud. El problema es que quizás Ud. también piensa que la gente la quiere más por su apariencia física que por su personalidad o su inteligencia. Y esto no sólo es válido para las chicas sino para

portable

Lectura

los chicos también, porque ellos también cargan con peines, lociones para el pelo, vaselina para los labios, colonias y lociones para el acné en sus bolsillos o mochilas.

Una oficina ambulante. ¿Carga Ud. por todas partes con su trabajo, con sus papeles, lápices y gomas, con sus cartas y memos por contestar o trabajos por terminar? Si su trabajo es importante para Ud. y es parte de su estilo de vida, entonces no hay ningún problema con que cargue con su oficina a todas partes. Pero pregúntese también si no será porque Ud. trata de compensarse por una vida personal mucho menos feliz y plena° que su trabajo y su carrera.

satisfactoria

registrar

¡A revisar° bolsos y bolsillos, entonces, a ver qué sorpresas descubre acerca de sí mismo o de sus amigos o compañeros de clase o trabajo!

Tomado de un artículo por Noelle Rey-Smith, Buenhogar *Año 21, No. 22, del 22 de octubre de 1986: páginas 14–15.*

¿Comprendió bien?

1. De los siguientes tipos de personalidad, ¿cuál lo (la) representa mejor a Ud.? ¿Por qué? ¿Cuál es su opuesto y por qué?
   a. Siempre listo(a)
   b. Caos completo
   c. Orden perfecto
   d. Dulces recuerdos
   e. Belleza portátil
   f. Una oficina ambulante
   g. Un almacén de golosinas

2. Según el Dr. Zigelbaum, ¿cuál puede ser su problema emocional más grande? ¿Qué opina Ud. de esta conclusión?

3. ¿En qué se parecen . . .
   a. las carteras y las cajas de sorpresas?
   b. algunos cigarrillos y algunos sándwiches?
   c. registrar los bolsos y hacerse psicoanálisis?
   d. algunos bolsos o mochilas y las balas de cañón?
   e. una notita arrugada y una barra de caramelo?
   f. los trabajos por terminar y las cuentas por pagar?

¡Vamos a conversar!

C Y usted, ¿qué dice?   Hable con un(a) compañero(a) de clase para ver qué tipo de personas son Uds., según el artículo que acaban de leer.

1. Pídale a su compañero(a) que le muestre qué tiene en sus bolsillos, en su bolso o en la mochila.

2. Pregúntele qué otra cosa le gustaría llevar consigo todo el día.

3. Cambien papeles y después decidan qué tipo de personalidades tienen Uds.

D Perdón, ¿en qué piso queda . . . ? Trabaje con sus compañeros, circulando por la clase. Imagínese que Ud. trabaja en el almacén cuyo directorio aparece aquí. Dígales a sus clientes (otros estudiantes) en qué piso (planta) se pueden encontrar las siguientes cosas.

1. bandas adhesivas
2. maquillaje
3. botones para camisas
4. una billetera de piel
5. una cajita de caramelos
6. un lápiz con goma grande
7. un bolso de marca
8. un paquete de cigarrillos
9. una linterna en miniatura
10. un polvo compacto con espejo
11. una mochila de tela sintética
12. unos paquetitos de cacahuetes

E ¡A comprar, a comprar, que el mundo se va a acabar! Hágale las siguientes preguntas sobre compras a otro(a) estudiante.

1. Si yo quiero comprar las siguientes cosas, ¿adónde crees que debo ir?
   a. Una billetera de piel. ¿Qué otras cosas podría comprar allí?
   b. Entradas para un concierto. ¿Qué concierto me recomiendas?
   c. Unas golosinas para picar. ¿Qué golosinas te gusta picar a ti?
   d. Una mochila para mis libros. ¿Qué mochilas son de mejor calidad?

2. ¿Adónde te gusta ir a comprar ropa? Cuéntame qué tipo de ropa buscas: ¿ropa de buena marca o te fijas solamente en la calidad? ¿Dónde compraste la mayor parte de tu ropa? ¿Pagaste el precio original o la compraste en liquidación? ¿Cómo la pagaste: en efectivo, con cheque o con tarjeta de crédito? ¿Qué tarjetas de crédito tienes?

3. ¿Qué cosas de marca te gustaría comprar si tuvieras dinero extra?

F De compras.   Comprar es una actividad que exige energía y dinero. Trabaje con un(a) compañero(a). Digan Uds. qué les pasa cuando van de compras. Completen las frases dadas con su opinión.

EJEMPLO: Lo difícil es **no tentarse con tantas cosas caras.**

1. Lo difícil es . . .
2. Lo fácil es . . .
3. Lo mejor es . . .

4. Lo peor es . . .
5. Lo complicado es . . .
6. Lo que no entiendo es . . .

G ¿Qué llevarán en su bolso o sus bolsillos?   Con un(a) compañero(a), describan lo que llevan en sus bolsos, bolsillos o mochilas tres de las siguientes personas. Después comparen sus descripciones con las de sus compañeros.

1. una ejecutiva que es un poco artista
2. una secretaria que es extrovertida y alegre
3. un fotógrafo aventurero que anda por todos lados

Así es

La moneda. En el mundo hispano hay tantas monedas como países. Aunque la moneda de muchos países se llama **peso** ($), en cada uno de ellos la equivalencia del peso respecto al dólar es diferente. Por ejemplo, la moneda se llama **peso** en Bolivia, Colombia, Cuba, Chile, las Filipinas, México, la República Dominicana y Uruguay. En otros países, la moneda recibe otros nombres como **peseta** (Pta) en España, **austral** (₳) en la Argentina, **guaraní** (₲)

en el Paraguay y **lempira** (L) en Honduras. En Puerto Rico se usan **dólares** (US $), aunque mucha gente de allí todavía habla de «pesos» cuando quieren decir dólares.

En el resto del mundo hispano, se usan nombres de personajes o símbolos famosos para nombrar la moneda. Por ejemplo: **inti** (I/.), que significa "sol" en quechua, en el Perú; **bolívar** (Bs.) en Venezuela; **sucre** (S/.) en Ecuador; **córdoba** (C$) en Nicara-

gua; **colón** (₡) en Costa Rica y (₡) en El Salvador; **quetzal** (Q) en Guatemala; y **balboa** (B) en Panamá, aunque en aquel país se usa más el dólar norteamericano.

1. ¿Sabe Ud. el origen de algunos de estos nombres? Trabaje con los compañeros de su grupo hasta que los sepan todos.
2. ¿Sabe Ud. en qué otros países del mundo se usa el nombre *dólar* para la moneda?

4. un anciano que vive atado al pasado y a la rutina

5. un estudiante de computación que es metódico y sistemático

6. una joven de quince años que es reservada y un poco temerosa

H Gente famosa. Primero, escriba una descripción detallada del bolso o los bolsillos de una persona famosa, de manera que sus compañeros puedan adivinar de quién se trata. Luego, léale la descripción a un(a) compañero(a) y él (ella) debe tratar de adivinar quién es la persona famosa.

EJEMPLO: Tiene una lista de direcciones de todos los productores de discos de Estados Unidos y también una carta de su amiga XX. También lleva un itinerario de todos los vuelos entre Los Angeles y Nueva York. ¿Quién será?

I ¿Me prestas eso? La gente *siemprelista* siempre lleva cosas útiles en sus bolsillos o bolsos. Diga a quién le puede pedir Ud. lo siguiente.

EJEMPLO: un parche adhesivo
Si me he cortado un dedo, Angie me puede dar un parche adhesivo.

1. Los teléfonos de todos los amigos

2. Unas tijeras *(scissors)* para cortarme las uñas

3. Un caramelo o barra de dulce cuando tenga hambre

4. Cinta adhesiva para pegar algo o reparar un libro

5. Un espejo pequeño para ver algo que me irrita un ojo

6. Un pañuelo tisú cuando tengo alergia o estoy resfriado(a)

7. Marcador de textos para marcar las partes importantes de un capítulo

8. Un imperdible *(safety pin)* porque se me cayó un botón de los pantalones

J Papeles. Si Ud. piensa en la gente importante en su vida y sus bolsos o bolsillos, Ud. puede descubrir los papeles que tienen en su familia o en su grupo. Por ejemplo, es muy fácil identificar el papel protector de un padre o una madre o la función de un(a) amigo(a) verdadero(a). Escriba una composición sobre una o más de estas personas, describiendo qué llevan en sus bolsos de mano y en los "bolsos" de su personalidad para apoyarlo y estimularlo a Ud. Diga qué papel han jugado en su vida.

Diga: quién y cómo es esta persona
qué papel tiene esta persona y por qué
qué lleva en su bolso y por qué
qué papel ha jugado en su vida

DIMINUTIVOS Y AUMENTATIVOS

The reading selection in this section contains good examples of words that mean different things depending on the ending used, as shown below for the word **bolso:**

Palabra	Pequeño(a)	Grande	Otra palabra
el bolso	el bolsillo	el bolsón	la bolsa

Study these other examples:

Palabra	Pequeño(a)	Grande	Otra palabra
la mesa	la mesilla	el mesón	la meseta
	la mesita		el mesero
la camisa	la camiseta	el camisón	el vestido camisero
el cigarro	el cigarrillo		la cigarra
el muchacho	el muchachito	el muchachón	
la mujer	la mujercita	la mujerona	la mujerzuela
la casa	la casilla	la casona	
	la casita		
	la caseta		
el libro	la libreta	el libraco	la libra
	el librito	el librote	
el libreto (de cheques)			
el librillo			
el río	el riachuelo		la ría
el mar			la mar

¡A PRACTICAR!

K   Un mundo de diferencia.

1. According to the examples above, what meanings are expressed by the following endings?
   -ón/-ona
   -illo/-illa
   -uelo/-uela
   -eta, -(c)ito/-(c)ita

2. In the examples above, jot down the words that have a new meaning rather than a variation of the word.

   EJEMPLO: Variation: mesa → mesilla (mesa más pequeña)
   New: mesa → mesón (*counter, eatery*)
   New: mesa → meseta, mesa (*high plateau*)

3. In the case of **el río,** what mechanism is used to create an associated word like **la ría**? How are **el cigarro** and **la cigarra** different?

4. To summarize, what can you say about diminutives **(blusita)** and augmentatives **(blusón)** in Spanish? How can they be used to create new words?

L Contradicciones. Piense en una persona que conozca bien y descríbala como si describiera un bolso: por dentro y por fuera. Diga:

qué apariencia general tiene esta persona

cómo se viste en general

cómo se arregla *(grooms him/herself)*

qué tiene dentro de sí misma esta persona, qué secretos

qué características tiene iguales que un bolso (es caótica, pero genial; es ordenada, pero creativa; es metódica, pero encantadora, etc.).

EN POCAS PALABRAS

El uso de los dos pronombres de complemento directo e indirecto

When asking for or giving information, expressing opinions, or commenting on things such as purchases, you may need to use object pronouns to avoid the need to repeat something or someone already mentioned. An introduction to these pronouns appears on page 87 in Chapter 3.

—¿Encontraste el pañuelo de seda que buscabas?

—Sí, pero **se lo** regalé a mi mamá. Voy a pedir**le** que **me lo** preste para la fiesta de mañana.

Se replaces **le/les** when followed by **lo, la, los** or **las.**

In this example, **le (se)** (indirect) refers to **mamá, me** (indirect object pronoun) refers to the person speaking, and **lo** (direct object pronoun) refers to **el pañuelo de seda.** When used together, indirect object pronouns always precede direct object pronouns.*

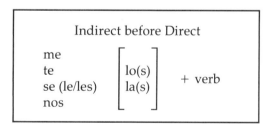

Indirect before Direct

me
te
se (le/les)   [lo(s)   + verb
nos   la(s)]

—¿Quién **te** compró ese abrigo de piel tan lindo?

—**Me lo** trajo mi papá de Buenos Aires.

In this example, **me** and **te** refer to the person who received the coat. **Lo** refers to **el abrigo.**

---

*/A mnemonic device for remembering the correct order of double object pronouns is *ID,* which stands for *I*ndirect before *D*irect.

Certain verbs like **dar, pedir, decir, escribir,** and **mandar** require the use of indirect pronouns and are often used with **me lo, te lo, se lo** combinations.

—Voy a pedir**le** esta camisa del catálogo a mi novio.
—Claro, es muy bonita y no está cara. Píde**sela** para la Navidad.

All object pronouns must be attached to affirmative commands **(¡Pídesela!),** and a written accent mark must be added to the verb form to indicate where the stress falls. Object pronouns can either precede present participles **(Se la está pidiendo)** or infinitives **(Se la voy a dar)** or they can be attached to them, again with a written accent mark on the verbs form to mark stress **(Está pidiéndosela, por eso voy a dársela).**

—**Pídeme** esa blusa para mí, hermanita.
—No, es demasiado cara.
—¿Le pediste los pantalones del catálogo a Conchita?
—Estoy **pidiéndoselos** en este momento.
—Bueno, que **se los** manden rápido, por favor; tenemos que **dárselos** para su cumpleaños.

¡A PRACTICAR!

A En la tienda.   Esta semana las ventas han estado muy malas, así es que el (la) dueño(a) de la tienda le enseña al (a la) dependiente qué decir para vender más. Trabaje con otros dos estudiantes; uno(a) es el (la) dueño(a), otro(a) es el (la) cliente y Ud. es el (la) vendedor(a). ¿Qué dicen Uds.?

EJEMPLO: este poncho / quiere probar
Cliente: Me encanta este poncho.
Dueño(a): ¡Quiere probár**selo**!
Vendedor(a): ¿**Se lo** quiere probar, señor?
Cliente: Sí, **me lo** quiero probar.

1. estas botas / quiere probar
2. este suéter / podemos rebajar
3. esta gorra blanca / podemos rebajar
4. esta camiseta verde / quiere probar
5. estos pantalones gauchos / podemos ajustar
6. este sombrero mexicano / podemos mandarlo por avión

B En el mercado.   Imagínese que es día de mercado en un país hispano. Usted es el (la) cliente y su compañero(a) hace el papel del (de la) vendedor(a). Tapen la columna que corresponde a la otra persona. Traten de usar los dos pronombres adecuadamente.

	Cliente		**Vendedor(a)**
1.	Greet the seller and ask if you can try on a wool sweater you like.	2.	Tell him or her to try it on.
3.	Try on the sweater, then complain about something you don't like about it (too big, small, stained, torn, etc.).	4.	Try to convince your customer to buy the sweater by reducing the price.
5.	Begin bargaining for the sweater or another one you like.	6.	Bargain with your customer.
7.	Agree on a price, then ask if you can pay by check or with a credit card.	8.	React appropriately, then finalize the sale.
9.	Pay the seller, then either end the conversation or continue it by asking about other merchandise or by making small talk.	10.	Respond appropriately to your customer.

We use demonstrative adjectives and pronouns to compare different things or to specify which ones we prefer.

Los demostrativos

¿Le gusta **este** suéter amarillo, **ese** verde o **aquél** que está en la vitrina?

Demonstrative adjectives have different forms that match the nouns they refer to, according to their gender (masculine or feminine), number (singular or plural), and distance (here, there or way over there).

Demonstrative Adjectives

	masculino		*femenino*		*neutro*
here	este	estos	esta	estas	esto
there	ese	esos	esa	esas	eso
over there	aquel	aquellos	aquella	aquellas	aquello

Demonstrative pronouns refer to a noun, and have a written accent. They must also match the noun's gender, number and distance.

No quiero ni **ésta** ni **ésa**; prefiero una cartera más grande que **aquélla** que está en la vitrina.

In English, "the former" refers to the first thing mentioned; "the latter" refers to the last thing mentioned. In Spanish, demonstrative pronouns are used to express these ideas in terms of distance: **éste** refers to the closest thing mentioned, and **aquél** refers to the first or farthest thing mentioned.

—Me gustan los guantes negros, pero los blancos también son bonitos.
—Claro, pero **ésos** son más prácticos que **éstos**. Los blancos se ensucian mucho.

A neuter demonstrative pronoun is used when referring to a global idea.

—¿Me podría dar otra carta de compra, por favor?
—Pero, ¿que no tiene una allí con los recibos?
—No, parece que se me perdió.
—Ah. Vaya a esa oficina; **eso** va a tomar un buen rato.

CÓMO INSISTIR EN LO QUE UD. QUIERE

No, no quiero ése; quiero aquél que está arriba.
¿Me podría mostrar la otra? Ésa, ésa que está a la derecha.
Déme éste que es más barato. También quiero ésos que están . . .

ahí (allá).
en la mesa.
arriba (abajo).
delante (detrás).
encima (debajo).
a la izquierda (a la derecha).

¡A PRACTICAR!

C Dime qué quieres.   Ud. está en el parque con otra persona, conversando de las cosas que tienen en la mochila. Pídale a su amigo(a) que le muestre algunas cosas como en el ejemplo:

EJEMPLO: Muéstrame la libreta. → Muéstrame esa libreta.

1. Dame las fotos.
2. Dame un chocolatito.
3. Préstame la bufanda.
4. Muéstrame el llavero.
5. Muéstrame la linterna.

6. Quisiera ver la notita.
7. Quiero ver los apuntes.
8. ¿Puedo probar el dulce?
9. ¿Qué tienes en el papelito arrugado?
10. ¿Puedo ver las entradas del concierto?

D **¿Cuál quiere Ud.?**   Imagínese que alguien le ofrece a Ud. algunas cosas. Elija una y diga por qué.

> EJEMPLO: —¿Quiere aquel Walkmán de marca nacional o éste de marca japonesa?
> —Prefiero éste porque . . . me gustan las cosas japonesas.

1. ¿Le gusta aquel bolsón o esta cartera?
2. ¿Prefiere estos bolsillos o ésos con botones?
3. ¿Le gustan esas gafas alemanas o éstas de Corea?
4. ¿Quiere aquella billetera de piel o ésa de tela?

E **En la caja central.**   En muchas tiendas grandes se puede comprar en distintos departamentos y después pagar todo en la caja central. Imagínese que Ud. está en la caja central ahora y que el (la) empleado(a) no puede encontrar sus cosas. Indíquele con la mano cuáles son sus compras. Ud. es el (la) cliente y su compañero(a) es el (la) empleado(a).

> EJEMPLO: —Éste es el vestido morado, ¿verdad, señor(ita/a)?
> —Ése no es, señor(ita/a); es aquél que está detrás.

1. la radio a pilas
2. el sombrero de paja
3. la ropa interior de algodón
4. los pantalones kakis
5. la chaqueta a rayas
6. las medias con lunares

F **¡Qué difíciles de complacer!**   Ud. tiene una tienda de moda en el centro. Imagínese que en este momento hay una pareja muy adinerada, pero muy difícil de complacer en la tienda y que Ud. trata de darles en el gusto *(please them)*. Responda adecuadamente a cada una de sus quejas ofreciendo una alternativa.

> EJEMPLO: pero no me gusta este color
> —El modelo no está mal, pero no me gusta este color.
> —¿Y qué le parece este otro color más claro?

1. pero este poncho es muy oscuro
2. pero ¿esto es de plata realmente?
3. pero la lana es muy difícil de lavar
4. pero aquella falda no tiene bolsillos
5. pero esta manga es más corta que la otra
6. pero este mantel *(tablecloth)* no tiene servilletas
7. pero ¡qué color más feo para un cubrecama *(bedspread)*!

Así se hace

Las compras a crédito. Aunque las tarjetas de crédito se están haciendo muy populares en el mundo hispano, por tradición y costumbre, a los hispanos no les gusta pedir préstamos ni comprar a crédito ni deberle un centavo a nadie. Así es que la gente prefiere ahorrar lo que necesitan para comprar algo.

Por otro lado, muchas familias a veces recurren a las compras **a crédito** para adquirir muebles *(furniture)*, electrodomésticos *(appliances)* o ropa. Estos sistemas de crédito son diferentes, sin embargo, porque cada pago es fijo y cada **mensualidad** *(monthly payment)* se paga directa y personalmente en la tienda. Esto ayuda a mantener un contacto más personal con los dueños o los empleados de las tiendas.

1. ¿Qué cosas ha comprado Ud. con préstamos de un banco? 2. ¿Qué cosas ha comprado Ud. con préstamos directos de una casa comercial? 3. ¿Qué cosas compra Ud. con su tarjeta de crédito (si es que la tiene)? 4. ¿Cómo se le puede explicar el sistema norteamericano de comprar a crédito a un hispano?

G Buen(a) traductor(a). Trabaje con un(a) compañero(a) y traduzcan las siguientes frases. Use un diccionario cuando sea necesario.

1. El rayón y el nilón son las telas sintéticas más usadas.
2. Las divisas (monedas duras) más estables son el yen japonés y el marco alemán; aquél es el mejor en este momento.
3. La industria textil y el turismo son las actividades más importantes de esta ciudad. Éste ha disminuido por el narcotráfico, sin embargo.

El indicativo y el subjuntivo

Spanish speakers use the subjunctive mood to express personal commentaries or opinions, doubt, indirect commands, nonspecific information, and speculation. In all other cases, they use the indicative mood.

—Jaime **sale** para España el sábado.   (fact: indicative)
—¡Qué bueno que **vaya** a España!;   (opinion: subjunctive)
  pero no creo que **se vaya** tan   (doubt: subjunctive)
  pronto.
—Pues, quiero que me **traiga** un   (indirect command: subjunctive)
  regalo que **sea** típico de allá.   (nonspecific info: subjunctive)

Many introductory phrases require the use of the subjunctive.

Opinions	qué bueno (malo) que . . . / qué lástima que . . . / qué pena que . . . / qué vergüenza que . . . / qué bueno (malo) que . . . / qué estupendo que . . . / es conveniente que . . .
Doubt	dudo mucho que . . .
	no creo que . . .
Commands	quiero / quisiera que . . .
	sería bueno que . . .
	es necesario que . . . / es preciso que . . .

Remember that when forming the subjunctive, **-ar** verbs change to **-e** endings and **-er** and **-ir** verbs take **-a** endings.

CÓMO HABLAR DE LO QUE QUIERE OTRA PERSONA

Mi amiga quiere que . . . le compremos unas medias.
                                    le busquemos zapatos de verano.
                                    le llevemos una blusa de otro modelo.

CÓMO DESCRIBIR ALGO NO-ESPECÍFICO EN LA TIENDA

Ando buscando una cartera que . . . sea de cuero.
                                               no sea muy cara.
                                               tenga tres bolsillos.

¿Dónde hay una tienda donde . . . se pueda comprar estampillas?
venden artículos de cerámica?
haya tarjetas postales baratas?

¡A PRACTICAR!

H Para el 5 de mayo. Los Garza, una familia de San Antonio, van a salir a comprar ropa para las fiestas del Cinco de Mayo. Complete la descripción que hace el señor Garza con la forma correspondiente del indicativo o del subjuntivo, según el significado.

Alma _____ (querer) una falda blanca y una blusa con flores y Anita _____ (querer) que le _____ (nosotros, comprar) un vestido rosado con una carterita que _____ (hacer) juego. Y los varones _____ (necesitar) zapatos porque _____ (haber crecido) mucho últimamente. Bueno, es mejor que le _____ (buscar) sandalias a Anita también, porque ella también _____ (estar creciendo) mucho. Para ti, _____ (poder) buscar un bolso nuevo que no _____ (ser) tan grande como el otro, porque _____ (ser) muy pesado. Y yo sólo _____ (querer) unos pantalones de verano. Bueno, ¡ojalá que _____ (haber) bastante dinero para todo!

I Los encargos de Carmen. Carmen es enfermera y, además, tiene mucho trabajo porque está estudiando para una maestría, así es que siempre necesita que sus hermanos le hagan las compras. Diga qué quiere Carmen hoy día.

EJEMPLO: comprar una blusa blanca de algodón
Quiere que le compren una blusa blanca de algodón.

1. comprar un chántal para correr
2. buscar unos pantalones de verano
3. traer unas zapatillas para correr
4. comprar unas medias blancas de uniforme
5. buscar una falda de tela sintética lavable
6. buscar un libro de español para enfermeras

J Mi amigo siemprelisto. La gente siemprelista siempre quiere que pongamos un montón de cosas en el bolso o la mochila. Haga una lista de los consejos que ellos nos dan.

EJEMPLO: Un siemprelisto siempre quiere que . . .
tengamos unos imperdibles y que compremos unas . . .

K ¡Qué frustración! El (la) dependiente (un/a compañero/a) de una tienda no entiende lo que Ud. desea e insiste en darle otras cosas. ¿Qué le dice Ud.?

> EJEMPLO: un suéter de lana / de algodón
> —Aquí tiene un suéter de lana muy bonito.
> —Pero no, quiero un suéter que sea de algodón.

1. un impermeable azul / rojo
2. un suéter amarillo / blanco
3. unos aretes de plata / de oro
4. un conjunto de calle / de correr
5. una camisa a cuadros / a rayas
6. una cartera plástica / de piel
7. unas corbatas sintéticas / de seda
8. una barra de maní / de chocolate

L De compras sin diccionario. Imagínese que Ud. está en un almacén en un país hispano y que Ud. no sabe las palabras específicas para describir las cosas que quiere comprar. Trate de usar otras palabras para describirlas, según el ejemplo.

> EJEMPLO: luggage caddy
> Ando buscando algo (una cosa) en que pueda llevar mis maletas.

1. inexpensive corkscrew
2. AC/DC electric converter
3. good, sharp nail clipper
4. plastic fishing tackle box
5. small retractable umbrella
6. two-time zone digital watch

M ¿Dónde estará . . . ? Imagínese que Ud. está en una ciudad hispana y que anda buscando varios lugares cuyos nombres usted no sabe en español. Explíquele tres de los lugares que busca a su compañero(a). En seguida, cambien papeles.

> EJEMPLO: factory where they make objects of crystal
> —¿Podría decirme dónde hay una fábrica donde hagan cosas de cristal?

¿Podría decirme dónde hay un(a) . . . donde . . . ?

1. money exchange agency
2. Toyota auto-repair shop
3. a typical brewery or winery
4. leather goods factory outlet
5. local hangout for university students
6. store where they sell attractive posters
7. shop where they make custom-made suits and dresses

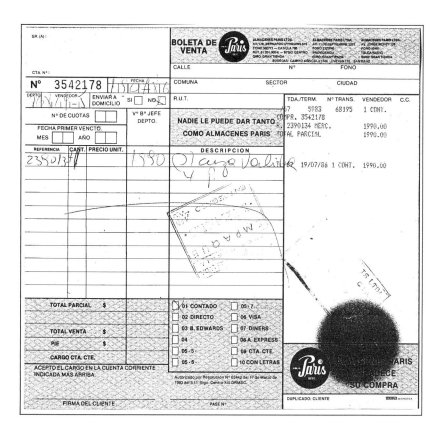

En la caja y el empaque. En muchas tiendas y almacenes de los países hispanos, los clientes les dan los artículos que desean comprar a los vendedores y ellos les dan un recibo detallado de la compra. En seguida, con el recibo el cliente va a pagar a la caja y entonces el (la) cajero(a) le pone PAGADO al recibo con un timbre. Finalmente, el cliente debe ir a la sección de empaque, donde le dan el paquete con la mercadería.

1. ¿Cuántas personas atienden al cliente? 2. ¿Cuál es el papel del vendedor o dependiente en las tiendas? 3. ¿Qué diferencias hay con las tiendas norteamericanas?

Los imperativos informales

You can use informal commands to ask a friend or a family member to do something for you. Informal commands are rather direct, so you should use them with the appropriate intonation. When asking for a favor, always add **por favor** after any command form.

To form informal affirmative commands, use the **usted** form of the present tense. When attaching a pronoun to a command, add an accent mark to verbs that have more than one syllable.

> **Toma** el recibo y **paga** allá en la caja. Después, **muéstrale** el recibo a esa señorita y **pídele** el paquete.

Some very common verbs have irregular affirmative informal command forms:

hacer	**haz**	ser	**sé**	decir	**di**
poner	**pon**	tener	**ten**	ir	**ve**
salir	**sal**	venir	**ven**		

To form an informal negative command, use the **tú** form of the present subjunctive.

No **busques** pantalones de pana allí porque no hay.

Y no **compres** más blusas porque ya tienes demasiadas.

No **vayas** más a esa tienda porque cobran muy caro por todo.

¡A PRACTICAR!

N **Sé buenito.** Imagínese que Ud. necesita varias cosas de la tienda y que se las quiere pedir a su compañero(a) de cuarto que va a ir de compras. ¿Cómo le pediría las siguientes cosas?

> EJEMPLO: ¿Me puedes traer un *jean* de talla 36?
> Por favor, tráeme un *jean* de talla 36.

1. ¿Me puedes comprar una docena de rosas para mi mamá?
2. Pero no quiero que traigas rosas amarillas porque significan desprecio *(contempt)*.
3. ¿Y me puedes buscar un buen diccionario de sinónimos?
4. Pero no debes traerme un diccionario de inglés, sino de español.
5. ¿Le quieres decir a mi amigo que trabaja en la tienda que me llame?

O **Para aprovechar las rebajas.** A los extranjeros siempre les cuesta entender cómo usar los cupones de rebaja en las tiendas. Haga una lista de las cosas que debe hacer un(a) amigo(a) extranjero(a) para poder usarlos.

> EJEMPLO: Primero, corta los cupones de las revistas o el periódico.
> En seguida, cuando vayas a la tienda, . . .

P **Ropa de invierno.** Si un amigo extranjero viene de un país más cálido, Ud. debe darle consejos sobre qué ropa comprar para un invierno como el de Michigan. ¿Qué consejos le daría Ud.?

> EJEMPLO: Busca un buen par de . . . , pero no compres . . .
> Además, no . . . , sino que . . .

Q **Tu mochila es un desastre.** Pregúntele a un(a) compañero(a) qué tiene en su mochila y después déle consejos sobre qué cosas debe dejar en la casa para que la mochila no sea tan pesada.

> EJEMPLO: ¿Qué tienes allí? ¿El libro de química? No lo lleves contigo porque pesa mucho. No lo necesitas en clase, sino en casa.

¡ A DIVERTIRNOS MÁS !

Estudie los siguientes anuncios y después complete el formulario e indique los productos que desea comprar por correo.

Del mundo hispano

LIBROS POR CORREO

 ANIMALES DOMÉSTICOS Y ACUARIOS

02.023	Acuario de agua dulce, El	16.95
02.014	Canarios, Los	6.40
02.022	Cómo criar los canarios y educar su canto	12.40
02.002	Cría moderna de los canarios	11.70
02.011	Cría moderna de periquitos, loros y papagayos	14.95
02.015	Enfermedades de los peces de acuario, Las	21.55
02.006	Gato, El	14.95
02.017	Gatos, Los	6.40
02.021	Gatos de pelo largo, Los	13.00
02.008	Gran libro del acuario, El	18.15
02.018	Hamsters y conejillos de indias	6.40
02.004	Libro de los canarios, El	16.95
02.020	Pájaros exóticos	19.65

 ARTES MARCIALES Y DEFENSA PERSONAL

04.004	Judo, de cinturón blanco a cinturón amarillo	6.40
04.007	Karate, El	9.90
04.001	Karate en 12 lecciones, El	14.05
04.002	Karate, la mejor arma de defensa y ataque, El	6.40
04.006	Kung-Fu, El	7.75
04.008	Manual completo de defensa personal	15.60

 CIENCIAS OCULTAS Y MISTERIOS

06.040	Amor a través de los sueños, El	10.75
06.030	Aprenda a hacer un horóscopo completo	13.30
06.026	Autohipnosis	10.75
06.035	Cómo desarrollar el magnetismo personal	10.75

 COCINA

07.007	Cocina de la abuela, La	15.60
07.016	Cocina económica, La	8.35
07.023	Cocina hipocalórica, La	10.95
07.019	Cocina italiana, La	15.60
07.004	Cocina práctica y rápida	6.40
07.021	Cocina vegetariana, La	8.35

 MANUALES DE BELLAS ARTES

21.003	Cómo se dibuja al lápiz	14.95
21.005	Cómo se dibuja y pinta el desnudo	14.95
21.001	Cómo se pinta al óleo	14.95
21.004	Cómo se pinta al pastel	14.95
21.002	Cómo se pinta a la acuarela	14.95

 NATURISMO, MACROBIÓTICA Y DIETÉTICA

15.013	Ajo, cura y sana, El	6.40
15.014	Arcilla cura y sana, La	6.40
15.015	Cereales alimentan, curan y sanan, Los	6.40
15.001	Cómo adelgazar sin sacrificio	10.75
15.017	Cúrese con la jalea real	9.15
15.011	Macrobiótica	6.40

 HIERBAS Y PLANTAS MEDICINALES

11.008	Curación con las hierbas	11.55

A **¡Gran venta en Sport Mundial!** ¿A Ud. le gustan los deportes? ¿También le gusta ahorrar dinero cuando va de compras? Pues, escuche la grabación sobre una sensacional liquidación en la tienda Sport Mundial. Después, indique si las siguientes oraciones son **verdaderas** (V) o **falsas** (F).

1. ____ Hay descuentos sólo para atletas escolares.
2. ____ Todo está más barato en la tienda Sport Mundial.
3. ____ La tienda tiene equipo deportivo de marcas muy conocidas.
4. ____ Se puede ahorrar bastante dinero en esta liquidación.
5. ____ Sport Mundial queda en la Avenida Principal.
6. ____ El teléfono de la tienda Sport Mundial es el 42–66–76.

B **El Grito de la Moda.** ¿Quiere Ud. saber cómo pedir ropa del catálogo? Escuche esta grabación de una llamada a la sección de ventas por catálogo de la tienda El Grito de la Moda. Luego, complete el formulario con la información del pedido *(order)*.

CLIENTE

Nombre _____

Dirección _____

Teléfono _____

Tarjeta de crédito _____ Fecha de vencimiento _____

PEDIDO

Número del artículo	Artículo	Talla	Color
432176	_____	____	____
	_____	____	____

C **El cliente siempre tiene la razón.** Trabaje con un(a) compañero(a) de clase para desarrollar la siguiente conversación. Primero, escriban lo que quieran decir y después representen la conversación para su clase. Traten de usar el vocabulario y la gramática de este capítulo.

Estudiante A
Imagínese que usted está de vacaciones en un país hispano. Esta mañana usted ha comprado media docena de camisas en una tienda (¡están tan baratas!), pero al llegar al hotel se ha dado cuenta de que son demasiado grandes para usted porque se equivocó de talla. Usted vuelve a la tienda a devolver las camisas, pero al llegar allí no puede encontrar el recibo.

Estudiante B

Usted trabaja de dependiente en una tienda de artículos para caballeros, en la que hay un gran letrero que dice NO SE ADMITEN DEVOLUCIONES SIN RECIBO. Usted no quiere perder su puesto porque acaba de empezar y es muy difícil encontrar trabajo en su ciudad.

VOCABULARIO

Sustantivos

calidad quality
dependiente sales clerk
modelo style
número shoe size
recibo receipt
regalo gift, present
talla size

Complementos

anillo (sortija) ring
aretes (pendientes) earrings
billetera (cartera) wallet
bolsa (bolso, cartera) purse; shopping bag
brazalete (pulsera) bracelet
collar necklace
reloj wristwatch

Recuerdos

cinta tape recording
cuadro painting
dibujo drawing
sello (timbre, estampilla) stamp
tarjeta postal post card

Materiales

algodón cotton
cerámica ceramic
cuero leather
franela flannel
gamuza suede
lana wool
oro gold
pana corduroy
perlas pearl
piel leather
plata silver

seda silk
tela sintético polyester
vidrio glass

Adjetivos

ancho wide
apretado tight (fitting)
barato inexpensive
novedoso fashionable, original, novel
rebajado reduced (in price)
vistoso flashy, pretty

Telas cloth, fabrics

a cuadros checked
a rayas striped

Verbos

calzar to wear shoes
cambiar to exchange
desteñirse (i) to fade
enseñar to show
llevar to wear, to take (something or someone)
mostrar (ue) to show
probarse (ue) to try on
quedarle (bien) a uno to fit / to look (well) on someone
rebajar to reduce in price
regatear to bargain

Adverbios

abajo below
arriba above
debajo underneath
delante in front
detrás in back
encima on top

Expresiones idiomáticas

¿Cuánto vale? How much is it?
hacer juego to match

Expresiones para . . .

expresar deseos y preferencias, p. 159
pedir consejos, p. 163
reaccionar a los consejos, p. 163
quejarse en una tienda, p. 163
pedir más información, p. 163
despedirse en una tienda, p. 163
insistir en lo que Ud. quiere, p. 180
hablar de lo que quiere otra persona, p. 182
describir algo no-específico en la tienda, p. 182

De la lectura

a revisar look through
acertado good
afrontar to cope
aliviado calm
bala de cañón cannon ball
cálido warm
corriente ordinary
de marca designer (clothes, accessories)
de modo que so
gastado worn out
manejo use
peor worse
pesar to weigh
picar to nibble
pleno full
portátil portable
registrar to examine
surtido assorted
suyo your (his, her) own

JOAN MIRÓ **The Beautiful Bird Revealing the**
Unknown to a Pair of Lovers,
1941.
Gouache and oil wash on paper,
18 x 15".
Collection, the Museum of
Modern Art, New York. Acquired
through the Lillie P. Bliss
Bequest.

¿Quieres salir conmigo?

COMMUNICATIVE GOALS
In this chapter, you will learn to make plans for the weekend and describe what you did over the weekend.

FUNCTIONS
Speculating
Giving advice
Asking for favors
Expressing opinions
Commenting on the weather
Making invitations and plans
Describing weekend activities
Expressing uncertainty and doubt
Expressing intentions and preferences

CULTURE
El noviazgo
The meaning of **pasarlo bien**
Amigos, enamorados, prometidos, novios

¿CÓMO SE DICE?

Cómo planear el fin de semana

CAMILA: Martín y yo vamos al campo este sábado. Te llamo para invitarte que vayas con nosotros. ¿Qué te parece?

LORETO: ¡Ah! Mil gracias, prima. Pues . . . sí, con mucho gusto, me encantaría ir con Uds. Tú sabes cómo me gusta el campo y . . . Oye, ¿adónde piensan ir?

CAMILA: A la hacienda del tío Raúl. Allí podemos nadar y hacer una parrillada y . . . pues, no sé qué más. Podríamos salir a bailar por la noche.

LORETO: ¡Estupenda idea! Vamos a pasarlo divino, estoy segura y . . . y podemos ver a los primos también.

CAMILA: Sí, ¿verdad? Oye, quisiera pedirte un gran favor. Dice Martín que su auto no anda muy bien, que tiene algo descompuesto y todo eso . . . , pues . . . ¿podríamos ir en el tuyo, primita?

LORETO: Claro que sí, por supuesto. Puedo pasar por Uds. el sábado . . . a eso de las diez u once, ¿está bien?

CAMILA: ¡Perfecto!

CÓMO PEDIR FAVORES

Quisiera pedirte un gran favor, . . .
¿Podrías . . . ? Te lo agradecería mucho.
Oye, ¿me puedes llevar a la piscina? Mi papá se llevó el auto.

CÓMO DECIR QUE SÍ

¡Encantado(a)! ¡Estupenda idea!
Claro que sí, por supuesto.
Pues, cómo no. ¡Con mucho gusto!

CÓMO DECIR QUE NO

Bueno, me encantaría pero . . .
Fíjate que no puedo porque . . .
¡Ay! No puedo; es que tengo otro compromiso con . . .

PARA EXPRESAR BUENOS DESEOS

¡Qué se diviertan!
¡Que lo (la) pasen bien!
¡Que te (le/s) vaya bien!

Diversiones de día

¿Quieres ir conmigo . . .
   al Cerro Tunari? Podemos . . .
   al río Napo? Allí se puede . . .
   al Parque Montenegro? Allí tienen . . .
   al pueblo de Quillacolla? Allí hay . . .
   al Bosque Nacional Beni para caminar y . . . ?
   a la playa Chachalacas? Podemos tomar sol y . . .
   al lago Taracoa? Hagamos una parrillada con . . .
   a las montañas Sandía a acampar? También podemos . . .

¡Hagamos una parrillada!

Diversiones de noche

¿Quieres salir conmigo . . .
   al Teatro Colón? Hay un concierto de . . .
   al Restaurante Veracruz? Allí tienen . . .
   al Bar Ónix? Quiero hablar contigo sobre . . .
   al Estadio Félix Gómez? Hay un partido de . . .
   al Café España? Podemos tomar un cafecito y . . .
   al Club Nocturno Calypso? Podemos tomar un trago y . . .
   al Cine Regis? Dan esa película nueva que se llama . . .

Vamos al partido de fútbol.

Así se hace

Pasarlo bien. Lo que se hace para «pasarlo bien» cambia mucho de una cultura a otra. Para pasarlo bien, la mayoría de los jóvenes estadounidenses y canadienses prefieren desarrollar mucha actividad y cambiar de una cosa a otra en vez de participar en una larga conversación o en una comida que no termina nunca. Por eso, si Ud. viaja a otro país o si una familia hispana lo invita, prepárese para pasarlo bien con calma y duerma una buena siesta por la tarde, para que no se quede dormido durante la sobremesa o la fiesta. Ya verá Ud. que éstas durarán mucho más de lo que Ud. espera. Recuerde que la actividad no es esencial en las otras culturas y que muchas maneras de pasarlo bien se centrarán en una buena comida y una conversación interesante. Si lo invitan a una fiesta, trate de bailar, porque ésta es una de las maneras más populares de pasarlo bien entre la juventud.

1. Según Ud., ¿cuándo es buena una fiesta? 2. A Ud., ¿qué tipo de actividades le gusta hacer para pasarlo bien? 3. ¿Cuándo fue la última vez que lo pasó realmente bien? ¿Qué hizo? ¿Con quién? 4. ¿Qué pasatiempos son un poco aburridos para Ud. y por qué?

A Entre amigos. Hable con otro(a) estudiante: una persona hace un comentario o una pregunta, y la otra responde con una respuesta lógica de la segunda columna. Uds. pueden añadir más información para hacer la conversación más realista y natural. Escriban toda la conversación primero, si lo desean.

Comentarios/Preguntas → Respuestas

1. ¡Que se diviertan!
2. ¿Podrías pasar por mí?
3. Te lo agradecería mucho.
4. Vamos a la playa mañana.
5. Quisiera pedirte un favor.
6. Mi auto está descompuesto.
7. ¡Van a pasarlo bien allí!
8. ¿Quieres ir al cine ahora?
9. Pues, ya tengo un compromiso.

a. Cómo no. Te recojo a la una.
b. No hay de qué. Con mucho gusto.
c. Mil gracias. ¡Hasta mañana!
d. Con mucho gusto. Dímelo.
e. Bueno, pero no sé nadar muy bien.
f. Fíjate que el mío tampoco funciona.
g. ¡Ojalá que sí!
h. Entonces, ¿qué tal el domingo?
i. ¿Qué película están dando, sabes?

B ¡A pasarlo bien! Trabaje con otro(a) estudiante. Hagan una lista de algunas actividades que se pueden hacer en . . .

1. un club nocturno
2. una playa bonita
3. el centro comercial
4. un bosque nacional
5. el centro de la ciudad
6. un estadio universitario

Ahora, descríbale a su compañero(a) cómo se divirtió Ud. alguna vez en *uno* de los lugares mencionados. Por ejemplo, Ud. puede contarle . . .

1. cuándo fue Ud. allí.
2. con quién fue.
3. cuánto tiempo se quedó allí.
4. qué hizo Ud. en ese lugar.
5. qué quería hacer, pero no pudo.

C El fin de semana es sagrado. El fin de semana es muy importante. Converse con un(a) compañero(a) de clase.

Pregúntele . . .

1. qué hace los fines de semana, normalmente.
2. qué tipo de fin de semana le parece aburrido.
3. qué planes tiene para el próximo fin de semana.

Ahora, cambien papeles.

D Por teléfono. Trabaje con un(a) compañero(a). Desarrollen la siguiente conversación. Tape con la mano la columna correspondiente a él (ella).

Estudiante A	**Estudiante B**
1. Marque el número para llamar a su amigo(a). Luego, espere hasta que conteste.	2. (¡Rin, rin!) Conteste el teléfono, por favor.
3. Diga quién habla y salude a su amigo(a).	4. Responda, luego pregúntele por su salud.
5. Conteste. Luego invítelo(la) a salir el próximo fin de semana. Sea específico(a): dónde, con quién, cómo y a qué hora.	6. Dígale que no porque Ud. está enfermo(a). Explíquele los detalles.
7. Dígale algo para que se sienta mejor.	8. Responda adecuadamente, luego comience a terminar la conversación.
9. Conteste, luego termine la conversación.	10. Despídase de su compañero(a) con cortesía.

Danzas

TALLER COREOGRAFICO DE LA U... ria Contreras, interpretando "Huap... cayo. Sala Miguel C...

Música

ORQUESTA SINFONICA NACIONAL. Dirigida por Francisco Savín con Carlos Prieto como solista, interpretando un estreno mundial de Blas Galindo, además de obras de Rossini, Respighi y De Falla. Palacio de Bellas Artes (Eje Central y 5 de Mayo), 12:15 horas.

Conferencias

LA SOCIOLOGIA DOMINANTE. Libro de An... que presentarán Pedro López Díaz, Hugo Zel... Vázquez. Palacio de Minería (Tacuba 5, ce...

VALERIA. De Gerardo Laveaga, ganadora ... ... con René Avilés Fa...

Teatro

EL MEDICO A PESAR SUYO. De Molière, con la compañia "Animación". Casa del Lago (Primera sección del Bosque de Chapultepec), 14 horas.

EL DIFUNTO. Obra que muestra la lucha ...
... Taller Tea...

para niños

CUENTOS DE LA TRADICION ORAL INDIGENA M... NA. Con el grupo "Saltimbanqui". Museo Universit... Chopo (Enrique González Martínez 10, Santa María ... ra), 16:30 horas.

PEDRO Y EL LOBO. Con la Compañía estatal de ... Contemporánea y Teatro de Oaxaca. Casa de la ... "Quinta colorada". (Pedro Antonio de los Santos y ...

Televisión

CANAL 2

07:00 ■ EN FAMILIA. Diversión familiar.
10:00 ■ HOY MISMO. Noticiario.
11:55 ■ FUTBOL SOCCER. Especial Real Madrid 1987.
14:00 ■ ROUND CERO. Idolos del box.
14:15 ■ NOTIVISA. Noticiario.

E En la oficina de turismo. Imagínese que Ud. trabaja en la oficina de turismo de su ciudad, estado o región. Como Ud. habla español, los turistas hispanos prefieren pedirle información a usted. Trabaje con otros dos o tres compañeros; ellos serán los turistas hispanos.

1. Nosotros acabamos de llegar a esta ciudad. Somos cuatro: mi esposo(a) y nuestros niños; uno tiene ocho años, y el otro tiene doce. ¿Qué podemos hacer aquí este fin de semana?

2. Mi esposo(a) y yo tenemos gustos bastante caros. Preferimos divertirnos con gente bien educada y también nos gusta mucho ir a los clubes nocturnos. Vamos a pasar el próximo fin de semana en esta ciudad. ¿Qué sugiere Ud. que hagamos allí?

3. Quisiera pedirle a Ud. un gran favor. Me encanta la naturaleza y me gusta acampar, pescar y cazar. Me gustaría quedarme aquí unos tres o cuatro días. ¿Me puede decir qué hay por aquí?

Cómo contar lo que hizo durante el fin de semana

MARELA: Oye, Loreto, ¿cómo pasaste el fin de semana?
LORETO: Lo pasé tan bien como no tienes idea.
MARELA: ¿En serio? ¿Qué hiciste?
LORETO: Pues, el sábado, Camila, Martín y yo nos fuimos en mi auto al campo, donde vive mi tío Raúl, y fuimos al lago Quepos y . . .

MARELA: ¿Al lago Quepos? ¡Ay, pero qué suerte!

LORETO: Sí, el agua estaba divina, niña. Nadamos y tomamos el sol y . . . y luego hicimos una parrillada en la playa y . . .

MARELA: Y el tiempo, ¿cómo estuvo?

LORETO: Bueno, llovía un poco cuando partimos, pero más tarde . . . pues hizo sol y estuvo bastante caluroso, realmente delicioso. Después de eso, por la noche salimos a bailar todos los primos; entonces estaba más fresco. Y tú, ¿qué hiciste en estos días?

MARELA: ¿Yo? Nada más que estudiar. ¡Una verdadera lata, te digo! Hoy tengo un examen tan, pero tan difícil.

LORETO: ¡Ay, qué barbaridad más grande!, pobrecita.

CÓMO CONTAR EN QUE SE FUERON

Nos fuimos a pie (a caballo).
Hicimos autostop *(hitchhiked)*.[1]
Nos fuimos en auto (avión / tren / autobús / moto / barco / bicicleta).

CÓMO COMENTAR SOBRE EL TIEMPO

Llovió casi todos los días.
Nevó un poco (mucho) el primer día.
Un día granizó *(It hailed)* por la tarde.

El tiempo estaba . . . muy agradable.
      bien lluvioso.
      tan inestable.
      un poco húmedo.
      bastante caluroso.
      totalmente despejado *(clear)*.

Hizo . . . viento en la costa.
    fresco, pero no tanto.
    mucho calor por la tarde.
    un poco de frío por la mañana.
    buen tiempo todo el fin de semana.
    mal tiempo el viernes por la noche.

Hubo . . . mucha neblina *(fog)*.
     una tremenda tormenta *(storm)*.
     un horrible aguacero *(downpour)*.
     una estupenda nevada *(snowstorm)*.
     una tronada *(thunderstorm)* bien fuerte.

---

[1]/Three other ways to say "to hitchhike" are **ir de aventón, pedir botella,** and **echar dedo.**

CÓMO REACCIONAR

¡Qué suerte!
¡No me digas!
¿De veras? ¿En serio?
¡Qué horror, qué espanto!
Y ¿qué pasó (hiciste) después?
Me estás tomando el pelo, ¿verdad?

F Entre amigos. Hable con otro(a) estudiante: una persona hace un comentario o una pregunta, y la otra responde con una respuesta lógica de la segunda columna. Uds. pueden añadir más información para hacer la conversación más realista y natural. Escriban toda la conversación primero.

Comentarios/Preguntas → Respuestas

1. ¿Bailaron hasta las cinco?
2. Hubo una tremenda tormenta.
3. ¡Qué suerte que nevó tanto!

4. ¿Y qué hicieron después?
5. ¿Me estás tomando el pelo?
6. ¿Qué tiempo hizo el sábado?

7. Pues, nos fuimos en bicicleta.
8. Es que no nos divertimos mucho.
9. ¿Sabes qué hice este domingo?

a. Por eso pudimos esquiar tanto.
b. Sí, sí. Lo pasamos estupendo.
c. ¡No me digas! Luego, ¿qué pasó?

d. Pues, volvimos a casa.
e. Hubo una tremenda nevada.
f. No, no. Es la pura verdad.

g. No, cuéntame, por favor.
h. ¡Caramba! ¡Qué deportistas!

i. Ay, no. Pues, ¡qué lástima!

G ¿Qué tal el fin de semana? Hable con un(a) compañero(a) de clase sobre el fin de semana recién pasado. Escuche bien lo que dice su compañero(a), luego reaccione usando adecuadamente las frases de esta sección y otras expresiones que Ud. sepa.

1. ¡Ay, qué tiempo hizo este fin de semana!, ¿verdad? Primero, . . . luego, . . .
2. Me divertí bastante durante el fin de semana pasado. Fui (en auto / tren / autobús / metro) a . . . con . . .
3. Bueno, la verdad es que el viernes por la noche . . . Luego, el sábado . . . Por fin, el domingo . . .
4. ¿Y tú? Dime qué hiciste.

H Entre compañeros. Hable con otro(a) compañero(a). Usted hace un papel y su compañero(a) hace el otro. Tape con la mano la columna de su compañero(a).

Estudiante A	Estudiante B
1. Salude a la otra persona.	2. Responda, luego comente sobre el tiempo.
3. Respóndale a su comentario. Luego, pregúntele cómo pasó el fin de semana pasado.	4. Conteste la pregunta. Luego, continúe la conversación con una pregunta o un comentario.
5. Responda a lo que dijo. Luego, termine la conversación con cortesía.	6. Responda y despídase amablemente.

I Déme consejos. Imagínese que usted es la tía Paulina, periodista de un periódico de su comunidad, que le da consejos a la gente que tiene problemas con su pareja. Lea las siguientes cartas de sus lectores y contésteles por escrito. Déles consejos para ayudarles a resolver sus problemas.

¿Por qué no . . . ?
Creo que debes . . .

Sugiero que Ud. . . .   (¡No se olvide de usar el subjuntivo con
Es mejor que Ud. . . .   estas dos expresiones!)

1. Me llamo Claudio y tengo diecisiete años. Para mí todos los fines de semana son iguales—en una palabra, **aburridos.** De veras no sé qué hacer con tanto tiempo libre que tengo, sobre todo los domingos. Mi novia siempre está tan ocupada y parece que nunca tiene tiempo para salir conmigo porque es enfermera. ¿Qué puedo hacer?

2. ¿Sabes qué? Mi novio y yo casi rompimos el fin de semana pasado porque él insistió en ir a la montaña y yo quería ir a la playa. A él le gusta caminar por el bosque, estudiar las plantas de cerca y buscar toda clase de animales, y yo prefiero descansar en la playa y tomar el sol. Además, siempre me han caído mal la zoología y los animales. Quiero muchísimo a mi novio, pero ¿qué hago?

3. Fíjese lo que me pasó el sábado pasado. No va a creerlo, pero le escribo en serio. Soy un joven de veintiún años y mi novia tiene diecinueve. El sábado por la tarde fuimos al lago Oneida a pescar. Estábamos pescando tranquilamente cuando, de repente, ¡mi novia me propuso matrimonio! Estaba tan sorprendido; no podía creerlo. Creo que soy demasiado joven para casarme. ¿Qué le parece a Ud.?

J   Un fin de semana inolvidable.   Desgraciadamente, casi todos hemos tenido accidentes o problemas cuando andamos de paseo. Escriba una composición sobre algo que le haya pasado a Ud. Aquí le damos una idea sobre qué cosas incluir en su composición.

1. You were vacationing at a lake resort. How was it? (Discuss the area, the people, the weather, and how you felt.)

2. Suddenly, you heard screams coming from the lake. What happened? (Who, what, where, how.)

3. You had to react quickly. What did you do? (Did you make a phone call, answer vital questions, follow directions?)

4. Help arrived just in time. What kind? (Who, what, from where, what happened.)

5. Now that it's all over . . . How did you feel about what happened? (emotions, what you did right, what you'd do over again and why.)

PERSPECTIVAS AUTÉNTICAS

Antes de leer

A   ¿De veras necesita pareja?   Responda Ud. a las siguientes preguntas para ver si realmente Ud. necesita una pareja (un enamorado o una enamorada). Después, consulte sus puntajes y los consejos en la tabla de respuestas en la próxima página.

	Sí	No
1. Por lo general, ¿hay alguien que decida por ti?	[ ]	[ ]
2. ¿Tienes un estilo personal para vestirte?	[ ]	[ ]
3. Si tu enamorado(a) no quiere bailar en una fiesta, ¿bailas con otra persona?	[ ]	[ ]
4. ¿Te gusta esperar a alguien que no llega nunca?	[ ]	[ ]
5. ¿Te quedas a veces en casa haciendo lo que te gusta?	[ ]	[ ]
6. Si alguien te grita, ¿te defiendes?	[ ]	[ ]
7. ¿Eres fiel a tu novio(a)?	[ ]	[ ]
8. ¿Te gusta salir con muchos amigos y amigas?	[ ]	[ ]
9. Si alguien te pide algo que no te guste, ¿lo haces de todas maneras para que no se moleste esa persona?	[ ]	[ ]
10. ¿Te molesta quedarte en casa los fines de semana?	[ ]	[ ]

B Más que amigos. Trabaje con otros dos compañeros y hagan una lista de algunas ventajas y desventajas de tener pareja. Luego, discutan su lista con otro grupo.

EJEMPLOS: **Lo malo es que** se necesita hablar mucho por teléfono.
Lo bueno es que me encanta salir con mi novio(a).

Cómo leer la lectura. En la lectura que sigue, la autora usa un estilo muy informal y muchas expresiones figuradas e idiomáticas que no se pueden traducir literalmente. También hay varias palabras compuestas de **verbo** + **sustantivo** que tienen significados especiales.

Expresiones figuradas e idiomáticas

1. Ella no lo deja **ni a sol ni a sombra.**
   (No lo deja solo nunca.)
2. A mi **media naranja** no le gusta que salga con otras chicas.
   (A mi enamorado/a; a mi pareja; a mi compañero(a) . . .)
3. Si peleas mucho **vas a perder adrenalina y bilis** y vas a cultivar una úlcera estomacal.
   (Si peleas, te enfermas del estómago y produces mucha adrenalina.)
4. La cara **te crecerá unos cuantos metros** si tu pareja pelea mucho.
   (Tu cara no se verá bien si siempre pelean ustedes.)
5. ¿Por qué juegas con mis sentimientos? ¿Crees que soy **de palo**?
   (¿Crees que no tengo corazón ni sentimientos?)

Palabras compuestas de verbo + sustantivo
¿Puede usted adivinar el significado de las siguientes palabras? Son todas palabras compuestas. Si no puede, espere hasta leer la lectura.

EJEMPLO: *rompecorazones,* **rompe** + **corazones,** una persona que te hace sufrir, que te rompe el corazón.

quitanovios	buscapleitos	atrapanovios
cascarrabias	sabelotodo	síguemeguapo

Respuestas	
Puntos	**Consejos**
0-4	Sí, Ud. necesita pareja.
5-7	A veces, sí necesita pareja.
8-10	Ud. no necesita compañero(a).

1. Sí = 0	No = 1
2. Sí = 1	No = 0
3. Sí = 1	No = 0
4. Sí = 0	No = 1
5. Sí = 1	No = 0
6. Sí = 1	No = 0
7. Sí = 0	No = 1
8. Sí = 1	No = 0
9. Sí = 0	No = 1
10. Sí = 0	No = 1

noche

problema
for the sake of it
enamorado(a)

muy grande

solas

parecidas

they're jealous
igualmente

discusión

Cada vez que se trata de salir y pasarlo bien, hay mucha gente que piensa en algo que parece ser el prerrequisito para pasar una velada° agradable: tener novio o novia. Sin embargo, ésta es una idea romántica que a veces no tiene mucho sentido, porque no es siempre necesario tener novio o novia para pasarlo bien y gozar de la vida. En realidad, muchas veces los enamorados son un verdadero problema, especialmente si uno tiene un novio de ésos que son una molestia° o si uno tiene novio o novia sólo por tenerlo°, no por estar realmente enamorado.

La desventaja más grande de tener pareja° es la pérdida de la libertad, en todos sentidos. Por ejemplo, si un día tienes ganas de irte de paseo con tus amigos o de compras con tus amigas, no puedes hacerlo con tranquilidad, porque tu media naranja te puede hacer un drama mayúsculo° por salir sin él o ella. Para las chicas las cosas se complican más todavía, porque cuando tienen novio, a menudo pierden la oportunidad de tomar decisiones importantes por sí mismas°, porque siempre hay que pedirle la opinión a él. Cuando esto se convierte en rutina, él puede llegar a dominar los aspectos más insignificantes de la vida de ella, como por ejemplo la manera de vestirse, de maquillarse o de hablar . . . o las cosas más importantes, como si ella puede irse a estudiar al extranjero o cambiarse de trabajo u otras cosas por el estilo°.

La pérdida de la libertad también se nota cuando se trata de conocer a otras personas. Hay novios o novias que se enojan mucho cuando sus parejas hacen amigos nuevos porque tienen celos° de cualquier persona interesante que se lleve bien con ellos. Por lo mismo°, es posible que, por tratar de no enojar a la novia, un chico esté perdiendo la oportunidad de conocer a gente que puede ser muy importante en su futura carrera o en su vida misma.

Además de la pérdida de la libertad, está el sufrimiento. Porque pelearse con la pareja producirá horribles sentimientos negativos. Puede suceder que la pelea° se acabe rápidamente, con lo cual todo lo que habrás perdido será un poco de adrenalina y de bilis . . . además de tener un principio de úlcera estomacal. Desgraciadamente, si a tu pareja le gusta eso de vivir peleando, deberás tener cuidado, porque al poco tiempo andarás como troglodita° por la calle, gritando y discutiendo, además de que la cara te crecerá unos cuantos metros y el cabello se te erizará° considerablemente. Hay Dulcineas y Príncipes Azules[2] que se divierten haciendo sufrir a sus parejas y haciéndoles maldad y media°, como llegar tarde o no llegar, pasearse en público con la quitanovios más famosa del barrio y otras cosas del mismo calibre°. Para colmo de colmos°, Ud. también sufrirá por ser amable. Por lo general, una persona que tiene pareja trata de ser lo más perfecta posible para evitar las peleas. Por lo tanto, no tiene derecho a enojarse (porque la otra persona se siente°) ni a expresar sus opiniones (porque la otra persona se enfurece). Por ejemplo, si a una chica no le gusta el fútbol americano y a su novio sí, ella tendrá que ir a TODOS los partidos de la temporada, aunque sean la lata° más grande del siglo. En fin, éstas son algunas de las desventajas de tener pareja. Pasemos ahora a analizar a algunas parejas típicas para que te des cuenta de la suerte que tienes de estar solo o sola por ahora.

bárbaro

levantará
mucho mal

por el estilo   peor todavía

se ofende

el aburrimiento

Los desconfiados

Sus típicas preguntas son «¿Adónde vas?», «¿Por qué no estabas cuando te llamé?», «¿A qué hora estarás de vuelta mañana?», «¿Y ese tipo quién es? No creo que me lo hayas presentado todavía». ¿La reconocen? Ésta es la típica persona desconfiada que no los dejará vivir tranquilo con sus eternas preguntas y su inseguridad. Aunque la otra persona sea un modelo de fidelidad, no hay forma de convencer a un desconfiado. ¡Ve fantasmas° hasta con luz de sol°! Lo que pasa es que un desconfiado SE MUERE de terror de que alguien lo traicione o lo haya traicionado. Por seguro, esta es la misma persona que tuvo unos celos atroces de sus hermanos o que sufrió como enajenado° cuando su mejor compinche° decidió cambiarse de equipo de básquetbol y lo dejó solo o sola. Tener un noviazgo° con uno de estos ejemplares no es un error, ¡es un suicidio! Lo peor es que cuando alguien rompe con ellos, entonces lo seguirán a todas partes, o lo llamarán a todas horas, o se portarán como vulgares espantanovios o espantanovias°, porque deciden que su ex-pareja será de ellos o de nadie. ¡Una verdadera lata! Enamorados así, no los reciban ni envueltos en papel de celofán, amigos.

se pone paranoico   de día

loco
amigo del alma
una amistad romántica

que hace escapar a tu pareja

Los buscapleitos

—¿Qué? ¿No te gustó? ¡Pues, yo haré que te guste!

—Oye, tú, tarugo°! ¡A ver si te fijas por dónde manejas! ¡Te voy a romper la cara!

shorty

—Mira, Roberto, ¡no me contradigas! ¡PORQUE ME DA MUCHÍSIMA RABIA QUE ME CONTRADIGAN!

---

[2]/Idiomatic way of saying "ideal" girlfriends and boyfriends. Dulcinea was Don Quijote's idealized love, and the "Blue Prince" probably comes from fairy tales.

Los buscapleitos son personas espantosas, muy difíciles de tratar y, especialmente, de calmar. Pelean a la menor provocación y sin provocación también. Yo anduve una vez con uno de estos ejemplares, que, por lo demás, parecía un dios griego, ¡era guapísimo! Pero tenía el gran defecto que, cuando íbamos en el coche y no le gustaba algo de otro conductor, detenía el auto y lo sacaba del volante a jalones°. No creo que haya otro cascarrabias° como él; todos los buscapleitos pierden los estribos° con suma facilidad. Si ves a alguna persona de este tipo cerca, pon pies en polvorosa° lo más rápido posible.

tirándolo
de muy mal genio
el control de sí mismos
escápate

Los siemprepresentes
—¡Ah! ¿Vas de compras con los chicos? ¡Yo voy también!
—¿Que estarás muy ocupado terminando los trabajos del semestre? ¡Yo te ayudo!
¡Vaya con esta gente! Está bien que uno se haya comprometido con alguien, pero también uno necesita tiempo para convivir con las amistades, con los familiares, con los compañeros de trabajo o para estar a solas, por último. Si Ud. tiene la desgracia de caer en las manos de una persona así, se le acabó la paz°. No lo dejará ni a sol ni a sombra; esta persona quiere estar con su pareja SIEMPRE y no hay excepciones. Entonces, se aparece en los momentos más inoportunos, como cuando andamos con una facha° horrible limpiando la casa o cuando tenemos una gran pelea con los compañeros de apartamento, los hermanos o la mamá. Y es muy difícil deshacerse de° ellos, porque volverán y volverán sin cansarse nunca.

la vida normal

look

get rid of

Los dramáticos
Estas son las personas tangueras (de los trágicos tangos argentinos), porque les gustan los dramas y las tragedias. Por ejemplo, le pueden decir:
«¿Por qué no me hablas hoy? ¿Estarás de mal humor? ¡Seguro que ya no me quieres! ¿Qué te pasa, por Dios?» o «¿CÓMO QUE NO PODREMOS VERNOS HOY? ¿Pero tú crees que soy de palo? ¿Crees que no tengo sentimientos? ¿Crees que soy un perro y me echas a patadas°? Está bien; me voy. ¡Pero jamás volverás a verme!» ¡Por supuesto que volverás a verlo o verla! Es que les gusta el teatro y se quejan dramáticamente hasta de las cosas más sencillas, como «Aunque te lo haya prometido antes, no puedo verte hoy porque tengo una tarea de física espantosamente larga». A esta gente hay que tratarla con mucho cuidado y mucha suavidad para que no se ofendan y para evitarse las tremendas escenas trágicas que tanto les gustan.
¿No crees tú que éstas son razones suficientes para estar feliz sin tener pareja? ¡Disfruta tu libertad y diviértete en grande! Pues no es necesario tener novio o novia para pasarlo bien, a menos que estés

despides violentamente

enamorado hasta las patas° y no te importe tener una pareja buscapleitos, dramática, aquípresente o desconfiada. Sé feliz con tus compinches y
de esta manera, cuando ya sientas que basta de estar solo y te enamores,
tendrás la paciencia necesaria para saber convivir con la persona que
elijas.

°totalmente enamorado

Tomado de "Pero . . . ¿en serio necesitas novio?"
por Pilar Obón en Tú, *Año 3, 9: páginas 82-85.*

¿Comprendió bien?

1. ¿Cómo es el tono del artículo?
2. ¿Cuál es el propósito de la autora?
3. ¿Cuáles son las principales desventajas de tener pareja?
4. ¿Qué podría decir Ud. para que un(a) «desconfiado(a)» se vuelva loco(a)?
5. ¿Conoce Ud. a un(a) «buscapleitos»? ¿Qué hace? ¿Cuándo se enoja?
6. ¿Lo(La) ha visitado algún (alguna) «aquípresente» cuando Ud. estaba ocupado(a) o con una facha horrible? ¿Cuándo? ¿Qué pasó?
7. ¿A Ud. le gustan las escenas trágicas de los «dramáticos»? ¿Son una buena estrategia o no? ¿Por qué?
8. ¿Qué impresión general tiene Ud. de este artículo? ¿Le parece divertido o no, y por qué?

¡Vamos a conversar!

C La pareja ideal. Imagínese que Ud. pudiera atrapar a su pareja ideal. Conteste estas preguntas y después compare sus respuestas con las de otro(a) estudiante.

1. ¿Con quién andaría Ud.?
2. ¿Cuándo y adónde irían Uds.?
3. ¿Cómo llegarían a ese lugar?
4. ¿Qué harían Uds. allí?
5. ¿Cuánto tiempo pasarían allí?
6. ¿Cuánto gastarían más o menos?
7. ¿A qué hora volverían Uds. a casa? ¿Por qué?

D De novios y novias. Primero, complete Ud. las siguientes oraciones, expresando su propia opinión. Luego, comparta sus opiniones
con las de un(a) compañero(a) de clase.

1. Un noviazgo ideal es uno en que . . .
2. Para mí, estar enamorado(a) hasta las patas significa . . .

El noviazgo. Como ya lo hemos visto en un capítulo anterior, y como se ve en el párrafo dos del artículo, las relaciones amorosas entre chicos y chicas en la cultura hispana tienen reglas mucho más estrictas que en nuestra cultura. Por ejemplo, es inconcebible que una chica hispana que ya anda con un chico pueda salir con otros muchachos; peor aún, a veces ni siquiera puede conversar con ellos, a menos que ellos y su enamorado estén todos juntos en un grupo. Aunque últimamente las normas generales de conducta se hayan suavizado un poco en la cultura hispana, se supone que una vez que deciden andar juntos, las chicas pierden casi toda su libertad y deben consultar casi todo con sus novios.

Según el carácter de la chica, los chicos también pierden algunas regalías, como salir con sus amigos o desarrollar ciertas actividades. Esto es bastante relativo, sin embargo, porque los chicos tienen libertad para hacer casi cualquier cosa durante la noche, puesto que para ellos no hay horas fijas para regresar a casa.

3. Un(a) novio(a) es una molestia cuando . . .
4. Cuando dos novios no están de acuerdo, deben . . .
5. La mejor manera de evitar las peleas entre novios es . . .
6. Dos prerrequisitos para pasar una velada agradable son . . .
7. Un(a) novio(a) puede hacer sufrir a su media naranja si . . .
8. Una forma de calmar a un(a) cascarrabias es . . .
9. Yo conozco a una quitanovios; ella siempre . . .

E   La persona más indicada.   Para cada actividad parece haber un(a) amigo(a) indicado(a). Pregúntele a un(a) compañero(a) quién puede hacer lo siguiente. Después de eso, cambien papeles.

¿Quién puede . . .

1. organizar una fiesta rápidamente?
2. preparar buena comida?
3. traer buena música?
4. alegrar la fiesta?
5. recogerlo todo y limpiar la casa después?

F   Para pasarlo bien.   Para pasarlo bien muchos de nosotros tenemos que salir con cierta(s) persona(s). Dígale a otro(a) estudiante con quién prefiere salir Ud. y explique por qué.

EJEMPLO: No puedo pasarlo bien si mi enamorado Alberto no va, porque él es tan entretenido y, además, puede resolver cualquier problema que se presente.

G **¿Cómo es tu Dulcinea o tu Príncipe Azul?**   Pregúntele a un(a) compañero(a) cómo es su Dulcinea o su Príncipe Azul. Después, cambien papeles. Den los aspectos positivos y negativos.

> EJEMPLO: En realidad, mi Príncipe es un poco cascarrabias, pero no me preocupa porque es muy cariñoso también.

H **Para ampliar su vocabulario.**   En esta lectura se ha usado gran cantidad de modismos o expresiones idiomáticas. Léala una vez más con un(a) compañero(a) para adivinar el significado de las siguientes expresiones en contexto, pues ésta es la mejor manera de aprender nuevo vocabulario. Traten de explicar los significados con sus propias palabras o escribiendo frases originales.

Párrafo

1 tener sentido; tener algo por tenerlo

2 tener pareja; tener ganas; hacer un drama; hacer algo por sí mismo

3 notar; tener celos; perder la oportunidad

4 tener cuidado; andar peleando (gritando, discutiendo); hacer maldad y media; sentirse; enfurecerse; darse cuenta

5 romper con; portarse como un vulgar . . . ; ni envuelto en papel de celofán; una verdadera lata

I **¿Quieres compartir tus secretos?**   Escriba sobre cuándo y por qué le pasaron a usted las siguientes cosas. Elija tres de las situaciones y escriba un párrafo en cada caso. Luego, compártalos con un(a) compañero(a) de clase y conteste sus preguntas curiosas.

Una vez, . . .

1. (casi) me echaron a patadas de . . . porque . . .
2. me enamoré hasta las patas de . . . y después . . .
3. alguien creía que yo era de palo y . . .
4. andaba como troglodita y entonces . . .
5. un(a) amigo(a) cascarrabias que tenía . . .
6. perdí los estribos porque . . .
7. tuve que poner pies en polvorosa porque . . .
8. se me perdieron las llaves y . . .
9. se me olvidó . . . y . . .

Detalles interesantes

The reading selection in this chapter is very rich in compound words and idiomatic expressions.

Compound words

To form compound words in Spanish, use the following general formula: singular verb + plural noun.

> Una persona que siempre le echa **agua** a las **fiestas** . . . es un **aguafiestas** *(party pooper)*.

J **¡A inventar palabras!** Forme palabras compuestas según la descripción dada en cada frase. Estas palabras describen a distintas personas.

1. Una persona que **lo sabe todo** . . .
2. Una mujer que **destruye** los **hogares** . . .
3. Un chico que **espanta** a las **mujeres** . . .
4. Un chico que siempre le **rompe** el **corazón** a las chicas . . .
5. Una persona que siempre **busca** otra manera de ganarse la **vida** . . .

Así se dice

Cosas del corazón. Una persona que es más que un(a) amigo(a) para nosotros es una persona muy importante en nuestra vida. En la cultura americana decimos que estas personas son *girlfriend* o *boyfriend* y en el día de la boda se llaman *bride* y *groom*. En la cultura hispana—como ya lo hemos visto en otros casos—hay muchos nombres diferentes para estos amigos. En general, se dice **novio** o **novia** cuando los enamorados ya están formalmente **comprometidos** para casarse. Sin embargo, en algunas partes también se dice novios cuando los enamorados todavía no están comprometidos. También se puede decir **enamorado** o **enamorada, compañero** o **compañera, chico** o **chica,** y hasta **amigo** o **amiga** cuando no se quiere decir que hay una relación amorosa entre dos personas. Para referirse en forma general a los dos novios o a cualquiera de ellos, también se puede decir **pareja.** En Chile, la gente dice **pololo** o **pololo,** lo que en realidad quiere decir *beetle (because they buzz around you);* en España, se dice **ligue.** En general, para decir *they are dating* se dice **andan (salen) juntos.** Traduzca las siguientes frases; trate de adivinar los significados.

1. Roberto y Angélica hacen una bonita pareja. 2. Hace tiempo que son novios, pero no sé si formalizarán el compromiso o no. 3. Anita está de novia con Miguel Luis; se pusieron (se comprometieron) de novios en una ceremonia privada y ya usan sus anillos. 4. Mi enamorado quiere que nos comprometamos pronto.

K ¿Quién lo adivina? Adivine las palabras compuestas que siguen y úselas para completar las frases. Estas palabras son nombres de objetos.

tragaluz   sacacorchos   portamaletas   posacubiertos
abrelatas   pisapapeles   mondadientes   portadocumentos

1. Para abrir una botella de vino se usa un _____.
2. Para abrir las latas de conservas se usa un _____.
3. Las maletas se ponen en el techo del coche en un _____.
4. Para que entre más luz en una habitación se abre el _____.
5. Si tiene un pedacito de comida entre los dientes, pida un _____.
6. Para apoyar el tenedor, el cuchillo y la cuchara se usa un _____.
7. Para que las servilletas de papel no se vuelen, se usa un _____.
8. El pasaporte, el pasaje y el carnet de identidad se ponen en el _____.

Uses of **mismo: ¡Descúbralo Ud. mismo!**

In this article, **mismo(a)** is used in several ways: to mean *same,* to mean *own,* (as in *on my own),* and to mean *very* (as in *my very life).*

L Variantes. Busque estos ejemplos en la lectura y tradúzcalos según el contexto.

1. por sí mismas
2. del mismo calibre
3. por lo mismo
4. la misma persona
5. su vida misma
6. el control de sí mismos

Spanish speakers often use the words **por** and **para** to refer to periods of time and deadlines, and to explain the reasons for doing something. The choice is not always an easy one because both **por** and **para** can have several meanings, many of which are expressed by *for* in English. Here are some general rules to help you.

Many uses of **por** are idiomatic. Use **por** when referring to . . .

- **length of time:**
  —Quisiera irme a esquiar con mis compinches.
  —¿**Por** cuántos días? ¿**Por** qué no me llevas a mí también? ¿Me voy a quedar sola todo este tiempo? ¡Me voy a morir de lata!
  —Pero si voy **por** tres días nada más . . .

  —Y usted, ¿conoce bien a su novia?
  —Sí, claro; hemos andado juntos **por** dos años.

EN POCAS PALABRAS

¿Por o para?

- **reason or justification for something:**
  —¿**Por** qué no llegarán tus amigos todavía?

  —Debe ser **por** el auto; tiene algo malo en el sistema eléctrico.

  —¿Y **por** qué no vas tú **por** ellos?

  —¡Tienes razón! Voy a ir a recogerlos de inmediato.

  —**Por** las dudas, llámalos primero, para saber si ya salieron para acá o no.

- **value or cost of something (transaction):**
  —¿Cuánto pedirán aquí **por** un anillo de compromiso?

  —No sé; el novio de mi amiga pagó dos mil dólares **por** un solitario pequeño.

  —¡Hombre! Yo pagué sólo 500 dólares **por** una sortija de matrimonio.

  —¡Gracias **por** todo! ¡Gracias **por** ayudarme!

  —**Por** nada, Ximena, **por** nada.

- **imprecise location:**
  —¿Dónde nos vamos a juntar este fin de semana?

  —**Por** ahí, **por** el lado de la iglesia presbiteriana.

  —¿**Por** ahí donde estaba el restaurante cubano?

  —Sí, claro; **por** ese lado.

  —¿Dónde queda el apartamento de tu media naranja?

  —**Por** el Centro Comercial *Las Palmas*.

Por is also used in many expressions that you already know: **por lo menos, por lo tanto, por lo general, por ejemplo, por la mañana (tarde/noche), por fin.** In addition, many colloquial expressions also begin with **por: ¡por Dios!, ¡por tu vida!, ¡por lo que más quieras!,** etc.

  —¡**Por** tu vida!, ¿**por** qué me tratas como a un perro?

  —Mira, Fernando, **por** lo que más quieras, no empecemos otra vez.

LAS MUJERES Y EL MATRIMONIO	Edad a la que se casaron, por primera vez	
	AÑO	EDAD
	1960	20.3
	1965	20.6
	1970	20.8
	1975	21.1
	1980	22.0
	1985	23.3
	1989	23.6
	1990	23.9

Tal vez se deba a que lo pensemos más; o quizá a que queremos alcanzar antes otras metas... Sea cual sea la razón, lo cierto es que hoy las mujeres tardan más en casarse. En el cuadro de la derecha, puede apreciar los cambios habidos en 30 años.

Tomado de Buenhogar, *enero 1, 1991, página 11.*

Use **para** when indicating . . .

- **purpose (in order to), deadline, result:**

  —Por suerte, todos mis compinches van a venir **para** mi cumpleaños.

  —Entonces, ¿por qué no llamas a Daniel **para** que traiga más hielo.

  —¿Y **para** qué es este hielo que está aquí?

  —Es **para** el postre; no lo uses **para** las bebidas.

  —Bueno, ahora tienes que traer los discos **para** la fiesta. ¿Y quién te regaló éste?

  —Me lo mandó mi hermano y mi papá me dio doscientos dólares **para** una bicicleta nueva. Voy a ahorrar **para** juntar el resto que me falta.

- **precise location:**

  Cuando compré los pasajes **para** San Juan, vi a un compañero puertorriqueño y él también se va **para** allá para la Navidad.

  ¿Necesitamos llevar un pastel **para** la fiesta de tu chica?

¡A PRACTICAR!

A En el artículo mismo. Con un(a) compañero(a) busquen todos los ejemplos de **por** y **para** que hay en la lectura. Escriban dos listas y traten de ver qué uso tiene cada uno.

> EJEMPLO: . . . el prerrequisito **para** pasar una velada: **propósito**

B Consejos para recién casados. Use **por** o **para** para completar el siguiente párrafo.

Ser franco es muy importante _____ el matrimonio. _____ supuesto, esto es algo natural y no se aprende de los libros. _____ ser feliz, la confianza y el buen humor son también muy necesarios, _____ los muchos problemas que siempre tiene la vida. Qué no daría yo _____ tener más experiencia, pero ésta no se puede comprar. _____ mucho tiempo, pensé que lo principal _____ ser feliz era tener trabajo y algo de dinero, pero no es así. _____ ahí, en alguna parte de mi escritorio, tengo las cartas de amor que Estela escribió _____ mí y cada vez que las leo, sé que estaremos juntos _____ una eternidad. Pienso que el matrimonio no se da, sino que se construye.

C ¿Por cuánto tiempo? Pregúntele a un(a) compañero(a) por cuánto tiempo ha conocido a la gente más importante en su vida. Luego, él (ella) le pregunta a usted.

EJEMPLO: —¿Por cuánto tiempo has salido con tu enamorado?
—Por siete meses, doce días y tres horas, ja, ja.

D Fiestas y celebraciones. Cuéntele a un(a) compañero(a) qué hacen Uds. para las principales fiestas con sus amigos(as).

EJEMPLO: Para los cumpleaños de todos nosotros, siempre vamos a comer a la cafetería, pero después nos vamos al bar «Casablanca». Y para el santo de mi amigo Samuel nos vamos todos para el parque por todo el día.

E Es tan fácil perderse. Con un(a) compañero(a), hagan una lista de cinco lugares que les gusten a todos los chicos de la universidad. Luego, imagínense que son nuevos en el campus y que quieren saber cómo ir a estos lugares. Uno(a) de Uds. pregunta y el (la) otro(a) da las instrucciones.

EJEMPLO: —¿Por dónde queda el cine Victoria?
—Por este lado. Camina derecho hasta la calle Nueve y después dobla a la izquierda. Está a dos cuadras de allí.

F Para el fin de semestre. Escriba una carta en que describa los planes que tiene para este fin de semestre.

EJEMPLO: Para este fin de semestre pienso irme para la playa y trabajar allí de cajero(a) en una tienda grande para poder ahorrar un poco de dinero para el próximo año.

El futuro

As in English, you can use the future forms of verbs to talk about future plans, and to speculate about the plans or actions of others.

—¿Dónde **estará** mi novio? Ya **verás** lo que voy a decirle cuando llegue.
—**Tendrás** que llamarlo si quieres saber. Y no seas tan tanguera.
—Bueno, lo **llamaré** en una media hora y **conversaré** con él. Más bien dicho, le **gritaré** que estoy cansada de que me trate como a un perro.*

---

*/—I wonder where my boyfriend is. You'll see what I'm going to tell him.
—You will have to call him if you want to know. And don't be so dramatic.
—OK, I'll call in about half an hour and I'll talk to him; better yet, I'll yell at him that I am tired of him treating me like a dog.

In the example above, circle the verbs that express plans, and underline the verbs that express doubts about the future.

To form the future, add the appropriate ending to the infinitive. Note that the three conjugations take the same endings.

llamar: llamar**é**, llamar**ás**, llamar**á**, llamar**emos**, llamar**éis**, llamar**án**
perder: perder**é**, perder**ás**, perder**á**, perder**emos**, perder**éis**, perder**án**
partir: partir**é**, partir**ás**, partir**á**, partir**emos**, partir**éis**, partir**án**

Some very common verbs have irregular stems in the future, but the endings are the same as those shown above.

venir: **vendré**, **vendrás**, **vendrá**, **vendremos**, **vendréis**, **vendr**án
hacer: **haré**, **harás**, etc.
decir: **diré**, **dirás**, etc.
poder: **podré**, **podrás**, etc.
tener: **tendré**, **tendrás**, etc.
poner: **pondré**, **pondrás**, etc.
salir: **saldré**, **saldrás**, etc.
querer: **querré**, **querrás**, etc.

Spanish speakers generally use the construction **ir a** + infinitive to indicate future actions, events and conditions, particularly in conversation.

Le **voy a decir** a mi novia que no tengo corazón de palo y que me **voy a aburrir** de esperarla.

¡A PRACTICAR!

G ¿Dónde estarán? Lea otra vez los párrafos cuatro y cinco de la lectura y copie las frases donde se usa el futuro. Traduzca estas frases.

H Estoy decidido. Complete el siguiente párrafo con las formas correctas del futuro.

Estoy cansado de que me traten como a un perro. Cuando mi chica llame otra vez, no _____ (contestar) el teléfono y si la encuentro por la calle, _____ (cruzar) a la vereda de enfrente. Ni le _____ (escribir) ni la _____ (llamar) por dos semanas y así no _____ (sufrir) más por ella. Mis compañeros de cuarto tampoco _____ (contestar) sus llamadas; todos estamos de acuerdo. Creo que después de todo esto _____ (tener) un poco de calma para pensar en mi situación y también _____ (haber) más tiempo para poner las cosas en perspectiva. ¡Basta de vivir una vida de perros!

I Cuando termine la semana. Pregúntele a un(a) compañero(a) qué planes tiene para estos días. En seguida, cambien papeles.

EJEMPLO: A: ¿Qué piensas hacer este fin de semana?
B: No sé qué haré. Iré a ver a mis padres, supongo.

Refiéranse a estos temas en sus conversaciones.

1. su pasatiempo favorito
2. su restaurante favorito
3. su novio(a) o mejor amigo(a)
4. deportes y otras actividades
5. actividades del fin de semana
6. el cine y los conciertos de música popular

J Me mata la duda. Cuando Ud. vuelve a casa siempre se pregunta qué habrá pasado cuando Ud. no estaba o qué mensajes tendrá en su contestador automático. Pregúntele a un(a) compañero(a) qué piensa él (ella) cuando regresa a casa. Después, cambien de papeles.

EJEMPLO: cuando has peleado con tu chico(a)
A: ¿Qué piensas cuando vuelves a casa por la tarde y has peleado con tu chica(o)?
B: Digo, "¿me mandará una nota?"

1. cuando has peleado con tu amigo(a)
2. cuando tu amigo(a) es desconfiado(a)
3. cuando tu amigo(a) es un(a) aquípresente
4. cuando no te ha ido muy bien en un examen
5. cuando estás esperando que te llamen para una entrevista de trabajo

K ¿Qué haremos? Imagínese que Ud. tiene una cita con su amigo(a) este fin de semana. Es su cumpleaños y Ud. quiere sorprenderlo(la) a él (ella) con una noche inolvidable. Cuéntele a su compañero(a) qué harán Uds.

Dígale . . .

1. dónde irán.
2. con quiénes irán.
3. a qué hora saldrán.
4. en qué irán (caminando, en coche . . .).
5. qué harán allí.
6. a qué horan volverán más o menos.

Spanish speakers use the present perfect subjunctive to express doubt or speculation about something that occurred prior to the moment of speaking.

Espero que mis amigos **se hayan dado cuenta** que no tengo coche y que me vengan a recoger.

To form the present perfect subjunctive, use a form of **haber (haya, haya, hayas, hayamos, hayais, hayan)** + a past participle. Past participles take the endings shown below.

No creo que el buscapleitos haya pele**ado** otra vez.
Espero que me haya entend**ido** por qué me sentí.
Lástima que nunca me haya ped**ido** perdón por tanta molestia.

Some common irregular past participles are:

ver	**visto**	(de)volver	**(de)vuelto**
morir	**muerto**	(d)escribir	**(d)escrito**
romper	**roto**	(des)cubrir	**(des)cubierto**
oír	**oído**	leer	**leído**
reír	**reído**	creer	**creído**

No creo que . . .	(yo)	**haya comprendido** bien a mi enamorada.
	(tú) le	**hayas escrito** ese tipo de carta a ella.
	mi compinche me	**haya devuelto** el libro; le preguntaré.
	(nosotros) le	**hayamos dicho** nada a tu novia.
		hayáis conectado bien la contestadora.
	mis compañeras le	**hayan hecho** maldad y media a él.

¡A PRACTICAR!

L Dramática. Diga qué dijo una persona muy tanguera después de pelearse con su novio.

EJEMPLO: Espero que . . . (mandar una tarjeta)
Espero que me haya mandado una tarjeta.

Espero que . . .

1. dejar un mensaje en la grabadora
2. mandar una docena de rosas
3. hacer el favor que le pedí
4. devolver mi libro de poemas
5. no decirles nada a sus amigos
6. no salir con otra chica
7. no romper mis cartas de amor
8. no escribir una carta de adiós

M Desconfiado. José Manuel está sufriendo porque su novia no está ahora en casa y no le dijo qué iba a hacer. ¿Qué cosas se imagina él?

EJEMPLO: ¿Habrá llamado a mi madre? No creo que . . .
No creo que haya llamado a mi madre.

1. ¿Habrá salido con sus amigas? Espero que . . .
2. ¿Habrá ido a dar algún examen? No creo que . . .
3. ¿Se habrá olvidado de mí? Más vale que no . . .
4. ¿Habrá llamado a mi amigo Francisco José? No creo que . . .
5. ¿Le habrá dado una cita a otro chico? Más vale que no . . .
6. ¿Me habrá dejado algún recado en el trabajo? No creo que . . .

N Buscapleitos. Rogelio Contreras está furioso porque sus amigos se fueron por el fin de semana y no lo invitaron. Complete la nota que les dejó en su apartamento.

No entiendo por qué no me llamaron antes de irse por el fin de semana. A menos que Uds. me _____ (llamar) cuando fui por un momento a la esquina, estuve aquí todo el tiempo el viernes. Más vale que me _____ (traer) algo de recuerdo. Me pondré furioso, porque no hay razón para que me _____ (dejar) aquí. Bueno, de todas maneras, espero que lo _____ (pasar) bien por allá y que _____ (comer) esos mariscos tan buenos que hay en la playa. Denme un telefonazo en cuanto lleguen.

Rogelio

O ¿Se acordarán? Diga qué piensa Ud. cuando le ha pedido a otra persona que le ayude con algo.

EJEMPLO: Sus amigos están preparando una fiesta mientras Ud. trabaja.
Espero que se hayan acordado de comprar hielo.

1. Su novio(a) está solo(a) en su casa.
2. Sus amigos le están haciendo las maletas para el fin de semana mientras Ud. está en clase.
3. Su pareja está ayudándole a limpiar la casa para una fiesta mientras Ud. está trabajando.
4. Un amigo fue al banco a sacarle dinero del cajero automático para el fin de semana.
5. Su mamá le está haciendo las reservaciones para pasar una semana en la Florida.

¡ A DIVERTIRNOS MÁS !

Estudien el mapa y lean la narración del pronóstico del tiempo. Después, contesten las preguntas sobre el pronóstico.

Del mundo hispano

EL TIEMPO

Las temperaturas bajas acompañarán a las lluvias.

TEMPERATURAS		MÁX.	MÍN.
Amsterdam	f	4	3
Atenas	t	7	3
Barcelona	D	13	4
Berlín	P	3	1
Bonn	N	1	−1
Bruselas	f	1	−1
Buenos Aires *	D	32	26
Cairo, El	D	18	9
Caracas *	Q	27	17
Copenhague	f	5	0
Estocolmo	F	1	0
Francfort	P	2	1
Ginebra	f	3	1
Lisboa	P	13	11
Londres	f	6	4
Madrid	T	12	3
México *	D	19	4
Miami *	Q	21	9
Moscú	N	−15	−24
Nueva York *	D	−7	−11
Oslo	F	0	−8
París	f	3	1
Rabat	A	23	13
R. de Janeiro *	Q	34	31
Roma	T	13	2
Tokio *	Q	7	3
Viena	Q	3	−10
Zürich	f	3	1

A, agradable / C, mucho calor / c, calor / D, despejado / F, mucho frío / f, frío / H, heladas / N, nevadas / P, lluvioso / Q, cubierto / S, tormentas / T, templado / V, vientos fuertes.
* Datos del domingo 25.

Vuelve el frío

J. L. RON

Nuevamente vuelven los fríos y los hielos a España. Hay una borrasca fuerte en niveles altos, centrada al este de Finlandia, con una circulación de componente norte a su izquierda y de componente sur a su derecha, acompañada de una corriente en chorro. Del Norte, en latitudes muy altas; del Noroeste, sobre el sur de Escandinavia y Checoslovaquia; del Oeste, sobre la URSS y del Suroeste, desde el mar Negro a Siberia. Esto origina una entrada de aire polar, pero que no será tan intensa ni tan duradera como la ola fría anterior, pues para el jueves 29 la circulación variará, cortándose la entrada fría, y con ello las temperaturas iniciarán una recuperación en Francia, Reino Unido y Holanda, y posteriormente se irá extendiendo hacia el Este. En la URSS, las temperaturas muy bajas persistirán en toda esta semana. Otra borrasca moderada, la que lleva una semana al sureste de Azores, se aproximará a la Península, con oscilaciones de Norte a Sur y con la misma posición en altura, dando una circulación del Suroeste sobre la Ibérica. Existe un anticiclón en el norte de África, centrado en Libia, y otro débil extendiéndose desde Islandia por el Reino Unido y Holanda. Con esto estará muy nuboso, con precipitaciones moderadas a fuertes en la mitad oeste peninsular y con chubascos en Canarias; con nevadas en Finlandia, Escandinavia, Polonia, Alemania, Dinamarca, Hungría y toda Rusia, y débiles en Austria y Checoslovaquia. Estará nuboso en los países balcánicos y Turquía y con nubosidad variable en los demás países, con nieblas en el Reino Unido, Holanda y sur de Italia. Soplará este fuerte en el Estrecho, suroeste moderado en el oeste de la Ibérica y noroeste en Canarias. A media semana se reforzará el anticiclón, extendiéndose hasta Austria, y las borrascas casi estacionarias, pero iniciándose otra al noroeste de Noruega, que se irá extendiendo para el fin de semana por el norte de Escandinavia y Finlandia, a la vez que el anticiclón se refuerza y se desplaza al sureste de Rusia, y esto dará una mejoría de las temperaturas en Rusia, y sus precipitaciones sólo afectarán a su tercio norte. La borrasca, que entonces estará al oeste de Lisboa, penetrará, generalizándose las precipitaciones en la península Ibérica.

1. ¿Qué causó tanto frío en Europa?
2. ¿En qué parte hará muchísimo frío esta semana?
3. ¿Dónde quedan las Islas Canarias y qué tiempo hará ahí?
4. Hoy es lunes. ¿Qué tiempo tendrá Europa a mitad de semana?
5. ¿Cuándo se mejorará el tiempo en España? ¿Qué tiempo hará allí?

¡A escuchar!

A El pronóstico del tiempo.   ¿Quiere Ud. saber cómo va a estar el tiempo para salir con sus amigos este fin de semana? Escuche la grabación sobre el pronóstico del tiempo y después complete las siguientes oraciones con la mejor alternativa.

1. Parece que el tiempo en el país va a ser . . .
   a. agradable   **c.** soleado
   b. lluvioso   **d.** variable

2. Este fin de semana los turistas que vayan a Disneylandia en California del Sur . . .
   a. van a gozar de buen tiempo.
   b. deben llevar un paraguas.
   c. van a tener mal tiempo.
   d. no podrán salir.

3. Mañana los residentes del estado de Washington . . .
   a. deben llevar un paraguas cuando salgan de casa.
   b. van a tener un tornado.
   c. pueden esquiar en la nieve con sus amigos y familia.
   d. pueden ir a la playa para disfrutar del sol.

4. Hay posibilidad de tornados en dos estados:
   a. California y Oregón.
   b. Iowa y Georgia.
   c. Iowa y Kansas.
   d. Carolina del Norte y del Sur.

5. En Nueva Inglaterra . . .
   a. habrá muy mal tiempo.
   b. va a hacer mucho frío.
   c. va a llover un poco.
   d. habrá sol sin nubes.

6. En esta ciudad estará . . .
   a. lluvioso todo el sábado y el domingo.
   b. agradable el domingo.
   c. bastante bueno mañana por la mañana.
   d. ideal para un picnic la otra semana.

B ¡A pasarlo bien! Trabaje con un(a) compañero(a) de clase para desarrollar la siguiente conversación. Primero, escriban lo que quieran decir y después representen la conversación para su clase. Traten de usar el vocabulario y la gramática de este capítulo.

Estudiante A

Un(a) amigo(a) lo llama a Ud. por teléfono para invitarlo/la a una gran fiesta en el campo. Usted acepta la invitación porque no sólo van a divertirse en grande, sino que ahí también estará una cierta persona a quien Ud. quiere conocer mejor. Desafortunadamente, la fiesta será el mismo día en que tenía que ir al cine con otro(a) amigo(a). Ahora llámelo (la) para decirle que ya no puede ir.

Estudiante B

Usted invitó a su amigo(a) a ver una película. Él (Ella) aceptó la invitación con gusto y se pusieron de acuerdo para ir a cenar en uno de sus restaurantes favoritos después del cine. Todo está arreglado y parece que van a pasarlo divino. Cuéntele todo esto a su amigo(a) cuando él (ella) llame de nuevo.

VOCABULARIO

Sustantivos

aguacero downpour
bosque forest, woods
campo country, countryside
cerro hill
espanto fright
estadio stadium
lago lake
neblina fog
nevada snowstorm
parrillada cook out

pueblo town
tormenta storm
tronada thunderstorm

Adjetivos

descompuesto broken down
despejado clear

Verbos

granizar to hail

Expresiones idiomáticas

hacer autostop to hitchhike
pasarlo bien to have a good time
¡Qué barbaridad! How awful!
tener idea to imagine
tomar el pelo to pull one's leg

Expresiones para . . .

pedir favores, p. 193
   decir que sí, p. 193
   decir que no, p. 193
expresar buenos deseos, p. 193
contar en qué se fueron, p. 197
comentar sobre el tiempo, p. 197
   cómo reaccionar, p. 198

De la lectura

a jalones pulling him
cascarrabias very short-tempered person
compinche buddy
del mismo calibre things like that
deshacerse de get rid of
echar a patadas kick out
enajenado crazy
enamorado hasta las patas crazily in love
erizará will stand on end
espantanovios person who drives away your girlfriend or boyfriend
facha look
lata bore
luz de sol in broad daylight
maldad y media a great deal of trouble
mayúsculo huge
molestia bother

noviazgo courtship
para colmo de colmos as if that weren't enough
pareja couple, mate
paz peace, normal life
pelea fight, argument
perder los estribos lose control (of oneself)
pon pies en polvorosa run away fast
por el estilo (things) like that
por lo mismo by the same token
por sí mismas on their own
por tenerlo for the sake of it
se siente gets offended, upset
tarugo shorty
tener celos to be jealous
troglodita caveperson
ver fantasmas see ghosts, be paranoid
velada evening

8

SALVADOR DALÍ **The Persistence of Memory
(Persistance de la mémoire),
1931.
Oil on canvas 9½ x 13".
Collection, The Museum of
Modern Art, New York. Given
anonymously.**

Con la salud no se juega

COMMUNICATIVE GOALS

In this chapter, you will learn to discuss health-related matters involving illnesses, accidents, emergencies and keeping fit.

FUNCTIONS

Expressing opinions
Requesting assistance
Giving and responding to advice
Describing people, places and conditions
Expressing discomfort and describing symptoms

CULTURE

Modern versus traditional medicine in the Hispanic world
Making small talk about health-related matters

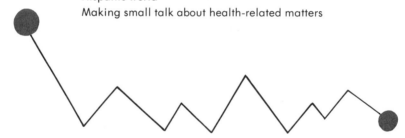

¿CÓMO SE DICE?

Cómo expresar malestares y dolores

ELIANA: Ay, Mónica . . . estás tan pálida. ¿No te sientes bien?

MÓNICA: Pues . . . me siento un poco . . . rara hoy. No sé por qué.

ELIANA: Siéntate, niña. ¿Tienes fiebre o dolor de cabeza?

MÓNICA: No . . . pero hace tiempo que . . . que ando bastante agotada.

ELIANA: Con razón . . . porque trabajas demasiado, Mónica.

MÓNICA: Pero tengo tanto trabajo en la oficina y . . .

ELIANA: Lo que tú y yo necesitamos es irnos a alguna parte.

MÓNICA: Bueno . . . no está mal la idea, ¿eh?

ELIANA: ¡Claro! Oye, mira, debiéramos ir a las termas a descansar por una semanita o algo así . . .

MÓNICA: ¡Estupenda idea! Así nos podemos dar unos baños termales, dormir tranquilamente y comer a nuestras horas . . . y no como locas por ahí en el centro, a cualquier hora.

CÓMO EXPRESAR SÍNTOMAS

Ando/estoy agotado(a).   Estás tan pálido(a).
          nervioso(a).   delgado(a).
          mal de salud.

Tengo fiebre.
     catarro.
     náuseas.
     tos *(cough)*.
     escalofríos *(chills)*.

Me siento bastante débil.
       raro(a) *(strange)*.
       mareado(a) *(dizzy)*.
       un poco enfermo(a).

Tengo un dedo del pie infectado.
       la nariz tapada *(stuffy)*.
       la cara hinchada *(swollen)*.

Creo que tengo una infección en este oído.
          una irritación aquí en el ojo.
          una inflamación en la garganta *(throat)*.

Tengo un dolor de pies que me muero.
          oídos.
          cabeza.
          muelas *(tooth)*.
          estómago (barriga).

MALESTARES Y ENFERMEDADES COMUNES

gripe *(flu)*	hepatitis
hipo *(hiccups)*	sinusitis
estornudo *(sneeze)*	bronquitis
resfrío, resfriado *(cold)*	laringitis
fiebre de heno *(hay fever)*	mononucleosis
infección viral (intestinal)	amigdalitis *(tonsillitis)*

MEDICINAS Y TRATAMIENTOS COMUNES

linimento	calmantes *(sedatives)*
aspirinas	tranquilizante *(tranquilizer)*
antiácido	gotas para la nariz *(nosedrops)*
gasa *(gauze)*	jarabe para la tos *(cough syrup)*
un yeso *(cast)*	antidiarreico *(diarrhea medicine)*
venda *(bandage)*	curita, parche adhesivo, banda adhesiva

A Consejos prácticos. Trabaje con otro(a) estudiante.

EJEMPLO: Tiene gripe. Debe tomar . . . y . . .
A: ¿Qué debe hacer una persona que tiene gripe?
B: Debe tomar caldo de pollo y descansar mucho.

Síntoma	**Tratamiento**
1. tiene hipo	Pues, tiene que . . .
2. está agotada	Debe dormir una siesta y . . .
3. está resfriada	Creo que necesita . . .
4. se siente mareada	Bueno, no debe . . . ni . . .
5. se siente nerviosa	Necesita . . . y también debe . . .
6. tiene dolor de muelas	Primero, debe . . . Luego, . . .
7. tiene una tos de perro	Pues, necesita tomar . . . y . . .

B El cuerpo humano. Trabaje con un(a) compañero(a) y agrupe éstas y otras palabras que Ud. ya sepa en categorías. El nombre de cada categoría debe ser un área o cavidad corporal (abdomen, tórax, extremidades, órganos, tejidos, boca, etcétera).

EJEMPLO: abdomen: estómago, hígado, páncreas, intestinos

vena (*vein*)	muslos (*thighs*)
hueso (*bone*)	columna (*spine*)
encías (*gums*)	músculo (*muscle*)
pecho (*chest*)	arteria (*artery*)
nervio (*nerve*)	barriga (*stomach*)
costado (*side*)	riñones (*kidneys*)
costilla (*rib*)	amígdalas (*tonsils*)
hígado (*liver*)	apéndice (*appendix*)
sangre (*blood*)	pantorrillas (*calves*)

C Me siento mal. Imagínese que Ud. tiene un malestar común. Prepare una descripción de sus síntomas y descríbaselos a sus compañeros. Ellos tratarán de adivinar qué enfermedad tiene Ud.

EJEMPLO: A: Tengo frío, estornudo mucho y tengo fiebre desde que mi amiga tiene un animalito.
B: Le tienes alergia al pelo del animalito.

¿TREMENDA GRIPE?
¡No conduzca!

Usted conoce bien los peligros de conducir bajo el efecto del alcohol: ¡miles de muertes al año son el resultado!... Sin embargo, un reciente estudio demuestra que, mientras un par de tragos disminuye los reflejos de una persona en un 10%, cuando se está bajo los efectos de la gripe esos reflejos disminuyen 6 veces más. Así que, ya lo sabe: ¡gripe y auto no ligan!

Tomado de Buenhogar, *N° 8, Abril 1990, página 8.*

D Una fiebre común.   Primero, lea dos veces la siguiente lectura. Luego, complete las oraciones que la siguen.

La fiebre de heno

La sequía que se ha extendido por gran parte de la nación este año no sólo ha afectado a los agricultores sino que ha aumentado las penurias de millones de personas que sufren de fiebre de heno o coriza u otras dolencias resultantes de congestiones nasales.

La fiebre de heno es el nombre común dado a una reacción alérgica provocada por algún polen en la primavera, el verano y a principios del otoño. Llamada técnicamente rinitis alérgica, hace correr la nariz y hace picar los ojos a cerca de 22 millones de norteamericanos (en su mayoría niños) al año.

Este año, en las áreas más secas, el polen de los árboles y plantas se mantuvo en el aire por más tiempo, según los alergistas. Estos explicaron que, cuando llueve, el agua limpia el polen del aire por algún tiempo.

Este mes la situación puede empeorar.

Adaptado de Réplica, *febrero 1989, página 40.*

1. Los síntomas de la fiebre de heno son . . .
2. A la gente le da fiebre de heno porque . . .
3. Cuando hay sequía y no llueve es peor porque . . .
4. Los que sufren de este tipo de alergia deben vivir en . . .

E ¡Ud. tiene que cuidarse!   Trabaje con un(a) compañero(a) de clase para desarrollar la siguiente conversación. Primero, escriban lo que quieran decir y después representen la conversación para su clase.

Estudiante A

Usted es una persona que piensa sólo en el presente y que toma la vida como viene, sin preocuparse de lo que pueda suceder mañana. Aunque sabe que la comida procesada no es buena para Ud., la consume a diario, de todos modos. Su actitud es: "La vida se vive una sola vez, y hay que gozarla". Ahora está desempacando las golosinas que compró para el mes con el dinero suyo y el de su compañero de cuarto. Prepárese para convencerlo de que pueden "comer en grande" todo el mes.

Estudiante B

Usted es una persona que cuida su peso y su salud y que está acostumbrado(a) a comer comida saludable y a llevar una vida bastante ordenada. Por eso, le ha pedido a su compañero(a) de cuarto que le traiga del supermercado varios alimentos ricos y nutritivos que le gustan mucho. Él (Ella) fue a hacer las compras para todo el mes y acaba de regresar del supermercado. Ayúdele a guardar las provisiones y vea qué le trajo.

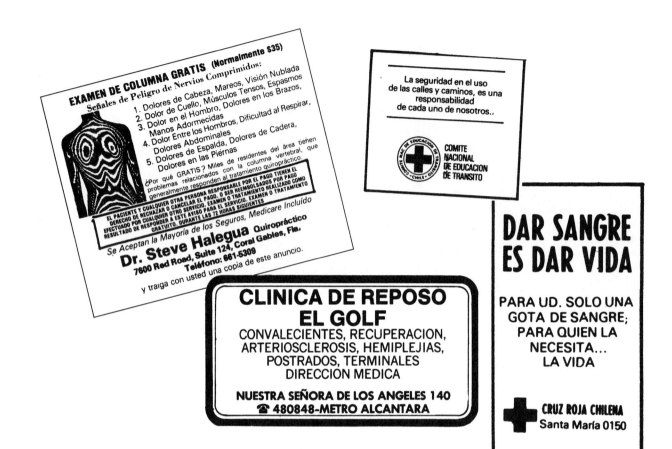
MÓNICA: ¡Ay, doctora! ¡Me duele mucho la pierna!

DOCTORA: ¿Qué le pasó, señora?

MÓNICA: Iba caminando por el borde de la piscina de las termas y me caí.

DOCTORA: Creo que se fracturó la pierna. No se mueva.

MÓNICA: Ay, no . . . , Dios mío. Por lo menos no me ahogué.

DOCTORA: ¿Tiene Ud. alguna alergia, señora?

MÓNICA: Sí, soy alérgica a la penicilina. Ay, que me duele . . .

DOCTORA: Ya le vamos a dar un calmante. No se preocupe, señora.

Cómo describir problemas médicos

CÓMO DESCRIBIR LOS SÍNTOMAS

Doctor, el dolor es muy fuerte (*sharp*).
No puedo comer nada; tengo vómitos y diarrea.
No duermo bien y, a veces, tengo pesadillas (*nightmares*).
Me duele todo el cuerpo. Creo que tengo una infección viral.

CÓMO DESCRIBIR EL ESTADO FÍSICO

Estoy demasiado gordo(a). Debo comer _____ .
     un poco delgado(a). Debo comer _____ .
Soy diabético(a). No puedo comer _____ ni _____ .
Tengo fiebre de heno. Soy alérgico(a) a(l) _____ .
Estoy embarazada (encinta); tendré el bebé en _____ meses.
Mi papá está enfermo de . . . También tiene la presión alta (baja).

CÓMO COMPRENDER AL MÉDICO

Quítese la ropa y póngase esta bata, por favor.
¿Le duele aquí o acá?
Abra la boca y diga A.
¿Desde cuándo está así?
Tómese esto y vuelva el jueves.
¿Usted fuma (bebe / toma drogas)?
Acuéstese y relájese *(relax)*, por favor.
Respire hondo *(deeply)* y exhale lentamente.

CÓMO PEDIR ASISTENCIA MÉDICA

¡Socorro! ¡Un médico, por favor!
¡Mande una ambulancia, por favor! Estamos en . . .
¡Vengan rápido, por favor! Estoy en . . .

CÓMO COMPRENDER AL PARAMÉDICO

¿Qué le pasó a Ud.?
¿Ya llamó Ud. a la policía?
¿Está consciente su amigo(a)?
¿Qué le hizo Ud. al enfermo?
¿Cuándo ocurrió el accidente?
¿Cómo se quemó el (la) niño(a)?

ACCIDENTES Y EMERGENCIAS

ahogarse	*(to drown)*	Casi me ahogo en el río.
quebrarse	*(to break)*	Me quebré la pierna derecha.
doblarse	*(to sprain)*	Me doblé el tobillo.
caerse	*(to fall down)*	Me caí y me corté el dedo.
desmayarse	*(to faint)*	Me desmayé del calor.
fracturarse	*(to fracture)*	Me fracturé la muñeca.
quemarse	*(to burn oneself)*	Me quemé la mano.
lastimarse	*(to bruise oneself)*	Me caí y me lastimé la rodilla.
atropellar	*(to run over)*	Este camión me atropelló.

Use only an article—not a possessive—to express *my*, *his*, *her*, *your*, *our* and *their* when referring to a part of the body.

Me duelen **los** ojos.	*My eyes hurt.*
A Nena le duelen **los** oídos.	*Her ears hurt.*
Nos duele tanto **la** cabeza.	*Our heads hurt so much.*

RECETAS Y TRATAMIENTOS COMUNES

una vacuna *(vaccine)*
una inyección *(shot, inoculation)*
unas pastillas / píldoras / cápsulas
un análisis (examen) de sangre/de orina *(blood/urine test)*

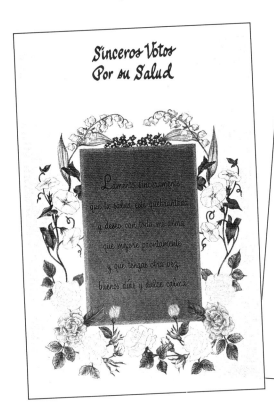

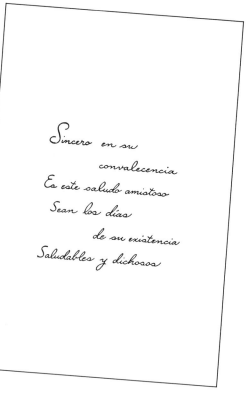

F **¡Que te mejores prontito!** Con un(a) compañero(a), lea esta tarjeta de buenos deseos y subrayen lo siguiente.

1. Una expresión usada para expresar los sentimientos de la persona que manda la tarjeta.
2. Una expresión usada para expresar el deseo de que el (la) enfermo(a) mejore pronto.
3. Algunos términos relacionados con la palabra **salud.**

G En la clínica. Imagínese que Ud. es médico(a) y que su compañero(a) de clase es su paciente. Hágale las siguientes preguntas sobre su historia médica. Anote las respuestas en su cuaderno. En seguida, cambien papeles.

1. Greet your patient, then introduce yourself.
2. Ask how he or she is feeling. Then, express either happiness or sympathy, depending on the answer.
3. Find out about his or her daily activities: school, work, pastimes.
4. Ask if he or she is taking any medication and, if so, what kind.
5. Find out whether any of your patient's relatives have died of the following diseases: cancer, diabetes, heart problems. Ask for details: who, what, when.
6. Find out if he or she has any allergies.
7. End your conversation appropriately.

H Problemas y consejos. Imagínese que Ud. es médico(a) y que un(a) compañero(a) es su paciente. Primero, escuche a dos de los pacientes y déle consejos usando las frases indicadas. Luego, cambien papeles.

EJEMPLO: Paciente: tiene 15 kilos (30 libras) de más
Médico(a): Le sugiero que . . .

Paciente: Doctor(a), estoy demasiado gordo(a)—tengo 30 libras de más. Me gusta mucho comer, sobre todo cuando me siento solo(a) y cuando estoy deprimido(a).

Médico(a): Le sugiero que coma algo con pocas calorías cuando se sienta solo(a). Por ejemplo, puede comer una ensalada sin aderezo o una fruta. También le sugiero que no coma entre comidas y que no coma nada dulce.

1. Paciente: fuerte catarro, estornuda mucho, tiene escalofríos
   Médico(a): Parece que Ud. tiene . . . Le sugiero que . . . .

2. Paciente: presión alta, nervioso(a), mucha tensión
   Médico(a): Ud. necesita . . . También le recomiendo que . . .

3. Paciente: Comió mariscos ayer, vómitos, dolor y diarrea
   Médico(a): ¿Qué marisco comió . . .? ¿Ha tomado líquido?
   Creo que Ud. . . . .

4. Paciente: dolor en el pecho, le duele la cabeza, tose mucho
   Médico(a): Primero, tengo algunas preguntas . . .
   Es posible que Ud. . . . .

¿Medicina moderna o tradicional? Una de las características más sobresalientes de algunas sociedades modernas es la confianza que tiene alguna gente en la ciencia y en los profesionales especializados. Sin embargo, en las culturas tradicionales, la gente va al médico y/o toma otras medidas.

Por ejemplo, el enfermo puede decidir tomar remedios homeopáticos* o infusiones de hierbas o dietas naturales especiales, o puede buscar alivio para su mal tomando baños termales o de mar, o puede no hacer absolutamente nada y esperar que Dios, la Virgen o algún santo le ayude a curarse de su enfermedad.

1. ¿Conoce Ud. a alguien que sepa de remedios naturales o caseros para curar distintos malestares? 2. ¿Qué remedios se pueden encontrar en la farmacia de su barrio que vienen de la medicina tradicional y no de la medicina científica? 3. ¿Qué remedios caseros usa Ud. cuando tiene un catarro, bronquitis o vómitos? 4. ¿Qué otro tipo de médico conoce Ud.?

| ¡Socorro! Imagínese que ha tenido un accidente y que tiene que llamar a Urgencias. Su compañero(a) es el (la) paramédico(a) y Ud. le pide que venga a su casa o al lugar donde se encuentra.

Paramédico(a)	**La persona que llama**
1. Pregunte quién es el (la) accidentado(a).	2. Responda adecuadamente. (yo, mi amigo, mi vecino)
3. Averigüe qué pasó, dónde, cuándo y cómo.	4. Conteste (me lastimé, mi amigo se quebró . . . en la casa . . .)
5. Averigüe cómo está: ¿consciente, está respirando bien, etcétera?	6. Dé bastantes detalles. Pregunte cuándo va a venir la ambulancia.
7. Pregunte qué han hecho para atender al (a la) accidentado(a).	8. Conteste (le di agua, le vendé la mano, lo (la) acosté . . .) Pregunte qué debe hacer mientras llega la ambulancia.

*/La homeopatía es una medicina tradicional basada en remedios naturales muy usada en Alemania, Francia, Italia, España y Latinoamérica. El enfermo recibe dosis pequeñísimas de una substancia que en grandes cantidades produciría los mismos síntomas que afectan al enfermo. Éste es el mismo principio de las vacunas, que contienen pequeñas cantidades de virus o bacterias atenuadas para hacer reaccionar al sistema inmunológico del paciente.

J **Alivio sin peligro.** Con otro(a) compañero(a), indiquen para qué se usan las siguientes infusiones o bebidas. Si no conocen alguna, pregúntenle a sus compañeros(as) de otros grupos.

EJEMPLO: La infusión de hojas de naranjo es buena para dormir.

Infusión de . . . menta, cáscara de limon, arándanos, hojas de durazno, manzanilla *(chamomile)*, un vaso de leche caliente, una taza de té, una limonada caliente, jugo de limón con miel, refresco de menta con hielo y borbón, jugo de piña.

K **Un accidente.** Escriba una descripción detallada de un accidente. Sea específico(a) sobre qué pasó, dónde, cuándo, cómo y a quién le pasó el accidente, y lo que pasó más tarde en el hospital y después de eso.

Muchas personas pasan la mayor parte del día en uno o más edificios y, en algunos casos, su salud está en peligro porque el aire que respiran puede estar bastante contaminado.

1. Indique los problemas de contaminación interior que existen donde Ud. vive y trabaja. Agregue otros problemas, si Ud. quiere.

   [ ] mala calidad del aire   [ ] excesivo frío en verano
   [ ] habitaciones pequeñas   [ ] escasa renovación de aire
   [ ] muchas fotocopiadoras   [ ] excesivo calor en invierno
   [ ] ventilación deficiente   [ ] mucha gente que fuma

2. Indique las molestias que Ud. sufre ahora o que ha sufrido varias veces.

   [ ] irritación de la garganta   [ ] bronquitis crónica
   [ ] sinusitis crónica   [ ] nariz tapada
   [ ] irritación de los ojos   [ ] dolores de cabeza intensos

3. Ahora hable con un(a) compañero(a) de clase sobre lo que marcó en las dos listas. Comparen los problemas que tienen y las soluciones que han encontrado para ellos.

4. Sigan su conversación, reaccionando a las siguientes preguntas.
   a. ¿Qué otros problemas de salud existen en los edificios?
   b. ¿Cuáles son las causas de estos problemas?
   c. ¿Cómo se pueden resolver estos problemas o, por lo menos, prevenirlos o disminuirlos?

Cómo leer la lectura. En la siguiente lectura, lo más importante es comprender la explicación del problema que ofrece el autor. Por eso, mientras lee, trate de concentrarse y haga una lista de los factores que producen el síndrome del "edificio enfermo".

PERSPECTIVAS AUTÉNTICAS

Antes de leer

El síndrome del "edificio enfermo"

en efecto
fungi
migrañas, dolores de cabeza intensos

La contaminación del aire del interior de los edificios perjudica más la salud que la polución exterior de las grandes ciudades. De hecho°, la proliferación de las alergias, hongos° e irritaciones de las vías respiratorias y el gran aumento de las jaquecas° son las principales consecuencias de la mala ventilación de los edificios modernos, según Jan Solwijk, profesor de Epidemiología de la Universidad de Yale (EE UU).

regarding
la mayoría
even worse

En cuanto a° este grave problema de salud pública, el Dr. Solwijk agrega: "La mayor parte° de la gente pasa el 80% de su tiempo en el interior de un edificio. Peor aún°, los empleados están durante ocho o más horas en edificios generalmente muy mal ventilados y con elevadas tasas de sobreocupación. De modo que la mala calidad del aire no sólo repercute sobre la salud de los ocupantes, sino sobre su índice de productividad también. Los empresarios° deberían saber que cualquier ahorro que pretendieran hacer en las instalaciones de ventilación se traducirá en una disminución de la productividad."

ejecutivos

enfermedades, malestares

Efectivamente, cada vez son más frecuentes entre quienes trabajan en ambientes cerrados dolencias° como la jaqueca, la irritación de ojos, nariz y vías respiratorias, o las infecciones por hongos. La bronquitis crónica, el enfisema pulmonar y el cáncer de pulmón quizás sean las consecuencias más graves de este tipo de contaminación, según Lluís Salleras, director general de Salud Pública de la Generalitat de Catalunya.

que ayuda

A los problemas de ventilación hay que añadir, como factor coadyuvante°, unas temperaturas generalmente descompensadas. El excesivo calor en invierno y el excesivo frío en verano hacen más vulnerable al organismo frente a las bacterias, hongos y protozoos que proliferan en los conductos de aire y de agua caliente.

malo para la salud

"El problema de la contaminación interior es que, habitualmente, ninguno de los agentes contaminantes se encuentra en proporciones superiores al límite considerado como tolerable," afirma Stolwijk. "Pero lo que hace especialmente insalubre° este tipo de contaminación es la confluencia de diversos factores," añade. Por ejemplo, es fácil que en un edificio haya tanto una ventilación deficiente, sobreocupación y un alto índice de fumadores como amplias zonas con moquetas° que recogen los gérmenes y un sistema de aire acondicionado de difícil mantenimiento.

    Además, algunas máquinas contaminan el aire también. Las de hacer fotocopias, por ejemplo, desprenden ozono. Si la máquina se instala en una gran sala bien ventilada, no ofrece ningún problema. Pero si se coloca en habitaciones pequeñas y con escasa renovación de aire, se convierte en un peligro para quienes las operan.

    El profesor Stolwijk insiste en que, frente a este problema, lo más eficaz es la prevención porque, en la actual situación, los perjudicados° no tienen mecanismos para controlar el ambiente y la responsabilidad está demasiado diluida. Sin embargo, según el profesor Stolwijk, si Ud. quisiera, es fácil saber si un edificio está enfermo: basta° hacer una encuesta y preguntar a los ocupantes si en las dos últimas semanas han sentido alguna de las molestias antes citadas°. Si el porcentaje de personas que responde afirmativamente fuera inferior al 15%, el ambiente es sano°. Un porcentaje superior indica que el ambiente de ese edificio debiera ser revisado de inmediato, porque el edificio está enfermo.

alfombras

afectados

es suficiente

citadas en un párrafo anterior

healthy

Tomado de "La contaminación del interior de los edificios perjudica más a la salud que la polución exterior", por Milagros Pérez Oliva, Barcelona. El País, sábado 7 de abril de 1990, página 28.

A Lea otra vez el artículo y diga dónde se dice lo siguiente.

¿Comprendió bien?

1. Éstas son las enfermedades típicas de la oficina.
2. La contaminación interior afecta la salud y la producción de un empleado.
3. Éstos son algunos ejemplos de males del "edificio enfermo."
4. Hay más ocupantes que los deseados.
5. La cantidad producida por los empleados de una compañía o empresa.
6. Lo que más ayuda a enfermarse en un edificio mal ventilado es la temperatura.
7. Además de los agentes contaminantes como gérmenes, polvo y polen, éstos son los otros factores que enferman al edificio y sus ocupantes.
8. También hay máquinas que producen gases nocivos.
9. Para solucionar el problema, es mejor poner buena ventilación y no permitir sobreocupación ni fumadores ni colocar muchas alfombras.

B Complete lo siguiente, fijándose en los párrafos que se indican.

Párrafo 1: Nombre tres molestias que se sienten cuando uno trabaja en un edificio donde la calidad del aire es mala.

Párrafo 2: De las enfermedades mencionadas en este párrafo, ¿cuál es la más grave, según Ud.? ¿Por qué?

Párrafo 3: ¿Qué tiene que ver la temperatura con la contaminación del aire de un edificio, según el Dr. Stolwijk?

Párrafo 4: ¿Cuál es la idea principal de este párrafo?

Párrafo 5: ¿Por qué, si los niveles de contaminantes son bajos, decimos que el edificio está enfermo? ¿Qué circunstancias activan el efecto de los contaminantes?

Párrafo 6: Si Ud. y el diez por ciento (10%) de sus colegas han estado enfermos en las dos últimas semanas, ¿trabajan Uds. en un "edificio enfermo"? ¿Es muy grave su situación ambiental, según el Dr. Stolwijk?

¡Vamos a conversar!

A ¿Qué le molesta a Ud.? Indique qué le molesta o hace mal cuando sale al aire libre, ya sea en la calle, el campo o la playa. Agregue otras cosas si es necesario. Luego, compare sus respuestas con las de un(a) compañero(a) de clase.

[ ] el frío	[ ] los insectos
[ ] el calor	[ ] el polvo *(dust)*
[ ] el polen	[ ] el olor a gasolina
[ ] el viento	[ ] el ruido de la ciudad
[ ] una planta	[ ] la polución de los autos
[ ] la humedad	[ ] el humo de los cigarrillos

B Mundo moderno. Con un(a) compañero(a), indiquen qué otras cosas del mundo moderno enferman a la gente. Expliquen qué sienten los perjudicados y luego comparen sus ideas con las de otras dos personas.

EJEMPLO: Conozco a una señora que se enfermó por las sillas de su oficina. Ahora tiene que hacer ejercicios para la espalda con una terapista.

Sugerencias:

brillo de la pantalla de la computadora	monitor muy alto/bajo
teclado de la computadora	muchos fumadores
mesas/sillas muy altas/bajas	calendarios imposibles
jefes demasiado autoritarios y exigentes	corrientes de aire

C **Peligro público.** Con un(a) compañero(a) hagan una lista de todos los problemas de contaminación que haya en este edificio o en la residencia o edificio donde Uds. vivan. Luego, denle cuenta a toda la clase.

> EJEMPLO: En este edificio la ventilación es deficiente y también hace demasiado frío/calor . . . Además, las moquetas tienen gérmenes porque . . . Finalmente, las ventanas . . .

D **Menos insalubre.** Explique qué cambios puede hacer en su habitación o en su casa o apartamento para que su ambiente sea menos insalubre.

> EJEMPLO: Debiera cambiar las moquetas y también debiera limpiar los filtros de . . . Además, quisiera comprar otra silla porque . . .

E **¿Vale la pena o no?** Pregúntele a un(a) compañero(a) qué piensa él (ella) sobre el cuidado de la salud. Después, él (ella) le pregunta a Ud.

> EJEMPLO: chequearse periódicamente
> A: ¿Qué piensas? ¿Vale la pena chequearse periódicamente o no?
> B: Creo que sí, pero es muy caro.
> (o: No creo que valga la pena porque . . .)

1. ser vegetariano(a)
2. ir al dentista dos veces al año
3. hacerse un chequeo médico periódicamente
4. ponerse la vacuna antitetánica *(tetanus)*
5. dejar de tomar azúcar y bebidas gaseosas
6. ponerse a dieta cuando has subido de peso
7. tener seguro contra hospitalizaciones prolongadas
8. dejar de fumar, beber demasiada cerveza, tomar café . . .
9. ir al servicio médico del campus cuando te sientes mal

F **Cómo salir ganando.** Hay unos cuantos consejos que podemos darle a un(a) amigo(a) para que obtenga mejor atención de su centro médico. Dé al menos uno en cada caso y luego compare sus respuestas con las de otro(a) compañero(a).

1. —¿Qué hacer si uno tiene dudas?
   —Deberías . . .

2. —¿Conviene ocultarle algo al médico?
   —No le ocultes nada a tu médico. Cuéntale todo, por ejemplo, deberías . . .

3. —¿Qué hacer si uno necesita hablar con el médico hoy?
   —No deberías permitir que te den hora para mañana, a menos que . . .

4. —¿Qué hacer si la recepcionista insiste en preguntarte qué síntomas tienes?
   —No deberías permitir que la recepcionista . . .

5. —¿Qué hacer si el médico recomienda una operación?
   —Por mucha confianza que le tengas a tu médico, deberías . . .

6. —¿Qué hacer si mi médico nunca parece saber lo que tengo?
   —Si en repetidas ocasiones ves que los tratamientos que te da tu médico no te dan resultado, deberías . . .

> *Tomado de "Usted vs. su médico: cómo salir ganando" por Marilou Cross de Narbona en* Cosmopolitan, *noviembre 1983, páginas 44-45.*

G Fobias. Cuéntele a un(a) compañero(a) a qué le tiene fobia y a qué le tiene pánico y pregúntele a qué le tiene miedo él (ella).

EJEMPLO: A: Yo le tengo pánico a correr por la noche. Es tan peligroso. El otro día . . . Y tú, ¿a qué le tienes miedo?

B: Yo le tengo pánico a los edificios altos; no puedo dormir si estoy en un cuarto o sexto piso.

Le tengo una fobia única a . . . Le tengo miedo/pánico a . . . Me pone nervioso la oscuridad . . .

H La salud. Trabaje con un(a) compañero(a) y hagan dos listas: 1) una sobre las cosas positivas que Uds. hacen para cuidar de su salud y 2) otra sobre los aspectos negativos.

EJEMPLO: *Positivo:* Tratamos de dormir unas siete horas todas las noches (excepto cuando tenemos pruebas o exámenes finales).

Negativo: A veces, fumo como locomotora y paso mucho tiempo sin comer verduras.

Sugerencias: comer cosas nutritivas y frescas (no procesadas ni grasosas); (no) hacer suficiente ejercicio; comer como pajarito; comer como fraile *(mucho);* (no) descansar cuando hay mucho estrés / mucha tensión; (no) ir al (a la) médico(a) cuando se siente mal; (no) visitar al (a la) dentista periódicamente para mantener una dentadura sana; (no) comer verduras ni granos . . .

I La salud de su perro.   No sólo hay que cuidar a la gente; hay que cuidar a los perros también. Primero lea la nota y, en seguida, complétela con palabras apropiadas según el contexto. ¡Y tenga mucho cuidado con la salud de su perro! (Nota: 1 libra = 456 gr.)

¡OJO! No le dé chocolate a su perro

El chocolate y los perros pueden ser un binomio fatal. _____ un informe de la Universidad de Georgia, Estados Unidos, bastan 60 gr. (_____oz.) de chocolate sin azúcar para matar a un perro de 22 kg. (_____ lb.) Por supuesto, los perros más _____, de menos peso, pueden morir con dosis aún más _____. Todo se debe a la teobromina, una sustancia química excitante que se encuentra en el té y también en el chocolate. Pues bien, si un perro consume demasiado _____ para su peso, la teobromina podría causarle un _____, tenga cuidado. Déle otras _____, ¡pero no le _____ chocolate!

Tomado de Buenhogar *26, 7 (26 de marzo de 1991): página 8.*

J ¡A quemar calorías!   Con otros(as) dos compañeros(as), pongan los siguientes deportes en orden de magnitud: desde los que queman más calorías hasta los que queman menos calorías. En seguida, den al menos dos partes o dos órganos del cuerpo que se beneficien con cada uno de los ejercicios. Cuando terminen, comparen sus resultados con los de otro grupo y con los que aparecen en la tabla de la página 238.

ballet, baloncesto, boga *(rowing)*, caminata, ciclismo, ciclismo cuesta arriba, correr, esquí a campo través, natación, patinaje sobre hielo, balonmano, tenis

K La ética y la medicina moderna.   No hay duda de que vivimos en una época de maravillas cuando se trata de la tecnología médica. ¿Pero son siempre buenos estos avances? ¿Hay peligros en el horizonte? Exprese por escrito sus opiniones sobre uno de los siguientes avances médicos, dando ejemplos para apoyar sus opiniones y sentimientos. Después, organice un debate con sus compañeros.

1. El transplante de órganos como corazón y/o pulmones, hígado, ojos, riñones.
2. El nacimiento de bebés de probeta *(test tube)* y el uso de madres subrogantes.
3. Las máquinas que pueden prolongar la vida de la gente que está sumamente grave (la máquina de diálisis renal, la máquina corazón–pulmón, los respiradores, el pulmón artificial, etc.).

L   ¡Vamos a decir unas cuantas verdades!   Con otra persona, preparen una lista de peticiones para el administrador del edificio. Luego, escríbanle una carta de reclamo. Explíquenle qué tipo de contaminación hay en el edificio y qué molestias les producen.

> EJEMPLO: Hay hongos en . . . y producen infecciones de . . .
> Nunca limpian los filtros de la ventilación, de modo que sufrimos de . . .

Detalles interesantes

Deriving words and meanings
You can expand your Spanish vocabulary by knowing the derivation of many words. One way is finding what words can be derived from verbs.

M   ¡Derivaciones!   Read the article again. Find and copy the words that are derived from the following verbs.

perjudicar, contaminar, aumentar, disminuir, proliferar, respirar, ahorrar, irritar, instalar, cerrar, prevenir, infectar, fumar, mantener

The outline of an article or essay
The article contains many expressions that connect the author's ideas and hold the article together. To write your essays and to increase your reading comprehension, it is important to know the meaning of the following connectives.

> **pero, porque, también, de hecho, peor aún, de modo que, por ejemplo, en cuanto a, además, pero, sin embargo, efectivamente**

Calorías que quema una persona de unas 150 libras que hace ejercicio por una hora.

Deportes	Calorías quemadas por hora
Baloncesto	360–660
Ciclismo	240–420
Ciclismo (cuesta arriba)	500
Esquí a campo través	600
Ballet	240–420
Boga	250–420
Correr (1 milla en 11 min.)	540
Patinaje sobre hielo	350–400
Balonmano	600
Natación	540–660
Tenis	420
Caminata (3 millas/hora)	210

Fuente: Health Passport, *American Health Foundation, 320 East 43rd Street, New York, NY 10017, página 11.*

N ¡El ambiente!   Complete el siguiente párrafo con conectivos según el sentido de las ideas.

La polución del entorno o ambiente natural _____ es una preocupación para todo el mundo. Campos, ríos, playas y lagos ya muestran claras señas de contaminación. _____, el océano, que hasta hace poco pensábamos que era la *última* frontera del planeta, está gravemente afectado por los plásticos y otros materiales de difícil o imposible descomposición. _____, los delfines no pueden respirar cuando se ven atrapados en las bolsas plásticas que flotan en el mar.

Hay grupos que tratan de ayudar a salvar los océanos, _____, las campañas de reciclaje no son suficientes _____ todavía no existe la tecnología ni la capacidad para reciclar tantos materiales distintos. _____ lo único que queda es tratar de vivir una vida más natural sin consumir tantas cosas que terminarán por arruinar el ambiente natural. _____ nuestra salud, es evidente que si nuestros ambientes interiores son peligrosos, _____ no nos queda otra frontera que la naturaleza.

EN POCAS PALABRAS

El subjuntivo pasado

Spanish speakers use the past subjunctive to give advice, to repeat the advice of another person, and to make recommendations.

Advice:	¡Por Dios! Si le tienes alergia a los gatos, no **deberías** tenerlos en la casa.
Repeat advice of others:	El médico **dijo que** no **te acercaras** a los gatos por nada del mundo.
Recommendation:	**Sería mejor que te compraras** un pájaro o unos peces.

Spanish speakers also use the past subjunctive when referring to events in the past to express doubt, nonspecific information, and indirect commands. As you have already learned in previous chapters, these are the same conditions that require the use of the present subjunctive.

Nonspecific information:	Anoche yo **buscaba una** farmacia **que estuviera** abierta.
Doubt:	**Dudaba que pudiera** encontrar una porque era muy tarde.
Indirect command:	Mi esposa **quería que** yo **esperara** hasta el próximo día.

Note that in the preceding examples, the verb form in the phrase before the past subjunctive form is often in the imperfect tense; however, it may also be in the preterite or the conditional tense.

EJEMPLOS: ¡Hombre! Ya te **dije que fueras** a ver al médico.
No le **gustaría que hiciéramos** eso sin consultarlo.

To form the past subjunctive, add the following endings to the stem of the **ustedes** form of the preterite. If a verb has irregular forms in the preterite, that irregularity will also occur in the past subjunctive. Study the following examples.

tomar	→ **tom**aron	→ tom**ara**, tom**aras**, tom**ara** tom**áramos**, tom**árais**, tom**aran**
poder	→ **pud**ieron	→ pud**iera**, pud**ieras**, pud**iera** pud**iéramos**, pud**iérais**, pud**ieran**
hacer	→ **hic**ieron	→ hic**iera**, hic**ieras**, hic**iera**, hic**iéramos**, hic**iérais**, hic**ieran**
venir	→ **vin**ieron	→ vin**iera**, vin**ieras**, vin**iera** vin**iéramos**, vin**iérais**, vin**ieran**
lastimarse	→ se **lastim**aron	→ me lastim**ara**, te lastim**aras**, se lastim**ara**, nos lastim**áramos**, os lastim**árais**, se lastim**aran**

CÓMO DAR RECOMENDACIONES

No deberías fumar cuando tienes bronquitis.
El médico dijo que no te levantaras hasta mañana.
Sería mejor que no tomaras leche cuando tengas sinusitis.
Creo que debería prepararte caldo de pollo para el resfrío.

CÓMO CONTESTAR

Sí, ya sé que no debería, pero me gusta.
¡Anda! ¡Tienes razón! Se me había olvidado.
Bueno, ya sé lo que dijo el (la) médico(a), pero . . .

¡A PRACTICAR!

A Consejos de amigo. Imagínese que sus amigos se quejan de distintos problemas médicos. Déles un consejo adecuado a cada uno.

EJEMPLO: A: ¡Ay, que me duele la mano cuando juego al tenis!
  B: Sería mejor que no jugaras.

1. ¡Ay, que me duele el pie cuando corro!
2. ¡Ay, que me duele la rodilla cuando juego al fútbol!
3. ¡Ay, que me molesta el estómago cuando como mucho!
4. ¡Ay, que se me irritan los ojos cuando leo mucho!
5. ¡Ay, que se me inflamó la garganta por venir sin chaqueta!
6. ¡Ay, que se me lastimó el tobillo por hacer tanto ejercicio!

B Recados de la doctora. Un amigo suyo está tan enfermo que no puede hablar con su doctora por teléfono. Déle los recados que ella le manda.

EJEMPLO: . . . que no vaya a clase mañana
Dijo la doctora que no fueras a clase mañana.

1. . . . que tome mucho líquido
2. . . . que se quede en cama hoy
3. . . . que se tome la penicilina
4. . . . que no hable con mucha gente

5. . . . que no lea
6. . . . que tome caldo
7. . . . que duerma mucho
8. . . . que no haga tareas

C Buen(a) samaritano(a). Como Ud. tiene buen corazón, siempre quiere ayudar a sus amigos. Diga qué puede hacer por cada uno de ellos.

EJEMPLO: A: ¡Me muero de calor! (Hay que prepararle una limonada.)
B: Debería prepararte una limonada inmediatamente.

1. ¡Me muero de fiebre! (Hay que darle unas aspirinas.)
2. ¡Me muero del resfrío! (Hay que mandarle a la cama.)
3. ¡Me muero de frío! (Hay que prepararle un café con leche.)
4. ¡Me muero de dolor de cabeza! (Hay que buscarle un Motrín.)
5. ¡Me muero de dolor de estómago! (Hay que hacerle una infusión de manzanilla.)

Así es

La salud y el bienestar son un estupendo tema de conversación. La gente se pregunta todos los días cómo están y todos se quejan un poco de sus malestares más comunes. Entonces, la conversación sigue con las recomendaciones de distintos tratamientos, comidas e infusiones de hierbas o baños termales que son tradicionales en la cultura.

EJEMPLO: —Me siento pésimo; tengo las piernas pesadas y no dormí bien.
—Debieras ir a las termas este fin de semana para desintoxicarte. Tienes que darte unos baños termales porque te puede dar artritis y eso duele mucho.
—Claro; tienes razón. Y tú, ¿cómo te sientes? . . .

1. Piense de qué se queja Ud. más a menudo. 2. ¿Qué toma cuando tiene este problema? ¿Qué come? ¿Qué remedios naturales usa? 3. ¿Qué le recomiendan los mayores? ¿Qué le recomiendan sus amigos? Compare los dos tipos de consejos.

D Medicina tradicional. ¿Qué consejos puede darle a los siguientes enfermos? Ud. es médico(a) y su compañero(a) es el (la) paciente. Después, cambien de papeles para hacer el ejercicio 2 de nuevo.

> EJEMPLO: sinusitis
> A: Tengo sinusitis.
> B: No deberías salir al frío.

1. tengo bronquitis (sinusitis / laringitis / alergia / hepatitis)
2. me siento débil, tengo mononucleosis (fiebre), estoy nervioso(a)

E La alergia me mata. Imagínese que Ud. está viviendo con una familia de Costa Rica por un año. Como la familia quiere que Ud. conozca su país un poco, le invita a acompañarles al campo un domingo. Ahora hable con su "hermano(a)" costarricense.

Usted	«Hermano(a)»
1. «¿Qué hay de nuevo?»	2. Conteste. Haga la invitación.
3. Invente una razón para no acompañarlo(a).	4. Insista. Sea persuasivo(a).
5. Explique que no le gusta el campo porque tiene muchas alergias.	6. Exprese compasión y termine la conversación adecuadamente.

El subjuntivo con ciertas conjunciones

As you learned in Chapter 5, certain conjunctions require the use of the subjunctive. Remember to always use the subjunctive after the following expressions:

sin que	antes (de) que	a menos que	por muy
para que	con tal (de) que	en caso (de) que	por mucho

El médico me mandó al hospital **antes que llegaran** los exámenes del laboratorio. Dijo que tenía que estar hospitalizado por lo menos una semana, **a menos que** el azúcar de la sangre **me bajara** antes. **Con tal que me dejen** irme a casa lo antes posible, voy a seguir la dieta con mucho cuidado.

When you are speculating about what might happen in the future, also use the subjunctive after the following expressions:

cuando   aunque   siempre que   después (de) que   hasta que

Vamos a vacunarnos, **siempre que esté** la enfermera allí.

Cuando vaya al dentista, **voy a** decirle que me duele esta muela, pero no **voy a** sacármela **hasta que** me muera de dolor, porque me da miedo.

No **pienso** hacerme un examen de sangre, **aunque** el doctor me lo **pida**.

Note that in the preceding sentences there is always a reference to the future and, by extension, an introduction to speculation that requires the subjunctive.

When you use these expressions to describe habitual or past activities, use the indicative—not the subjunctive.

Habitual activity: **Siempre que salía** al jardín, me daba la alergia.
Past activity: **Cuando me dolió** mucho esta muela, fui al dentista.

¡A PRACTICAR!

F ¡Cómo le cuesta ir al dentista! Pobre Carmela, ha tenido una semana espantosa porque se le quebró una corona *(crown)* que tenía en una muela. ¿Qué le está diciendo a su hermana ahora? Dé la forma correcta del verbo según la expresión usada y el significado.

A menos que _____ (tener) otra caries *[cavity]*, el dentista dijo que me podía poner la corona antes de que me _____ (terminar) el otro lado. Después que me _____ (poner) la corona, voy a sentirme mucho mejor porque entonces podré masticar por ese lado. Cuando me _____ (sacar) la corona quebrada el sábado pasado, me quedé sin poder masticar bien por ningún lado y he estado comiendo puré de bebé. Supongo que vale la pena aguantar con tal que esto no _____ (durar) mucho. Aunque me _____ (llevar) más tiempo, en el futuro prometo pasarme el hilo dental todos los días. Hasta que se _____ (acabar) estos problemas con mis dientes, voy a tener que tener mucha paciencia.

G Casos de negligencia médica. En este país hay muchos juicios *(lawsuits)* por *mal praxis* o negligencia médica. Discuta con dos compañeros este complicado problema y contesten por escrito las siguientes preguntas. Después, comparen sus respuestas con las de otro grupo. Recuerden que deben usar el subjuntivo después de las conjunciones.

1. ¿En qué casos debiera condenarse a un(a) médico(a) por negligencia?
   No puede condenarse a un(a) médico(a) **a menos que . . .**

2. ¿Cuándo debe perdonarse a un(a) médico(a) que causa graves daños a un paciente?
   Debe perdonarse al médico **siempre que . . .**

3. Si el daño es previsible, ¿por qué se perdona a tantos médicos por falta de precaución o impericia?
   Aunque el daño _____ previsible, creo que se les perdona porque . . .

H La salud antes que nada. Formen grupos de tres o cuatro. Imagínese que Ud. estudia nutrición y que sus amigos le están preguntando qué bocadillo pueden comer que sea rico y también bueno para la salud. Use la siguiente tabla para dar sus recomendaciones.

EJEMPLO: A: ¿Podemos comer palomitas de maíz sin mantequilla?
B: Sí, pero tengan cuidado con el exceso de sal, a menos que . . .

Alimento	Ventajas	Desventajas
queso	buena fuente de calcio	mucha grasa, mucha sal
helados	buena fuente de calcio quitan el hambre	alto contenido de grasa y azúcar
chocolate	satisface la necesidad de comer algo dulce	demasiada grasa, azúcar y cafeína
pan integral	mucha fibra	¡ojo con la mantequilla!
papitas fritas	quitan el hambre	mucha grasa, mucha sal
palomitas de maíz (popcorn)	mucha fibra y poca grasa	¡ojo con la sal!
mantequilla de maní	buena fuente de proteínas	mucha grasa, sal y azúcar
galletas de agua o soda	quitan el hambre	¡cuidado con la mantequilla y la sal!

Tomado de una tabla de Buenhogar *22,13: página 27.*

I Un enemigo que no se ve. El plomo (*lead*) es un gran enemigo de la salud porque es invisible e inodoro. Complete las siguientes recomendaciones para no contaminarse con plomo. Use el subjuntivo después de las conjunciones que Ud. aprendió.

Medidas preventivas contra el plomo

De ahora en adelante, . . .

- cuando _____ (abrir) la llave del agua para beber o cocinar, deje correr el agua por dos minutos. Si las tuberías son de plomo, la primera agua está contaminada.
- cuando _____ (usar) agua de la llave para beber y cocinar, no use agua caliente, a menos que Ud. ya _____ (tener) agua caliente en la tetera. El agua caliente disuelve el plomo con más rapidez que el agua fría.
- cuando _____ (cocinar), no use utensilios o recipientes de peltre y de barro con superficies vidriosas, a menos que Ud. _____ (saber) que no contienen plomo.
- cuando _____ (limpiar) algo en casa con gasolina, no use gasolina con plomo.
- cuando _____ (beber) vinos o licores, asegúrese que no estén contaminados con sales de plomo.

- no permanezca en una casa que está en restauración, a menos que _____ (llevar) una máscara que le _____ (proteger) del polvo con plomo porque el polvo de las paredes contiene plomo.

- La intoxicación crónica por el plomo puede pasar desapercibida, sin que _____ (notarse) síntomas graves. Pero a menos que se _____ (consultar) a un médico, los daños al cerebro pueden ser irreversibles, especialmente en el caso de los bebés y los niños.

Tomado de "El plomo que ataca en silencio" por Alicia Lifshitz,
Más 3, 2 (marzo-abril, 1991), páginas 27-28.

Use the following patterns to compare people, things, places or ideas. **La comparación**

1. To make comparisons of *unequal* value, use:
   más/menos + adjective or noun + **que**

Note that both sides of the comparison must not always be expressed if the context or situation is clear.

El queso tiene **más** calorías (**que** el yogur).
Las dietas de ayuno son **más** difíciles (**que** las de control).
Este año he tenido **menos** catarros (**que** el año pasado).

2. To make comparisons of *equal* value, use:
   tan + adjective + **como**
   tanto(a, os, as) + noun + **como**

El médico de la universidad es **tan** bueno **como** el de casa.
Un buen caldo es **tan** eficaz **como** las aspirinas, dice mi abuela.
En esa clínica hay **tantos** pediatras **como** obstetras.
En la sierra no tienen **tanta** cólera **como** en la costa.

Some very common comparatives are irregular, just as in English.
bueno → mejor → el mejor — es buenísimo
malo → peor → el peor — es malísimo, pésimo

mayor = *older*   **menor** = *younger*

¡A PRACTICAR!

J Mucho peor.   Compare las enfermedades y explique por qué una le parece peor que la otra.

EJEMPLO: la sinusitis / la laringitis
Para mí, la sinusitis es peor que la laringitis porque me muero del dolor de cabeza.

1. la bronquitis / la sinusitis
2. estar agotado / estar nervioso

3. estar pálido(a) / estar ojeroso(a)
4. pierna quebrada / brazo quebrado
5. tener fiebre / tener la nariz tapada
6. andar con un yeso / andar con alergia
7. operación de apéndice / de la rodilla
8. tener dolor de oídos / dolor de muelas
9. tener hipo / tener un ataque de estornudos
10. intoxicación por la comida / infección viral

K **¿Cómo es su médico?** Pregúntele a un(a) compañero(a) cómo es su médico(a) o dentista. Después, cambien papeles.

EJEMPLO: A: Cuéntame de tu médico. ¿Cómo es?
B: Mira, mi médico es bastante simpático, más simpático que mi dentista. Quizás sea porque el dentista me hace sufrir más.

L **¿Cuál será la mejor dieta para adelgazar?** Pregúntele a dos o tres compañeros su opinión sobre cuál creen ellos que es la mejor dieta y por qué. Después, escriba un resumen de sus opiniones.

EJEMPLO: La mayoría de mis compañeros piensa que la dieta de las verduras es la mejor, porque se pierde más peso más rápido con ella. Hay varios compañeros que también dicen que la dieta de . . . es más rápida que la dieta de . . . Para mí, la mejor dieta es la de . . .

M **Mente sana en cuerpo sano.** A menudo la gente se olvida de que también tenemos que preocuparnos de la salud mental. Trabaje con un(a) compañero(a) y escriban por lo menos tres reglas para cuidar la salud mental. Después, comparen sus reglas con las de otros grupos y modifíquenlas si es necesario.

EJEMPLO: Es mejor estudiar tres noches hasta medianoche que pasarse toda la noche sin dormir antes de una prueba.

Sugerencias:

Lo peor para la mente es . . . Es mejor . . .

Para descansar la mente, es malo . . . , es mejor . . . .

Cuando tengo muchas preocupaciones, me siento mejor si . . . , pero me siento peor si . . .

¡A DIVERTIRNOS MÁS!

Estudie este horario de programas de televisión del Canal 7 de Buenos Aires. Después, escríbale una carta al Dr. Cormillot describiéndole un problema de salud suyo o de un(a) amigo(a). Finalmente, déle su carta al "Dr. Cormillot" (un/a compañero/a) y él (ella) le dará un consejo para solucionar su problema.

Del mundo hispano

Programas de TV
para la semana que se inicia el
miércoles 6 de mayo

Mañana

6.30 ⑪ AMANECER
Las primeras noticias del día, a cargo de Daniel Mendoza, Carlos Naón, Roberto Di Sandro y Rosemarie. Además, Daniel Fernández Canedo en economía, e información meteorológica a cargo de Nadia. **(Se repite a las 8 hs.)**

7 ⑬ DESAYUNO
Show periodístico conducido por Víctor Hugo Morales, con la presencia de un invitado especial. Colaboran: Teté Coustarot (temas generales y la mujer), Juan Fazzini (deportes), Claudio Polosecki y Pablo Mendelevich (política), Ernesto Schoo (espectáculos), Claudia Trabucco (astrología), Silvia del Azar Beines (economía),

Marcela Maillmann (desde el helicóptero), Carina Krafp (servicio meteorológico), Eduardo Guiraud (en el móvil), Enrique Larrouse (noticias) y Carlos Garaycochea (humor). Producción: Eduardo Metzger.

8.30 ⑦ DIBUJOS
Hoy: *FANTASIAS ANIMADAS*. Material fílmico infantil.

9 ⑦ SIGUEME (FOLLOW ME)
Curso de inglés a cargo de la BBC de Londres.

⑬ DOCUMENTALES 13
Hoy: *EL CAZADOR*. Proyección de material fílmico.

9.30 ⑦ SU SALUD AL DIA
Programa dedicado a la salud integral. Conduce: Dr. Alberto Cormillot. Producción: Lina Hours.

A Consejos de la Dra. Galeno. ¿Tiene Ud. un problema médico? Tal vez la Dra. Galeno pueda ayudarlo(la) a solucionarlo. Escuche la grabación del programa "Pregúnteselo a la Dra. Galeno" y después indique si las siguientes afirmaciones son verdaderas o falsas.

¡A escuchar!

1. _____ Es probable que la joven tenga un tumor canceroso.
2. _____ La joven está muy ocupada porque tiene tres trabajos.
3. _____ La Dra. Galeno le recomienda que vaya a ver a su médico.
4. _____ La doctora cree que el señor debe anotar todo lo que come.
5. _____ Un señor llamó a la Dra. Galeno porque le duele el estómago.
6. _____ Esta noche la Dra. Galeno tiene un catarro bastante fuerte.
7. _____ El programa de radio ha estado en el aire por más de diez años.
8. _____ Es evidente que el problema del señor es más mental que físico.

B   Se prohibe fumar.   Trabaje con un(a) compañero(a) de clase para desarrollar la siguiente conversación. Primero, escriban lo que quieran decir y después representen la conversación para su clase. Traten de usar el vocabulario y la gramática de este capítulo.

Estudiante A

Usted acaba de saber que su compañía piensa prohibir el cigarrillo en las oficinas, la cafetería y la planta. Ud. no fuma mucho, pero le parece que esto va en contra de sus derechos. ¿Qué va a hacer para alertar a sus compañeros de sindicato sobre las posibles repercusiones de esta medida de los jefes? Prepárese para la próxima reunión con los gerentes y sus compañeros.

Estudiante B

Usted prefiere evitar cualquier discusión sobre el cigarrillo porque uno de sus conocidos acaba de morir de cáncer al pulmón. Sin embargo, su compañía ha decidido prohibirle el cigarrillo a todos los empleados. Prepárese a defender la posición de la compañía ante la directiva del sindicato. Hágales ver que no sólo es conveniente para su salud, sino para el prestigio de la compañía también.

VOCABULARIO

Sustantivos

ayuno fasting
bata bathrobe
caldo broth
hilo dental dental floss
pesadilla nightmare
receta prescription

El cuerpo humano

amígdalas tonsils
apéndice appendix

arteria artery
barriga stomach
caries cavity
columna spine
costado side
costilla rib
dedo finger
diente tooth
encías gums
garganta throat
hígado liver
hueso bone

muela (molar) tooth
muñeca wrist
muslos thighs
nervio nerve
oído inner ear
orina urine
pantorrillas calves
pecho chest
pierna leg
pies feet
riñones kidneys
rodilla knee
sangre blood
tobillo ankle
vena vein

Malestares

alergia allergy
amigdalitis tonsillitis
catarro, resfrío, resfriado cold
dolor pain, ache
escalofríos chills
estornudo sneeze
fiebre de heno hay fever
fiebre fever
gripe flu
hipo hiccups
laringitis laryngitis
náuseas nausea
presión alta (baja) high (low)
 blood pressure
sinusitis sinus infection
tos cough

Medicinas y tratamientos comunes

análisis (examen) de sangre (de
 orina) blood (urine) test
antidiarreico diarrhea medicine
banda adhesiva bandage
calmantes sedatives
curita Band Aid, bandage
gasa gauze
gotas (para la nariz) (nose) drops
inyección shot, inoculation

jarabe para la tos cough syrup
linimento liniment
parche adhesivo bandage
pastilla tablet
píldora pill
tranquilizante tranquilizer
vacuna vaccine
venda bandage
yeso cast

Adjetivos

agotado exhausted
débil weak
delgado thin
embarazada pregnant
fuerte sharp (pain)
gordo fat
hinchado swollen
hondo deep
mareado dizzy
pálido pale
raro strange
tapado congested (nose)

Verbos

ahogarse to drown
atropellar to run over
caerse to fall down
desmayarse to faint
estornudar to sneeze
fracturarse to fracture
lastimarse to harm oneself
quebrarse to break
quemarse to burn oneself
quitarse to take off, to remove
relajarse to relax
respirar to breath

Adverbios

más . . . que . . . more . . .
 than . . .
menos . . . que . . . less . . .
 than . . .
tan . . . como . . . as . . . as . . .
tanto(s) . . . como . . . as much
 (many) . . . as . . .

¡socorro! Help!

Expresiones idiomáticas

Expresiones
para . . .

expresar malestares y dolores, p. 223
describir los síntomas, p. 226
describir el estado físico, p. 227
comprender al médico, p. 227
comprender al paramédico, p. 227
pedir asistencia médica, p. 227
dar recomendaciones / cómo contestar, p. 240

De la lectura

antes citadas cited above
basta enough
coadyuvantes helping
de hecho in fact
dolencias illnesses
empresarios executives
en cuanto a regarding
hongos fungi

insalubre unhealthy
jaquecas migraine headaches
la mayor parte the majority
moquetas carpets
peor aún even worse
perjudicados people affected
sano healthy

PABLO PICASSO   Bathers with a Beach Ball, 1928.
Oil on canvas.
Collection, Aquavella Galleries,
New York City.

Vacaciones en grande

COMMUNICATIVE GOALS

In this chapter, you will learn to communicate in travel situations, offer suggestions to other travelers, and describe your previous trips and travel experiences.

FUNCTIONS

Giving advice
Requesting tourist information
Talking about previous trips
Describing a past sequence of events
Expressing impressions and opinions

CULTURE

The importance of vacations among Hispanics
The numbering of floors in a hotel or building
Staying at the home of relatives or friends

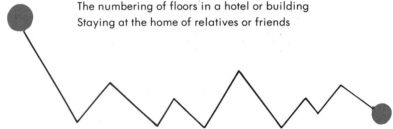

¿CÓMO SE DICE?

Cómo confirmar su pasaje y facturar el equipaje

«Su atención, por favor. Aviasa anuncia la salida de su vuelo 154 con destino a San José, Costa Rica, con escala en Miami. Se ruega a los señores pasajeros que se dirijan a la puerta número 8 con su pasaje, la tarjeta de embarque y los papeles de inmigración en la mano».

PASAJERA: ¡Ay, ése es mi vuelo! Voy a perderlo, ¡por Dios!
EMPLEADO: No se preocupe, señorita; todavía tiene tiempo.
PASAJERA: ¿Tengo que facturar este bolso de mano?
EMPLEADO: No, está bien. ¿Tiene otro equipaje?
PASAJERA: Sí, esta maleta, nada más.
EMPLEADO: ¿Dónde querría sentarse?
PASAJERA: A la ventanilla, por favor, en la sección de no fumar.
EMPLEADO: Bien. Aquí tiene su boleto . . . y su tarjeta de embarque.
PASAJERA: Muchas gracias, señor.
EMPLEADO: De nada. ¡Buen viaje, señorita!

CÓMO DAR CONSEJOS PARA VIAJAR

Es mejor que lleves . . .
Pero no deberías llevar . . . porque . . .
Primero, hay que confirmar . . . Luego, debemos . . .
Tengo otra idea. ¿Qué te parece ir a . . . y después a . . .

CÓMO PEDIR INFORMACIÓN EN EL AEROPUERTO

¿Cuánto dura *(last)* el vuelo a . . . ?
¿Dónde recojo *(do I pick up)* mi equipaje?
¿Tengo que facturar *(check)* este bolso de mano?
Perdón, ¿dónde hace escala *(stopover)* este vuelo?
Quisiera un asiento a la ventanilla / al pasillo, por favor.

DE VIAJE POR AVIÓN

Hay que . . .
    consultar el **horario de la línea aérea** *airline schedule*
    comprar un **pasaje (boleto / billete)** *ticket*
                            sencillo *one-way*
                        de ida y vuelta *round-trip*
    conseguir una **visa / tarjeta de embarque** *boarding pass*
    hacer las maletas *to pack suitcases*
    llamar a la **azafata** *female flight attendant*
    pedirle ayuda al **sobrecargo** *male flight attendant*
    despegar a las ocho *to take off*
    aterrizar a la una *to land*

A **¿Adónde piensas ir?** Hágale las siguientes preguntas a un(a) compañero(a) de clase para saber qué viajes hace. En seguida, cambien papeles.

1. Generalmente, ¿cuándo te vas de vacaciones?
2. ¿A qué lugares te gusta viajar? ¿Por qué?
3. ¿Dónde piensas pasar las próximas vacaciones? ¿Con quién vas?
4. ¿Te quedas con amigos, con parientes o en un hotel?
5. ¿Qué te gusta hacer durante las vacaciones?
6. Ahora vamos a soñar un poco. Si tuvieras $10.000 dólares y un mes de vacaciones, ¿adónde viajarías y con quién?
7. ¿Dónde te alojarías en ese lugar?
8. ¿Qué harías durante tus vacaciones allí?

B ¡Buen viaje! Hable con un(a) compañero(a) de clase.

Pasajero(a)	Empleado(a)
1. Salude al (a la) empleado(a) y déle su pasaje.	2. Conteste el saludo y reciba el boleto. Confirme con el (la) pasajero(a) adónde va hoy.
3. Responda apropiadamente.	4. Pregúntele si tiene equipaje.
5. Dígale cuántas maletas tiene y pregúntele si el vuelo va a salir a la hora.	6. Dígale que hay una demora *(delay)* (diga de cuántos minutos). Luego, pregúntele dónde quiere sentarse en el avión.
7. Conteste la pregunta y haga una pregunta apropiada.	8. Responda a la pregunta, luego déle todos sus documentos.
9. Tome los documentos y déle las gracias.	10. Conteste, luego dígale el número de la puerta de embarque.

C De viaje. Con un(a) compañero(a), decidan qué cosas deberían llevar si algún día viajaran a los siguientes lugares.

> EJEMPLO: A Hawaii debiéramos llevar un traje de baño, loción bronceadora, un sombrero, una cámara, . . . etcétera.

1. A Yucatán, México, por una semana, a ver las ruinas mayas y tomar el sol en las playas de Cancún.
2. A Salamanca, España, por tres meses en el verano, a tomar un curso en la famosa Universidad de Salamanca.
3. Al Caribe, por diez días, para ir en un crucero *(cruise)* por varias islas y bucear.
4. A la ciudad de Nueva York, por dos semanas, a visitar los museos, ver unas obras de teatro y comprar ropa en las tiendas elegantes.
5. A Costa Rica, por un año, a trabajar como interno(a) en una sucursal del Banco Citicorp.
6. A Managua, Nicaragua, por tres semanas, con un grupo de su universidad para investigar el papel de las mujeres en la sociedad nicaragüense.
7. A la ciudad de Québec, en Canadá, por dos meses, a visitar a unos amigos hispanos, conocer aquella ciudad y aprender un poco de francés.
8. A otro lugar (escojan uno) para . . .

D Consejos para viajar. Imagínese que Ud. y su compañero(a) van a hacer juntos un viaje a un país de habla española. Ahora discuta sus planes.

Estudiante A	Estudiante B
1. Suggest a Spanish-speaking country you would like to visit.	2. Disagree, then suggest another country.
3. Agree, then offer a suggestion about the place you will visit.	4. React positively or negatively, then offer other suggestions.
5. Continue your conversation.	6. End the conversation appropriately.

Expresiones útiles para continuar su conversación:

Primero, hay que . . .	Sí, pero no deberíamos . . .
Luego, debemos . . .	Pues, es una buena idea . . .
Oye, ¿por qué no . . . ?	¡Buena idea! ¿Qué te parece . . . ?
De acuerdo. Entonces, . . .	¡Perfecto! Después, podemos . . .

E ¡Vamos de vacaciones! Trabaje en grupos de tres o cuatro estudiantes. Planeen un viaje a un país hispano de su gusto, usando mapas, guías turísticas, folletos sobre aquel país o cualquier otra información. En su plan incluyan las siguientes ideas.

1. país: región de aquel país, sus ciudades y pueblos
2. itinerario: fechas de viaje, tiempo en cada lugar
3. tiempo: estación del año en ese lugar, ropa adecuada
4. transporte: avión, tren, autobús, coche alquilado, etc.
5. actividades: horario diario
6. equipaje: documentos, dinero, ropa, equipo fotográfico, etcétera

F Mi lugar favorito. Supongamos que usted está de vacaciones en su balneario *(resort)* preferido. Escríbale una carta a un(a) amigo(a) describiéndole cómo es ese lugar, qué hay que ver, qué tiempo hace en el verano, qué tipo de personas veranean allí, etc. Sus descripciones deben ser muy claras y usted también debe incluir ejemplos para ilustrar sus ideas y opiniones sobre este balneario. Comience usted así:

Querido(a) ——————
Todos los días pienso en ti y en cómo me gustaría que estuvieras aquí. Me encanta este balneario porque . . .

De vacaciones. Las vacaciones son una importante actividad en el mundo hispano y la gente ahorra dinero y se prepara por mucho tiempo para poder ir a los lugares más interesantes. En general, los hispanos pasan sus vacaciones en un solo lugar y tienden a quedarse allí por un tiempo más o menos largo. Poca gente sale a recorrer grandes áreas, pero, si lo hacen, tienden a pasar más tiempo en cada lugar que el que nosotros le dedicaríamos. Poca gente sale a acampar—excepto, por supuesto, algunos estudiantes. Hay familias que van al mismo lugar por años, especialmente las que tienen casa de veraneo. Es muy común ir a pasar las vacaciones con algún familiar o padrino que viva en el campo, la costa o algún lugar donde se pueda descansar.

Las vacaciones también tienen gran valor social, así es que es importante ir a algún sitio y no quedarse en casa por nada del mundo. Por supuesto, dónde se va también es importante y en muchos casos ayuda a subir en la escala social. En el hemisferio norte, el mes de vacaciones es agosto, pero en el hemisferio sur, el mes de vacaciones es febrero. Ésta se llama la temporada alta y entonces los hoteles y balnearios están llenos de gente que se dedica a descansar buena parte de la mañana y a salir por la tarde y la noche.

Si a Ud. le preguntan sobre sus vacaciones, recuerde que una salida de tres o cuatro días no cuenta como vacaciones para los hispanos; en este caso se puede decir «me voy a tomar un par de días de descanso (asueto)». Recuerde que la palabra en español es **vacaciones** y que no se usa en singular, precisamente porque se considera que las vacaciones deben ser largas.

1. ¿Qué vacaciones se ha tomado últimamente, o sólo se ha tomado algunos días de descanso? 2. ¿Existe en su familia la tradición de ir todos los años al mismo lugar? ¿Por qué? 3. Según Ud., ¿a qué balneario hay que ir para aumentar el prestigio social?

Cómo pedir y dar información en el aeropuerto

«Su atención, por favor. Aviasa anuncia la llegada de su vuelo 154 procedente de Nueva York y Miami. Rogamos a todos los pasajeros que tengan listos sus pasaportes y tarjetas de turista para que pasen directamente por la inmigración. ¡Bienvenidos a San José!».

PASAJERA: Ay, ¡pero qué viaje más estupendo!
EMPLEADO: Cuánto me alegro. ¿Cuánto tiempo estará en Costa Rica?
PASAJERA: Pues, . . . no sé . . . este . . . unas tres semanas, creo.
EMPLEADO: ¡Qué lástima! Hay tanto que ver aquí.
PASAJERA: Sí, ya lo sé. Es que . . . vengo a casarme.

EMPLEADO: ¿De veras? ¡Qué bueno, señorita! ¡Felicitaciones!
PASAJERA: Gracias. Perdón, ¿dónde recojo mi maleta?
EMPLEADO: Por acá, señorita. ¡Bienvenida a Costa Rica!

CÓMO CONTAR UN VIAJE

La ciudad es bastante grande y . . .
El viaje fue muy entretenido y . . .
Vimos tantas cosas diferentes; por ejemplo, . . .
¡Fue un desastre! Nevó / llovió / estuvo nublado todos los días.
No vas a creer lo estupendas (lo aburridas) que fueron mis vacaciones.

CÓMO REACCIONAR POSITIVAMENTE

¡Pero qué fantástico!
¡Qué sensacional, hombre!
Ay, ¡qué fotos tan bonitas!
¡Qué bueno! ¡Cuánto me alegro!

CÓMO REACCIONAR NEGATIVAMENTE

¡Qué mala suerte tuviste!
¡Dios mío! ¡Qué barbaridad!
Ojalá tengas más suerte en el próximo viaje.
¡Qué lástima! ¡Es increíble que pasen cosas así!

QUÉ DECIR EN LA RECEPCIÓN DE UN HOTEL

Quisiera una habitación doble con baño privado y calefacción.
                        para tres personas con agua caliente.
                        sencilla, con ducha y que no dé a la calle.
Perdón, el ascensor, ¿dónde queda?
          ¿tiene un plano de la ciudad?
          ¿en qué piso está la habitación?
          los servicios (baños), ¿dónde están?

CÓMO QUEJARSE EN EL HOTEL

El lavabo está tapado.
    inodoro
Esta llave no funciona; ¿tiene otra?
No funciona el grifo (la llave del agua) *(faucet)*.
Señor, por favor, la cama (silla / mesa) está rota.
               mi habitación está sin hacer.
               hace demasiado frío (fresco / calor) aquí.
               hay mucho ruido de la calle (del otro cuarto).
               no hay agua caliente (televisor / luz / toallas).

Así es

En algunas partes, los pisos de las casas y edificios no se llaman igual que en los Estados Unidos o el Canadá. Observen la foto y vean que el piso que está a nivel de la calle se llama **planta baja** y el piso que sigue se llama **primer piso** o **planta alta**. Este es un detalle importante que recordar.

```
FACULTAD DE DERECHO
Y CIENCIAS SOCIALES

PLANTA BAJA

⇦ CONSULTORIO JURID.
⇦ INSTITUTOS
⇦ COMPRAS
⇦ CONTADURIA
  BEDELIA        ⇨
  CANTINA        ⇨
  OFICINA CED    ⇨.

PLANTA ALTA

DECANATO
SALA MAGGIOLO
BIBLIOTECA
SECRET. DOCENTE
TRAMITE
CONCURSOS
COMISIONES
DEP. DE SECRETARIA
```

G ¡Bienvenidos! Trabaje con otro(a) estudiante. El (La) viajero(a) acaba de llegar a un hotel donde quiere quedarse, y por eso, habla con el (la) recepcionista.

Viajero(a)	Recepcionista
1. Salude al (a la) recepcionista.	2. Salude a su cliente.
3. Pida una habitación. Sea específico(a) y describa exactamente lo que desea.	4. Pregunte por cuántos días.
5. Conteste; luego pregunte por el precio del cuarto.	6. Responda adecuadamente.
7. Decida si está bien o no. Si no, pida más información.	8. Siga la conversación hasta que su cliente esté satisfecho(a).
9. Despídase.	10. Despídase con cortesía.

Al (a la) viajero(a) no le gusta la habitación que le dieron y, por eso, habla de nuevo con el (la) recepcionista.

Viajero(a)	Recepcionista
11. Salude al (a la) recepcionista.	12. Salude a su cliente.

13. Explique el problema.

14. Hágale preguntas específicas para conseguir más información.

15. Conteste las preguntas cortésmente.

16. Comunique sus reacciones con cortesía.

17. Quéjese un poco más.

18. Responda con cortesía y resuelva el problema.

19. Despídase y dé las gracias cortésmente.

20. Despídase con cortesía y deséele que lo pase bien.

Ahora el (la) viajero(a) está por irse del hotel. En este momento está en la caja y va a pagar la cuenta.

Viajero(a)	Recepcionista
21. Salude al (a la) recepcionista.	22. Salude a su cliente.
23. Dígale que se va y el número de su habitación.	24. Calcule la cuenta y désela.
25. Quéjese de un error en la cuenta.	26. Resuelva el problema con cortesía. Pregúntele cómo quiere pagar: en efectivo, con cheque de viajero o con tarjeta de crédito.
27. Conteste; luego páguele y pídale un recibo.	28. Reciba el pago, déle un recibo y despídase con cortesía.

H En el banco. Hable con otro estudiante.

Cliente	Empleado(a)
1. Salúdelo(la) adecuadamente.	2. Responda con cortesía.
3. Dígale lo que usted quisiera: cambiar dinero— en efectivo o cheques de viajero.	4. Conteste, luego pídale que le dé su pasaporte y que firme los cheques si los tiene.
5. Exprese sorpresa por el mal tipo de cambio *(exchange rate)*.	6. Explíquele cómo está de mala la situación económica de su país.
7. Haga un comentario adecuado.	8. Termine la transacción y déle las gracias a su cliente.
9. Responda y despídase.	10. Despídase con cortesía.

I En la Telefónica. Hable con un(a) compañero(a) de clase; él (ella) debe cerrar el libro en este momento. Imagínese que usted está viviendo en Madrid y que quiere llamar a sus padres. Por eso, Ud. va a la Telefónica y habla con un(a) empleado(a) de allí.

1. Salúdelo(la) cortésmente.
2. Dígale el país y la ciudad adonde quiere llamar y el número de teléfono.
3. Pregúntele el valor de la llamada por tres minutos.
4. Quéjese un poco sobre el sistema telefónico de España.
5. Déle las gracias y espere su llamada.

J Un viaje inolvidable. Descríbale a un(a) compañero(a) un viaje muy interesante que haya hecho usted. Sea muy específico(a) en sus descripciones. Por ejemplo, puede describir el lugar, el clima, la gente que conoció allí, sus actividades diarias, sus impresiones y sus recuerdos inolvidables. Primero, apunte sus ideas en un papel, luego comience su descripción usando sus apuntes. Su compañero(a) debe tomar notas para después contarle lo principal a la clase.

K Nuevos amigos. Escriba una conversación de una página entre dos o tres personas que van en un avión y que piensan compartir un taxi al llegar. Necesitan saber adónde va cada persona para ponerse de acuerdo en el recorrido *(route)* del taxi. Además, como todos tienen mucha experiencia, se dan consejos sobre qué cosas hacer o no hacer en el país que van a visitar. Trate de usar palabras y frases de esta sección.

PERSPECTIVAS AUTÉNTICAS

Antes de leer

A Su hotel preferido. ¿Qué tipo de hotel le gusta a Ud.? Indique todos los servicios e instalaciones que son importantes para usted.

Prefiero una habitación con . . .

[ ] radio	[ ] agua caliente
[ ] desayuno	[ ] una vista bonita
[ ] teléfono	[ ] terraza o balcón
[ ] alfombra	[ ] ambiente de lujo
[ ] frigobar	[ ] cama(s) grande(s)
[ ] escritorio	[ ] aire acondicionado
[ ] ventilador	[ ] pinturas originales
[ ] baño privado	[ ] televisor a colores

También el hotel debe tener . . .

[ ] un sauna	[ ] servicio postal
[ ] un bar de tapas	[ ] un bar de cocteles
[ ] una discoteca	[ ] más de cinco pisos
[ ] una cafetería	[ ] alquiler de autos
[ ] un restaurante	[ ] una tienda de regalos
[ ] una peluquería	[ ] una agencia de viajes
[ ] una lavandería	[ ] estacionamiento gratis
[ ] una tintorería	[ ] servicio a la habitación

Además, espero que el hotel tenga . . .

[ ] un campo de golf	[ ] un jardín para niños
[ ] canchas de tenis	[ ] una piscina para niños
[ ] canchas de vólibol	[ ] una piscina para adultos
[ ] canchas de básquetbol	[ ] una playa de mar o lago

Ahora, cuente cuántos servicios marcó en las listas y vea qué tipo de hotel le gusta más según su puntaje total. Luego, escriba una descripción completa del hotel que le gusta.

Es evidente que prefiero . . .

[ ] un hotel de lujo   21–40 ⎫
[ ] un hotel mediano 11–20 ⎬ Número de servicios / instalaciones
[ ] un hotel modesto   0–10 ⎭

B **Un hotel inolvidable.** Piense en los hoteles en que Ud. haya estado. Luego, haga una lista de cinco cosas que le encantaron y cinco que no le gustaron en esos hoteles. Finalmente, comparta y discuta su lista con un(a) compañero(a) de clase.

Cómo leer la lectura.

1. Mire la foto de la página 263; luego, lea el título del artículo que sigue. ¿Cree Ud. que esta lectura va a tener un tono positivo o negativo? ¿Por qué?

2. Lea el primero y el último párrafos de la lectura. ¿Cree Ud. que esta lectura va a tener un tono positivo o negativo?

3. Ahora lea toda la lectura rápidamente para sacar las ideas principales. No se detenga para buscar el significado de ninguna palabra ni expresión idiomática.

El embrujo° de un hotel

encanto

luz, bombilla

sólo es necesario

trabajador

nunca   perforación

pasajeros

watercress

Me encantan los hoteles, sean de lujo, medianos o modestísimos. Viajar es una experiencia placentera y nada la complementa tan bien como ese cuarto ajeno e impersonal, en el que todo es aventuroso y nuevo.

Parte del encanto es el elemento de irresponsabilidad con respecto a lo que ocurre en los hoteles y eso contribuye mucho a la felicidad del viajero. Si se quema la ampolleta° del velador, si gotea una llave del baño, si la calefacción está demasiado fuerte o demasiado débil, si la imagen del televisor está excesivamente pálida . . . basta° apretar un botón del teléfono y decirlo. En un abrir y cerrar de ojos se presenta el obrero° de mantención y soluciona el problema sin que tengamos que pagar nada extra. ¡En casa no es así! Quién sabe qué grado académico tendrán, pero el hecho es que arreglan el desperfecto de inmediato y jamás° anuncian con cara de tragedia: «Hay que hacer un agujero° en la pared y luego . . . , y después . . . »

También me fascinan los hoteles que ponen a sus huéspedes° en ambiente, les muestran dónde están y en qué cultura se encuentran sumergidos de inmediato. Se nota en la forma cómo habla el recepcionista, cómo están dispuestos los muebles en la habitación, cómo se atiende y cómo funciona el servicio a la habitación, qué cantidad de inesperadas delicias hay en los baños, cómo son los guardarropas. Por ejemplo, el hotel Brown's, con sus chimeneas encendidas, sus ramos de flores frescas por todas partes, sus chocolates y sus sándwiches de berro° para la hora del té, le hace saber a uno a gritos que uno ya está en Londres.

Otros hoteles son inolvidables por otras razones. Mi última visita al Hotel Excelsior de Roma fue hace un par de años. Estaba lleno de japoneses, fotografiándose, y de árabes con señoras envueltas en velos misteriosos y niños bellísimos, de ojos aterciopelados°. La Vía Veneto, que en otras épocas era el corazón de la ciudad, estaba en paz, sin turistas ni gente linda.

velvety

Alguien dijo: «¡Vaya, qué idea venir aquí! Ya no pasa nada en este barrio». Pero se equivocaba, puesto que al día siguiente desperté antes de las siete de la mañana con un estampido° atroz que parecía venir de debajo de mi propia cama. Como buena chilena, pensé: "¡Esto es un terremoto°!" Me asomé al balcón y vi una gran nube de humo negro. ¿Incendio en el hotel? Corrí escaleras abajo, no sin antes echar mano de mi billetera y pasaporte.

explosión

gran temblor de tierra

Todos los pasajeros habían tenido la misma idea y en el vestíbulo se produjo una congestión de japoneses, señoras árabes, niños sauditas con sus nanas, todos en camisa o en pijama. Los únicos inconmovibles, ajenos a toda emoción, elegantemente uniformados, eran los empleados, los

botones y los gerentes del Excelsior: "No es nada, señora, no es nada". Era una bomba colocada en un coche, la cual estaba destinada a la vecina embajada de los Estados Unidos. Después nos dijeron que un terrorista japonés había colocado el artefacto. Y así fue como ese día tomamos desayuno en el bar, no en el destruido comedor del hotel. ¿No es maravilloso? Solución instantánea y yo no tuve que llamar al constructor para nada.

En fin, me fascinan los hoteles, aun los que son tan pequeños que tienen la ducha al pie de la cama, prácticamente, o los que son tan viejos que la última vez que cambiaron el papel mural fue en 1830. Ojalá que nadie, nunca, les ponga frigobar, televisor ni jacuzzi.

Tomado de «Europa: El embrujo de sus hoteles» por Esther Edwards en Revista del domingo: En viaje. El Mercurio *Nº1256, 13 de enero de 1991, páginas 10–11.*

¿Comprendió bien?

C Enfoque en la lectura.   Lea el artículo una vez más para contestar las siguientes preguntas.

1. ¿Cree Ud. que el tono es positivo, negativo o ni positivo ni negativo? ¿Por qué? Encuentre información específica en la lectura para respaldar su opinión.

2. ¿Qué signos del artículo confirman que la persona que lo escribió es una mujer?

3. ¿De qué país es la autora de este artículo? ¿Cómo sabe Ud. eso?

4. Haga una lista de las ventajas de alojarse en un hotel, según la autora.

5. ¿Conoce Ud. un hotel como uno de los que describe la autora? ¿Cómo se llama y dónde está? Describa el hotel o describa un hotel que sea exactamente opuesto a la descripción del artículo.

D Entre líneas.   Escriba sus reacciones a las siguientes preguntas, luego discútalas con otro(a) estudiante.

1. ¿Por qué hizo un contraste la autora entre vivir en casa y alojarse en un hotel?

2. Según Ud., ¿qué tipo de hotel de veras prefiere la autora? ¿Qué lo (la) hace pensar así?

3. ¿Qué estereotipos encontró Ud. en este artículo? ¿Por qué cree Ud. que decidió incluirlos la autora? ¿De dónde son los estereotipos? ¿Son buenos o malos para la sociedad, y por qué?

E   Un hotel elegante.   Hable con un(a) compañero(a) de clase.

Estudiante A: Imagínese que Ud. trabaja en una agencia de viajes en la Ciudad de México. Mire la información en la tarjeta del Hotel Palace y conteste todas las preguntas de su cliente (compañero/a de clase). ¡No **mire** las preguntas de abajo, por favor!

Estudiante B: Imagínese que Ud. quiere saber un poco de información sobre el Hotel Palace. **Sin mirar** la tarjeta del Hotel Palace que sigue, hágale al (a la) agente de viajes (su compañero/a de clase) las siguientes preguntas:

¿Dónde queda el hotel? ¿Qué tipo de habitaciones tiene? ¿Es posible comer en el Hotel Palace? ¿Hay un lugar para estacionar el auto? ¿Cuál es el número de teléfono del hotel?

PALACE HOTEL
IGNACIO RAMIREZ 7
TEL. 566-24-00
MEXICO, D. F.

EXACTAMENTE EN EL CORAZON DE MEXICO

Lujosos suites y cuartos con todas comodidades y confort, contando con los servicios necesarios.

Enteramente alfombrados
Teléfono en cada uno
Agua purificada y destilada
Aire acondicionado

MAS LOS SERVICIOS COMPLEMENTA-RIOS PARA NUESTROS CLIENTES.

Agencia de turismo
Garage interno
Con servicios de elevadores
Cajas de seguridad
Restaurant Cafetería
Tabaquería
Regalos

F   "Quisiera hacer una reservación . . ."   Llame al lujoso Hotel Palace y haga una reservación por teléfono. El Sr. (La Srta.) Saldívar (un/a compañero/a de clase) va a contestar el teléfono. Usen Uds. el vocabulario presentado en la sección **Antes de leer** de este capítulo, las frases de abajo y las palabras y expresiones que ya saben bien.

EJEMPLO: Empleado: Buenos días. Hotel Palace.
       Pasajera: Buenos días. Quisiera hacer una reserva-
            ción, por favor.
       Empleado: Sí, señorita. ¿Para qué fechas?
       Pasajera: Pues, voy a llegar el día quince de abril
            y . . .

EXPRESIONES ÚTILES:
Quisiera . . . , por favor.
Bueno, prefiero . . .
Y me gustaría . . .
También quisiera . . .
Que tenga (haya / sea) . . . , si es posible.

G ¡Buen provecho! Imagínese que Ud. está en el Hotel Palace y que ahora se muere de hambre. Piense en lo que le gustaría comer y tomar. Vea las páginas 98–100 para repasar el vocabulario necesario. Luego, llame al servicio a la habitación (su compañero/a va a contestar) y pida lo que desee.

H Tres problemas. Imagínese que Ud. está relativamente contento(a) con su habitación en el Hotel Palace, pero hay tres cosas que le molestan a Ud. Puesto que la habitación es muy cara y éste es un hotel de lujo, Ud. tiene derecho a quejarse un poco. Primero, haga una lista de las tres cosas que no le gustan. Vea el artículo y la página 257 para repasar el vocabulario necesario. Luego, llame al (a la) recepcionista (su compañero/a va a contestar) y describa estas tres cosas.

I ¿Y qué haces tú? Pregúntele a un(a) compañero(a) qué hace cuando se va de vacaciones. Use las siguientes preguntas u otras más adecuadas. Después, cambien de papeles. Usen el vocabulario de este capítulo.

1. ¿Qué lugares visitas cuando te vas de vacaciones?
2. ¿Te alojas en un hotel o con amigos?
3. ¿Qué lugares son más baratos en los Estados Unidos? ¿En qué meses?
4. ¿Adónde conviene ir cuando el valor del dólar está alto? ¿Y cuando está bajo?

J De vacaciones. Por lo general, hay dos grupos de turistas: los que piensan que las vacaciones son para descansar y no hacer nada, y los que piensan que en las vacaciones uno debe hacer muchas cosas diferentes. ¿En qué grupo está Ud.?

Trabaje con dos compañeros y . . .

1. hagan una lista de las ventajas y desventajas de las vacaciones vacaciones o de las vacaciones estructuradas.

   EJEMPLOS: Vacaciones vacaciones: No es necesario que la gente haga planes.
   Vacaciones estructuradas: Todo el plan se conoce de antemano (*beforehand*).

2. hagan una lista de las cosas que les gusta o no les gusta hacer en las vacaciones.

EJEMPLO: dormir hasta las doce
ir a pescar

Vocabulario útil:
ir a las discotecas / ir de compras a las tiendas / dormir hasta mediodía / tostarse al sol / no hacer nada en todo el día / ir a pescar, (nadar, bailar, correr) / salir a caminar a las seis de la mañana / tomar un curso de esquí acuático / tomar un curso de tablavela / quedarse en casa y leer (escuchar música, conversar, mirar la televisión) / hacer ejercicio y bajar de peso

K ¡Tantas decisiones! Usted y tres amigos están de vacaciones en Cancún, México por sólo tres días. Pero hay un problema porque todos tienen intereses muy diferentes. El objetivo de esta actividad es tomar una decisión en conjunto *(collectively)* sobre cómo van a pasar el tiempo en Cancún. Vean qué tipo de veraneantes son Uds., discutan el problema juntos y decidan qué van a hacer. Cada persona del grupo debe representar a uno de los siguientes veraneantes.

1. *El veraneante típico.* Esta persona quiere pasar todo el tiempo tostándose y descansando en la playa, escuchando música popular en la radio y leyendo revistas. Tiene poca energía y poca ambición.
2. *El inquieto.* Esta persona quiere ir de compras a todas las tiendas de Cancún. Tiene mucho dinero y quiere comprar regalos para todos sus amigos y parientes. Se aburre en la playa.
3. *El fotógrafo.* Esta persona quiere visitar las ruinas mayas, los museos y otros lugares de interés histórico y artístico de Cancún. Tiene mucho equipo fotográfico y muchísima energía.
4. *El conversador.* Esta persona quiere conocer a otros turistas, especialmente del sexo opuesto. Habla muy bien español, es muy conversadora y tiene mucha energía y personalidad.

Detalles interesantes

Few verbs are as important as those that express movement and displacement. Because "going on vacation" is the theme of this chapter, many verbs for "to go away" are used. Can you remember these verbs?

The verbs **ir, irse, marcharse,** and **partir** mean *to go, to go away* o *to leave,* whereas **dejar** has a more specific meaning: *to abandon or to leave a specific place.* Usually, the verb **salir** means *to go out* or *to go out partying.*

Try to guess the meanings of **dejar** in the paragraph below.

Elisa está muerta de pena porque su novio **la dejó.** Sin embargo, **le dejó** una pulsera de regalo para que siguieran siendo amigos. Ahora, ella no sabe dónde **dejó** la famosa pulsera.

Try to guess the meanings of **salir** in the following paragraph.

Carlos **salió mal** en el examen final por **salir** tanto durante el fin de semestre. Este último tiempo le han **salido mal** muchas cosas por no aplicarse lo suficiente. Lo peor es que todavía no ha logrado **salir de** la rutina que lo afecta.

Another verb of movement, **andar,** has several idiomatic meanings. Can you guess them in the following paragraph?

Bill **anda** enfermo porque no se puso la inyección antialérgica. Por eso, también **anda** muy irritable y de mal humor. Por el contrario, su novia **anda** siempre sonriendo y de buen humor. ¿Qué podemos hacerle si las cosas a veces no **andan** bien? Hay días en que ni los relojes quieren **andar** tampoco. Por eso **ando** buscando un buen reloj ahora.

¡A PRACTICAR!

Complete el siguiente párrafo con formas apropiadas de algunos de los verbos estudiados en esta sección.

Cuando el avión _____ del aeropuerto, me sentí muy feliz porque por fin me _____ de vacaciones. Las cosas no _____ bien desde que estuve enfermo y necesitaba _____ de la ciudad para descansar un poco. Por supuesto, _____ no resuelve todos los problemas, pero al menos puedo _____ de paseo por la tarde o de fiesta por la noche y eso me va a distraer un poco.

Así es

Siempre dentro del círculo. Por razones que Ud. ya conoce, es muy difícil que una familia hispana considere más cómodo o agradable alojarse en un hotel en vez de quedarse con amigos o familiares en una casa. Por lo tanto, cuando Ud. vaya al extranjero a visitar a sus amigos hispanos, se espera que Ud. se quede con ellos y no en una residencia o pensión, por muy barata que sea.

1. ¿Cuáles son algunas de las ventajas de quedarse con una familia en otro país? 2. Desde el punto de vista de su cultura, ¿cuáles son algunas de las desventajas de alojarse con gente conocida?

You already know the meaning of the following relative pronouns:

que	*that, which, who*	**quien(es)**	*who*
lo que	*what, which*	**a quien(es)**	*whom*
		cuyo(a/os/as)	*whose*

- Relative pronouns connect sentences by referring to something or someone already mentioned. Therefore, relative pronouns eliminate the need for repetition, and thus contribute to smooth, connected language.

  La crisis económica mundial, **que** también ha afectado a la economía española, es a veces un factor positivo para el turismo extranjero. Por ejemplo, muchos norteamericanos visitan España y la mayoría prefiere Madrid, **lo que** nos sorprendió muchísimo. Pensamos que preferirían las playas, pero no es así. Por el contrario, los alemanes y los ingleses, **quienes** forman el 42% de los turistas extranjeros en España, prefieren veranear en la costa oriental y las islas. Los norteamericanos, **cuyo** lugar preferido es Madrid como ya dijéramos, prefieren viajar en abril y mayo.

Sometimes the relative pronoun *that* is omitted in English, but **que** must be used in Spanish.

  Los precios **que** publicamos el año pasado no son válidos ahora.
  (The prices (that) we published last year are not valid now.)

- Some relative pronouns are used in clauses set off by commas.

  Este grupo de turistas, **cuyas** maletas están todavía en el autobús, va a alojarse en el Hotel Palace.

  Los turistas alemanes, **quienes** prefieren la costa catalana y las Baleares, son más numerosos que los ingleses y los suecos.

- To clarify to what or to whom one is referring, Spanish speakers use the relative pronouns **el (la / lo / los / las) que** or **el (la / lo / los / las) cual(es).***

  La nueva tarifa, **la cual (que)** favorece a los niños menores de 12 años, entrará en efecto el 1º de diciembre.

  El dólar ha bajado de precio recientemente, **lo cual (lo que)** afecta significativamente el turismo en España y el resto de Europa.

---

*/**Lo que** is used to refer to a general idea or situation, not to a specific noun.

¡A PRACTICAR!

A Se solicita traductor(a).   Imagínese que se necesita un(a) buen(a) traductor(a) y que Uds. han solicitado el trabajo. Trabaje con un(a) compañero(a) y traduzcan al inglés las siguientes frases de un folleto de turismo.

1. Los agentes decidieron reducir sus comisiones para estimular el turismo interno, lo cual puede producir buenos resultados rápidamente.
2. El director de turismo, con quien hablé ayer, está preparando otros «paquetes de vacaciones».
3. Los paradores, entre los cuales se cuentan los de Zaragoza y Salamanca, van a ofrecer precios reducidos en marzo y abril.
4. Los turistas, entre los cuales se cuentan casi 20 millones de españoles y un poco más de 41 millones de extranjeros, invaden la geografía española durante los cuatro meses de verano.
5. La temporada alta, la que se reduce a julio y agosto únicamente, produce grandes entradas de divisas *(hard currency)* al país.
6. Las minivacaciones o viajes de fin de semana son cada vez más populares entre la gente de las ciudades grandes, lo que está cambiando el concepto de veraneo y la dinámica de la ciudad.

B Turistas españoles.   Complete lo siguiente con un pronombre relativo apropiado, según el significado: **el (la / los / las / lo) + que** o solamente **que.**

Turismo español en Portugal

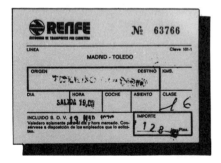

Portugal, _____ es más barato que España ahora, es uno de los lugares preferidos por los españoles _____ desean cambiar de aire. Con dos mil hoteles, _____ cuentan con unas 50 mil habitaciones en total, parece _____ hubiera suficientes acomodaciones para todo el mundo (_____ a veces no es suficiente si hay depresión económica). Los españoles, _____ no necesitan visa para cruzar la frontera, viajan en grandes cantidades a Portugal para la Semana Santa, _____ es una festividad muy importante en ambos países.

C Los hoteles españoles.   Para evitar la repetición, usen un relativo para insertar la segunda frase en la primera.

EJEMPLO: La policía tiene más problemas que nunca en agosto.
La policía tiene que contratar más personal durante los meses de verano.
La policía, que tiene que contratar más personal durante los meses de verano, tiene más problemas que nunca en agosto.

1. Los hoteles pequeños prefieren recibir pedidos de reservas por carta y no por teléfono. Los sistemas de reservación de los hoteles pequeños no son computarizados.

2. Los hoteles de playa trabajan a media capacidad durante el invierno. Los hoteles de playa están siempre llenos en la temporada alta.

3. Los paradores resultan baratos para los turistas extranjeros. Los paradores están muy bien ubicados a lo largo de las carreteras españolas.

4. Los norteamericanos casi siempre compran "paquetes de vacaciones". A los norteamericanos no les gusta hacer reservaciones directamente.

5. Los sudamericanos prefieren visitar las ciudades grandes y los lugares de interés histórico. Los sudamericanos prefieren los hoteles de familia.

Expresiones de obligación

To say that someone should do or have something, use one of the expressions below. Note that while **hay que** is invariable, **debiera / debieras / debieran** and **tiene / tienes / tienen que** agree with the subject and **le (te) falta(n)** agrees with the thing needed.

Hay que mostrarle el pasaporte al recepcionista.
Debieran darle una propina al maletero.
Tiene(s) que abrir todas las maletas en la aduana.
A Ud. le falta la tarjeta de inmigración y **a ti te faltan** la vacuna y el pasaporte.

Me (te / le / nos / les) falta(n) follows the same pattern as **gustar,** which is introduced on page 89.
Me falta mi bolso rojo, ¿dónde está?
Me faltan tres días para irme a casa.
Me faltan doscientos dólares para mi pasaje.

¡A PRACTICAR!

D   En la aduana.   En la aduana del aeropuerto Kennedy en Nueva York hay un gran letrero que indica las cosas que hay que declarar por obligación: más de un litro de licor o vino, cualquier planta o animal vivo, comida no enlatada, más de 10.000 dólares, más de $400 en regalos. Registre a los siguientes pasajeros y dígales si debieran declarar algo o no.

1. Sra. de Márquez: 4 botellas de coñac español, ropa nueva para su uso personal, 100.000 pesetas, 2 maletas nuevas

2. Srta. Lugones: mucha ropa nueva, joyas italianas, jamones y vinos españoles, 6 frascos de perfume francés

3. Prof. Armendáriz: varios mapas, dos litros de jerez *(sherry)*, una colección de mariposas *(butterflies)*, 6 relojes que compró en Suiza

4. Sr. Ervin: 3 botellas de vodka ruso, 4 latas de caviar, un abrigo de piel de zorro plateado (valor: $57.500), una docena de rosas francesas para su esposa

E Consejos. Con un(a) compañero(a), hagan una lista de los cinco consejos más prácticos para una persona que va a viajar al extranjero o a otra parte del país. Si es posible, sería interesante que Uds. hicieran una lista para un país, ciudad o lugar específico.

> EJEMPLO: Para ir a Kenya, África, hay que tener el pasaporte y las vacunas contra . . . y también Ud. debiera llevar . . .

F En la policía internacional. Todos los viajeros deben pasar por la inmigración antes de entrar a un país. Imagínese que Ud. es el (la) funcionario(a) de policía en la frontera y que un(a) compañero(a) acaba de llegar de otro país. Pídale sus documentos y vea qué cosas le faltan.

1. Ask to see his or her travel documents.
2. Look at them carefully. He or she has no visa for your country, and the passport expired three days ago. Say what is missing and what is required.
3. You may add more requirements, if you wish, such as photos, ticket out of your country, a minimum amount of money to enter your country, etc.

Repaso de pretérito e imperfecto

To talk about a trip that you took, describe the scenery, the weather, and the background with verbs in the *imperfect*, and narrate the action in the *preterite*.

CÓMO RELATAR LOS SUCESOS DE UN VIAJE

Hacía tanto calor que regresamos al hotel.
Había mucho viento cuando estuvimos en _____.
Me faltaban siete dólares para el derecho de aeropuerto cuando vi a . . .
Primero visitamos _____ y después fuimos a _____ y a _____.
Llegamos al hotel a las cinco y pedimos la cena de inmediato.
El viernes, fui a _____ y conocí un magnífico palacio y vi _____.

¡A PRACTICAR!

G Un encuentro misterioso. Lea en voz alta el siguiente párrafo, usando o el pretérito o el imperfecto adecuadamente.

Un día cuando yo (caminar) por el Parque del Buen Retiro en el centro de Madrid, una gitana (acercarse) y me (pedir) que le mostrara la mano. Le (decir) que no, pero ella (insistir) hasta que le (mostrar) la mano derecha. Luego, ella (comenzar) a decirme que yo (tener) dolor de espalda en ese momento y que también (tener) un montón de problemas, todo lo cual (ser) verdad. Como (ser) bastante astuta, (ver) la mirada de sorpresa en mis ojos y me (pedir) cien pesetas. Yo le (dar) cincuenta para que me dijera algo de mi futuro, pero (irse).

H ¡Qué viaje más espantoso! No todos los viajes salen bien. Entreviste a un(a) compañero(a) para que él (ella) le cuente de un viaje desastroso que haya hecho. Después, cambien papeles. Luego, hablen del viaje más agradable que hayan hecho.

1. Cuéntame de un viaje que te haya salido realmente mal. Quisiera saber, ¿adónde fuiste y con quién?
2. ¿Qué tiempo hacía cuando llegaste allí?
3. ¿Por qué salió todo mal?
4. ¿Hubo algo que saliera bien en tu viaje? Cuéntamelo, por favor.
5. ¿A quién conociste en ese viaje? ¿Cómo era(n)?
6. Por fin, ¿qué harías para no volver a tener la misma experiencia desagradable que tuviste?

I Ahora, el peligro. Pídale a un(a) compañero(a) que le cuente de algún viaje peligroso o aventurado que haya tenido. Después, cambien papeles.

EJEMPLO: Fíjate que una vez llovía muy fuerte y el avión no pudo despegar. Después, nos dieron permiso para despegar, pero . . .

J Corto de fondos. Escriba un párrafo para contarle a la clase de alguna vez en que le faltó dinero para pagar algo durante un viaje, o de alguna ocasión en que se olvidó de llevar un documento necesario como el carnet de conducir o la tarjeta de crédito. Use las expresiones de esta sección y la anterior. Además, use el pretérito y el imperfecto según sea necesario.

EJEMPLO: Fíjate que una vez me olvidé de . . . y tuve que . . . Menos mal que . . .

¡A DIVERTIRNOS MÁS!

Del mundo hispano

¿A Ud. le gustaría viajar a Latinoamérica algún día? Estudie el anuncio de American Airlines con otro(a) estudiante y hagan una lista de las ventajas que ofrece American. En seguida, discutan adónde quisieran volar algún día. Expliquen por qué.

México: México, Monterrey, Guadalajara, León, Cancún, Acapulco, Puerto Vallarta

El Caribe: San Juan, Santo Domingo, Puerto Plata

Centroamérica: Ciudad de Panamá, San José, Tegucigalpa, Ciudad de Guatemala

Sudamérica: Santiago de Chile, Buenos Aires, Lima, Santa Cruz, Quito, Caracas, Bogotá, Cali

A **¡Su atención, por favor!**   En el aeropuerto hay que poner mucha atención a los anuncios. Escuche la grabación y después complete las siguientes frases.

1. El avión de Iberia va a _____ y los pasajeros deben abordar el avión por la puerta No. _____. El vuelo hace escalas en _____ y Lisboa.

2. El vuelo No. _____ de Viasa viene de Caracas. Si Ud. espera a un pasajero de este vuelo, vaya a la puerta No. _____.

3. El vuelo de Avianca, procedente de _____, llegará _____ minutos más tarde de la hora indicada.

B **¡Mucho ojo en la aduana!**   En la aduana hay que tener mucho cuidado. Escuche la grabación y ponga mucha atención para que sepa cómo contestarle al vista de aduana *(customs agent)*. Después, complete el ejercicio de comprensión.

1. Parece que el viajero está muy (tranquilo / nervioso / frustrado).

2. Fue a Buenos Aires a . . .

3. En sus maletas trae varias cosas: regalos para su esposa, los niños y _____ para un amigo.

4. Lo que lo tiene preocupado es . . .

C **¡Pero, si yo hice la reservación!**   Trabaje con otros dos compañeros para desarrollar la siguiente conversación. Primero, escriban lo que quieran decir y después representen la conversación para su clase. Traten de usar el vocabulario y la gramática de este capítulo.

Estudiante A
Imagínese que antes de salir de vacaciones a Colombia, usted hizo reservaciones de hotel con un(a) agente de viajes de su ciudad. Ahora, Ud. acaba de llegar al hotel con tres maletas muy pesadas y un maletín de mano, totalmente agotado(a) y muriéndose por un buen baño y un sueño reparador. Sin embargo, cuando se presenta en la recepción y pide su habitación, le dicen que no hay nada reservado a nombre suyo y que el hotel está lleno. Exija *(demand)* hablar con el (la) gerente.

Estudiante B
Usted trabaja de recepcionista en un hotel y no puede encontrar la reservación del (de la) enojadísmo(a) cliente que acaba de llegar. Trate de resolver el problema con cortesía y diplomacia y trate de explicarle al (a la) pasajero(a) que el hotel está totalmente lleno ahora. Revise una vez más la lista de reservaciones por si hay algún problema con los apellidos del (de la) pasajero(a). Pídale ayuda al (a la) gerente de turno *(manager on duty)*.

VOCABULARIO

Sustantivos

divisas hard currency
grifo faucet
habitación sencilla single room
inodoro toilet
lavabo sink
llave key
llave del agua faucet
pasillo aisle
servicios restrooms
toalla towel

De viaje por avión

aduana customs (for travel)
azafata female flight attendant
boleto (billete) ticket
  sencillo one-way
  de ida y vuelta round-trip
bolso de mano carry-on bag
equipaje luggage, baggage
escala stopover
horario schedule
línea aérea airline
llegada arrival
maleta suitcase
pasaje ticket

retirada de equipaje baggage
  claim
sala de espera waiting room
salida departure
sobrecargo male flight attendant
tarjeta de embarque boarding
  pass

Verbos

abordar to board (a plane)
abrocharse (el cinturón) to fasten
  (one's seat belt)
alojarse en to stay in a hotel
andar to be, to go, to run,
aterrizar to land
dejar to abandon, to leave
despegar to take off (airplane)
dirigirse (a) to go (to)
durar to last
facturar to check (luggage)
irse to go away, to leave
marcharse to go away, to leave
partir to go away, to leave
recoger to pick up
rogar (ue) to ask, to request
salir to go out, to go out partying

Expresiones idiomáticas

con destino a to (destination)
dar a la calle to face the street
hacer escala (en) to stop over (at)
procedente de from (departure
  point)

Expresiones para . . .

dar consejos para viajar, p. 253
pedir información en el aeropuerto, p. 253
contar un viaje, p. 257
  reaccionar positivamente, p. 257
  reaccionar negativamente, p. 257
usar en la recepción de un hotel, p. 257
quejarse en el hotel, p. 257

De la lectura

agujero hole
ampolleta lightbulb
aterciopelados velvety
basta de enough (of)
berro watercress
embrujo charm

estampido explosion
huéspedes guests
jamás never
obrero worker
terremoto earthquake

JOSÉ CLEMENTE OROZCO **Zapatistas, 1931.
Oil on canvas, 45 x 55".
Collection, The Museum of
Modern Art, New York. Given
anonymously.**

¡Estás en tu casa!

COMMUNICATIVE GOALS
In this chapter, you will learn to talk and write about cultural differences, to state and support your opinions, and to compare and contrast different styles of life.

FUNCTIONS
Asking questions
Making suggestions
Giving travel advice
Expressing needs and wishes
Expressing impressions and opinions
Complimenting and expressing appreciation

CULTURE
Political instability and authoritarian governments
Questions to ask when first meeting a host family

¿CÓMO SE DICE?

Cómo agradecerle a su familia extranjera

TONY: ¡Qué casa más linda tienen Uds.! Y son tan amables conmigo, muchas gracias.

MAMÁ: Ay, de nada, Tony. Estamos muy contentos de que estés con nosotros en Costa Rica.

TONY: ¿Desde cuándo viven ustedes aquí en San José?

MAMÁ: ¡Uy, por muchos años! Mi abuelito construyó esta casa en 1920.

TONY: ¡No me diga! Pues, . . . es bien grande, ¿no?

MAMÁ: Sí, éramos once personas . . . Bueno, ahora te enseño tu dormitorio.

CÓMO HACER CUMPLIDOS

¡Me fascina su auto! ¿Qué modelo es?
¡Qué ciudad tan bonita (fantástica)! Lo que más me gusta es . . .
Nunca he visto un jardín tan precioso. ¿Qué planta es ésa?
¡Qué amables son Uds.! Me alegro tanto de haber venido.

CÓMO EXPRESAR SU AGRADECIMIENTO

Lo he pasado tan bien aquí. Me encantaría quedarme.
Son ustedes tan amables. Les voy a escribir con mucha frecuencia.
Muchas gracias por todo (por el regalo / por haberme invitado).

CÓMO HACER PREGUNTAS CURIOSAS

¿Desde cuándo viven ustedes aquí?
Perdón, ¿para qué sirve esta cosa?
¿Cómo se llama esta fruta? No la conozco.

CÓMO EXPRESAR SUS NECESIDADES

Perdón, no hay . . . papel higiénico.
                      ni jabón ni toalla.
                      servilletas en la mesa.
¿Me podría . . . enseñar a cerrar la puerta?
                 dar una llave de la casa para mí?
                 enseñar cómo encender *(turn on)* esta cosa?
                 decir cómo apagar *(turn off)* este termo eléctrico?
¿Dónde puedo . . . lavar la ropa?
                  colgar este traje de baño mojado?
                  guardar mi maleta y bolsa de mano?
¿Tendría Ud. más . . . mantas (frazadas)?
                    almohadas *(pillows)*?
                    ganchos (perchas / armadores)?*

A **A buscar una familia que le guste.** Hable con otro(a) estudiante y dígale sus preferencias, completando las siguientes oraciones. Su compañero(a) de clase debe reaccionar a sus opiniones.

1. Quiero vivir con una familia en Costa Rica (México / España / ?) porque . . .
2. Me gustaría vivir con una familia hispana que (hable bien inglés / hable sólo español) porque . . .
3. Prefiero vivir con una familia hispana que (tenga una casa pequeña [grande] / viva en la ciudad [el campo]) porque . . .

---

*/ **Gancho** also means a hook on which something is hung.

4. Espero que tengan (gente de mi edad / niños pequeños / personas mayores) porque . . .
5. Prefiero vivir con una familia hispana a quien le guste(n) . . . porque . . .

B ¡Estás en tu casa! Imagínese que Ud. acaba de llegar a la casa de su familia extranjera para vivir con ellos por dos meses. Ahora hable con sus "padres" (otros dos compañeros de clase) y dígales lo que sigue. Ellos deben reaccionar adecuadamente ante lo que Ud. les dice.

1. Thank them for inviting you to their home.
2. Give them a few compliments about their home, family, and/or country.
3. Apologize for not being able to speak Spanish perfectly.
4. Tell them a bit about the trip from your home to their country.
5. Ask two questions about your new family, their home and town.
6. Express your immediate needs, such as hunger or thirst, locating a specific person or place, or finding out where you can buy something.

C Otra cultura, otro mundo. Imagínese que Ud. acaba de llegar a Cuernavaca, México, donde va a estudiar español y la cultura mexicana por seis meses. ¿Qué cosas serían fáciles para usted y qué cosas serían un poco difíciles? Primero, indique cuánto le molestarían a Ud. las siguientes cosas. Luego, compare sus respuestas con las de un(a) compañero(a).

PUNTAJE
1 = No me molestaría.
2 = Me molestaría un poco.
3 = Me molestaría mucho.

_____ Ninguna persona de la familia habla inglés.
_____ No hay teléfono en la casa donde usted vive.
_____ En la casa hay cuatro personas y un solo baño.
_____ A la señora de la casa no le gusta que toque música muy fuerte.
_____ A veces, no hay agua por cuatro o cinco horas en su nueva casa.
_____ Después de la comida, a su familia le gusta charlar por media hora.
_____ Es necesario calentar el agua (encender el calentador a gas / termo eléctrico) antes de ducharse.
_____ Todos los días Ud. tiene que caminar diez cuadras a pie para ir a clases.
_____ Los domingos por la tarde su familia suele tener invitados en casa y Ud. no puede salir.

Ahora sume sus puntos y calcule el promedio de sus respuestas. Luego, consulte la siguiente tabla.

10-16 Usted tendrá pocos problemas para adaptarse a la vida diaria de una familia en el extranjero.

17-23 Usted tendrá dificultades si vive con una familia en el extranjero, pero aprenderá mucho de su experiencia.

24-30 Probablemente sería mejor que Ud. viviera en un hotel, una residencia o una pensión de la ciudad.

D Queridos todos . . . Imagínese que Ud. acaba de recibir la primera carta y algunas fotos de la familia hispana con la que va a vivir en el extranjero. Ahora conteste la carta de la siguiente manera:

1. Dígales que Ud. está muy contento(a) de haber recibido noticias de ellos y déles las gracias por las fotos.

2. Hágales varios cumplidos sobre las fotos de esta página que Ud. recibió con la carta.

3. Descríbase a sí mismo(a) y a su familia, sus estudios y su trabajo.

4. Hágales algunas preguntas curiosas para conseguir más información sobre ellos.

5. Despídase afectuosamente.

Aquí están su casa y su "familia" hispana, completa con tres generaciones y todo.

Con mucho tacto. Aunque en esta sección aparecen algunas expresiones para hacer preguntas curiosas, cuando uno está en otro lugar no se puede preguntar ciertas cosas hasta después de un tiempo. Es necesario hacerse amigos y conocerse primero, y sólo entonces se pueden averiguar *(find out)* ciertas cosas que parecen ser muy diferentes. Para no meter la pata *(not to put your foot in your mouth)*, reserve las preguntas que empiezan con **¿por qué?** para cuando ya tenga más confianza con sus amigos extranjeros y empiece por las preguntas con **¿dónde?, ¿a qué hora?** y **¿quién?**

1. Escriba dos preguntas que Ud. pueda hacer al llegar a la casa de su familia extranjera.

2. Escriba otras dos preguntas que Ud. pueda hacer después de haber vivido por dos o tres semanas con esta misma familia.

Cómo expresar opiniones y reaccionar

PAPÁ: ¿Qué te parece Costa Rica, Tony?

TONY: Bueno, . . . me encanta. Me gusta este aire. En mi estado no tenemos montañas.

PAPÁ: Mucho frío por allá, ¿no?

TONY: En invierno, sí . . . pero hace buen tiempo en verano.

PAPÁ: ¿Y cómo andan tus estudios en la "uni"?

TONY: Pues, bien . . . pero los alumnos se dedican más a la política aquí.

PAPÁ: Ah, ¿de veras?

TONY: Sí. Hoy, por ejemplo, hubo una tremenda manifestación.

PAPÁ: Ah, sí supe . . . fue para protestar por el alza de la matrícula.

CÓMO PEDIR OPINIONES	CÓMO REACCIONAR
¿Qué te parece?	Me parece que (creo que) . . .
¿Qué opinas tú?	Desde mi punto de vista, . . .
¿Te gusta o no?	¡Me encanta! (De veras, no me gusta.)
¿Qué haría usted?	Primero, yo iría a . . . Luego, . . .

CÓMO COMPARAR Y EXPRESAR CONTRASTES

En mi universidad no es así. Allá tienen . . .
No tenemos este sistema. Lo que hacen allá es . . .
En comparación con mi país, creo que . . . Por ejemplo, . . .

CÓMO EXPRESAR SUS SENTIMIENTOS

¡Uf! ¡Qué calor! Es difícil acostumbrarme a . . .
Quiero estar solo(a) un rato porque me siento mal (triste) . . .
Estoy bien aquí con Uds., pero echo de menos/extraño (*I miss*) a . . .

EL GOBIERNO Y LA POLÍTICA

fascismo	libertad individual
comunismo	libertad de prensa
socialismo	libertad de palabra
capitalismo	los derechos humanos
extremismo	el pueblo
derechismo	la dictadura
patriotismo	la democracia
izquierdismo	los ciudadanos
autoritarismo	las manifestaciones

E **¿Qué le parece a Ud.?** Vivir en el extranjero tiene aspectos buenos y malos. Primero, clasifique las siguientes ideas en dos categorías: lo bueno (B) y lo difícil (D) para un(a) estudiante que tiene ninguna o poca experiencia en el extranjero. Después, discuta sus opiniones con un(a) compañero(a) de clase como en el ejemplo.

EJEMPLO: vivir en el extranjero
Creo que lo bueno de vivir en el extranjero es conocer otra cultura.

1. aprender otro idioma
2. esperar lo inesperado
3. conocer nuevos países
4. comprender otra cultura
5. llevar una vida distinta
6. probar comidas tan diferentes
7. volver a casa con buenos recuerdos
8. poder usar el teléfono en otro país
9. orientarse en una ciudad desconocida
10. acostumbrarse a las costumbres del país

F Conversando con la familia.   Imagínese que un(a) compañero(a) de clase es de una familia hispana con la que Ud. está viviendo. Cierre Ud. su libro y escuche las dos opiniones que le expresa él (ella). En cada caso, reaccione positiva o negativamente, diga por qué piensa así y dé algunos ejemplos. Luego, cambien de papeles, de modo que Ud. exprese las dos últimas opiniones y su compañero(a) responda.

1. Creo que con el socialismo nadie va a ser pobre y nadie se va a morir de hambre porque va a haber tierra y trabajo para todos. Por eso, el socialismo es un buen sistema político para el mundo actual.

2. Me parece que la única manera de influir al gobierno es por medio de manifestaciones en la calle. Me parece que no hay otro remedio.

3. Algunas compañías norteamericanas explotan al pueblo latinoamericano; por ejemplo, tienen fábricas en que pagan mal a los obreros, pero en cambio los dueños de la fábrica ganan mucho dinero. Eso me parece una gran injusticia.

4. Los yanquis son gente materialista. Sólo les importan los carros nuevos, las casas inmensas y viajar por todas partes del mundo. Para ellos la plata es lo más importante.

G Perdido en Perote.   Trabaje con dos compañeros de clase para desarrollar la siguiente conversación. Primero, escriban lo que quieran decir y después representen la conversación para su clase.

Estudiante A
Usted está en una fiesta de quinceañera de su "hermana", la hija de los Sres. Galindo, con quienes Ud. está viviendo en Perote, un pueblecito de México. Todos los invitados están hablando tan rápido que Ud. no comprende casi nada. Resulta que Ud. se siente completamente perdido(a), pero le daría mucha pena decirles que hablen en inglés o que hablen más despacio. Ud. se va escapando por una puerta lateral, cuando uno de sus "tíos" lo (la) ve.

Estudiante B
Un hermano suyo tiene un(a) estudiante de intercambio en casa y hoy día Ud. (la) lo ve con una cara espantosa, tratando de escaparse de la fiesta de quinceañera de Ana Luisa, su sobrina. Ana Luisa está cerca de Ud. y también lo (la) ve tratando de escaparse. El problema del (de la) estudiante es que él (ella) siempre está con los otros estudiantes de intercambio, hablando inglés y viajando a una ciudad cercana donde comen en un restaurante McDonald's. Por eso es que ni ha aprendido español ni se ha acostumbrado a su familia mexicana. ¿Qué le puede decir para que se quede en la fiesta y, además, entienda que debe esforzarse un poco para aprovechar mejor su estadía *(stay)* en el país?

A En busca de otros horizontes. Trabaje con dos compañeros y hagan una lista de las razones por las cuales la gente abandona su país o su región. Luego, den detalles o ejemplos de las razones que dieron.

> EJEMPLO: Buscan otros horizontes. (razón)
> Quieren otro trabajo. (detalle)

B Distintos aspectos. Partir tiene aspectos positivos y negativos. Trabaje con dos o tres compañeros y digan qué tiene de bueno y de malo mudarse a otro lugar. Después, comparen sus listas con otro grupo y escriban un resumen general.

> EJEMPLOS: Lo bueno es que, cuando uno llega, todo el mundo es muy amable.
> Lo malo es que, cuando uno se va, se despide de tantos amigos.

> **Partir es un dolor tan dulce.**
> —Elizabeth Barrett Browning

Cómo leer la lectura. Los problemas políticos afectan a la gente de carne y hueso con gran rigor en los países pequeños con culturas tradicionales. En el artículo que sigue, se comenta los efectos del exilio político en un grupo de jóvenes. Estos jóvenes salieron de Chile después de un cruento *(bloody)* golpe de estado *(coup)* en 1973 que llevó a la persecución, encarcelamiento *(imprisonment)*, tortura y muerte de grandes cantidades de gente con tendencias izquierdistas: políticos, profesionales, dirigentes y obreros. Por eso es que hay grandes grupos de refugiados chilenos en Europa y distintos países de América (incluido los Estados Unidos), aunque desde marzo de 1990 ya existe un gobierno democrático en Chile.

Las Naciones Unidas y el Concilio Internacional de Iglesias ayudaron a los refugiados a establecerse en países tan lejanos como Suecia, Dinamarca, Alemania, Hungría, Francia, Italia, etc. En distintos períodos de la historia pasada y reciente, grandes grupos de argentinos, uruguayos, cubanos, nicaragüenses y otros también han tenido que emigrar como estos muchachos chilenos.

1. Ahora lea el título de la lectura y escriba dos o tres frases sobre las ideas que Ud. crea que se van a discutir. Después, marque cada frase con un sí o un no, según se haya discutido en el artículo o no.

2. Ahora, mire la lectura otra vez y marque las palabras **aquí** y **allá** todas las veces que ocurran. Copie las frases donde aparecen estas palabras. ¿A qué se refieren **aquí** y **allá**?

PERSPECTIVAS AUTÉNTICAS

Antes de leer

VUELVEN LOS HIJOS DEL EXILIO

Tienen vagos recuerdos de sus primeros años en Chile, porque salieron de aquí cuando eran muy pequeños. Por ejemplo, uno se acordaba de que en la casa de la abuela había una parra° con mucha uva y otro que su papá había estado preso° en el estadio de la ciudad.[2] Pero los recuerdos no son ni muy claros ni muy precisos.

planta que da uva
encarcelado

Durante la época del exilio masivo, los niños se fueron y después pasaron doce, trece años. Aprendieron otro idioma, adquirieron otras costumbres, hicieron otros amigos. Ahora ya no son niños, sino jóvenes adultos de diecisiete, veinte, o más años, y algunos están de vuelta°. Son chilenos y chilenas jóvenes que tratan de reincorporarse al país en que nacieron. Son los hijos de los exiliados políticos.

han regresado

La gran mayoría de ellos—al contrario de sus padres—nunca tuvo problemas legales para retornar° al país. Si no se vinieron antes fue porque eran menores de edad, porque no tenían familia donde llegar o por problemas económicos (un viaje de Europa a Chile cuesta carísimo).[3] Pero ahora hay un lugar que les puede dar albergue° y ayuda económica.

volver

refugio
albergue, casa

Aunque no son muchos los que vuelven, el Hogar° El Encuentro los espera para ayudarlos a adaptarse. El Hogar está ubicado en una casona de un barrio de Santiago y alberga a los hijos de exiliados que han regresado, a pesar de que sus padres no pueden volver. Los jóvenes que no tengan recursos económicos ni familia que los ayude, reciben ayuda del Consejo Danés° para los Refugiados, que es el organismo que financia el Hogar. Por eso, la mayoría de los que aquí viven son hijos de dirigentes° obreros o de campesinos expulsados del país en los primeros años de la dictadura.

de Dinamarca

líderes

---

[2]/Cuando ocurrió el golpe militar de 1973 en Chile, mucha gente fue arrestada y puesta en los estadios de las ciudades, porque no había espacio en las cárceles (*jails*).

[3]/En 1991, el viaje costaba unos US $1.400 dólares.

En dos años desde su fundación, han pasado 38 muchachas y muchachos por el hogar. Vengan de Suecia o de Venezuela, de Hungría o de México, hay una verdad que salta a la vista°: los jóvenes tienen que haber solucionado sus problemas personales primero, porque éstos no se arreglan aquí mirando la cordillera° nevada. Por otro lado, también es cierto que el oír hablar el idioma materno y el poder experimentar la comprensión y hospitalidad del hogar también ayudan a la readaptación.

    Rocío Figueroa, de 17 años, nos cuenta su caso: ella vivió los últimos doce años de su vida en Alemania, y se vino hace poco con una hermana de 19. Sin embargo, allá quedaron sus padres, sus amigos, el colegio. «En realidad, me quería venir desde hace dos años, cuando mi hermano fue de vacaciones para allá; él se vino antes porque es mayor. Pero yo tenía sólo quince años y mi mamá no me dejó. Empecé a insistir y a insistir, hasta que por fin me dejaron. Aquí estoy bien; estoy contenta».

    Lo que más dificulta el retorno es la sensación de pérdida de un país que, por muy extraño y hostil que sea, les permitía desarrollar cierta forma de vida que aquí no encuentran. Aquí ya no hay educación gratuita y el trabajo escasea° para los jóvenes. Si tardan en comprender y aceptar esta situación, aparecen la frustración y la impotencia. El caso de Adelaida, que regresó de Holanda, es típico. Pasó dos años en el Hogar El Encuentro (el período máximo que permite el reglamento) y, junto con terminar sus estudios, formó pareja con otro hijo de exiliados que volvió de México: tuvieron una hijita. Pero ahora, ninguno de los dos encuentra trabajo. Adelaida propuso retornar a Holanda pero su esposo no se decide aún.

    Edith Baeza tiene veinte años ahora. Pasó once en Hungría, país donde viajó un año después que se fuera su padre, dirigente sindical°. Hace un año regresó toda la familia, pero a los seis meses el papá de Edith murió atropellado por un auto. Dice que regresó porque quiso, que nadie la presionó. «Uno siempre tiene la visión del Chile lindo, de que este país es lo mejor. Pero cuando me enfrenté con la pobreza, sufrí un golpe° bastante fuerte».

    La búsqueda de las raíces° es una lucha° íntima y personal para los que regresan. Algunos han tenido graves problemas y les ha costado años superarlos. Álvaro, de catorce años, se vino de Alemania y pasó primero por las drogas y el alcohol antes de encontrarse finalmente. El choque cultural es fuerte. Los más jóvenes hablan por horas de las diferencias entre Chile y Suecia, por ejemplo, pero no pueden definirlas; están confundidos, perdidos. Otros están afectados por experiencias personales traumáticas que sufrieron en el extranjero, como por ejemplo, la pérdida de la unidad familiar. Marcela dice que, luego de separarse sus padres (fenómeno° bastante corriente en los matrimonios de exiliados), se fue a vivir a una comunidad de chilenos y suecos, antes de decidirse a regresar. En fin, otros también sufren el «shock» de ambientación en materia política, porque vienen de democracias tradicionales o de regímenes socialistas al autoritarismo chileno. Al poco tiempo sienten que no

es evidente

sierra, montaña

no es suficiente

union leader

impresión
orígenes   proceso

problema

dudas
vio

to wait on

urgente

pueden hablar de estos temas con cualquier persona, que tienen que tener cuidado. La vida no es fácil y estos jóvenes se han hecho adultos de una manera más rápida y brutal.

También se hace difícil volver a otro tipo de autoritarismo: el machismo. Loreto, de 19 años, optó por el regreso, aun cuando tenía temores° por la imagen del machismo que ella captó° en el exilio. Aun en las sociedades donde las relaciones hombre—mujer son más horizontales, el típico machismo hispano se mantiene, no cambia, especialmente cuando se trata de una familia obrera o campesina. «El hombre es el macho al que hay que atender°; la mujer está para criar hijos», dice Loreto. Ella quiere desarrollarse como mujer libre e independiente, casarse y tener hijos, por cierto, pero sin perder su libertad. «Si quiero invitar a un chico, quiero pagar yo, como es en Europa; no que siempre pague él, como se hace aquí. Además que si él es más pobre que yo, no saldríamos nunca . . .», agrega entre risas.

Volver es, al menos, un reencuentro con una solidaridad básica. «Allá cada joven se preocupa de sí mismo; son egoístas porque la competencia es dura; aquí, los compañeros de colegio o universidad te ayudan, te acogen». Volver también es un reencuentro consigo mismo; la necesidad de definir la propia identidad y contestar la pregunta básica «¿quién soy yo?» es más apremiante° para el que tiene que empezar de nuevo. En definitiva, los problemas básicos que deben enfrentar los que han vuelto, son los mismos que tienen los que nunca partieron: hacerse adultos y aceptarse tal como son.

Tomado de «Los hijos del exilio» de La Época *(Cuerpo Dominical), Santiago de Chile, Año 1, Número 9 (17 de mayo de 1987): páginas VIII–IX.*

¿Comprendió bien?

C   ¿Qué decía el artículo?   Conteste las siguientes preguntas.

1. ¿De qué edades salieron los niños de Chile?
2. ¿Por qué no pueden regresar con sus padres?
3. ¿Qué problema hay que resolver al volver?
4. ¿Por qué quiere volver a Holanda Adelaida?
5. ¿Qué tipo de jóvenes viven en el Hogar El Encuentro?
6. ¿Qué idiomas hablan Rocío, Adelaida, Edith, Loreto y Álvaro?
7. Según el artículo, en Chile había dos tipos de autoritarismo. ¿Cuáles son?

D Más allá de la lectura.   Trabaje con un(a) compañero(a) y contesten estas preguntas sobre las cosas que se pueden deducir o inferir de la lectura.

1. ¿Qué le pasa a la gente cuando se va a vivir a otro lugar? ¿Qué le ha pasado a Ud. ahora que está en la universidad?

2. Pareciera que a la distancia, nuestro pueblo o nuestra casa se vieran mejores de lo que son. ¿Por qué sucede esto? ¿Qué cosas le parecen mejores a Ud. ahora que está lejos de casa o ahora que tiene más experiencia?

3. ¿Por qué cree Ud. que los jóvenes no pueden ponerse de acuerdo sobre cuáles son las diferencias entre Chile y Suecia? ¿Qué dificultades tendría Ud. en decidir cuáles son las diferencias entre un país hispano del sur de Sudamérica y un país escandinavo?

4. ¿Por qué cree Ud. que hay gran incidencia de separaciones y divorcios entre los matrimonios de exiliados? ¿Conocen Uds. a alguna pareja que se haya separado por cambios grandes que hayan afectado sus vidas?

5. Al fin de cuentas, ¿cuáles cree Ud. que son las verdaderas razones que hicieron retornar a estos jóvenes a su país natal? Si Ud. estuviera viviendo bien en el extranjero, ¿qué razones lo harían regresar?

¡Vamos a conversar!

E Con los recuerdos a cuestas.   Imagínese que usted tuviera que exiliarse del país por un largo período. ¿Qué cosas se llevaría consigo?

1. En la lista que sigue, ordene las cosas según su propio orden de prioridades, o sea, póngale tres estrellas (***) a las cosas más importantes, dos estrellas (**) a las cosas menos importantes y una estrella (*) a las cosas que no son importantes.

_____ su diario   _____ 200 o más dólares
_____ sus libros   _____ un radio portátil
_____ una maleta   _____ sus fotos de familia
_____ una mochila   _____ una microcomputadora
_____ traje de baño   _____ su máquina fotográfica
_____ ropa interior   _____ las tarjetas de crédito
_____ comida en lata   _____ sus recuerdos de familia
_____ una calculadora   _____ sus documentos personales

2. Ahora trabaje con uno o dos compañeros y discutan no sólo las diferentes prioridades de cada uno de Uds., sino las cosas que faltan en la lista. Después, escriban una nueva lista que sea más adecuada para Uds. y preséntensela al resto de la clase.

F Nostalgia.   Imagínese que Ud. es un(a) joven que se ha ido de Estados Unidos a Chile. Haga una lista de las cosas que más echa de menos y diga por qué.

EJEMPLO: Echo mucho de menos la independencia que tenía en Estados Unidos porque . . .

Así es

Uno de los conceptos más difíciles de entender para los norteamericanos es la inestabilidad política de otros países y la tendencia a tener gobiernos autoritarios. Sería necesario saber más de la historia de estos países y de las características de la cultura para comprender los problemas del presente. Otra dificultad es la tendencia a pensar que la democracia se puede dar en un solo formato: el nuestro. De la misma manera, muchos extranjeros no entienden cómo puede haber sólo dos partidos en el sistema democrático norteamericano y gran discriminación contra las minorías en los Estados Unidos.

1. ¿Sabe Ud. qué tipo de gobierno hay en los países hispanos más grandes como México, España y Argentina? Si su especialidad es el español, hágase una lista de todos los países hispanos con sus tipos de gobierno y gobernantes actuales. 2. ¿Sabe Ud. el nombre de algunos de los presidentes de los países hispanos?

G Encuesta. Hágale las siguientes preguntas a tres o cuatro compañeros, y anote sus respuestas. Después de que contesten cada pregunta, trate de sacarles más detalles, haciéndoles otras preguntas. Averigüe . . .

1. qué estudian y qué planes de trabajo tienen.
2. dónde y con quién les gustaría trabajar en cinco años más.
3. si se piensan quedar en su pueblo o ciudad o irse a otra parte.
4. si han pensado en trabajar en el extranjero alguna vez, dónde y en qué.
5. si tienen amigos en un país extranjero, qué hacen esos amigos y dónde están.

H Nuestro lado flaco y nuestro fuerte. Para poder «encontrarnos» o conocernos como dice el artículo, hay que tener una clara idea de cuál es nuestro lado flaco y cuál es nuestro fuerte. Pregúntele a un(a) compañero(a) cómo es en su caso. Luego, cambien papeles. Tomen notas para que no se olviden.

EJEMPLO: A: ¿Cuál es tu fuerte?
B: Pues, soy simpático . . . creo, y también trabajador y . . .
A: ¿Y cuál crees tú que es tu lado flaco?
B: Bueno, yo creo que no soy ni muy organizado ni muy . . . responsable. Me parece que tengo mucho entusiasmo al principio, pero después . . . Me hace falta perseverancia.

I La situación actual. Para conversar con un(a) joven extranjero(a), es muy importante saber hablar de la situación actual en el país. Con un(a) compañero(a), relean el artículo y descubran qué cosas no andaban muy bien en Chile en ese momento. Den al menos tres. Luego, discutan la situación aquí. Según Uds., ¿qué cosas no andan muy bien aquí ahora? Den al menos tres.

Detalles interesantes

The reading selection in this chapter is about *coming home,* so you would expect to find in it words meaning *to return,* such as **volver.**

The verb **volver** is used frequently, but the expression **estar de vuelta** is also used. **Una vuelta** means *a stroll or ride* and **a la vuelta** may mean either *around the corner* or *when I (we) come back.* You have also learned the expression **boleto de ida y vuelta.** Read the following paragraph, and try to guess the meaning of the words and expressions in boldface.

Miguel **está de vuelta** en Chile después de muchos años de destierro. **A su vuelta** no encontró a ninguno de sus amigos; todo está muy cambiado en su calle. Ahora piensa si no debiera **volverse** a Suecia, donde están sus amigos y sus padres.

In the preceding paragraph, **volverse** means *to return,* but in other cases it also means *to become.*

En las cárceles, muchos presos políticos **se volvieron** locos o neuróticos. La tortura era brutal.

Volver a means *to do something again.*

Como su marido no se decidía, Adelaida le **volvió a** proponer que regresara con ella a Holanda.

Devolverse also means *to return.*

Me devolví porque la calle estaba muy oscura y había patrullas afuera.

Devolver means *to give something back.*

Ya le *devolví* el dinero al Consejo Danés; era un préstamo nada más.

Envolver means *to wrap* (e.g., a package). It does not mean *to involve oneself.*

J   Recuerdos de la patria.   Complete el párrafo con palabras y expresiones explicadas en esta sección.

En 1974, a la edad de dos años, Cecilia Díaz salió con sus padres de Santiago, Chile, para vivir en Francia porque su papá ya no podía aguantar más la dictadura. En 1990, Cecilia _____ a Chile para conocer su patria. Su papá le dio el dinero para comprar un pasaje de ida y _____.

CECILIA: Te _____ la plata cuando _____ de Chile, papá.
PAPÁ: No, mi hijita. El pasaje es un regalo.
CECILIA: Gracias, papá. Entonces, cuando _____ te traeré algo que te guste.

Cuando Cecilia llegó a Santiago, fue directamente con sus tíos a ver la casa en que ella había vivido. Luego, dieron una _____ al barrio y a la _____ vio en una galería de arte un magnífico cuadro de una calle de su barrio. Dijo Cecilia:

—Le compro este cuadro a mi mamá. Me lo agradecerá muchísimo. También voy a llevarle una caja de vinos chilenos a papá; él _____ loco cuando consigue vino de aquí.

EN POCAS PALABRAS

El condicional

You can use the conditional tense for describing what you *would* like to be, to have and to do, as well as to request and to persuade politely.

Me encantaría conocer la vida de los campesinos de Costa Rica; **me gustaría** vivir allí por tres semanas. Después, **iría** a la Ciudad de México donde **me quedaría** por seis meses estudiando geografía urbana, que es mi especialidad. Finalmente, **pasaría** dos semanas de vacaciones en Yucatán porque me fascina la cultura maya. ¿**Podría** ir a visitarte cuando esté en México? Creo que lo **pasaríamos** muy bien y tú **podrías** ir a Yucatán conmigo después.

To form the conditional tense, add the following endings to the infinitive of most Spanish verbs: **-ía, -ías, -ía, -íamos, -íais, -ían.**

iría	irías	iría	iríamos	iríais	irían
viajaría	viajarías	viajaría	viajaríamos	viajaríais	viajarían
volvería	volverías	volvería	volveríamos	volveríais	volverían

Some Spanish verbs have irregular stems in the conditional tense, but their endings are identical to those above.

poder	**podría, podrías, podría, podríamos, podríais, podrían**
tener	**tendría, tendrías,** . . .
poner	**pondría, pondrías,** . . .
venir	**vendría, vendrías,** . . .
salir	**saldría, saldrías** . . .
saber	**sabría, sabrías,** . . .
haber	**habría, habrías** . . .
decir	**diría, dirías** . . .
hacer	**haría, harías** . . .
querer	**querría, querrías,** . . .

¡A PRACTICAR!

A No sé cómo decirlo. Trabaje con un(a) compañero(a). Él (Ella) es su amigo(a) hispano(a) que está viviendo con una familia norteamericana y que tiene problemas de adaptación. Déle consejos a su amigo(a); use el condicional y el subjuntivo. Luego, cambien papeles.

EJEMPLO: no poder dormir porque hay tanto ruido en la noche (decir)

> Él/Ella: Fíjate que no puedo dormir porque hay tanto ruido en la noche.
>
> Ud.: Yo me levantaría y les diría que no hagan ruido.

1. no poder entender porque ellos hablan tan rápido (decir)
2. no poder comer porque la comida tiene demasiado azúcar (pedir)
3. no poder atender el teléfono porque no puedo hablar inglés (hablar)

4. no gustarme que los de la familia casi nunca coman juntos (comer)

5. no acostumbrarme a la calefacción (al aire acondicionado) (apagar)

B **¿Podrías ayudarme, por favor?** Si Ud. tuviera los siguientes problemas, ¿cómo pediría ayuda? Trabaje con un(a) compañero(a) y después cambien papeles.

EJEMPLO: dónde encender la luz
No sé dónde encender la luz. ¿Podrías mostrarme dónde se enciende?

1. dónde poner (guardar mi maleta)
2. cómo encender el termo eléctrico
3. a qué hora salir de (volver del) paseo
4. a qué hora volver para almorzar (cenar)
5. dónde guardar mi pasaporte (mis cheques)
6. cómo ponerle llave a la puerta del jardín

C **¿Qué tendría que hacer?** ¿Sabría Ud. qué hacer en las siguientes circunstancias? Pregúntele a un(a) compañero(a) y también imaginen otros problemas que les podrían ocurrir en el extranjero.

EJEMPLO: si pierdes tus tarjetas de crédito
A: Si pierdes tus tarjetas de crédito, ¿qué tendrías que hacer?
B: Tendría que llamar a los bancos o a los Estados Unidos.
(o: Llamaría a los Estados Unidos para que me ayudaran.)

1. si pierdes tu pasaporte
2. si te roban los cheques de viajero
3. si te encuentran algo prohibido en tu equipaje
4. si no sabes hacer llamadas a los Estados Unidos
5. si te falta dinero para pagar la pensión (el hotel)
6. si te hospitalizan por alguna enfermedad más o menos grave

Use the *indicative* for describing habitual actions, procedures and routines.

Cuando **hace** frío no **salgo** a correr.
Antes **trabajaba** en el hotel, pero ahora **vivo** muy lejos.
Siempre **llego** temprano y **repaso** mis materias. Luego, **como** y **me voy a trabajar** en la librería.

El indicativo y el subjuntivo (repaso)

Use the *subjunctive* when you want to . . .

- ask people to do something for you or other people:
Quisiera que nos **escriban** pronto.
- specify characteristics about something you want or need:
Busco una familia que **sea** simpática y que **tenga** paciencia.
- wish somebody well:
Que lo **pasen** Uds. bien en México; que **se diviertan** muchísimo.
- express your personal views:
Yo creo que es mejor que **vayas** a Costa Rica y **aprendas** la cultura.
- express doubt or regret:
Dudo (No creo) que el hogar **esté** muy lejos de aquí; lástima que no **tengamos** la dirección completa.
- tell your future plans:
Me voy al extranjero cuando **consiga** trabajo y me quedaré allá hasta que **se me acabe** el dinero.
- state the purpose of something:
Me quedaré con una familia hispana para que me **hablen** en español todo el día.

¡A PRACTICAR!

D **Planes.** Aunque se use el subjuntivo, nuestros planes son muy concretos. Complete las siguientes frases.

EJEMPLO: Voy a . . . (mudarme a Oregón), cuando me gradúe.
No pienso comprar un carro, hasta que . . . (consiga trabajo).

1. Pienso . . . , cuando termine mi cuarto año.
2. No quiero . . . , hasta que tome los cursos de . . .
3. Voy a . . . , para que mis padres/amigos me den . . .
4. Pienso . . . , cuando vaya a . . .
5. Voy a mudarme a . . . , cuando . . .
6. Pienso tomar más cursos de . . . , hasta que . . .
7. No quiero . . . , hasta que . . .
8. Voy a buscar trabajo en . . . , cuando . . .

E **Tarjetas postales.** Imagínese que Ud. está en el extranjero estudiando por un semestre y que uno de sus medios de comunicación más comunes es las tarjetas postales. Escriba dos tarjetas: una para su profesor(a) de español y otra para un(a) amigo(a). Use expresiones como **espero que** . . . y **ojalá que** . . . para expresar buenos deseos y el indicativo para describir su vida allá.

EJEMPLOS: Espero que se encuentre Ud. bien y feliz de haber terminado el año escolar. Yo aquí ando viajando (paseando) . . .

Ojalá que estuvieras aquí conmigo porque . . . Espero que te haya ido bien en los exámenes finales . . . Yo aquí estoy . . .

F Planes.   Haga una lista de sus planes, indicando cuál es su situación ahora y qué espera para el futuro.

EJEMPLOS: No tengo idea qué va a pasar después del verano, pero cuando sepa voy a trabajar y a ahorrar para hacer un viaje.

Cuando me gradúe voy a . . . y también . . . Espero que consiga . . .

CÓMO HABLAR DE SUS PLANES

Presente definido	Futuro indefinido
No hay programa internacional ahora,	pero cuando haya uno pienso . . .
No tengo tiempo este semestre,	pero cuando termine mis cursos generales voy a . . .
No sé qué especialidad escoger ahora,	pero cuando me decida, también quiero tomar cursos de . . .

LAS FRASES CONDICIONALES DE LAS COSAS POCO POSIBLES

Occasionally, you might like to describe what you would do if a certain condition were fulfilled. To do so in Spanish, use the past subjunctive to introduce the condition and the conditional tense to say what you would do. (Note that the condition has not yet been fulfilled.)

Condición	Planes
Si **tuviera** dinero para el viaje,	**iría** a Costa Rica por un tiempo y **viviría** con una familia costarricense. Estoy seguro que **aprendería** muchísimo español.

¡A PRACTICAR!

G Soñar no cuesta nada.   Complete lo siguiente con una forma apropiada del condicional.

EJEMPLO: Si me importara más la política (asistir, pertenecer) . . .
Si me importara más la política, asistiría a todas las manifestaciones y pertenecería a un partido político.

1. Si quisiera sacar mejores notas (**estudiar**) con más regularidad.
2. Si tuviera tiempo (**hacer**) todas las tareas y (**escribir**) todos los trabajos.

3. Si me gustara la música clásica **(conseguir)** entradas e **(ir)** a los conciertos de la universidad.

4. Si me interesaran los derechos humanos, **(poder)** trabajar de voluntario en alguna organización internacional.

5. Si estudiara ingeniería, **(tener)** que trabajar mucho más que ahora.

6. Si yo dirigiera algún programa, **(hacer)** una campaña para conseguir más voluntarios y les **(decir)** que su trabajo es muy valioso.

H Si estuvieras aquí. ¿Qué le diría Ud. a ese(a) amigo(a) que extraña tanto? ¿No le gustaría que estuviera con Ud. a veces? Haga una lista de los planes (por lo menos cuatro) que le propondría, usando las sugerencias dadas o sus propias ideas.

EJEMPLO: estar (tú) aquí / ir juntos a
Si **estuvieras** aquí, **iríamos** juntos a una fiesta.

1. vivir (tú) / poder hacer
2. tener (tú) tiempo / salir a
3. estar (tú) aquí / ir juntos a
4. poder (tú) venir / poder salir y
5. haber un día libre / deber visitar

I Buenas razones. A veces, los planes son bastante buenos, pero siempre hay una excusa para no realizarlos. Invente dos planes estupendos y pregúnteles a dos compañeros qué excusas tienen ellos para no ir con Ud.

EJEMPLO: —Podríamos ir a bailar.
—Claro, si tuviéramos . . . , pero . . .

J Sueños. Complete las siguientes frases con uno de sus planes o sueños. Después, compare sus frases con las de (un(a) compañero(a).

EJEMPLO: Si tuviera un día libre, iría a nadar.

1. Si conociera a . . . , . . .
2. Si tuviera tiempo, . . .
3. Si no tuviera que trabajar, . . .
4. Si echara de menos mi casa, . . .
5. Si no pudiera hacer amigos, . . .
6. Si estuviera en el extranjero, . . .
7. Si pudiera trabajar en el extranjero, . . .
8. Si no hubiera otros jóvenes en mi casa, . . .

O ¡A DIVERTIRNOS MÁS!

Estudien el folleto de INTENSA y después escriban un folleto para atraer a estudiantes de habla inglesa para que vayan a estudiar español y a vivir con una familia en un país hispano.

Del mundo hispano

INTENSA

EL INSTITUTO

El Instituto Interamericano de Idiomas, mejor conocido como INTENSA, está situado en Barrio Escalante, área residencial a cinco minutos de San José. El edificio posee un plantel amplio y cómodo para un estudio intensivo.

Existe un servicio regular de autobuses y microbuses durante el día y la noche que facilita el transporte al Instituto. Además hay parqueo con guarda frente al edificio.

ADMISION

Hablar inglés no es requisito para el ingreso a INTENSA, pero por lo general los adultos deben ser graduados en secundaria.

Los grupos para principiantes inician el primer miércoles de cada mes. Se les recomienda un mínimo de seis meses de estudio. Las personas interesadas que poseen alguna base en hablar inglés pueden realizar un examen de ubicación, y así ingresar cualquier día del mes a los grupos existentes según su nivel.

Cada alumno paga mensualmente y le garantizamos ubicación en un grupo de acuerdo a su nivel.

OBSERVACIONES ACERCA DE LA ENSEÑANZA Y EL APRENDIZAJE DE INGLES

¿Cuál es la mejor manera de cultivar en los estudiantes hábitos de habla del idioma "INGLES"?

Igual que cualquier otro tipo de hábitos, los hábitos del habla se adquieren por medio de la práctica oral hasta que se produzcan automáticamente en la conversación.

¿Cómo se podrá llevar a cabo esta tarea con efectividad? Se puede llevar a cabo mediante:

EL SISTEMA INTENSA

Porque aquí en INTENSA:

* Insistimos en que la práctica oral sea constante y concentrada al comienzo del aprendizaje en un plazo tan corto como sea posible, ya que los hábitos de habla se logran así de una manera aún más rápida y eficaz.

* Mantenemos grupos pequeños y parejos.

* Usamos una metodología que facilita la máxima práctica conversacional al estudiante.

* Cuidamos de la buena formación y enseñanza del profesorado.

* Usamos textos preparados para la enseñanza oral.

MUCHA PRACTICA ORAL

INTENSA programa tres horas de práctica oral todos los días de lunes a viernes, o sea, 60 horas por mes. Hay tres horarios:

Mañana: 8:30 a 11:30 a.m.
Tarde: 2:00 a 5:00 p.m.
Noche: 6:15 a 9:15 p.m.

Cada horario tiene un receso de 15 minutos.

GRUPOS PEQUEÑOS Y PAREJOS

Los grupos son de ocho a diez estudiantes, todos al mismo nivel de habilidad. Por ser grupos pequeños los estudiantes practican y conversan más. En caso de que un estudiante demuestre más o menos habilidad lingüística durante el curso se le pasará a otro grupo donde podrá practicar a un nivel más apropiado. Este sistema evita que un estudiante retarde el progreso de grupo, o, el grupo, el progreso de él.

¡A escuchar!

A El nuevo senador. La política es una actividad muy importante para los hispanos. ¿Quiere Ud. escuchar un discurso de un nuevo senador? Escuche la grabación y después complete lo siguiente.

1. Este señor está hablando porque . . .
2. Lo primero que hace es . . .
    a. hablar mucho.
    b. decir el nombre del amigo.
    c. darle las gracias a su familia.
3. Lo que más le interesa al senador es . . .
    a. ayudar a la gente que está en el exilio.
    b. conseguir ayuda para los jóvenes exiliados que han vuelto.
    c. contemplar la cordillera y las parras de su hermoso país.
    d. estudiar materias de educación global.
4. Evidentemente, el nuevo senador está muy _____.

B Cuando estamos lejos. Es difícil acostumbrarse a otro idioma y a otra cultura. ¿Quiere Ud. saber qué piensan algunos inmigrantes? Escuche la grabación de una conversación entre ellos y después complete las frases que siguen.

1. Estos amigos están hablando de los problemas de . . .
    a. hablar por teléfono.
    b. vivir lejos de la familia.
    c. escribir cartas de dos párrafos.
2. Ellos prefieren hablar por teléfono porque sienten la necesidad de . . .
3. También echan de menos a los _____.
4. Si el primo viene a los Estados Unidos, entonces él va a tener . . .

¡Le podría pasar a Ud.!

C Adaptándose en el Perú. Trabaje con dos compañeros de clase para desarrollar la siguiente conversación. Primero, escriban lo que quieran decir y después representen la conversación para su clase. Traten de usar el vocabulario y la gramática de este capítulo.

Estudiante A
Hace dos semanas que Ud. vive con una familia en Arequipa, Perú. Como usted quiere aprovechar bien su estadía (*stay*) en el extranjero, le hace muchas preguntas a su "hermano(a)" sobre las costumbres, la comida, el clima, la otra gente de la familia y los lugares de interés turístico como, por ejemplo, el Cuzco y Machu Picchu. Hoy están en la plaza esperando a la novia (al novio) de su "hermano(a)" y Ud. aprovecha para conversar y hacerle más preguntas sobre diversas cosas, aún después de que llega la novia (el novio). ¿Qué puede hacer para que le presten más atención y le ayuden a adaptarse?

Estudiante B

Sus padres querían tener un(a) estudiante extranjero(a) en la casa para que Uds. aprendieran otro idioma y también para ganar un poquito de dinero. El (La) estudiante extranjero(a) no lo (la) deja ni a sol ni a sombra, no le enseña inglés y le hace muchas preguntas. A veces, Ud. no sabe qué contestarle y se siente frustrado(a). Hoy Ud. quiere salir solo(a) con su novio(a) y quiere que el (la) extranjero(a) salga con sus vecinos. ¿Qué puede hacer para convencerlo(la) que lo (la) deje solo(a) por hoy?

VOCABULARIO

Sustantivos

armador coat hanger
almohada pillow
alza (de matrícula) increase (in tuition)
campaña (política) campaign
estadía stay
frazada blanket
gancho coat hanger
jabón soap
manta blanket
papel higiénico toilet paper
percha coat hanger
punto de vista viewpoint
traje de baño swim suit

La política y el gobierno

ciudadano(a) citizen
derechismo right wing movement
derechos humanos human rights

izquierdismo left wing movement
libertad de palabra freedom of speech
libertad de prensa freedom of the press
manifestación demonstration
pueblo people, public

Verbos

apagar to turn off (a machine, light)
colgar (ue) to hang (up)
encender (ie) to turn on (a machine)
enseñar to show
extrañar to miss (someone or something)
guardar to keep

Adjetivos

mojado wet

Expresiones idiomáticas

echar de menos to miss (someone or something)
meter la pata put your foot in your mouth

Expresiones para . . .

hacer cumplidos, p. 279
expresar su agradecimiento, p. 279
hacer preguntas curiosas, p. 279
expresar sus necesidades, p. 279
pedir opiniones, p. 282
cómo reaccionar, p. 282
comparar y expresar contrastes, p. 283
expresar sus sentimientos, p. 283

De la lectura

albergue shelter	**fenómeno** problem
apremiante pressing	**golpe** blow, impression
atender to wait on	**hogar** shelter, home
captar to see	**lucha** struggle
cordillera sierra	**parra** grapevine
danés Danish	**preso** jailed
dirigente (sindical) (union) leader	**raíz (raíces)** root
escasear to be scarce	**retornar** to return
estar de vuelta to return	**saltar a la vista** is obvious
	temores doubts

APÉNDICES

VERB CHARTS

VERBOS REGULARES

INFINITIVO	trabajar	comer	vivir
PARTICIPIO Presente	trabajando	comiendo	viviendo
PARTICIPIO Pasado	trabajado	comido	vivido
IMPERATIVO	trabaja (no trabajes)	come (no comas)	vive (no vivas)
	trabaje	coma	viva
	trabajemos	comamos	vivamos
	trabajad (no trabajéis)	comed (no comáis)	vivid (no viváis)
	trabajen	coman	vivan
INDICATIVO Presente	trabajo	como	vivo
	trabajas	comes	vives
	trabaja	come	vive
	trabajamos	comemos	vivimos
	trabajáis	coméis	vivís
	trabajan	comen	viven
Pretérito	trabajé	comí	viví
	trabajaste	comiste	viviste
	trabajó	comió	vivió
	trabajamos	comimos	vivimos
	trabajasteis	comisteis	vivisteis
	trabajaron	comieron	vivieron
Imperfecto	trabajaba	comía	vivía
	trabajabas	comías	vivías
	trabajaba	comía	vivía
	trabajábamos	comíamos	vivíamos
	trabajabais	comíais	vivíais
	trabajaban	comían	vivían
Futuro	trabajaré	comeré	viviré
	trabajarás	comerás	vivirás
	trabajará	comerá	vivirá
	trabajaremos	comeremos	viviremos
	trabajaréis	comeréis	viviréis
	trabajarán	comerán	vivirán

Condicional	trabajaría	comería	viviría
	trabajarías	comerías	vivirías
	trabajaría	comería	viviría
	trabajaríamos	comeríamos	viviríamos
	trabajaríais	comeríais	viviríais
	trabajarían	comerían	vivirían
Presente perfecto	he trabajado	he comido	he vivido
	has trabajado	has comido	has vivido
	ha trabajado	ha comido	ha vivido
	hemos trabajado	hemos comido	hemos vivido
	habéis trabajado	habéis comido	habéis vivido
	han trabajado	han comido	han vivido
Pasado perfecto (Pluscuamperfecto)	había trabajado	había comido	había vivido
	habías trabajado	habías comido	habías vivido
	había trabajado	había comido	había vivido
	habíamos trabajado	habíamos comido	habíamos vivido
	habíais trabajado	habíais comido	habíais vivido
	habían trabajado	habían comido	habían vivido
Condicional perfecto	habría trabajado	habría comido	habría vivido
	habrías trabajado	habrías comido	habrías vivido
	habría trabajado	habría comido	habría vivido
	habríamos trabajado	habríamos comido	habríamos vivido
	habríais trabajado	habríais comido	habríais vivido
	habrían trabajado	habrían comido	habrían vivido
Presente progresivo	estoy trabajando	estoy comiendo	estoy viviendo
	estás trabajando	estás comiendo	estás viviendo
	está trabajando	está comiendo	está viviendo
	estamos trabajando	estamos comiendo	estamos viviendo
	estáis trabajando	estáis comiendo	estáis viviendo
	están trabajando	están comiendo	están viviendo
Imperfecto progresivo	estaba trabajando	estaba comiendo	estaba viviendo
	estabas trabajando	estabas comiendo	estabas viviendo
	estaba trabajando	estaba comiendo	estaba viviendo
	estábamos trabajando	estábamos comiendo	estábamos viviendo
	estabais trabajando	estabais comiendo	estabais viviendo
	estaban trabajando	estaban comiendo	estaban viviendo

SUBJUNTIVO

Presente	trabaje	coma	viva
	trabajes	comas	vivas
	trabaje	coma	viva
	trabajemos	comamos	vivamos
	trabajéis	comáis	viváis
	trabajen	coman	vivan

Pasado	trabajara	comiera	viviera
	trabajaras	comieras	vivieras
	trabajara	comiera	viviera
	trabajáramos	comiéramos	viviéramos
	trabajarais	comierais	vivierais
	trabajaran	comieran	vivieran
Presente perfecto	haya trabajado	haya comido	haya vivido
	hayas trabajado	hayas comido	hayas vivido
	haya trabajado	haya comido	haya vivido
	hayamos trabajado	hayamos comido	hayamos vivido
	hayáis trabajado	hayáis comido	hayáis vivido
	hayan trabajado	hayan comido	hayan vivido
Pasado perfecto	hubiera trabajado	hubiera comido	hubiera vivido
	hubieras trabajado	hubieras comido	hubieras vivido
	hubiera trabajado	hubiera comido	hubiera vivido
	hubiéramos trabajado	hubiéramos comido	hubiéramos vivido
	hubierais trabajado	hubierais comido	hubierais vivido
	hubieran trabajado	hubieran comido	hubieran vivido

If you need to use the verbs on this list, see the conjugation of its corresponding model verb (indicated by the number).

agradecer 9	entender 1	poner(se) 21
almorzar 2	hay, había, haya 17	preferir 1
arregar 6	irse, irle 19	probar(se) 2
buscar 7	leer 12	saber 23
comenzar 1	llegar 6	sacar(se) 7
conocer 9	llover 2	salir 24
conseguir 3, 13	morir(se) 2	seguir 3, 13
construir 11	pagar 6	sentarse 1
creer 12	pedir 3	sentir(se) 5
devolver(se) 2	pensar 1	traducir 27
divertirse 5	perder 1	vestir(se) 3
encender 1	platicar 7	volar 2
	poder 20	volver(le) 2

See tables 14-30 for irregular verbs.

STEM-CHANGING VERBS

	e → ie 1	o → ue 2
INFINITIVO	entender	volver (Part. pasado: **vuelto**)
IMPERATIVO	**entiende** (no **entiendas**) **entienda** entendamos entended (no entendáis) **entiendan**	**vuelve** (no **vuelvas**) **vuelva** volvamos volved (no volváis) **vuelvan**
INDICATIVO Presente	**entiendo** **entiendes** **entiende** entendemos entendéis **entienden**	**vuelvo** **vuelves** **vuelve** volvemos volvéis **vuelven**
SUBJUNTIVO Presente	**entienda** **entiendas** **entienda** entendamos entendáis **entiendan**	**vuelva** **vuelvas** **vuelva** volvamos volváis **vuelvan**

	e → i 3	o → ue, u 4	e → ie, i 5
INFINITIVO Part. presente Part. pasado	pedir **pidiendo** pedido	dormir **durmiendo** dormido	sentir **sintiendo** sentido
IMPERATIVO	**pide** (no **pidas**) **pida** **pidamos** **pidan**	**duerme** (no **duermas**) **duerma** **durmamos** **duerman**	**siente** (no **sientas**) **sienta** **sintamos** **sientan**
INDICATIVO Presente	**pido** **pides** **pide** pedimos pedís **piden**	**duermo** **duermes** **duerme** dormimos dormís **duermen**	**siento** **sientes** **siente** sentimos sentís **sienten**
Pretérito	pedí pediste	dormí dormiste	sentí sentiste

	pidió	durmió	sintió
	pedimos	dormimos	sentimos
	pedisteis	dormisteis	sentisteis
	pidieron	durmieron	sintieron

SUBJUNTIVO
Presente

pida	duerma	sienta
pidas	duermas	sientas
pida	duerma	sienta
pidamos	durmamos	sintamos
pidáis	durmáis	sintáis
pidan	duerman	sientan

Pasado

pidiera	durmiera	sintiera
pidieras	durmieras	sintieras
pidiera	durmiera	sintiera
pidiéramos	durmiéramos	sintiéramos
pidierais	durmierais	sintierais
pidieran	durmieran	sintieran

SPELLING-CHANGING VERBS

	g → gu 6	c → qu 7	z → c 8
INFINITIVO	llegar	buscar	empezar
IMPERATIVO	llega (no **llegues**)	busca (no **busques**)	empieza (no **empieces**)
	llegue	**busque**	**empiece**
	lleguemos	**busquemos**	**empecemos**
	llegad (no **lleguéis**)	buscad (no **busquéis**)	empezad (no **empecéis**)
	lleguen	**busquen**	**empiecen**
INDICATIVO Pretérito	**llegué**	**busqué**	**empecé**
	llegaste	buscaste	empezaste
	llegó, etc.	buscó, etc.	empezó, etc.
SUBJUNTIVO Presente	**llegue**	**busque**	**empiece**
	llegues	**busques**	**empieces**
	llegue	**busque**	**empiece**
	lleguemos	**busquemos**	**empecemos**
	lleguéis	**busquéis**	**empecéis**
	lleguen	**busquen**	**empiecen**

	c → zc 9	g → j 10
INFINITIVO	conocer	elegir
IMPERATIVO	conoce (no **conozcas**)	elige (no **elijas**)
	conozca	**elija**
	conozcamos	**elijamos**
	conoced (no **conozcáis**)	elegid (no **elijáis**)
	conozcan	**elijan**
INDICATIVO		
Presente	**conozco**	**elijo**
	conoces	eliges
	conoce, etc.	elige, etc.
SUBJUNTIVO		
Presente	**conozca**	**elija**
	conozcas	**elijas**
	conozca	**elija**
	conozcamos	**elijamos**
	conozcáis	**elijáis**
	conozcan	**elijan**

	i → y 11	e → y 12	gu → g 13
INFINITIVO	destruir	leer	seguir
Part. Presente	**destruyendo**	**leyendo**	siguiendo
IMPERATIVO	**destruye** (no **destruyas**)	lee (no leas)	sigue (no **sigas**)
	destruya	lea	**siga**
	destruyamos	leamos	**sigamos**
	destruid (no **destruyáis**)	leed (no leáis)	seguid (no **sigáis**)
	destruyan	lean	**sigan**
INDICATIVO			
Presente	**destruyo**	leo	**sigo**
	destruyes	lees	sigues
	destruye	lee	sigue
	destruimos	leemos	seguimos
	destruís	leéis	seguís
	destruyen	leen	siguen
Pretérito	destruí	leí	seguí
	destruiste	leíste	seguiste
	destruyó	**leyó**	siguió
	destruimos	leímos	seguimos
	destruisteis	leísteis	seguisteis
	destruyeron	**leyeron**	siguieron

SUBJUNTIVO

Presente			
destruya	lea	**siga**	
destruyas	leas	**sigas**	
destruya	lea	**siga**	
destruyamos	leamos	**sigamos**	
destruyáis	leáis	**sigáis**	
destruyan	lean	**sigan**	

Pasado			
destruyera	**leyera**	siguiera	
destruyeras	**leyeras**	siguieras	
destruyera	**leyera**	siguiera	
destruyéramos	**leyéramos**	siguiéramos	
destruyerais	**leyerais**	siguierais	
destruyeran	**leyeran**	siguieran	

IRREGULAR VERBS

INFINITIVO	dar 14
PARTICIPIOS	dando/dado
IMPERATIVO	da (no **des**), **dé, demos,** dad (no **déis**), **den**
INDICATIVO	
Presente	**doy,** das, da, damos, dais, dan
Pretérito	**di, diste, dio, dimos, disteis, dieron**
Imperfecto	daba, dabas, daba, dábamos, dabais, daban
Futuro	daré, darás, dará, daremos, daréis, darán
Condicional	daría, darías, daría, daríamos, daríais, darían
Presente Perfecto	he dado, has dado, ha dado, hemos dado, habéis dado, han dado
Pasado Perfecto	había dado, habías dado, había dado, habíamos dado, etc.
SUBJUNTIVO	
Presente	**dé, des, dé, demos, deis, den**
Pasado	**diera, dieras, diera, diéramos, dierais, dieran**

INFINITIVO	decir 15
PARTICIPIOS	diciendo/**dicho**
IMPERATIVO	**di** (no **digas**), **diga, digamos,** decid (no **digáis**), **digan**
INDICATIVO	
Presente	**digo, dices, dice,** decimos, decís, **dicen**
Pretérito	**dije, dijiste, dijo, dijimos, dijisteis, dijeron**
Imperfecto	decía, decías, decía, decíamos, decíais, decían
Futuro	diré, dirás, dirá, diremos, diréis, dirán
Condicional	diría, dirías, diría, diríamos, diríais, dirían
Presente Perfecto	he dicho, has dicho, ha dicho, hemos dicho, habéis dicho, etc.
Pasado Perfecto	había dicho, habías dicho, había dicho, habíamos dicho, etc.

SUBJUNTIVO

Presente	**diga, digas, diga, digamos, digáis, digan**
Pasado	**dijera, dijeras, dijera, dijéramos, dijerais, dijeran**

INFINITIVO	estar 16
PARTICIPIOS	estando/estado
IMPERATIVO	**está** (no **estés**), **esté**, estemos, estad (no **estéis**), **estén**
INDICATIVO	
Presente	**estoy, estás, está,** estamos, estáis, **están**
Pretérito	**estuve, estuviste, estuvo, estuvimos, estuvisteis, estuvieron**
Imperfecto	estaba, estabas, estaba, estábamos, estabais, estaban
Futuro	estaré, estarás, estará, estaremos, estaréis, estarán
Condicional	estaría, estarías, estaría, estaríamos, estaríais, estarían
Presente Perfecto	he estado, has estado, ha estado, hemos estado, etc.
Pasado Perfecto	había estado, habías estado, había estado, habíamos estado, etc.
SUBJUNTIVO	
Presente	**esté, estés, esté,** estemos, estéis, **estén**
Pasado	**estuviera, estuvieras, estuviera, estuviéramos, estuvierais, estuvieran**

INFINITIVO	haber (auxiliar) 17	
PARTICIPIOS	habiendo/habido	
INDICATIVO		
Presente	**he, has, ha, hemos, habéis, han**	[hay]
Pretérito	**hube, hubiste, hubo, hubimos, hubisteis, hubieron**	[hubo]
Imperfecto	había, habías, había, habíamos, habíais, habían	[había]
Futuro	**habré, habrás, habrá, habremos, habréis, habrán**	[habrá]
Condicional	**habría, habrías, habría, habríamos, habríais, habrían**	[habría]
SUBJUNTIVO		
Presente	**haya, hayas, haya, hayamos, hayáis, hayan**	[haya]
Pasado	**hubiera, hubieras, hubiera, hubiéramos, hubierais, hubieran**	[hubiera]

INFINITIVO	hacer 18
Participios	haciendo/**hecho**
IMPERATIVO	**haz** (no **hagas**), **haga, hagamos,** haced (no **hagáis**), **hagan**
INDICATIVO	
Presente	**hago,** haces, hace, hacemos, hacéis, hacen
Pretérito	**hice, hiciste, hizo, hicimos, hicisteis, hicieron**
Imperfecto	hacía, hacías, hacía, hacíamos, hacíais, hacían
Futuro	**haré, harás, hará, haremos, haréis, harán**
Condicional	**haría, harías, haría, haríamos, haríais, harían**
Presente Perfecto	he hecho, has hecho, ha hecho, hemos hecho, etc.
Pasado Perfecto	había hecho, habías hecho, había hecho, habíamos hecho, etc.
SUBJUNTIVO	
Presente	**haga, hagas, haga, hagamos, hagáis, hagan**
Pasado	**hiciera, hicieras, hiciera, hiciéramos, hicierais, hicieran**

INFINITIVO	ir 19
Participios	**yendo**/ido
IMPERATIVO	**ve** (no **vayas**), **vaya**, vamos (no **vayamos**), id (no **vayáis**), **vayan**
INDICATIVO	
Presente	**voy, vas, va, vamos, vais, van**
Pretérito	**fui, fuiste, fue, fuimos, fuisteis, fueron**
Imperfecto	**iba, ibas, iba, íbamos, ibais, iban**
Futuro	iré, irás, irá, iremos, iréis, irán
Condicional	iría, irías, iría, iríamos, iríais, irían
Presente Perfecto	he ido, has ido, ha ido, hemos ido, habéis ido, han ido
Pasado Perfecto	había ido, habías ido, había ido, habíamos ido, etc.
SUBJUNTIVO	
Presente	**vaya, vayas, vaya, vayamos, vayáis, vayan**
Pasado	**fuera, fueras, fuera, fuéramos, fuerais, fueran**

INFINITIVO	poder 20
Participios	**pudiendo**/podido
INDICATIVO	
Presente	**puedo, puedes, puede,** podemos, podéis, **pueden**
Pretérito	**pude, pudiste, pudo, pudimos, pudisteis, pudieron**
Imperfecto	podía, podías, podía, podíamos, podíais, podían
Futuro	**podré, podrás, podrá, podremos, podréis, podrán**
Condicional	**podría, podrías, podría, podríamos, podríais, podrían**
Presente Perfecto	he podido, has podido, ha podido, hemos podido, etc.
Pasado Perfecto	había podido, habías podido, había podido, etc.
SUBJUNTIVO	
Presente	**pueda, puedas, pueda,** podamos, podáis, **puedan**
Pasado	**pudiera, pudieras, pudiera, pudiéramos, pudierais, pudieran**

INFINITIVO	poner 21
Participios	poniendo/**puesto**
IMPERATIVO	**pon** (no **pongas**), **ponga**, **pongamos**, poned (no **pongáis**), **pongan**
INDICATIVO	
Presente	**pongo,** pones, pone, ponemos, ponéis, ponen
Pretérito	**puse, pusiste, puso, pusimos, pusisteis, pusieron**
Imperfecto	ponía, ponías, ponía, poníamos, poníais, ponían
Futuro	**pondré, pondrás, pondrá, pondremos, pondréis, pondrán**
Condicional	**pondría, pondrías, pondría, pondríamos, pondríais, pondrían**
Presente Perfecto	he puesto, has puesto, ha puesto, hemos puesto, etc.
Pasado Perfecto	había puesto, habías puesto, había puesto, habíamos puesto, etc.
SUBJUNTIVO	
Presente	**ponga, pongas, ponga, pongamos, pongáis, pongan**
Pasado	**pusiera, pusieras, pusiera, pusiéramos, pusierais, pusieran**

INFINITIVO	querer 22
Participios	queriendo/querido
IMPERATIVO	**quiere** (no **quieras**), **quiera**, queramos, quered (no queráis), **quieran**
INDICATIVO	
Presente	**quiero, quieres, quiere,** queremos, queréis, **quieren**
Pretérito	**quise, quisiste, quiso, quisimos, quisisteis, quisieron**
Imperfecto	quería, querías, quería, queríamos, queríais, querían
Futuro	**querré, querrás, querrá, querremos, querréis, querrán**
Condicional	**querría, querrías, querría, querríamos, querríais, querrían**
Presente Perfecto	he querido, has querido, ha querido, hemos querido, etc.
Pasado Perfecto	había querido, habías querido, había querido, etc.
SUBJUNTIVO	
Presente	**quiera, quieras, quiera,** queramos, queráis, **quieran**
Pasado	**quisiera, quisieras, quisiera, quisiéramos, quisierais,** etc.

INFINITIVO	saber 23
Participios	sabiendo/sabido
IMPERATIVO	sabe (no **sepas**), **sepa, sepamos,** sabed (no **sepáis**), **sepan**
INDICATIVO	
Presente	**sé,** sabes, sabe, sabemos, sabéis, saben
Pretérito	**supe, supiste, supo, supimos, supisteis, supieron**
Imperfecto	sabía, sabías, sabía, sabíamos, sabíais, sabían
Futuro	**sabré, sabrás, sabrás, sabremos, sabréis, sabrán**
Condicional	**sabría, sabrías, sabría, sabríamos, sabríais, sabrían**
Presente Perfecto	he sabido, has sabido, ha sabido, hemos sabido, etc.
Pasado Perfecto	había sabido, habías sabido, había sabido, etc.
SUBJUNTIVO	
Presente	**sepa, sepas, sepa, sepamos, sepáis, sepan**
Pasado	**supiera, supieras, supiera, supiéramos, supierais, supieran**

INFINITIVO	salir 24
Participios	saliendo/salido
IMPERATIVO	**sal** (no **salgas**), **salga, salgamos,** salid (no **salgáis**), **salgan**
INDICATIVO	
Presente	**salgo,** sales, sale, salimos, salís, salen
Pretérito	salí, saliste, salió, salimos, salisteis, salieron
Imperfecto	salía, salías, salía, salíamos, salíais, salían
Futuro	**saldré, saldrás, saldrá, saldremos, saldréis, saldrán**
Condicional	**saldría, saldrías, saldría, saldríamos, saldríais, saldrían**
Presente Perfecto	he salido, has salido, ha salido, hemos salido, etc.
Pasado Perfecto	había salido, habías salido, había salido, etc.
SUBJUNTIVO	
Presente	**salga, salgas, salga, salgamos, salgáis, salgan**
Pasado	saliera, salieras, saliera, saliéramos, salierais, salieran

INFINITIVO	ser 25
Participios	siendo/sido
IMPERATIVO	**sé** (no seas), **sea, seamos,** sed (no **seáis**), **sean**
INDICATIVO	
Presente	**soy, eres, es, somos, sois, son**
Pretérito	**fui, fuiste, fue, fuimos, fuisteis, fueron**
Imperfecto	**era, eras, era, éramos, erais, eran**
Futuro	seré, serás, será, seremos, seréis, serán
Condicional	sería, serías, sería, seríamos, seríais, serían
Presente Perfecto	he sido, has sido, ha sido, hemos sido, habéis sido, han sido
Pasado Perfecto	había sido, habías sido, había sido, habíamos sido, etc.
SUBJUNTIVO	
Presente	**sea, seas, sea, seamos, seáis, sean**
Pasado	**fuera, fueras, fuera, fuéramos, fuerais, fueran**

INFINITIVO	tener 26
Participios	**teniendo**/tenido
IMPERATIVO	ten (no **tengas**), **tenga, tengamos,** tened (no **tengáis**), **tengan**
INDICATIVO	
Presente	**tengo, tienes, tiene,** tenemos, tenéis, **tienen**
Pretérito	**tuve, tuviste, tuvo, tuvimos, tuvisteis, tuvieron**
Imperfecto	tenía, tenías, tenía, teníamos, teníais, tenían
Futuro	**tendré, tendrás, tendrá, tendremos, tendréis, tendrán**
Condicional	**tendría, tendrías, tendría, tendríamos, tendríais, tendrían**
Presente Perfecto	he tenido, has tenido, ha tenido, hemos tenido, etc.
Pasado Perfecto	había tenido, habías tenido, había tenido, etc.
SUBJUNTIVO	
Presente	**tenga, tengas, tenga, tengamos, tengáis, tengan**
Pasado	**tuviera, tuvieras, tuviera, tuviéramos, tuvierais, tuvieran**

INFINITIVO	traducir 27
Participios	traduciendo/traducido
IMPERATIVO	traduce (no **traduzcas**), **traduzca, traduzcamos,** traducid (no **traduzcáis**), **traduzcan**
INDICATIVO	
Presente	**traduzco,** traduces, traduce, traducimos, traducís, traducen
Pretérito	**traduje, tradujiste, tradujo, tradujimos, tradujisteis, tradujeron**
Imperfecto	traducía, traducías, traducía, traducíamos, traducíais, traducían
Futuro	traduciré, traducirás, traducirá, traduciremos, traduciréis, etc.
Condicional	traduciría, traducirías, traduciría, traduciríamos, etc.
Presente Perfecto	he traducido, has traducido, ha traducido, etc.
Pasado Perfecto	había traducido, habías traducido, había traducido, etc.
SUBJUNTIVO	
Presente	**traduzca, traduzcas, traduzca, traduzcamos, traduzcáis,** etc.
Pasado	**tradujera, tradujeras, tradujera, tradujéramos, tradujerais,** etc.

INFINITIVO	traer 28
Participios	**trayendo**/**traído**
IMPERATIVO	trae (no **traigas**), **traiga, traigamos,** traed (no **traigáis**), **traigan**
INDICATIVO	
Presente	**traigo,** traes, trae, traemos, traéis, traen
Pretérito	**traje, trajiste, trajo, trajimos, trajisteis, trajeron**
Imperfecto	traía, traías, traía, traíamos, traíais, traían
Futuro	traeré, traerás, traerá, traeremos, traeréis, traerán
Condicional	traería, traerías, traería, traeríamos, traeríais, traerían
Presente Perfecto	he traído, has traído, ha traído, hemos traído, etc.
Pasado Perfecto	había traído, habías traído, había traído, etc.
SUBJUNTIVO	
Presente	**traiga, traigas, traiga, traigamos, traigáis, traigan**
Pasado	**trajera, trajeras, trajera, trajéramos, trajerais, trajeran**
INFINITIVO	venir 29
Participios	**viniendo**/venido
IMPERATIVO	**ven** (no **vengas**), **venga, vengamos,** venid (no **vengáis**), **vengan**
INDICATIVO	
Presente	**vengo, vienes, viene,** venimos, venís, **vienen**
Pretérito	**vine, viniste, vino, vinimos, vinisteis, vinieron**
Futuro	**vendré, vendrás, vendrá, vendremos, vendréis, vendrán**
Condicional	**vendría, vendrías, vendría, vendríamos, vendríais, vendrían**
Presente Perfecto	he venido, has venido, ha venido, hemos venido, etc.
Pasado Perfecto	había venido, habías venido, había venido, etc.
SUBJUNTIVO	
Presente	**venga, vengas, venga, vengamos, vengáis, vengan**
Pasado	**viniera, vinieras, viniera, viniéramos, vinierais, vinieran**
INFINITIVO	ver 30
Participios	viendo/**visto**
IMPERATIVO	ve (no **veas**), **vea, veamos,** ved (no **veáis**), **vean**
INDICATIVO	
Presente	**veo,** ves, ve, vemos, veis, ven
Pretérito	**vi,** viste, **vio,** vimos, visteis, vieron
Imperfecto	**veía, veías, veía, veíamos, veían**
Futuro	veré, verás, verá, veremos, veréis, verán
Condicional	vería, verías, vería, veríamos, veríais, verían
Presente Perfecto	he visto, has visto, ha visto, hemos visto, etc.
Pasado Perfecto	había visto, habías visto, había visto, habíamos visto, etc.
SUBJUNTIVO	
Presente	**vea, veas, vea, veamos, veáis, vean**
Pasado	viera, vieras, viera, viéramos, vierais, vieran

Note: the number that appears next to each word refers to the chapter in which it appears.

A

abarcar to embrace, to cover 4
abogado(a) lawyer, attorney 1
abordar to board 9
abrocharse el cinturón to fasten one's seat belt 9
abuela grandmother 2
abuelo grandfather 2
acampar to camp 2
aceite oil 3
aceitera small container for oil 3
aceitunas olives 3
acera sidewalk 4
acertado good 6
acordarse (de) to remember 5
actualmente presently 1
a cuadros checked 6
acudir to go 5
acuerdo: De acuerdo. I agree. 6
adelante: de hoy en adelante from today on 1
además de besides 6
adentro inside 4
aderezo (salad) dressing 8
adinerado well-off 6
aduana customs (at a border) 6, 9
afrontar to cope 6
afuera outside 4
afuera de outside 4
agente de viajes travel agent 1
agotado(a) exhausted 2, 4, 8
agradecer to thank 10
agregar to add 3
aguacate avocado 3
aguacero downpour 7

agujero hole 9
ahijado(a) godchild 2
ahogarse to drown 8
ahora mismo right now 1
ahorrar to save (money) 1
ahumado smoked 3
aire: al aire libre open air 6
a jalones pulling him 7
ajedrez chess 5
a la barbacoa barbecued 3
a la parrilla grilled 3
a la vista is obvious 10
al aire libre open air 6
al horno baked 3
al lado de alongside of 4
al lado on the side 4
al menos at least 6
al pie de la letra strictly 8
albergue shelter 10
alcachofas artichokes 3
alergia allergy 8
alfarería pottery 6
alfiler de seguridad safety pin 6
algodón cotton 6
aliviado calm 6
almacén department store 6
almohada pillow 10
almuerzo lunch 3
alojarse (en) to stay in a hotel 9
alquilar to rent 4
alrededor de around 4
Alto Stop 4
alza (de matrícula) increase (in tuition) 10
ambos both 1, 2
a menos que unless 5, 8
a menudo often 2
amígdalas tonsils 8
amigdalitis tonsillitis 8
ampolleta lightbulb 9
andar to be, to go, to run 9
añejo stale 3
anillo ring 6
anotar to jot down 6

antes citadas cited above 8
antes (de) que before 5, 8
antidiarreico diarrhea medicine 8
antigüedades antiques 6
apagar to turn off (a machine, light) 10
apenas hardly 1
apéndice appendix 8
a pesar de in spite of 3
apio celery 3
apremiante pressing, urgent 2, 10
a propósito by the way 2
aprovechar to take advantage 6
a punto medium rare 3
¿a qué hora? at what time? 1
arándanos cranberries 3, 8
a rayas striped 6
aretes earrings 6
a revisar look through 6
armador coat hanger 10
arreglar to gather together 6
arreglarse to groom oneself 6
arteria artery 8
artesanías handicrafts 6
asado roasted 3
ascensor elevator 4
aspartame Nutrasweet 3
astrónomo(a) astronomer 1
atender to wait on 10
aterciopelado velvety 9
aterrizar to land (airplane) 9
atorarse con una espina to choke on a fish bone 8
a través de throughout, across 4
atropellar to run over 8
atún tuna 3

aún peores even worse 1
aunque although 8
a veces sometimes 2
a ver let's see 2
averiguar to find out 1; to verify, to find out 6
aviso advertisement 1
azafata female flight attendant 9
azúcar sugar 3
azucarero sugar bowl 3

B

bacalao cod 3
bache pothole 8
bajarse (de) to get off (vehicle) 5
bala de cañón cannon ball 6
balneario resort 9
banda adhesiva bandage 8
barbacoa: a la barbacoa barbecued 3
barbaridad: ¡Qué barbaridad! How awful! 7
barriga stomach 8
basta enough 8, 9
bastante rather, pretty 1
basura garbage 4
bata bathrobe 8
batir to beat (food) 3
bautismo baptism 2
beca scholarship 1
bencina gas 4
bien cocido well done 3
bife steak 3
billete ticket 9
billetera wallet 6
biólogo(a) biologist 1
bisabuela great grandmother 2
bisabuelo great grandfather 2
blusa blouse 6
bocacalle intersection 4
bocadillo snack 1, 3, 8
boda wedding 2
bodas de oro golden wedding anniversary 6

boina beret 6
boleto ticket 9
boliche bowling 5
bolsa purse; shopping bag 6
bolso purse; shopping bag 6
bosque forest, woods 7
botella bottle 3
brazalete bracelet 6
broncearse to get a tan 5
bucear to scuba dive 5
buscar to look for 2
buzo jogging suit 6
buzón mailbox 4

C

caber to fit (in a space) 9
cabina telefónica telephone booth 4
cada dos semanas every other week 2
caerse to fall down 5, 8
caja cash register, box 6
calefacción heat 4
calentar to heat 10
calidad quality 6
cálido warm 6
calmante sedative 8
calzada causeway 4
calzar to wear shoes 6
camarera waitress 3
camarero waiter 3
camarones shrimp 3
cambiar to exchange 6
camionero truck driver 2, 4
campaña (ropa de) camping clothes 10
campaña (política) campaign 10
campañas promotions 2
campo country, countryside 7
canalizar to direct 1
cancha court 5
cansarse to get tired 5
captar to see 10
cargar to carry around 6

caries cavity 8
cariñoso affectionate 6
carne de buey beef 3
carne de res beef 3
carne de vaca beef 3
carrera race 2
cartas playing cards 5
cartera wallet, purse; shopping bag 6
casarse to get married 2
cascarrabias very short-tempered person 7
casi nunca almost never 2
caso: en caso (de) que in case (of) 5, 8
catarro cold 8
cebolla onion 3
Ceda el paso Yield 4
celo zeal 4
celos: tener celos to be jealous 7
cena dinner, supper 3
centenares hundreds 3
cerámica ceramic 6
cerca nearby 4
cerca de near 4
cerdo: costillitas de cerdo pork ribs 3
cerezas cherries 3
cerro hill 7
cerveza beer 3
cesantía unemployment 4
ceviche de pescado fish prepared with lemon, onions, olives 3
cifra figure, number 3
cinta tape recording 6
cintas: grabar unas cintas to record tapes 5
cinturón seat belt 9
ciruelas plums 3
cita appointment 6
ciudadano(a) citizen 10
cliente customer 3
coadyuvantes helping 8
cocido(a) boiled, cooked 3
cola line (of people) 4
colgar to hang (up) 10
collar necklace 6

colmo: ¡Es el colmo! It's the last straw! 4
para colmo de colmos as if that wasn't enough 7
columna spine 8
comadre mother or godmother in relationship to each other 2
comerciante business person 1
comida lunch 3
comisaría police station 6
¿cómo? how?, what? 1
compadrazgo close relationship between godparents and parents of a child 2
compadre father or godfather in relationship to each other 2
compartir to share 1
competencia competition 5
compinche buddy 7
compra purchase 6
compras: ir de compras to go shopping 6
computación computer science 1
con destino a to (destination) 9
con tal (de) que provided (that) 5, 8
confiado confident 6
conjunto: en conjunto collectively 9
conseguir to get, to obtain 6
consulado consulate 9
contabilidad accounting 1
copa glass for wine or champagne 3
cordillera sierra 10
corona crown 8
corriente ordinary 6
cortar to cut 3
cortarse to cut oneself 5
corte court 2
costado side 8

costar to be difficult 6
costilla rib 8
costillitas de cerdo pork ribs 3
crecer to grow up 2
criar to bring up (someone) 2
cruce de peatones pedestrian crossing, crosswalk 4
crudo(a) raw 3
cuadra city block 4
cuadros: a cuadros checked 6
¿cuál(es)? which? 1
cuando when 5, 8
¿cuándo? when? 1
¿cuánto? how much? 1
¿cuánto vale? How much is it? 6
¿cuántos? how many? 1
cubrecama bedspread 6
cuchara spoon 3
cuchara sopera soup spoon 3
cuchillo knife 3
cuero leather 6
cuidar to take care 2
cuidarse to take care of oneself 5
cumpleaños birthday 2
cuñada sister-in-law 2
cuñado brother-in-law 2
curita Band Aid, adhesive bandage 8

CH

champiñones mushrooms 3
chántal jogging suit 6
chicle chewing gum 6
chismes gossip 5
chocar con to crash (into) 2
chorizo sausage 3
chuchería knick-knack 6
chuletas de cerdo pork chops 3
chuletas de cordero lamb chops 3

chuletas de puerco pork chops 3

chuletas de ternera veal chops 3

D

danés Danish (nationality) 10

dar una vuelta to take a walk 5

dar un paseo to take a walk 5

dar to stretch (materials) 6

darse cuenta to realize 5

de hecho in fact 8

de ida y vuelta round-trip 9

de modo que so 6

De acuerdo. I agree. 6

de vez en cuando from time to time 2

débil weak 8

dedicarse: ¿A qué se dedica? What do you do (for work)? 2

dedo finger 8

dejar to abandon, to leave 9

del mismo calibre things like that (of the same nature) 7

deleite pleasure 4

delgado thin 2, 8

delincuencia crime 4

delito crime 4

demasiado too much 1

dentro de inside 4

dependiente sales clerk 6

derechismo right wing movement 10

derecho law 1

derechos humanos human rights 10

derivar to derive 6

desarrollar to develop 6

desayuno breakfast 3

descompuesto broken down 7

descomunal monstruous, enormous 4

desempleo unemployment 4

desenvolverse to act, conduct yourself with ease 5

desgarrarse un músculo to strain a muscle 5

deshacerse get rid of 7

desmayarse to faint 8

despegar to take off (airplane) 9

despejado cloudy 7

desperdicios waste material 8

después (de) que after, afterward 5, 8

desteñirse to fade 6

destino: con destino a to (destination) 9

destreza skill 1

desventaja disadvantage 2, 7

desvestirse to get undressed 8

detrás behind 4

detrás de behind 4

deuda externa foreign debt 3

devolución return (of merchandise) 6

devolver (ue) to return, to give back, to take back 4, 6

dibujar to draw 5

dibujo drawing 6

diente tooth 8

diga: ¡No me digas! You don't say . . . ! 2

dirigente (sindical) (union) leader 10

divisa foreign currency 6

divisas hard currency 9

doblarse el tobillo to twist an ankle 5

dolencias illnesses 8

¿dónde? where? 1

dominó dominoes 5

duraznos peaches 3

duro tough 3

E

echar de menos to miss (someone or something) 10

echar a patadas to kick out 7

echarse una siesta to take a nap 5

telefonista telephone operator 4

electrodoméstico appliance 6

elegir to choose, to select 1

embarazada pregnant 8

embrujo charm 9

empresarios executives 8

empresas business 1

en in 4

en caso (de) que in case (of) 5, 8

en conjunto collectively 9

en cuanto a concerning 6, 8

enajenado crazy 7

enamorado hasta las patas crazily in love 7

encajar to belong 2

encantar(le a uno) to like very much 3

encender to turn on (a machine) 10

encías gums 8

encinta pregnant 8

enfermera(o) nurse 1

enfermería nursing 1

enfrente across the way 4

enfrente de in front of 4

enseñar to show 6, 10

entradas income 6

entre between 4

entrenamiento training 5

entrenarse to train 5

entretenido entertaining 2

equipaje luggage, baggage 9

equipo team 5

erizará will stand on end 7

escala stopover 9

escalera stairways 4

escalofríos chills 8

escaparse to get away 2

escasear to be scarce 10

escasez shortage 4

escenario stage 4

escritor(a) writer 1

escultor(a) sculpturer 1

espantanovios person who drives away your boyfriend/fiancé 7

espárragos asparagus 3

especialidad major, specialty 1

espejo mirror 6

espina fish bone 8

espinaca spinach 3

esquiar en el agua to water ski 5

esquina street corner 4

estacionamiento parking, parking lot 4

estadía stay 10

estadígrafo(a) statistician 1

estadio stadium 7

estampido explosion 9

estampilla stamp 6

estar en venta to be on sale 6

estar de vuelta to return 10

estofado(a) stewed 3

estornudar to sneeze 8

estornudo sneeze 8

estribos control 7

estudiantado student body 1

evitar to avoid 1, 2

examen de sangre (de orina) blood (urine) test 8

experimentado experienced 4

extrañar to miss (someone or something) 10
extranjero foreign 2

F

facha look 7
facturar to check (luggage) 9
Facultad college or school in a university 1
farol street light 4
fascinar (le a uno) to fascinate 3
fenómeno problem 10
feriado holiday 2
fiebre fever 8
fiebre de heno hay fever 8
fijarse to imagine 2, 5
fijo fixed 6
filmadora de video video camera 6
filósofo(a) philosopher 1
fin de semana weekend 1
físico(a) physicist 1
formulario form 6
fracasar to fail 2
fracturarse, quebrarse to fracture, to break 8
frambuesas raspberries 3
franela flannel 6
frazada blanket 10
frito fried 3
fuerte sharp (pain) 8

G

galleta cracker 3
gambas shrimp 3
gamuza suede 6
ganado cattle 3
ganar to win 5
gancho coat hanger 10
ganga bargain 5
garganta throat 8
gas natural gas 4

gasa gauze 8
gaseosa soft drink 3, 4
gastado worn out 6
geógrafo(a) geographer 1
geólogo(a) geologist 1
gerente manager 1
girar: No girar (voltear) en U No U turn 4
goce enjoyment 4
golpe de estado coup d'état 10
golpe blow, impression 10
gotas (para la nariz) (nose) drops 8
grabar to record 5
granizar to hail 7
gripe flu, influenza, grippe 2, 8
guardar to keep 6, 10
guía guide 1
guisantes peas 3
gustar (le a uno) to like 3
gusto taste 6

H

hacer tablavela to go windsurfing 5
hacer escala (en) to stop (at) 9
hacer "surfing" to go surfing 5
hacer autostop to hitchhike 7
hacer juego to match 6
hacinamiento overcrowding 6
hambruna famine 3
hasta que until 5, 8
hiedras venenosas poison ivy 8
hígado liver 8
hilo dental dental floss 8
hinchado swollen 8
hipo hiccups 8
historiador(a) historian 1

hogar shelter, home 3, 10
hondo deep 8
hongos mushrooms 3, fungi, 8
hora: ¿a qué hora? what time? 1
horario schedule 6, 9
horno: al horno baked 3
hotelería hotel management 1
hoy día nowadays 1
hoy: de hoy en adelante from today on 1
hoyo hole 8
huelga strike 4
hueso bone 8
huésped guest 9
huevos revueltos scrambled eggs 3
huevos fritos fried eggs 3

I

impuestos taxes 2, 6
ingeniería engineering 1
ingeniero(a) engineer 1
inodoro toilet 9
insalubre unhealthy 8
integral whole wheat 3
interesar (le a uno) to interest 3
intérprete interpreter 1
inyección shot, inoculation 8
ir to go 9
ir de compras to go shopping 6
irse to go away, to leave 5, 9
izquierdismo left wing movement 10

J

jabón soap 10
jalones: a jalones pulling him 7
jamás never ever 9
jamón ham 3

jaqueca migraine headache 8
jarabe para la tos cough syrup 8
jarra pitcher 6
joyas jewelry 6
jubilación retirement 2
jubilado retired 2
juego game 6
juego de salón board game 5
juez judge 1
juicio lawsuit 8

L

lado: por otro lado on the other hand 6
lana wool 6
langosta lobster 3
lápiz de labios lipstick 6
laringitis laryngitis 8
lastimarse to bruise oneself, to scrape oneself, 5; to harm oneself 8
lata bore 7
lavabo sink 9
lejos far away 4
lejos de far from 4
lenguado sole 3
letra de cambio draft 6
ley marcial martial law 10
leyes law 1
libertad de prensa freedom of the press 10
libertad de palabra freedom of speech 10
libreta de apuntes memo book 6
línea aérea airline 9
linimento liniment 8
loción de limpieza cleansing cream 6
locutor(a) announcer 1
lucha struggle 10
luz street light 4
luz de sol in broad daylight 7

LL

llamar to call 2
llamarse to call one-self 5
llave key, faucet 10
llegada arrival 9
llegar to arrive 2
llevar to wear, to take (something or someone) 6
llevarse bien to get along well 5

M

madrina godmother 2
maestro(a) teacher 1
maldad y media a great deal of trouble 7
maleta suitcase 9
mañana por la mañana tomorrow morning 1
manejo use 6
manifestación demonstration 10
manta blanket 10
manteca butter 3
mantenerse en buena forma to keep in shape 5
mantequilla butter 3
manzana squared city block 4
manzanilla chamomille 8
maquillaje makeup 6
maquillarse to put on makeup 6
máquina lavadora de ropa washing machine 4
marcharse to go away, to leave 9
marea tide 8
mareado dizzy 8
mariscos shellfish 3
mármol marble 4
marrón chestnut brown 6
matemático(a) mathematician 1

matrícula tuition 1
mayor: la mayor parte the majority 8
mayúsculo very, much 7
media luna croissant 3
médico(a) doctor, physician 1
medida measurement 6
mejorar to get better, to improve 1
melocotones peaches 3
menos: al menos at least 6; **a menos que** unless 5
mercadeo marketing 1
merienda snack 3
mesera waitress 3
mesero waiter 3
meterse to meddle 2
mezclar to mix 3
mientras que while 1
misa mass 2
modo: de modo que so 6
mojado wet 10
momento: en este momento right this minute 1; **por el momento** for the moment 1
moneda coin, currency 6
moquetas carpets 8
morirse to pass away 2
mozo waiter 3
muchas veces often 2
muela (molar) tooth 8
muñeca doll 6; wrist 8
músculo muscle 5, 8
músico(a) musician 1
muslos thighs 8

N

nacer to be born 2
nafta gas (for cars) 4
náuseas mausea 8
neblina fog 7
nervio nerve 8
nevada snowstorm 7

ni siquiera not even 3
niñera babysitter 2
no obstante nevertheless 2
novedoso attractive, original, novel 6
noviazgo courtship 7

O

obra work (of art) 5
obrero common laborer 4; worker 9
obstante: no obstante nevertheless 2
oído inner ear 8
olla pot, pan 6
orgullo pride 4
orgulloso proud 6
orina urine 8
oro gold 6

P

padre father, parent 2
padres parents 2
padrino godfather 2
paja straw 6
pajita straw 3
paletas paddles 5
pálido pale 8
palta avocado 3
pan tostado toast 3
pana corduroy 6
pantorrillas calves 8
papel higiénico toilet paper 10
para que so that 5, 8
parada de autobús bus stop 4
parado unemployed 1
parche adhesivo bandage 6, 8
Pare Stop 4
pareja couple 7
parrilla: a la parrilla grilled 3
parrillada cook out 7
paro cívico statewide work stoppage 4

parquímetro parking meter 4
parra grapevine 10
partido match, game 2, 5
partir to go away, to leave 9
pasado mañana the day after tomorrow 1
pasarlo bien to have a good time 7
pasear en bote de vela to go sailing 5
pasillo aisle 9
paso de peatones pedestrian crossing 4
pastilla tablet, pill 8
patadas: echas a patadas kick out 7
patinar to roller skate 5
patinar en el hielo to ice skate 5
pavo turkey 3
paz normal life 7
pecho chest 8
pechuga de pollo chicken breast 3
pegar to glue 6
pegarse to get hurt 5
pelea fight, argument 7
pelear to fight 2
película movie 5
pendientes earrings 6
peor aún even worse 8
pepino cucumber 3
percha coat hanger 10
periodismo journalism 1
periodista journalist 1
perjudicados people affected 8
perla pearl 6
pesadilla nightmare 8
pesado heavy 6
pesar to weigh 6
pescado fish 3
pescar to fish 5
pescar un resfriado to catch a cold 6
picar to nibble 6
piel leather 6
pierna leg 8

pies feet 8; **poner pies en polvorosa** run away fast 7
píldora pill 8
pimentero pepper shaker 3
pimienta pepper 3
piña pineapple 3
pintor(a) painter 1
piso floor 4
plata silver 6
platicar to chat 7
platillo saucer 3
plato de sopa soup bowl 3
playa de estacionamiento parking lot 4
pleno full 6
plomo lead 8
pobreza poverty 4
pollo chicken 3
pomada medicated cream 8
pomelo grapefruit 3
poner pies en polvorosa to run away fast 7
ponerse a to begin doing something 5
ponerse to wear (clothes) 5
por el estilo: y así por el estilo things like that (of that nature) 7
por lo mismo by the same token 7
por muy no matter how 1, 4
por sí mismas on their own 7
por tenerlo for the sake of having it 7
por: por el momento for the moment 1
¿por qué? why? 1
por supuesto of course 6
por otro lado on the other hand 6
portátil portable 6
prensa press 1
preocupado worried 2

presión alta (baja) high (low) blood pressure 8
preso jailed 10
primo(a) cousin 2
primo en segundo grado second cousin 2
probar (ue) to try out, taste 3
probarse (ue) to try on 6
probeta test tube 8
procedente de from (destination) 9
profesorado faculty 1
programador(a) programmer 1
Prohibido estacionarse No parking 4
promedio average 2
propietario owner 6
propina tip (for services offered) 3
publicidad advertising 1
publicista advertiser 1
pueblo town 7; people, public 10
puesto job, position 6
pulsera bracelet 6
punto: a punto medium rare 3
punto de vista viewpoint 10
punzante dull (pain) 8

Q

que se lleve bien gets along well with 7
¿qué? what? 1
quebrarse una pierna to break a leg 5
quedarle (bien) a uno to fit someone (well) 6
quemarse to burn oneself 8
querer to want, to love 2
quererse to love one another 5
queso cheese 3

¿quién? who? 1
química chemistry 1
químico(a) chemist 1

R

rábanos radishes 3
raíz (raíces) root (roots) 3, 10
raro strange 8
ratero pickpocket 4
realzar to emboss 4
rebajado reduced (in price) 4, 6
rebajar to reduce in price 6
receta recipe 3
receta médica medical prescription 8
recibo receipt 6
recoger to pick up (baggage) 9
recuerdos souvenirs 6
recurrir a to make use of 6
refresco soft drink 3
regalado given as a gift 6
regalo gift, present 6
regatear to bargain 6
regateo bargaining 6
registrar to examine 6
relajarse to relax 8
reloj wristwatch 6
repuesto part (for vehicle) 4
resfriado cold 8
resfrío cold 8
respirar to breath 8
retirada de equipaje baggage claim 9
retornar to return 10
retrato portrait 6
revolver (ue) to stir 3
rímel para las pestañas mascara 6
rincón corner (of a room) 3
riñones kidneys 8
rodilla knee 8
rótulo sign 4
ruido noise 4

S

sabor ambience 4
sacarina saccharin 3
sal salt 3
sala de espera waiting room 9
salchichas sausage links 3
salero salt shaker 3
salida departure 9
salir to go out, to go out partying 2, 9
salpicón de mariscos shellfish salad 3
saludarse to greet each other 5
sandía watermelon 3
sangrar to bleed 8
sangre blood 8
sano healthy 8
santo saint's day (party) 2
sardinas sardines 3
sartén frying pan 4
se siente gets offended, upset 7
seda silk 6
sello stamp 6
semáforo traffic light 4
sencillo one-way 9
Sentido único One-way street 4
sequía drought 3
serio: ¿en serio? really? 1
servicios restrooms 9
servilleta napkin 3, 10
siempre que provided that 8
siempre always 2
siglo century 4
sin que without 5, 8
sindicato union 4
sindicatos obreros labor unions 3
sintético polyester 6
sinusitis sinus 8
sobrecargo male flight attendant 9
sobrina niece 2
sobrino nephew 2

¡socorro! Help! 8
sortija ring 6
subirse a to get on (vehicle) 5
suceder to happen 6
sucursal branch (of a bank) 9
suegra mother-in-law 2
suegro father-in-law 2
suelto loose 6
suerte: ¡qué suerte! what luck! 1
sumamente extremely 6
surtido assorted 6
suyo your own 6

T

talla size 6
tallado carved 6
tallar to carve 6
tan pronto como as soon as 5
tapado congested (nose) 8
tarjeta de embarque boarding pass 9
tarjeta postal post card 6
tarugo "shorty" 7
telas cloth, fabrics 6
temores doubts 10
tenedor fork 3
tener celos to be jealous 7

tener ganas de + *inf.* to feel like + verb 5
terremoto earthquake 9
tijeras scissors 6
timbre stamp 6
tíos políticos persons married to your uncles or aunts 2
tipo de cambio exchange rate 9
toalla towel 10
tobillo ankle 8; **doblarse el tobillo** to twist an ankle 5
tocacintas tape recorder 2
tocadiscos record player 2
tocadiscos compacto compact disk player 2
todo el tiempo all the time 2
tomar el pelo to pull one's leg 7
tormenta storm 7
toronja grapefruit 3
tortilla española potato and egg omelette 3
tos cough 8
traductor(a) translator 1
traer to bring 2
trago drink 1
traje de baño swim suit 10
tranquilizante tranquilizer 8

tránsito traffic 4
troglodita caveperson 7
tronada thunderstorm 7
trucha trout 3

U

una vez al mes once a month 2
uvas grapes 3

V

vaciar to empty 6
vacío void 2
vacío(a) empty 1
vacuna vaccine 8
vale: ¿Cúanto vale? How much is it? 6
valer la pena to be worthwhile 5, 8
vaso glass 3
ver fantasmas to see ghosts, be paranoid 7
veces: muchas veces often 2
velada evening 7
velorio wake 2
vena vein 8
venda bandage 8
vendarse to put on a bandage 5
venir(se) to come (away) 5
ventaja advantage 2, 7

veras: ¿De veras? Really? 1, 2
vereda sidewalk 4
vestirse to get dressed 2
vez: una vez al mes once a month 2; **de vez en cuando** from time to time 2
vidrio glass 6
vinagre vinegar 3
vinagrera small container for vinegar 3
vínculo tie 4
vino dulce sweet wine 3
vino rosado rosé wine 3
vino seco dry wine 3
vino tinto red wine 3
vista: a la vista is obvious 10
vistoso flashy, pretty 6
voltear: No girar (voltear) en U No U turn 4
volver(le) loco a uno to go crazy with 3

Y

ya que since 1
yeso cast 8
yogur yogurt 3

Z

zanahorias carrots 3

PHOTO CREDITS

PERMISSIONS